Meine Knechtschaft und meine Freiheit

Frederick Douglass

Writat

Diese Ausgabe erschien im Jahr 2024

ISBN: 9789359949772

Herausgegeben von
Writat
E-Mail: info@writat.com

Inhalt

VORWORT DES HERAUSGEBERS

Wäre der Band, der jetzt der Öffentlichkeit präsentiert wird, ein reines KUNSTWERK, könnte die Geschichte seines Unglücks mit zwei sehr einfachen Worten beschrieben werden – ZU SPÄT. Die Natur und der Charakter der Sklaverei waren Gegenstand einer fast endlosen Vielfalt künstlerischer Darstellungen; und nach den brillanten Errungenschaften auf diesem Gebiet und während diese Errungenschaften noch frisch in der Erinnerung der Millionen sind, muss derjenige, der der Legion einen weiteren hinzufügen möchte, den Charme transzendenter Exzellenz besitzen oder sich für etwas Schlimmeres als Unbesonnenheit entschuldigen. Der Leser sei daher mit aller gebotenen Sicherheit versichert, dass seine Aufmerksamkeit nicht auf ein KUNSTWERK gelenkt wird, sondern auf ein Werk der FAKTEN – Fakten, so schrecklich und fast unglaublich sie auch sein mögen, dennoch FAKTEN.

Ich bin dazu befugt, zu sagen, dass in dem gesamten Band weder fiktive Namen noch Orte vorkommen, sondern dass Namen und Orte wörtlich wiedergegeben sind und dass jede darin beschriebene Transaktion tatsächlich stattgefunden hat.

Das vielleicht beste Vorwort zu diesem Band ist der folgende Brief von Herrn Douglass, den er als Antwort auf meine dringende Bitte um ein solches Werk schrieb:

ROCHESTER, NY , 2. *Juli* 1855.

LIEBER FREUND: Wie Sie sehr wohl wissen, hege ich schon lange eine gewisse Abneigung dagegen, für die Öffentlichkeit zu schreiben oder zu sprechen, was mir mit einiger Berechtigung den Vorwurf einbringen könnte, ich strebe nach persönlicher Bekanntheit um ihrer selbst willen. Da ich dieses Gefühl sehr aufrichtig hege und es vielleicht völlig unvernünftig zulasse, habe ich mich oft geweigert, meine persönlichen Erfahrungen bei öffentlichen Anti-Sklaverei-Versammlungen und in sympathisierenden Kreisen zu erzählen, wenn ich von Freunden dazu gedrängt wurde, deren Ansichten und Wünschen ich normalerweise gerne nachkam. In meinen Briefen und Reden habe ich im Allgemeinen versucht, die Frage der Sklaverei im Lichte grundlegender Prinzipien und auf der Grundlage bekannter und allgemein zugänglicher Fakten zu diskutieren und, so hoffe ich, nicht mehr auf die Tatsache meiner eigenen früheren Versklavung einzugehen, als die Umstände unbedingt zu erfordern schienen. Ich habe meinen Widerstand gegen die Sklaverei nie auf einer so engen Grundlage wie meiner eigenen Versklavung aufgebaut, sondern vielmehr auf den unzerstörbaren und unveränderlichen Gesetzen der menschlichen Natur, von denen jedes einzelne durch das Sklavensystem fortwährend und eklatant verletzt wird. Ich war auch der Meinung, dass es für diejenigen, die Geschichten schreiben, die es wert sind, geschrieben zu werden – oder die es sein sollen –, das Beste ist, diese Arbeit anderen Händen als den ihren anzuvertrauen. Über sich selbst zu schreiben, ohne den Vorwurf der Schwäche, Eitelkeit und des Egoismus auf sich zu ziehen, ist eine Arbeit, die nur wenigen Menschen möglich ist; und ich habe wenig Grund zu der Annahme, dass ich zu diesen wenigen Glücklichen gehöre.

Diese Überlegungen ließen mich zögern, als Sie mich zunächst freundlich drängten, einen vollständigen Bericht über mein Leben als Sklave und mein Leben als freier Mann für die Veröffentlichung vorzubereiten.

Dennoch sehe ich wie Sie viele Gründe, meine Autobiographie als außergewöhnlich anzusehen und sie in gewisser Weise von Natur aus jenseits jener Vorwürfe zu sehen, die ehrenhafte und sensible Gemüter nicht gern auf sich ziehen. Es geht nicht darum, die heroischen Leistungen eines Mannes zu illustrieren, sondern ein gerechtes und wohltätiges Prinzip in seiner Anwendung auf die gesamte Menschheitsfamilie zu verteidigen, indem es das Licht der Wahrheit auf ein System wirft, das von manchen als Segen und von anderen als Fluch und Verbrechen angesehen wird. Ich stimme mit Ihnen überein, dass dieses System nun vor dem Gericht der öffentlichen Meinung steht – nicht nur dieses Landes, sondern der gesamten zivilisierten Welt – um ein Urteil. Seine Freunde haben für es das übliche Plädoyer „nicht schuldig" eingelegt; der Fall muss daher fortgesetzt werden. Alle Tatsachen, sei es von Sklaven, Sklavenhaltern oder Zuschauern, die geeignet sind, die öffentliche Meinung aufzuklären, indem sie die wahre Natur, den Charakter und die Tendenz des Sklavensystems enthüllen, sind angebracht und können kaum unschuldig zurückgehalten werden.

Ich sehe auch, dass es besondere Gründe gibt, warum ich meine Biographie lieber selbst schreiben sollte, als jemand anderen damit zu beauftragen. Nicht nur die Sklaverei steht auf dem Prüfstand, sondern leider auch die versklavten Menschen. Es wird behauptet, dass sie von Natur aus minderwertig sind; dass sie auf der menschlichen Skala *so niedrig* und so unglaublich dumm sind, dass sie sich ihrer Ungerechtigkeiten nicht bewusst sind und ihre Rechte nicht wahrnehmen. Wenn ich Ihre Bitte von diesem Standpunkt aus betrachte und wünsche, dass alles, wozu Sie mich fähig halten, meinem gequälten Volk zugute kommt, lege ich meine Zweifel und mein Zögern beiseite und fahre fort, Ihnen das gewünschte Manuskript zu liefern, in der Hoffnung, dass Sie in der Lage sein werden, solche Vorkehrungen für seine Veröffentlichung zu treffen, die am besten geeignet sind, das Gute zu erreichen, das Sie so enthusiastisch erwarten.

FREDERICK DOUGLASS

Es gab für Herrn Douglass keinen Grund zu Zweifeln und Zögern, ob es angemessen war, der Welt einen vollständigen Bericht über sich selbst zu geben. Ein Mann, der in der Sklaverei geboren und aufgewachsen ist, ein lebender Zeuge ihrer Schrecken; der oft selbst ihre Grausamkeiten erlebt hat; und der trotz der deprimierenden Einflüsse, die seine Geburt, Jugend und sein Mannsein umgaben, aus einer dunklen und fast völligen Unbekanntheit zu der angesehenen Position aufgestiegen ist, die er heute innehat, kann durchaus davon ausgehen, dass die Öffentlichkeit eine lobenswerte Neugierde hat, die Fakten seiner bemerkenswerten Geschichte zu erfahren.

EDITOR

EINFÜHRUNG

Wenn sich ein Mensch aus der niedrigsten Gesellschaftsschicht in die höchste erhebt, zollt ihm die Menschheit ihre Bewunderung. Wenn er diesen Aufstieg durch angeborene Energie und geleitet von Klugheit und Weisheit schafft, wird ihre Bewunderung noch größer. Wenn sich aber sein Weg nach vorn und oben, der an sich ausgezeichnet ist, darüber hinaus als eine mögliche Reform erweist, die bisher als unmöglich galt, dann wird er zu einem brennenden und leuchtenden Licht, auf das die Alten mit Freude, die Jungen mit Hoffnung und die Unterdrückten als Repräsentanten dessen, was sie selbst werden können, blicken können. Einen solchen Menschen, lieber Leser, darf ich Ihnen vorstellen.

Das Leben von Frederick Douglass, das auf den folgenden Seiten beschrieben wird, ist nicht nur ein Beispiel für Selbsterhöhung unter widrigsten Umständen; es ist vielmehr eine edle Verteidigung der höchsten Ziele der amerikanischen Anti-Sklaverei-Bewegung. Das wahre Ziel dieser Bewegung ist nicht nur die Befreiung der Sklaverei, sondern auch, den Schwarzen die Ausübung all jener Rechte zu ermöglichen, deren Besitz ihnen so lange verwehrt war.

Aber diese volle Anerkennung der Rechte des Farbigen und die völlige Einräumung aller politischen, religiösen und sozialen Privilegien des Menschseins erfordert große Anstrengungen sowohl seitens der Gefangenen als auch seitens derer, die sie befreien wollen. Das Volk als Ganzes muss die Überzeugung der menschlichen Gleichheit spüren und ihre abstrakte Logik anerkennen; der Neger, der zum ersten Mal in der Weltgeschichte in vollen Kontakt mit der Hochzivilisation gebracht wird, muss als Erster seinen Anspruch auf alles beweisen, was von ihm verlangt wird; trotz ungleicher Chancen muss er sich der Masse seiner Unterdrücker als ebenbürtig erweisen – also seinem scheinbaren Schicksal und ihren relativen Fähigkeiten absolut überlegen. Und es ist für die Freunde der Freiheit heute äußerst erfreulich, dass sich die Beweise für diese Gleichheit schnell häufen, nicht aus den Reihen der halbbefreiten farbigen Menschen der freien Staaten, sondern aus den Tiefen der Sklaverei selbst; Die unzerstörbare Gleichheit von Mensch zu Mensch wird durch die Leichtigkeit demonstriert, mit der schwarze Männer, die kaum von der Barbarei entfernt sind – wenn die Sklaverei mit einer solchen Auszeichnung geehrt werden kann –, in die höchsten Ränge der fortschrittlichsten und mühsamsten Zivilisation aufsteigen. Ward und Garnett, Wells Brown und Pennington, Loguen und Douglass sind Banner an der Außenmauer, unter der die Abschaffung ihre erfolgreichsten Schlachten schlägt, weil sie lebende Beispiele für die Durchführbarkeit des radikalsten Abolitionismus sind; denn sie alle wurden in das Schicksal der Sklaverei hineingeboren, einige von ihnen blieben Sklaven bis ins

Erwachsenenalter, doch sie alle haben nicht nur die Gleichheit mit ihren weißen Mitbürgern in bürgerlicher, religiöser, politischer und sozialer Hinsicht erkämpft, sondern sie haben auch unser gemeinsames Land durch ihr Genie, ihre Bildung und ihre Beredsamkeit illustriert und geschmückt.

Die Eigenschaften, durch die Mr. Douglass den ersten Platz unter diesen bemerkenswerten Männern errang und immer noch auf dem Weg zum höchsten Rang unter den lebenden Amerikanern ist, werden in dem vorliegenden Buch ausführlich dargelegt. Wie die Autobiographie von Hugh Miller führt es uns so weit zurück in die frühe Kindheit, dass es Licht auf die Frage wirft, „wann im Menschen positives und anhaltendes Gedächtnis beginnt". Und wie Hugh Miller muss er ein schüchternes, altmodisches Kind gewesen sein, das gelegentlich von Dingen bedrückt wurde, die es sich nicht gut erklären konnte, und das zwischen den Schichten von Recht und Unrecht, von Tyrann und Knechtschaft und der Wunderbarkeit dieser hoffnungslosen Flut von Dingen herumspähte und herumstocherte, die einer Rasse Macht und einer anderen unerwiderte Mühe brachte, bis er schließlich über seinen „erstgefundenen Ammoniten" stolperte, der tief in seiner eigenen Natur verborgen war und ihm die Tatsache offenbarte, dass Freiheit und Recht für alle Menschen vor Sklaverei und Unrecht existierten. Für einen so jungen Menschen war dies eine bemerkenswerte Entdeckung, da sein Wissen über die Welt auf den sichtbaren Horizont von Col. Lloyds Plantage beschränkt war und alles um ihn herum einen festen, eisernen Stempel trug, als wäre das schon immer so gewesen.

Zu seinem ungewöhnlichen Gedächtnis müssen wir also noch hinzufügen: einen scharfen und genauen Einblick in Menschen und Dinge; einen originellen gesunden Menschenverstand, der es ihm ermöglichte, alles, was vor ihm vor sich ging, zu sehen, abzuwägen und zu vergleichen, und der den Wunsch weckte, ihre Beziehungen zu anderen, nicht so offensichtlichen Dingen zu erforschen und zu definieren, der jedoch nie dem Wunderbaren oder Übernatürlichen erlag; einen heiligen Durst nach Freiheit und Lernen, zuerst als Mittel zur Erlangung der Freiheit, dann als höchst wünschenswertes Ziel an sich; einen Willen; eine unerschütterliche Energie und Entschlossenheit, das zu erreichen, was seine Seele für wünschenswert erklärte; eine majestätische Selbstachtung; entschlossenen Mut; ein tiefes und qualvolles Mitgefühl mit seinen verkrüppelten, zermalmten und blutenden Mitsklaven und eine außerordentliche Tiefe der Leidenschaft, zusammen mit jener seltenen Verbindung zwischen Leidenschaft und Intellekt, die es ersterer ermöglicht, wenn sie tief geweckt ist, letztere zu erregen, zu entwickeln und aufrechtzuerhalten.

Mit diesen ursprünglichen Gaben im Blick wollen wir uns seine Schulbildung ansehen; die furchterregende Disziplin, durch die es Gott gefiel, ihn auf die hohe Berufung vorzubereiten, die er seitdem angenommen hat – das

Eintreten für die Emanzipation der Menschen, die keine Sklaven sind. Und für diese besondere Mission war seine Ausbildung auf der Plantage besser als alles, was er in einer geistlichen Schule hätte erwerben können. Was er brauchte, waren Fakten und Erfahrungen, verbunden mit stark ausgeprägten Sympathien, und diese hätte er nirgendwo sonst auf eine Weise erlangen können, die so besonders zu seiner Natur passte. Auch sein Körper war gut trainiert, bis er ins Knabenalter kam, lief er wild umher; danach arbeitete er hart und aß leichte Kost und in seiner Jugend besaß er handwerkliches Geschick.

Für seine spezielle Mission war dies also, im Hinblick auf seine natürlichen Gaben, eine gute Schulbildung; und für seine spezielle Mission „verließ" er zweifellos genau im richtigen Moment die Schule. Wäre er länger in Sklaverei geblieben – hätte er in Fesseln gelitten, bis die Reife der Männlichkeit und ihrer Leidenschaften erreicht war, bis die trostlose Qual der Sklavinnen-Ehefrau und der Sklavenkinder zu seinen bereits bitteren Erfahrungen hinzukam – dann hätte nicht nur seine eigene Geschichte ein anderes Ende genommen, sondern das Drama der amerikanischen Sklaverei wäre wesentlich anders verlaufen; denn ich kann mich der Überzeugung nicht erwehren, dass der Junge, der so lesen und schreiben lernte, wie er es tat, der seinen Mitsklaven diese wertvollen Kenntnisse beibrachte, wie er es tat, der so ihre gemeinsame Flucht plante, wenn ein Mann in Bedrängnis geriet, einen Schlag ausführen würde, der die Sklaverei taumeln und wanken lassen würde. Außerdem ertrug er Schläge und Beleidigungen im Augenblick ohne Groll; tiefe, aber unterdrückte Emotionen machten ihn unempfindlich für ihren Stachel; aber erst später, als die Erinnerung daran in seinem Kopf brodelte und eine feurige Empörung über seine verletzte Persönlichkeit hervorrief, fasste er den Entschluss, Widerstand zu leisten, und legte den Zeitpunkt für den Widerstand fest und schmiedete einen Plan, wie er Widerstand leisten sollte; und er hielt immer sein Wort. Bei allem, was er in dieser Hinsicht unternahm, sah er dem Schicksal ins Gesicht und betrachtete das Verhältnis von Mitteln und Zweck mit kühlem, scharfem Blick. Um einer Züchtigung zu entgehen, bestreute Henry Bibb das Bett seines Herrn mit Zauberblättern und *wurde ausgepeitscht* . Frederick Douglass steckte sich heimlich einen ähnlichen *Fetisch ein* , verglich seine Muskeln mit denen von Covey – und *peitschte ihn aus* .

In der Geschichte seines Lebens in Knechtschaft finden wir jene innewohnende und anhaltende Charakterenergie, die ihn immer auszeichnen wird, gut entwickelt. Was seine Hand zu tun fand, tat er mit aller Kraft; selbst als er sich bewusst war, dass er um seinen täglichen Verdienst betrogen wurde, arbeitete er, und zwar hart. Seine tägliche Arbeit ging er mit Tatendrang an; mit scharfem, gut platziertem Auge, muskulöser Brust, geschmeidiger Figur und schönem Schwung des Arms wäre er der König unter den Kalfaterern gewesen, wenn das seine Berufung gewesen wäre.

Bei diesem Blick auf seine Erziehung darf nicht übersehen werden, dass Mr. Douglass eine Hilfe fehlte, der so viele bedeutende Männer zu großem Dank verpflichtet waren – er hatte weder die Fürsorge einer Mutter noch die Erziehung einer Mutter, außer jener, die ihm die Sklaverei widerwillig zuteil werden ließ. Bittere Amme! Mögen nicht einmal ihre Züge menschliche Gefühle ausstrahlen, wenn sie solche Sprösslinge ansieht! Wie empfänglich er für die freundlichen Einflüsse der Erziehung seiner Mutter war, kann man aus seinen eigenen Worten auf Seite 57 ersehen: „Es war ein lebenslanger Kummer für mich, dass ich so wenig über meine Mutter weiß und dass ich so früh von ihr getrennt wurde. Die Ratschläge ihrer Liebe müssen für mich von Nutzen gewesen sein. Die Seitenansicht ihres Gesichts ist in mein Gedächtnis eingebrannt, und ich gehe kaum einen Schritt im Leben, ohne ihre Gegenwart zu spüren; aber das Bild ist stumm, und ich habe keine bemerkenswerten Worte von ihr in meinem Gedächtnis gespeichert."

Aus den Tiefen der Sklaverei in Maryland floh unser Autor in die Kastensklaverei des Nordens, nach New Bedford, Massachusetts. Hier erlebte er eine Unterdrückung, die eine andere und kaum weniger bittere Form annahm; seine Halbfreiheit verwehrte ihm die Ausübung eben jenes Handwerks, das ihm die Gier der Sklaverei beigebracht hatte, und seines ehrlichen Lebensunterhalts; er fand sich als einer Klasse freier Farbiger wieder, deren Lage er mit den folgenden Worten beschrieb:

„Wir sind Fremde in unserem Heimatland. Die Grundprinzipien der Republik, auf die sich der bescheidenste weiße Mann, ob hier oder anderswo geboren, voller Zuversicht berufen kann, in der Hoffnung, eine positive Reaktion hervorzurufen, gelten für uns als nicht anwendbar. Die glorreichen Lehren Ihrer revolutionären Väter und die noch glorreicheren Lehren des Sohnes Gottes werden gegen uns ausgelegt und angewendet. Wir werden buchstäblich aus dem wohltätigen Bereich menschlicher und göttlicher Autoritäten gegeißelt. * * * * Die amerikanische Menschheit hasst uns, verachtet uns, verleugnet und leugnet auf tausend Arten unsere wahre Persönlichkeit. Der ausgebreitete Flügel des amerikanischen Christentums, der anscheinend breit genug ist, um einer untergehenden Welt Schutz zu bieten, weigert sich, uns zu bedecken. Für uns sind seine Knochen aus Messing und seine Gesichtszüge aus Eisen. „Als wir dorthin rannten, um Schutz und Hilfe zu finden, sind wir lediglich vor dem hungrigen Bluthund und dem reißenden Wolf geflohen – vor einer korrupten und selbstsüchtigen Welt und einer hohlen und heuchlerischen Kirche." – *Rede vor der American and Foreign Anti-Slavery Society, Mai* 1854.

Vier Jahre oder länger, von 1837 bis 1841, kämpfte er sich in New Bedford durch, sägte Holz, rollte Fässer oder tat, was er konnte, um sich und seine junge Familie zu ernähren; vier Jahre lang grübelte er über die Narben, die Sklaverei und Halbsklaverei seinem Körper und seiner Seele zugefügt hatten; und dann, mit noch nicht verheilten Wunden, fiel er unter die Garrisonians – ein glorreicher Wackelkandidat für diese leidenschaftlichsten Reformer. Eines Tages geschah es, dass er in Nantucket, schüchtern und widerstrebend, dazu gebracht wurde, bei einer Anti-Sklaverei-Versammlung zu sprechen. Er war ungefähr im selben Alter, als der jüngere Pitt ins Unterhaus einzog; wie Pitt war auch er ein geborener Redner.

William Lloyd Garrison, der glücklicherweise anwesend war, schrieb Folgendes über Mr. Douglass' Jungfernrede: „Ich werde seine erste Rede auf dem Kongress nie vergessen – die außerordentlichen Emotionen, die sie in mir hervorrief – den starken Eindruck, den sie auf ein überfülltes Publikum machte, das völlig überrascht war. * * * Ich glaube, ich habe die Sklaverei nie so sehr gehasst wie in diesem Moment; sicherlich wurde mir die enorme Schande, die sie der gottgleichen Natur ihrer Opfer zufügt, viel klarer als je zuvor. Da stand einer von imposanter und präziser Statur und körperlicher Proportion – reich begabt im Intellekt – ein Wunderkind an natürlicher Redegewandtheit." 1

Es ist interessant, Mr. Douglass' Bericht über dieses Treffen mit dem von Mr. Garrison zu vergleichen. Ich halte den letzteren für den zutreffendsten der beiden. Es muss ein großartiger Ausbruch an Beredsamkeit gewesen sein! Die aufgestaute Qual, Empörung und das Pathos einer missbrauchten und gequälten Kindheit und Jugend brachen in all ihrer Frische und überwältigenden Ernsthaftigkeit aus!

Diese einzigartige Einführung in ihren großen Anführer führte sofort dazu, dass Mr. Douglass als Agent von der American Anti-Slavery Society angestellt wurde. Soweit es sein eigenständiger und unabhängiger Charakter erlaubte, wurde er nach der strengsten Sekte ein Garrisonianer. Es ist nicht übertrieben zu sagen, dass er eine Ergänzung darstellte, die sie brauchten, und sie waren eine Ergänzung, die für seine „Veranlagung" ebenso notwendig war. Mit seiner tiefen und scharfen Sensibilität für Unrecht und seinem wunderbaren Gedächtnis kam er aus dem Land der Knechtschaft voller Leiden und Übel und malte sie in lebendigen Lichtbildern; und seinerseits fand er in gesunden sächsischen Worten alle jene Prinzipien von Gerechtigkeit, Recht und Freiheit, die dunkel über den Träumen seiner Jugend gebrütet hatten und nach klaren Formen und verbalem Ausdruck suchten. Es muss ein elektrisierendes Aufblitzen der Gedanken und ein Zusammenfügen der Seele gewesen sein, das nur wenigen in diesem Leben vergönnt war und denen, die daran teilnahmen, ein Leben lang in Erinnerung bleiben wird. In der Gesellschaft von Wendell Phillips, Edmund Quincy,

William Lloyd Garrison und anderen Männern von ernsthaftem Glauben und verfeinerter Kultur genoss Mr. Douglass zudem den großen Vorteil ihrer Unterstützung und Beratung bei der Arbeit an der Selbstbildung, der er sich nun mit gewohnter Energie widmete. Doch obwohl diese Herren stolz auf Frederick Douglass waren, gelang es ihnen nicht, die höchsten Qualitäten seines Geistes zu ergründen und ans Tageslicht zu bringen; die Kraft ihrer eigenen Bildung stand ihnen im Weg: Sie erforschten nicht den Geist eines Farbigen, um Fähigkeiten zu finden, von denen sie aufgrund ihres Rassenstolzes glaubten, dass sie auf ihr eigenes sächsisches Blut beschränkt seien. Bitterer und rachsüchtiger Sarkasmus, unwiderstehliche Nachahmung und eine mitreißende Erzählung seiner eigenen Erfahrungen als Sklave waren die intellektuellen Äußerungen, die sie ihn auf dem Podium oder am Rednerpult zu zeigen ermutigten.

Bei einem Besuch in England im Jahr 1845 begegnete Mr. Douglass Männern und Frauen mit ernsthaften Seelen und hoher Kultur, die zudem noch nie das bittere Wasser des amerikanischen Kastenwesens getrunken hatten. Zum ersten Mal in seinem Leben atmete er eine Atmosphäre, die den Sehnsüchten seines Geistes entsprach, und fühlte seine Männlichkeit frei und uneingeschränkt. Die herzlichen und männlichen Begrüßungen des britischen und irischen Publikums in der Öffentlichkeit und die Kultiviertheit und Eleganz der gesellschaftlichen Kreise, in denen er sich bewegte, nicht nur als Gleichgestellter, sondern als anerkannter Mann von Genie, waren zweifellos freundliche und angenehme Ruheplätze auf seiner bis dahin dornigen und schwierigen Lebensreise. Es gibt Freuden auf der Erde, und für den wandernden Flüchtling vor der amerikanischen Sklaverei oder dem amerikanischen Kastenwesen ist dies eine davon.

Doch sein Aufenthalt in England war für Mr. Douglass mehr als nur eine Freude. Wie die Bühne in Nantucket weckte sie in ihm das Bewusstsein neuer Kräfte, die in ihm lagen. Aus der Ausbildung des Garrisonismus erhob er sich zur Würde eines Lehrers und Denkers; seine Meinung zu den umfassenderen Aspekten der großen amerikanischen Frage wurde ernsthaft und unablässig aus verschiedenen Blickwinkeln erfragt, und er musste sich notgedrungen anstrengen, um eine passende Antwort zu geben. Mit jener schnellen und wahrheitsgetreuen Wahrnehmung, die ihre Schwestern in allen Zeitaltern der Welt dazu gebracht hat, sich zu Füßen der Reformer zu versammeln und sie zu unterstützen, waren die vornehmen Damen Englands 2 die Ersten, die ihn ermutigten und stärkten, sich einen Weg zu bahnen, der seinen Kräften und Energien entsprach, in dem lebenslangen Kampf gegen Sklaverei und Kastenwesen, dem er sich verpflichtet hatte. Und ein bewegender Gedanke, untrennbar mit der britischen Idee des Evangeliums der Freiheit verbunden, muss ihm von allen Seiten ins Ohr geschallt haben –

Erbsklaven! Wisst ihr nicht,
wer frei sein möchte, wenn er selbst den Schlag führen müsste?

Das Ergebnis dieses Besuchs war, dass er nach seiner Rückkehr in die Vereinigten Staaten eine Zeitung gründete. Dieses Vorgehen widersprach den Wünschen und dem Rat der Führer der American Anti-Slavery Society, aber unser Autor war voll und ganz von einer Wahrheit überzeugt, die sie einst verkündet, jetzt aber vergessen hatten, nämlich dass die Farbigen in ihrer eigenen Erhebung – Selbsterhebung – einen Schlag gegen Sklaverei und Kastenwesen „auf eigene Faust" führen können. Obwohl er sich in dieser Angelegenheit von seinen Bostoner Freunden unterschied, seine eigenen Fähigkeiten nicht ernst nahm und sich von ihnen abbringen ließ, ist die Loyalität, mit der er in allen anderen Dingen und sogar in dieser Sache an ihren Prinzipien festhielt, wunderbar.

Nun kam die Stunde der Entscheidung. Ohne herzliche Unterstützung von irgendeiner großen Gruppe von Menschen oder Parteien auf dieser Seite des Atlantiks und zu weit entfernt von der Gegend und zu weit entfernt von unmittelbarem Interesse, um nach dem, was auf der anderen Seite bereits getan wurde, noch viel mehr zu erwarten, stellte er sich fast allein der mühsamen Arbeit und den hohen Kosten eines Herausgebers und Dozenten. Die Garrison-Partei, der er noch immer angehörte, wollte keine *farbige* Zeitung – es roch nach *Kaste*; von der Liberty-Partei konnte man kaum erwarten, dass sie einem Mann herzliche Unterstützung zukommen ließ, der ihre Prinzipien wie mit einem Hammer zerschlug; und die große Kluft, die die freien Farbigen von den Garrisonianern trennte, trennte sie auch von ihrem Bruder Frederick Douglass.

Die mühevolle Natur seiner Arbeit seit der Gründung seiner Zeitung kann man daran erkennen, dass Anti-Sklaverei-Zeitungen in den Vereinigten Staaten, selbst wenn sie Organe von Anti-Sklaverei-Parteien sind und von diesen unterstützt werden, mit einer einzigen Ausnahme keine Ausgaben bezahlt haben. Herr Douglass hat seine Zeitung ohne die Unterstützung einer Partei und sogar trotz des Widerstands derjenigen geführt, von denen er Rat und Ermutigung erwarten durfte. Er war in den letzten sieben Jahren gleichzeitig und fast ununterbrochen gezwungen, als Herausgeber Material für die Kolumnen der Zeitung beizusteuern und als Dozent Geld für deren Unterstützung zu sammeln. Man kann mit Fug und Recht behaupten, dass er für die Veröffentlichung dieser Zeitung zwölftausend Dollar seines eigenen hart verdienten Geldes ausgegeben hat, eine größere Summe, als eine einzelne Person für die allgemeine Förderung der farbigen Bevölkerung gespendet hat. Es gab viele andere Zeitungen, die von Farbigen herausgegeben und redigiert wurden, angefangen im Jahr 1827, als der Reverend Samuel E. Cornish und John B. Russworm (ein Absolvent des Bowdoin College und später Gouverneur von Cape Palmas) in New York

City das *Freedom's Journal herausgaben* . Wahrscheinlich wurden in den Vereinigten Staaten nicht weniger als einhundert Zeitungsunternehmen von freien Farbigen gegründet, die frei geboren waren und von denen einige über eine gute Bildung und gute Begabung für diese Arbeit verfügten. Aber sie sind eines nach dem anderen gescheitert, obwohl in mehreren Fällen Freunde der Sklavereigegner zu ihrer Unterstützung beitrugen. 3 Man hatte die Herausgabe einer farbigen Zeitung fast als undurchführbar aufgegeben, als Mr. Douglass, der von allen seinen Konkurrenten die geringsten Vorteile hatte, es versuchte und bewies, dass es durchaus durchführbar und darüber hinaus von großem Nutzen für die Öffentlichkeit ist. Diese Zeitung unterstützt nicht nur diejenigen, denen sie besonders am Herzen liegt, sondern liefert auch unwiderlegbare Beweise für die Gerechtigkeit, Sicherheit und Durchführbarkeit der sofortigen Emanzipation. es ist darüber hinaus ein Beweis für den immensen Verlust, den die Sklaverei dem Land zufügt, während sie Kräfte wie die seinen zur erblichen Erniedrigung durch die Sklaverei verdammt.

In dieser Einleitung wurde gesagt, dass Mr. Douglass sich durch seine eigenen Bemühungen die höchste Position in der Gesellschaft erarbeitet hat. Als erfolgreicher Redakteur nimmt er in unserem Land diese Position ein. Unsere Redakteure regieren das Land, und er ist einer von ihnen. Als Redner und Denker hat er in der Meinung seiner Landsleute eine ebenso hohe Position. Wenn ein Fremder in den Vereinigten Staaten nach den bedeutendsten Männern sucht – den Bewegern der öffentlichen Meinung –, findet er ihre Namen erwähnt und ihre Aktivitäten unter der Überschrift „PER MAGNETTELEGRAF" in den Tageszeitungen aufgezeichnet. Die eifrigen Befürworter der öffentlichen Aufmerksamkeit haben in dieser Spalte nur solche Männer aufgeführt, die in der öffentlichen Wertschätzung hohes Ansehen erlangt haben. Im vergangenen Winter – 1854/55 – wurde Frederick Douglass in den Tageszeitungen unter dieser Überschrift sehr häufig erwähnt; sein Name glitt so oft – diese Woche aus Chicago, nächste Woche aus Boston – über die Blitzableiter wie der Name jedes anderen Mannes, egal wie bedeutend er auch sein mag. Zu keinem anderen Menschen sagte das Volk offener und ernsthafter: *„Sag mir, was du denkst!"* Und irgendwie schien ihm die Revolution zu folgen. Seine Worte waren nicht bloß die beredten Worte, von denen Kossuth spricht, die das Ohr erfreuen und dann vergehen. Nein! Es waren *brauchbare* , *umsetzbare* Worte, die Früchte trugen in der Revolution in Illinois und in der Verabschiedung der Wahlrechtsbeschlüsse durch die Versammlung von New York.

Und was ist das Geheimnis seiner Macht? Er ist ein repräsentativer amerikanischer Mensch – ein Typ seiner Landsleute. Naturforscher sagen uns, dass ein erwachsener Mensch ein Ergebnis oder ein Repräsentant der gesamten belebten Natur auf diesem Globus ist; angefangen beim frühen

Embryostadium, dann die niedrigsten Formen organischen Lebens repräsentierend, 4 und durch jede untergeordnete Stufe oder Art hindurch, bis er die letzte und höchste erreicht – das Mannesalter. In ähnlicher Weise und in vollem Umfang hat Frederick Douglass jede Rangstufe durchlaufen, die unsere nationale Zusammensetzung ausmacht, und trägt in seiner Person und in seiner Seele alles, was amerikanisch ist. Und er hat nicht nur volle Sympathie für alles Amerikanische; seine Neigung oder sein Hang zu aktiver Arbeit und sichtbarem Fortschritt sind streng national ausgerichtet und erfreuen sich daran, „die gesamte Schöpfung" zu überflügeln.

Auch die natürlichen Gaben, die bereits als seine bezeichnet wurden, haben durch seine strenge Ausbildung nichts verloren. Wenn er nicht angeregt wird, sind seine geistigen Prozesse wahrscheinlich langsam, aber er hat eine außergewöhnlich klare Wahrnehmung und einen weiten Blick, und sein unfehlbares Gedächtnis bringt alle Fakten in jeder Hinsicht zum Vorschein; Ungereimtheiten greift er unbeirrt auf und hält sie an der Spitze seines scharfen und treffenden Witzes. Aber dieser Witz verkommt nie zur Frivolität; er bleibt seinem wahren gesunden Menschenverstand treu und wird immer zur Veranschaulichung oder zum Beweis eines Punktes verwendet, der auf andere Weise nicht so leicht erreicht werden könnte. „Hüte dich vor einem Yankee, wenn er frisst", ist ein Pfeil, der in eine Angelegenheit einschlägt, die noch nie zuvor durch Satire so offengelegt wurde. „Die Ansichten der Garrisonianer zur Trennung würden, wenn sie erfolgreich umgesetzt würden, die Menschen des Nordens nur in dieselbe Beziehung zur amerikanischen Sklaverei stellen, die sie jetzt zur Sklaverei in Kuba oder Brasilien haben", ist eine Aussage in wenigen Worten, die das Ergebnis und den Beweis eines Arguments enthält, das Seiten füllen könnte, aber weder überzeugender sein noch in weniger eingängiger Form dargelegt werden könnte. Als Beweis dafür kann ich sagen, dass es, nachdem es den Garrisonianern im März in gedruckter Form vorgelegt wurde, vor ihnen bei ihrer Geschäftssitzung im Mai wiederholt wurde – die Plattform *par excellence*, auf der sie alle zum freien Kampf *à l'outrance einladen* . Es wurde in den klaren, klingenden Tönen verkündet, von denen die Halle der Schilde früher zu erschallen pflegte, doch weder Garrison noch Phillips noch May noch Remond noch Foster noch Burleigh, mit seinem feinen Stahl von „der Härte des Eisbachs", wagten es, eine Lanze darauf zu zerbrechen! Die Theorie der Auflösung der Union als Mittel zur Abschaffung der amerikanischen Sklaverei wurde auf den Lippen ihrer Initiatoren und in Anwesenheit einer Reihe von Verteidigern, die die schärfsten Köpfe des Landes umfassten, zum Schweigen gebracht.

*„Der Mann, der Recht hat, ist die Mehrheit"*ist ein Aphorismus, den Mr. Douglass bei der großen Versammlung der Freunde der Freiheit in Pittsburgh im Jahr 1852 prägte, wo er zu den Größten gehörte, weil er mit Fähigkeiten

ausgestattet war, die keinem nachstanden und tiefer bewegt waren als jeder andere, und es weder Politik noch Partei gab, die die Ergüsse seiner Seele behindern konnten. So finden wir, im Gegensatz zu allen Nachteilen, unter denen ein schwarzer Mann in den Vereinigten Staaten arbeitet und kämpft, diesen einen Vorteil – wenn sich die Chance bietet und das Publikum, in dem er zu Wort kommen kann, steht er als der freieste, am tiefsten bewegte und ernsthafteste aller Menschen da.

Von Mr. Douglass wurde gesagt, dass seine deskriptiven und deklamatorischen Fähigkeiten, die als von allerhöchster Güte gelten, seinen logischen Fähigkeiten überlegen seien. Während die Schulen ihn in der Darstellung der Formeln der deduktiven Logik hätten ausbilden können, zwangen ihn Natur und Umstände dazu, die höheren Fähigkeiten zu üben, die die Induktion erfordert. Die ersten neunzig Seiten dieses „Lebens in Knechtschaft" bieten Beispiele für Beobachtung, Vergleich und sorgfältige Klassifizierung von so überlegenem Charakter, dass es schwerfällt, zu glauben, dass sie das Ergebnis des Denkens eines Kindes sind; er stellt der Erde und den Kindern und Sklaven um ihn herum immer wieder Fragen und wendet sich schließlich an *„Gott im Himmel",* um das Warum und Weshalb der unnatürlichen Sklaverei zu erfahren. *„Ja, wenn du es wirklich bist, warum lässt du zu, dass wir getötet werden?"* ist das einzige Gebet und die einzige Anbetung der gottverlassenen Dodos im Herzen Afrikas. Fast dasselbe war sein Gebet. Eine seiner ersten Beobachtungen war, dass weiße Kinder ihr Alter kennen sollten, während die farbigen Kinder es nicht wussten. Und die Lieder der Sklaven gingen ihm auf der tiefsten Seele auf die Nerven, weil ihm etwas sagte, dass Klangharmonie und Musik des Geistes nicht mit erbärmlicher Erniedrigung vereinbar seien.

Für einen solchen Geist sind die gewöhnlichen Prozesse der logischen Deduktion wie der Beweis, dass zwei mal zwei vier ergibt. Wenn man die Zwischenschritte durch einen intuitiven Blick meistert oder auf sie zurückgreift, wie Ferguson auf die Geometrie zurückgriff, gelangt man zu den tieferen Zusammenhängen der Dinge und bringt Dinge zum Vorschein, die manchen wie bloße Feststellungen erscheinen mögen, die aber neue und brillante Verallgemeinerungen sind, die alle auf einer breiten und stabilen Basis beruhen. So verkündete Oberrichter Marshall seine Entscheidungen und forderte dann Bruder Story auf, die Autoritäten nachzuschlagen – und sie unterschieden sich nie von ihm. So präsentiert auch Mr. Douglass in seiner „Vorlesung über die Anti-Sklaverei-Bewegung", die er vor der Rochester Ladies' Anti-Slavery Society hielt, eine Fülle von Gedanken, die, ohne dass er seine Logik zur Schau stellt, vom Leser eine Übung seiner Denkfähigkeiten erfordert, um mit ihm Schritt zu halten. Und seine „Claims of the Negro Ethnologically Considered" sind voller neuer und frischer Gedanken über die aufkommende Wissenschaft der Rassengeschichte.

Wenn, wie bereits erwähnt, sein Intellekt langsam ist, wenn er nicht angeregt wird, so ist er doch am raschesten und schnellsten, wenn er völlig erregt ist. Gedächtnis, Logik, Witz, Sarkasmus, beleidigendes Pathos und kühne Bilder von seltener struktureller Schönheit sprudeln wie aus einer ergiebigen Quelle, doch jedes an seinem richtigen Platz und trägt dazu bei, ein Ganzes zu bilden, das in sich großartig und doch in den kleinsten Proportionen vollständig ist. Es ist äußerst schwierig, ihn in eine Ecke zu drängen, denn er nimmt seine Positionen so bewusst ein, dass man selten einen Punkt darin findet, der nicht vorsätzlich verteidigt wird. Professor Reason erzählt mir Folgendes: „Bei einem kürzlichen öffentlichen Besuch in Philadelphia und in einer Versammlung, die hauptsächlich aus seinen farbigen Brüdern bestand, schlug Mr. Douglass einen Vergleich der Ansichten in den Angelegenheiten der Beziehungen und Pflichten ,unseres Volkes' vor; er war der Ansicht, dass Vorurteile das Ergebnis der Umstände seien und durch die Bemühungen der Erniedrigten selbst überwunden werden könnten. Ein anwesender Herr, der sich durch logischen Scharfsinn und Feinsinn auszeichnete und einen nicht unerheblichen Teil der letzten 25 Jahre dem Studium und der Erörterung dieser Frage gewidmet hatte, vertrat die gegenteilige Ansicht, dass Vorurteile angeboren und unbesiegbar seien. Er beendete eine Reihe gut aufeinander abgestimmter sokratischer Fragen an Herrn Douglass mit der folgenden: „Wenn die Legislative in Harrisburgh morgen früh aufwachen und feststellen würde, dass die Haut aller Menschen schwarz und ihr Haar kraus ist, was könnten sie tun, um die Vorurteile zu beseitigen?" „Sofort Gesetze verabschieden, die schwarzen Männern alle bürgerlichen, politischen und sozialen Privilegien zusprechen", war die sofortige Antwort – und die Fragen hörten auf."

Das bemerkenswerteste geistige Phänomen bei Herrn Douglass ist sein Schreib- und Redestil. Im März 1855 hielt er im Plenarsaal eine Rede vor den Mitgliedern der Legislative des Staates New York. Ein Augenzeuge5 beschreibt das dicht gedrängte und äußerst intelligente Publikum und seine gespannte Aufmerksamkeit für den Redner als die großartigste Szene, die er je im Kapitol erlebt habe. Zu denen, deren Augen zweieinhalb Stunden lang auf den Redner gerichtet waren, gehörten Thurlow Weed und Vizegouverneur Raymond; letzterer rief am Ende der Rede einem Freund zu: „Ich würde zwanzigtausend Dollar geben, wenn ich diese Rede auf diese Weise halten könnte." Herr Raymond ist ein erstklassiger Absolvent von Dartmouth, ein aufstrebender Politiker, der in der Legislative eine führende Rolle spielt; natürlich muss sein Ideal der Redekunst von höchster Eleganz und Vollkommenheit sein.

Der Schreibstil von Mr. Douglass ist für mich ein intellektuelles Rätsel. Die Kraft, der Reichtum und die Prägnanz lassen sich leicht erklären, denn der Stil eines Mannes ist der Mann; aber wie sollen wir die seltene Eleganz seines

Schreibstils erklären, der bei kritischster Betrachtung das Ergebnis sorgfältiger früher Bildung unter den besten Klassikern unserer Sprache zu sein scheint; er ist dem Stil von Hugh Miller ebenbürtig, wenn nicht sogar besser, der das Wunder des britischen Literaturpublikums war, bis er das Geheimnis in der interessantesten Autobiografie entschlüsselte. Aber Frederick Douglass war noch dabei, die Nähte der Baltimore-Klipper zu kalfatern, und hatte in dem Alter, in dem Millers Stil bereits geformt war, nur einen „Pass" geschrieben.

Ich fragte William Whipper aus Pennsylvania, den oben erwähnten Herrn, ob er glaube, dass Mr. Douglass' Kraft von der negroiden oder der sogenannten kaukasischen Seite seines Wesens geerbt habe. Nach einigem Nachdenken antwortete er freimütig: „Ich muss zugeben, obwohl es mir leid tut, dass das Kaukasische überwiegt." Damals hätte ich ihm beinahe zugestimmt; aber die im ersten Teil dieser Arbeit geschilderten Fakten werfen ein anderes Licht auf diese interessante Frage.

Wir bleiben im Dunkeln, wer der väterliche Vorfahre unseres Autors war; eine Tatsache, die im Allgemeinen für die Romulus und Remus gilt, die die neue Geburt unserer Republik einleiten werden. Da es keine Zeugenaussagen von der kaukasischen Seite gibt, müssen wir abwarten, welche Beweise von der anderen Seite des Hauses vorgelegt werden.

„Meine Großmutter war, obwohl schon in fortgeschrittenem Alter, * * * noch immer eine Frau voller Kraft und Temperament. Sie hatte eine wunderbar gerade Figur, war elastisch und muskulös." (S. 46.)

Nachdem er ihr Geschick beim Bau von Netzen, ihre Ausdauer bei deren Verwendung und ihren weitverbreiteten Ruhm in der Landwirtschaft beschrieben hat, fügt er hinzu: „Sie hatte den Ruf, mit Glück geboren worden zu sein – wie es jedem sorgfältigen und sparsamen Menschen passieren kann, der in einer unwissenden und leichtsinnigen Nachbarschaft lebt." Und seine Großmutter war eine schwarze Frau.

„Meine Mutter war groß und wohl proportioniert; sie hatte einen tiefschwarzen, glänzenden Teint, regelmäßige Gesichtszüge und war im Umgang mit anderen Sklaven bemerkenswert gesetzt." „Da sie eine Feldarbeiterin war, musste sie zwölf Meilen laufen und zwischen Einbruch der Nacht und Tagesanbruch zurückkehren, um ihre Kinder zu sehen" (S. 54). „Ich werde nie den unbeschreiblichen Ausdruck ihres Gesichts vergessen, als ich ihr sagte, dass ich seit dem Morgen nichts gegessen hatte. * * * In ihrem Blick auf mich lag Mitleid und gleichzeitig eine glühende Empörung über Tante Katy; * * * * sie hielt Tante Katy eine Vorlesung, die sie nie vergaß." (S. 56). „Nach dem Tod meiner Mutter erfuhr ich, dass sie lesen konnte und dass sie die *einzige* von allen Sklaven und Farbigen in Tuckahoe war, die diesen Vorteil hatte. Wie sie dieses Wissen erlangte, weiß ich nicht, denn Tuckahoe ist der letzte Ort auf der Welt, an dem sie die Möglichkeit zum Lernen finden würde." (S. 57) „In *Prichards Natural History of Man ist* auf Seite 157 der Kopf einer Figur abgebildet, deren Züge denen meiner Mutter so sehr ähneln, dass ich oft mit einem ähnlichen Gefühl daran zurückdenke, wie es vermutlich auch andere empfinden, wenn sie Bilder von lieben Verstorbenen betrachten." (S. 52).

Der erwähnte Kopf ist eine Kopie der Statue von Ramses dem Großen, einem ägyptischen König der 19. Dynastie. Die Autoren von *Types of Mankind* zeigen auf Seite 148 eine Seitenansicht derselben und bemerken, dass das Profil „wie das von Napoleon ausgesprochen europäisch ist!" Die große Ähnlichkeit mit Mr. Douglass' Mutter beruht auf seinem Gedächtnis und angesichts seiner fast schon erstaunlichen Gedächtnisleistung bei den in diesem Buch aufgezeichneten Formen und Umrissen kann diese Aussage akzeptiert werden.

Diese Tatsachen zeigen, dass er seine Energie, Ausdauer, Beredsamkeit, Beschimpfungen, Scharfsinnigkeit und große Sympathie seinem Negerblut zu verdanken hat. Das Wunder seines Stils scheint eine Weiterentwicklung jenes anderen Wunders zu sein – wie seine Mutter lesen lernte. Die Vielseitigkeit seines Talents, die er gemeinsam mit Dumas, Ira Aldridge und Miss Greenfield besitzt, scheint das Ergebnis der Veredelung des Angelsächsischen mit gutem, ursprünglichem Negerstamm zu sein. Wenn die Freunde des „Kaukasus" für diese Region das beanspruchen möchten, was nach dieser Analyse übrig bleibt – nämlich Kombination –, dann ist ihnen das willkommen. Sie werden mir verzeihen, wenn ich sie daran erinnere, dass der Begriff „kaukasisch" von neueren ethnologischen Autoren fallengelassen wurde; denn die Menschen rund um den Kaukasus sind und waren schon immer Mongolen. Die große „weiße Rasse" sucht jetzt laut Dr. Pickering in Arabien nach Vaterschaft – „Arida Nutrix" der besten Pferderasse usw. Machen Sie weiter, meine Herren. Sie werden sich bald in Afrika wiederfinden . Die Ägypter waren wie die Amerikaner eine *gemischte Rasse* , und sowohl um den Thron als auch in den Lehmhütten floss etwas Negerblut.

Dies ist der richtige Ort, um über unseren Autor zu bemerken, dass dieselbe starke Selbstsicherheit, die ihn dazu brachte, seine Kräfte mit Mr. Covey zu messen und sich aus der Umarmung der Garrisonians zu befreien, und die ihn durch viele Widerstände gegen die persönlichen Demütigungen trug, die ihm als Farbiger zugefügt wurden, manchmal zu einer Überempfindlichkeit gegenüber solchen Angriffen wird, denen Männer seines Schlages auf dem Papier ausgesetzt sind. Scharfe und skrupellose Gegner haben versucht, ihn in diese Richtung zu drängen, und das nicht ohne Erfolg; denn sie wissen genau, dass er zurückschlagen wird, wenn er angegriffen wird.

Nicht ohne Stolz, lieber Leser, präsentiere ich Ihnen dieses Buch. Als Sohn einer selbstbefreiten Leibeigenen freue ich mich, Ihnen meinen Bruder vorzustellen, der seine eigenen Fesseln gelöst hat und der in jeder Beziehung – als Staatsmann, als Ehemann und als Vater – dem Land, in dem er geboren wurde, Ehre erweist. Ich werde dieses Buch in die Hände des einzigen Kindes legen, das mir verschont geblieben ist, und es auffordern, sich anzustrengen und seinem edlen Beispiel nachzueifern. Sie können das Gleiche tun. Es ist ein amerikanisches Buch für Amerikaner im wahrsten Sinne des Wortes. Es zeigt, dass die schlechtesten unserer Institutionen in ihrer schlimmsten Form Energie, Wahrhaftigkeit und ernsthaften Kampf für das Recht nicht unterdrücken können. Es beweist die Gerechtigkeit und Durchführbarkeit der sofortigen Emanzipation. Es zeigt, dass jeder Mann in unserem Land, „egal in welcher Schlacht seine Freiheit geraubt wurde, * * * * egal welche Hautfarbe eine indianische oder afrikanische Sonne auf ihn gebrannt hat", nicht nur „erlöst und entfesselt hervortreten" kann, sondern auch als Kandidat für das höchste Wahlrecht eines großen Volkes auftreten kann – als Tribut seiner ehrlichen, herzlichen Bewunderung. Leser, *Vale!*
New York

JAMES M'CUNE SMITH

KAPITEL I.
Kindheit

GEBURTSORT – CHARAKTER DES BEZIRKS – TUCKAHOE –
HERKUNFT DES NAMENS – CHOPTANK RIVER – GEBURTZEIT
– STAMMBÄUME – ART DER ZEITZÄHLUNG – NAMEN DER
GROSSELTERN – IHRE STELLUNG – GROSSMUTTER
BESONDERS GESCHÄTZT – „ZUM GLÜCK GEBOREN" –
SÜSSKARTOFFELN – ABERGLAUBE – DIE BLOCKHÜTTE –
IHRE REIZVOLL – KINDER TRENNEN – MEINE TANTEN –
IHRE NAMEN – ERSTE ERFAHRUNG, EIN SKLAVE ZU SEIN –
ALTER HERR – Kummer und Freude der Kindschaft –
VERGLEICHENDES GLÜCK DES SKLAVENJUNGEN UND DES
SOHN EINES SKLAVENHALTERS.

In Talbot County, Eastern Shore, Maryland, in der Nähe von Easton, der
Hauptstadt dieses Countys, gibt es eine kleine, dünn besiedelte Gegend, die
meines Wissens nach aus nichts anderem bemerkenswert ist als dem
ausgelaugten, sandigen, wüstenartigen Aussehen ihres Bodens, der
allgemeinen Baufälligkeit ihrer Bauernhöfe und Zäune, dem mittellosen und
mutlosen Charakter ihrer Bewohner und der Häufigkeit von Schüttelfrost
und Fieber.

Der Name dieses besonders wenig vielversprechenden und wahrhaftig von
einer Hungersnot heimgesuchten Bezirks ist Tuckahoe, ein Name, der allen
Marylandern, schwarzen und weißen, wohlbekannt ist. Dieser Teil des
Landes wurde ihm wahrscheinlich zunächst nur aus Spott gegeben; oder er
wurde, wie ich gehört habe, möglicherweise darauf angewendet, weil sich
einer seiner früheren Bewohner der kleinlichen Gemeinheit schuldig
gemacht hatte, eine Hacke zu stehlen – oder eine Hacke zu nehmen, die ihm
nicht gehörte. Die Leute von der Ostküste sprechen das Wort „ *take* "
gewöhnlich als „*tuck*" *aus;* „*Took-a-hoe*" heißt daher im Sprachgebrauch
Marylands „ *Tuckahoe* ". Doch was auch immer der Ursprung dieses Namens
sein mag – und darüber will ich mich nicht mit Sicherheit auskennen –, er ist
dem betreffenden Bezirk anhaftend geblieben; und er wird selten anders als
mit Verachtung und Spott erwähnt, wegen der Unfruchtbarkeit seines
Bodens und der Unwissenheit, Trägheit und Armut seiner Leute. Verfall und
Ruinen sind überall sichtbar und die dünne Bevölkerung des Ortes hätte ihn
schon vor langer Zeit verlassen, wenn da nicht der Choptank-Fluss wäre, der
durch ihn fließt und aus dem die Menschen Unmengen an Heringen und
Maifisch sowie viel Schüttelfrost und Fieber fangen.

In diesem langweiligen, flachen und verschwenderischen Bezirk oder Viertel,
umgeben von einer weißen Bevölkerung der niedrigsten Schicht, die träge

und sprichwörtlich betrunken war, und unter Sklaven, die jedes Mal, wenn sie eine Hacke in die Hand nahmen, zu fragen schienen: *„Ach, was soll das?"*, wurde ich – ohne jegliches Verschulden meinerseits – geboren und verbrachte hier die ersten Jahre meiner Kindheit.

Der Leser wird mir einiges über meinen Geburtsort verzeihen, denn es ist immer von einiger Bedeutung zu wissen, wo ein Mensch geboren wurde, wenn es überhaupt wichtig ist, etwas über ihn zu wissen. Was den *Zeitpunkt* meiner Geburt betrifft, kann ich nicht so genau sein wie über den *Ort*. Auch über meine Eltern kann ich nicht viel sagen. Stammbäume gedeihen unter Sklaven nicht. Eine Person von einiger Bedeutung hier im Norden, die manchmal als *Vater bezeichnet* wird, wird im Sklavenrecht und in der Sklavenpraxis buchstäblich abgeschafft. Nur ab und zu gibt es eine Ausnahme von dieser Aussage. Ich habe nie einen Sklaven getroffen, der mir sagen konnte, wie alt er war. Nur wenige Sklavenmütter wissen etwas über die Monate des Jahres oder die Tage des Monats. Sie führen keine Familienregister mit Heirats-, Geburts- und Sterbedaten. Sie messen das Alter ihrer Kinder nach Frühlingszeit, Winterzeit, Erntezeit, Pflanzzeit und dergleichen; aber diese sind bald nicht mehr zu unterscheiden und werden vergessen. Wie andere Sklaven kann ich nicht sagen, wie alt ich bin. Diese Armut gehörte zu meinen frühesten Problemen. Als ich heranwuchs, erfuhr ich, dass mein Herr – und das ist bei Herren im Allgemeinen der Fall – keine Fragen zuließ, anhand derer ein Sklave sein Alter erfahren konnte. Solche Fragen galten als Beweis für Ungeduld oder sogar unverschämte Neugier. Aus bestimmten Ereignissen, deren Daten ich inzwischen erfahren habe, schließe ich jedoch, dass ich ungefähr im Jahr 1817 geboren wurde.

Meine ersten Erfahrungen im Leben, an die ich mich jetzt erinnere – und ich erinnere mich nur verschwommen –, begannen in der Familie meiner Großmutter und meines Großvaters, Betsey und Isaac Baily. Sie waren schon recht weit fortgeschritten und lebten schon lange an dem Ort, an dem sie damals wohnten. Sie galten in der Nachbarschaft als alte Siedler, und aus bestimmten Umständen schließe ich, dass vor allem meine Großmutter hoch geschätzt wurde, weit höher als die meisten Farbigen in den Sklavenstaaten. Sie war eine gute Krankenschwester und eine hervorragende Helferin beim Herings- und Heringsfang; und diese Netze waren nicht nur in Tuckahoe, sondern auch in den Nachbardörfern Denton und Hillsboro sehr gefragt. Sie war nicht nur gut im Netzemachen, sondern auch ziemlich berühmt für ihr Glück beim Fang der erwähnten Fische. Ich habe erlebt, dass sie den halben Tag im Wasser verbrachte. Großmutter war auch bei der Konservierung von Süßkartoffelsetzlingen vorsichtiger als die meisten ihrer Nachbarn, und es geschah ihr – wie es jeder sorgfältigen und sparsamen Person in einer unwissenden und nachlässigen Gemeinde passieren wird –, dass sie den Ruf hatte, „Glück" zu haben. Ihr „Glück" verdankte sie der außerordentlichen

Sorgfalt, mit der sie darauf achtete, dass die saftige Wurzel beim Graben nicht gequetscht wurde, und sie vor dem Frost schützte, indem sie sie während der Wintermonate tatsächlich unter dem Kamin ihrer Hütte vergrub. Als die Süßkartoffeln gepflanzt wurden, wurde „Großmutter Betty", wie sie im Volksmund genannt wurde, in alle Richtungen gerufen, nur um die Setzlinge in die Hügel zu pflanzen; denn der Aberglaube besagte, dass „Großmutter Betty sie beim Pflanzen nur berührt, sie mit Sicherheit wachsen und gedeihen werden". Dieser hohe Ruf war für sie und die Kinder um sie herum von großem Nutzen. Obwohl es in Tuckahoe nur wenige gute Dinge des Lebens gab, bekam Großmutter doch reichlich davon in Form von Geschenken. Wenn nach ihrer Pflanzung gute Kartoffelernten kamen, wurde sie von denen, für die sie gepflanzt hatte, nicht vergessen; und so wie andere sich an sie erinnerten, so erinnerte sie sich auch an die hungrigen Kleinen um sie herum.

Die Wohnung meiner Großmutter und meines Großvaters hatte keine großen Ansprüche. Es war eine Blockhütte oder ein Blockhaus, gebaut aus Lehm, Holz und Stroh. Von Weitem ähnelte es – obwohl es kleiner, weniger geräumig und weniger solide war – den Hütten, die in den Weststaaten von den ersten Siedlern errichtet wurden. Für die Augen meines Kindes war es jedoch ein edles Gebäude, das hervorragend dazu geeignet war, den Komfort und die Bequemlichkeit seiner Bewohner zu fördern. Ein paar grobe Zaunlatten aus Virginia, die lose über die Dachsparren geworfen waren, erfüllten den dreifachen Zweck als Fußboden, Decke und Bettgestell. Natürlich konnte man dieses obere Zimmer nur über eine Leiter erreichen – aber was in aller Welt könnte zum Klettern besser sein als eine Leiter? Für mich war diese Leiter wirklich eine großartige Erfindung und besaß einen gewissen Charme, als ich mit Vergnügen auf ihr herumspielte. In dieser kleinen Hütte lebte eine große Kinderfamilie: Ich wage nicht zu sagen, wie viele. Meine Großmutter – ob sie zu alt für den Außendienst war oder weil sie in jungen Jahren die Pflichten ihres Standes so treu erfüllt hatte, weiß ich nicht – genoss das hohe Privileg, in einer Hütte zu leben, abgetrennt vom Quartier, ohne andere Lasten als ihren eigenen Unterhalt und die notwendige Betreuung der kleinen Kinder zu tragen. Sie hielt es offensichtlich für ein großes Glück, so zu leben. Die Kinder waren nicht ihre eigenen, sondern ihre Enkel – die Kinder ihrer Töchter. Sie hatte Freude daran, sie um sich zu haben und sich um ihre wenigen Bedürfnisse zu kümmern. Die Praxis, Kinder von ihrer Mutter zu trennen und letztere über Entfernungen zu vermieten, die zu groß sind, um sie sich außer in großen Abständen treffen zu lassen, ist ein markantes Merkmal der Grausamkeit und Barbarei des Sklavensystems. Aber es steht im Einklang mit dem großen Ziel der Sklaverei, das immer und überall darin besteht, den Menschen auf eine Stufe mit dem Tier zu stellen. Es ist eine erfolgreiche Methode, aus dem Geist und dem Herzen des Sklaven alle berechtigten Vorstellungen von der Heiligkeit der *Familie* als Institution auszulöschen.

Da die meisten Kinder in diesem Fall jedoch die Kinder der Töchter meiner Großmutter waren, hatten sie eine bessere Chance, die Begriffe Familie und die gegenseitigen Pflichten und Vorteile der Verwandtschaft zu verstehen, als wenn man Kinder dort unterbringt – denn oft sind sie in den Händen von Fremden, die sich nicht um sie kümmern, abgesehen von den Wünschen ihrer Herren. Die Töchter meiner Großmutter waren fünf an der Zahl. Ihre Namen waren JENNY, ESTHER, MILLY, PRISCILLA und HARRIET. Die letztgenannte Tochter war meine Mutter, über die der Leser später mehr erfahren wird.

Als ich hier mit meiner lieben alten Großmutter und meinem Großvater lebte, dauerte es lange, bis ich erkannte, dass ich *ein Sklave war*. Bevor ich das wusste, wusste ich viele andere Dinge. Großmutter und Großvater waren für mich die großartigsten Menschen der Welt; und da ich so behaglich mit ihnen in ihrer eigenen kleinen Hütte war – ich nahm an, es war ihre eigene – und keine höhere Autorität über mich oder die anderen Kinder kannte als die Autorität der Großmutter, gab es eine Zeit lang nichts, was mich stören konnte; aber als ich größer und älter wurde, erfuhr ich nach und nach die traurige Tatsache, dass die „kleine Hütte" und das Grundstück, auf dem sie stand, nicht meinen lieben alten Großeltern gehörten, sondern jemandem, der weit entfernt lebte und den die Großmutter „ALTER HERR" nannte. Ich erfuhr außerdem die traurigere Tatsache, dass nicht nur das Haus und das Grundstück, sondern auch die Großmutter selbst (Großvater war frei) und alle kleinen Kinder um sie herum dieser mysteriösen Person gehörten, die die Großmutter mit allen Zeichen der Ehrerbietung „Alter Herr" nannte. So früh begannen Wolken und Schatten auf meinen Weg zu fallen. Als ich der Sache erst einmal auf die Spur gekommen war – Probleme kommen nie allein –, dauerte es nicht lange, bis ich eine weitere Tatsache herausfand, die mein kindliches Herz noch mehr schmerzte. Man sagte mir, dass dieser „alte Herr", dessen Name anscheinend immer mit Furcht und Schaudern erwähnt wurde, den Kindern nur für eine begrenzte Zeit erlaubte, bei der Großmutter zu leben, und dass sie, sobald sie groß genug waren, sofort weggebracht wurden, um bei dem besagten „alten Herrn" zu leben. Das waren in der Tat beunruhigende Enthüllungen; und obwohl ich viel zu jung war, um die volle Bedeutung dieser Nachricht zu begreifen, und meine Kindheitstage meist mit lustigen Spielen mit den anderen Kindern verbrachte, befiel mich ein Anflug von Unruhe.

Die absolute Macht dieses fernen „alten Meisters" hatte meinen jungen Geist nur mit der Spitze seines kalten, grausamen Eisens berührt und mir nach dem Spiel und in Momenten der Ruhe etwas hinterlassen, worüber ich grübeln konnte. Großmama war damals tatsächlich alles für mich; und der

Gedanke, längere Zeit von ihr getrennt zu sein, war mehr als ein unwillkommener Eindringling. Es war unerträglich.

Kinder haben ebenso ihre Sorgen wie Männer und Frauen, und es wäre gut, dies im Umgang mit ihnen nicht zu vergessen. Sklavenkinder *sind* Kinder und bilden keine Ausnahme von der allgemeinen Regel. Die Gefahr, von meiner Großmutter getrennt zu sein und sie selten oder nie wiederzusehen, verfolgte mich. Ich fürchtete mich vor dem Gedanken, bei diesem mysteriösen „alten Herrn" zu leben, dessen Namen ich nie mit Zuneigung, sondern immer mit Furcht erwähnt hörte. Ich blicke darauf als einen der schwersten Sorgen meiner Kindheit zurück. Meine Großmutter! Meine Großmutter! Und die kleine Hütte und der fröhliche Kreis unter ihrer Obhut, aber besonders *sie*, die uns traurig machte, wenn sie uns nur für eine Stunde verließ, und uns bei ihrer Rückkehr freute – wie hätte ich sie und das gute alte Zuhause verlassen können?

Doch die Sorgen der Kindheit sind ebenso vergänglich wie die Freuden des Lebens danach. Nicht einmal die Sklaverei hat die Macht, mit einem einzigen Strich *unauslöschlichen* Kummer in das Herz eines Kindes zu schreiben.

Die Tränen, die über die Wangen der Kindheit fließen,
sind wie der Tautropfen auf der Rose. Wenn das nächste Mal die Sommerbrise kommt und den Busch wiegt, ist die Blume vertrocknet.

Letzten Endes gibt es kaum einen Unterschied zwischen dem Maß an Zufriedenheit, das das vernachlässigte Sklavenkind empfindet, und dem Kind des Sklavenhalters, das umsorgt und verhätschelt wird. Der Geist des Allgerechten hält gnädigerweise das Gleichgewicht für die Jungen.

Der Sklavenhalter, der von einer hilflosen Kindheit nichts zu befürchten hat, kann es sich leicht leisten, grausame Bestrafungen zu vermeiden; und wenn Kälte und Hunger den zarten Körper nicht quälen, sind die ersten sieben oder acht Jahre des Lebens des Sklavenjungen ungefähr so voll süßer Zufriedenheit wie die der beliebtesten und verhätscheltsten *weißen* Kinder des Sklavenhalters. Der Sklavenjunge entgeht vielen Problemen, die seinem weißen Bruder widerfahren und ihn quälen. Er muss sich selten Vorträge über angemessenes Verhalten oder über irgendetwas anderes anhören. Er wird nie dafür getadelt, dass er sein kleines Messer und seine kleine Gabel unsachgemäß oder ungeschickt handhabt, denn er benutzt keine. Er wird nie dafür getadelt, dass er das Tischtuch beschmutzt, denn er nimmt seine Mahlzeiten auf dem Lehmboden ein. Er hat nie das Unglück, bei seinen Spielen oder Sportarten seine Kleider zu beschmutzen oder zu zerreißen, denn er hat fast keine, die er beschmutzen oder zerreißen könnte. Von ihm wird nie erwartet, dass er sich wie ein netter kleiner Gentleman benimmt, denn er ist nur ein unhöflicher kleiner Sklave. So kann der Sklavenjunge, befreit von allen Zwängen, in seinem Leben und Verhalten ein echter Junge sein und tun, was immer seine jungenhafte Natur ihm eingibt; er kann abwechselnd alle seltsamen Mätzchen und Launen der Pferde, Hunde, Schweine und Hühner nachstellen, ohne in irgendeiner Weise seine Würde zu kompromittieren oder Vorwürfe irgendeiner Art auf sich zu ziehen. Er läuft buchstäblich wild herum; muss im Kinderzimmer keine hübschen kleinen Verse lernen; muss keine netten kleinen Reden für Tanten, Onkel oder Cousins halten, um zu zeigen, wie schlau er ist; und wenn er es nur schafft, den schweren Füßen und Fäusten der älteren Sklavenjungen aus dem Weg zu gehen, kann er mit seinen fröhlichen und schelmischen Streichen so glücklich weitertraben wie jeder kleine Heide unter den Palmen Afrikas. Natürlich wird er gelegentlich daran erinnert, wenn er auf dem Weg seines Herrn stolpert – und er lernt früh, dies zu vermeiden –, dass er sein *„Weißbrot" isst und dass er bald „Sehenswürdigkeiten" sehen* wird . Die Drohung ist bald vergessen; der Schatten verschwindet bald und unser schwarzer Junge rollt sich weiter im Staub oder spielt im Schlamm, wie es ihm am besten passt, und das in völliger Freiheit. Wenn er sich durch Schlamm oder Staub unwohl fühlt, ist die Luft rein; er kann in den Fluss oder den Teich springen, ohne sich ausziehen zu müssen oder Angst haben zu müssen, seine Kleidung nass zu machen; sein kleines Leinenhemd – denn das ist alles, was er anhat – lässt sich leicht trocknen und es musste genauso gewaschen werden wie seine Haut. Seine Nahrung ist von der gröbsten Art und besteht zum größten Teil aus Maismehlbrei, der oft in einer Austernschale vom Holztablett in seinen Mund gelangt. Seine Tage verbringt er, wenn das Wetter warm ist, an der frischen Luft und im hellen Sonnenschein. Er schläft immer in luftigen Räumen; er muss selten Pulver einnehmen oder dafür bezahlt werden, hübsche kleine, gezuckerte Pillen zu schlucken, um sein Blut zu reinigen oder seinen Appetit anzuregen. Er isst keine Bonbons, bekommt keine Stücke von Zuckerwürfeln, isst immer mit Freude; weint nur wenig, denn niemand kümmert sich um sein Weinen; lernt, seine blauen Flecken als geringfügig zu betrachten, weil andere sie auch so betrachten. Kurz gesagt, er ist während der meisten Zeit der ersten acht Jahre seines Lebens ein temperamentvoller, fröhlicher, ausgelassener und glücklicher Junge, auf den Sorgen wie Wasser auf den Rücken einer Ente fallen. Und ein solcher Junge war, soweit ich mich erinnern kann, der Junge, dessen Leben als Sklave ich jetzt erzähle.

KAPITEL II.
Aus meinem ersten Zuhause entfernt

DER NAME „OLD MASTER" EIN TERROR – COLONEL LLOYD'S PLANTAGE – WYE RIVER – WOHER DER NAME KOMMT – POSITION DER LLOYDS – ATTRAKTION ZU HAUSE – OPFER FÜR DAS TREFFEN – REISE VON TUCKAHOE NACH WYE RIVER – SZENE BEIM ERREICHEN VON OLD MASTER'S – ABFAHRT DER GROẞMUTTER – SELTSAME TREFFEN VON SCHWESTERN UND BRÜDERN – WEIGERUNG, SICH TRÖSTEN ZU LASSEN – SÜSSER SCHLAF.

Der mysteriöse Mensch, der im ersten Kapitel unter dem ominösen Titel „alter Herr" als Schreckensobjekt der Bewohner unserer kleinen Hütte erwähnt wird, war in Wirklichkeit ein Mann von ziemlicher Bedeutung. Er besaß mehrere Bauernhöfe in Tuckahoe, war Oberschreiber und Butler auf der Plantage von Oberst Edward Lloyd, hatte Aufseher auf seinen eigenen Bauernhöfen und gab den Aufsehern auf den Bauernhöfen von Oberst Lloyd Anweisungen. Diese Plantage liegt am Fluss Wye, der seinen Namen zweifellos von Wales erhielt, woher die Lloyds stammen. Sie (die Lloyds) sind eine alte und angesehene Familie in Maryland, die außerordentlich reich ist. Die Plantage, auf der sie vielleicht seit einem Jahrhundert oder länger leben, ist eine der größten, fruchtbarsten und am besten ausgestatteten des Staates.

Über diese Plantage und diesen seltsamen alten Herrn – der mehr als ein Mensch und schlimmer als ein Engel sein musste – kann sich der Leser leicht vorstellen, dass ich nicht nur neugierig, sondern auch begierig war, alles zu erfahren, was es zu erfahren gab. Leider für mich jedoch verstärkten alle Informationen, die ich über ihn bekommen konnte, meine große Angst, dorthin gebracht zu werden – von meiner Großmutter und meinem Großvater getrennt und ihres Schutzes beraubt zu werden. Es war offensichtlich eine großartige Sache, zu Col. Lloyd zu gehen; und ich war nicht ohne eine kleine Neugier, den Ort zu sehen; aber kein noch so großes Zureden konnte in mir den Wunsch wecken, dort zu bleiben. Tatsächlich war meine Angst, die kleine Hütte zu verlassen, so groß, dass ich für immer klein bleiben wollte, denn ich wusste, je größer ich wurde, desto kürzer würde mein Aufenthalt. Die alte Hütte mit ihrem Boden aus Lattenrost und Bettgestellen oben und ihrem Lehmboden unten, ihrem Schornstein aus Erde und den fensterlosen Seitenwänden und dieser höchst eigentümlichen Arbeit, die vor dem Kamin gegraben worden war, unter die Großmutter die Süßkartoffeln legte, um sie vor dem Frost zu schützen, war MEIN ZUHAUSE – das einzige Zuhause, das ich je hatte; und ich liebte es und alles, was damit verbunden war. Die alten Zäune darum herum und die

Baumstümpfe am Rand des Waldes in der Nähe und die Eichhörnchen, die darauf liefen, hüpften und spielten, waren Objekte von Interesse und Zuneigung. Dort, direkt neben der Hütte, stand auch der alte Brunnen mit seinem stattlichen, zum Himmel ragenden Balken, der so passend zwischen den Ästen eines ehemaligen Baumes platziert war und so schön ausbalanciert war, dass ich ihn mit nur einer Hand auf und ab bewegen und selbst etwas trinken konnte, ohne um Hilfe zu rufen. Wo sonst auf der Welt konnte man einen solchen Brunnen finden und wo ein solches anderes Zuhause finden? Und das waren noch nicht alle Attraktionen des Ortes. Unten in einem kleinen Tal, nicht weit von Großmutters Hütte, stand Mr. Lees Mühle, wo die Leute oft in großer Zahl herkamen, um ihr Getreide mahlen zu lassen. Es war eine Wassermühle, und ich werde nie in Worte fassen können, wie viele Gedanken und Gefühle ich hatte, während ich am Ufer saß und die Mühle und das Drehen des schweren Rades beobachtete. Auch der Mühlteich hatte seinen Reiz, und mit meiner Angel und meiner Schnur konnte ich mir etwas zum *Knabbern* holen, wenn ich keine Fische fangen konnte. Aber trotz all meiner Spiele und Spiele überkam mich gelegentlich die schmerzliche Vorahnung, dass ich nicht mehr lange dort bleiben würde und bald in das Haus des alten Herrn gerufen werden müsste.

Ich war EIN SKLAVE – als Sklave geboren, und obwohl mir diese Tatsache unverständlich war, vermittelte sie mir das Gefühl, völlig vom Willen einer *Person abhängig* zu sein, die ich nie gesehen hatte; und aus irgendeinem Grund hatte man mir beigebracht, diese Person mehr als alles andere auf der Welt zu fürchten. Als *Erstling* der Herde der Hütte, der zum Wohle eines anderen geboren wurde, sollte ich bald als angemessenes Opfer für den furchtbaren und unerbittlichen *Halbgott ausgewählt werden* , dessen riesiges Bild bei so vielen Gelegenheiten in meiner Kindheitsvorstellung herumgeisterte. Als der Zeitpunkt meiner Abreise festgelegt war, hielt mich meine Großmutter, die meine Ängste kannte und Mitleid mit mir hatte, freundlicherweise über das gefürchtete Ereignis im Unklaren. Bis zum Morgen (einem schönen Sommermorgen), an dem wir aufbrechen sollten, und tatsächlich während der gesamten Reise – einer Reise, an die ich mich als Kind so gut erinnere, als wäre es gestern gewesen – hielt sie die traurige Tatsache vor mir geheim. Diese Zurückhaltung war notwendig; denn hätte ich alles gewusst, hätte ich meiner Großmutter einige Schwierigkeiten bereitet, mich aufbrechen zu lassen. So war ich hilflos, und sie – liebe Frau! – führte mich an der Hand weiter und widerstand mit der Zurückhaltung und Feierlichkeit einer Priesterin bis zuletzt allen meinen fragenden Blicken.

Die Entfernung von Tuckahoe zum Wye River – wo mein alter Herr lebte – betrug volle zwölf Meilen, und der Fußmarsch war eine ziemlich harte Prüfung für die Ausdauer meiner jungen Beine. Die Reise wäre zu anstrengend für mich gewesen, wenn meine liebe alte Großmutter – ihr

Andenken sei gesegnet! – mir nicht gelegentlich Erleichterung verschafft hätte, indem sie mich (wie die Marylander sagen) auf ihrer Schulter „trug“. Meine Großmutter war zwar schon in fortgeschrittenem Alter – wie man an mehr als einem grauen Haar erkennen konnte, das zwischen den weiten und anmutigen Falten ihres frisch gebügelten Bandana-Turbans hervorlugte –, aber dennoch eine Frau voller Kraft und Temperament. Sie hatte eine wunderbar gerade Figur, war elastisch und muskulös. Ich schien ihr kaum eine Last zu sein. Sie hätte mich noch weiter „getragen“, aber ich fühlte mich zu sehr Mann, um das zuzulassen, und bestand darauf, zu Fuß zu gehen. Dass ich meine liebe Großmutter nicht mehr tragen musste, machte mich nicht völlig unabhängig von ihr, als wir zufällig durch Teile der düsteren Wälder zwischen Tuckahoe und Wye River kamen. Sie fand mich oft dabei, wie ich meinen Griff verstärkte und ihre Kleidung festhielt, damit nicht etwas aus dem Wald kam und mich auffraß. Mehrere alte Baumstämme und Baumstümpfe belästigten mich und wurden für wilde Tiere gehalten. Ich konnte ihre Beine, Augen und Ohren sehen, oder ich konnte etwas wie Augen, Beine und Ohren sehen, bis ich nahe genug an sie herankam, um zu erkennen, dass die Augen Knoten waren, weiß vom Regen gewaschen, und die Beine gebrochene Gliedmaßen waren und die Ohren nur Ohren waren, da man sie von dem Punkt aus sah, von dem aus man sie sah. So früh lernte ich, dass der Punkt, von dem aus man etwas betrachtet, von einiger Bedeutung ist.

Im Laufe des Tages wurde es immer wärmer, und erst am Nachmittag erreichten wir das gefürchtete Ende der Reise. Ich befand mich inmitten einer Gruppe von Kindern in vielen Farben: schwarz, braun, kupferfarben und fast weiß. So viele Kinder hatte ich noch nie gesehen. Große Häuser ragten in verschiedenen Richtungen auf, und sehr viele Männer und Frauen waren auf den Feldern bei der Arbeit. All diese Hektik, der Lärm und das Singen waren ganz anders als die Stille von Tuckahoe. Als Neuankömmling war ich ein Objekt besonderen Interesses, und nachdem sie um mich herum gelacht und geschrien und alle möglichen wilden Streiche gespielt hatten, baten sie (die Kinder) mich, hinauszugehen und mit ihnen zu spielen. Dies lehnte ich ab und zog es vor, bei Großmama zu bleiben. Ich konnte das Gefühl nicht loswerden, dass unsere Anwesenheit dort nichts Gutes für mich verhieß. Großmama sah traurig aus. Sie würde bald ein weiteres Objekt ihrer Zuneigung verlieren, wie sie schon viele zuvor verloren hatte. Ich wusste, dass sie unglücklich war, und der Schatten fiel von ihrer Stirn auf mich, obwohl ich den Grund nicht kannte.

Doch jede Spannung muss ein Ende haben, und mein Ende war in diesem Fall nahe. Großmama tätschelte mir liebevoll den Kopf und ermahnte mich, ein guter Junge zu sein. Dann sagte sie mir, ich solle mit den kleinen Kindern spielen gehen. „Sie sind mit dir verwandt“, sagte sie, „geh und spiel mit ihnen." Zu den Cousins gehörten Phil, Tom, Steve und Jerry, Nance und Betty.

Großmutter zeigte auf meinen Bruder PERRY, meine Schwester SARAH und meine Schwester ELIZA, die in der Gruppe standen. Ich hatte meinen Bruder und meine Schwestern noch nie zuvor gesehen; und obwohl ich manchmal von ihnen gehört hatte und ein seltsames Interesse an ihnen empfand, verstand ich wirklich nicht, was sie für mich waren oder ich für sie. Wir waren Brüder und Schwestern, aber was war damit? Warum sollten sie an mir hängen oder ich an ihnen? Brüder und Schwestern waren wir durch Blutsverwandtschaft; aber die *Sklaverei* hatte uns zu Fremden gemacht. Ich hörte die Worte Bruder und Schwestern und wusste, dass sie etwas bedeuten mussten; aber die Sklaverei hatte diese Begriffe ihrer wahren Bedeutung beraubt. Die Erfahrung, die ich durchmachte, hatten sie schon zuvor gemacht. Sie waren bereits in die Geheimnisse des Wohnsitzes des alten Herrn eingeweiht worden und schienen mich mit einem gewissen Maß an Mitleid zu betrachten; aber mein Herz hing an meiner Großmutter. Finden Sie es nicht seltsam, lieber Leser, dass so wenig Sympathie zwischen uns bestand. Es fehlte an brüderlichen und schwesterlichen Gefühlen – wir hatten uns nie aneinander gekuschelt und zusammen gespielt. Meine arme Mutter hatte wie viele andere Sklavinnen viele *Kinder* , aber KEINE FAMILIE! Der häusliche Herd mit seinen heiligen Lehren und kostbaren Zärtlichkeiten ist bei einer Sklavin und ihren Kindern abgeschafft. „Kleine Kinder, liebt einander", sind Worte, die man in einer Sklavenhütte selten hört.

Ich wollte unbedingt mit meinen Geschwistern spielen, aber sie waren mir fremd, und ich hatte große Angst, dass die Großmutter gehen könnte, ohne mich mitzunehmen. Als ich jedoch von meiner lieben Großmutter dazu aufgefordert wurde, ging ich in den hinteren Teil des Hauses, um mit ihnen und den anderen Kindern zu spielen. Ich *spielte* jedoch nicht, sondern stand mit dem Rücken zur Wand und sah den anderen beim Spielen zu. Als ich schließlich dort stand, lief eines der Kinder, das in der Küche gewesen war, mit einer Art schelmischem Vergnügen auf mich zu und rief: „Fed, Fed! Großmama weg! Großmama weg!" Ich konnte es nicht glauben; doch da ich das Schlimmste befürchtete, lief ich in die Küche, um selbst nachzusehen, und fand es tatsächlich so vor. Großmama war tatsächlich weg und jetzt weit weg, „sauber" außer Sicht. Ich muss nicht alles erzählen, was jetzt geschah. Beinahe untröstlich über diese Entdeckung, fiel ich zu Boden und weinte bittere Tränen eines Jungen, ohne mich trösten zu lassen. Mein Bruder und meine Schwestern kamen zu mir und sagten: „Weine nicht", und gaben mir Pfirsiche und Birnen, aber ich schleuderte sie weg und wies all ihre freundlichen Annäherungsversuche zurück. Ich war noch nie zuvor getäuscht worden und ich war nicht nur betrübt, mich – vermutlich für immer – von meiner Großmutter zu trennen, sondern auch empört, dass man mir in einer so ernsten Angelegenheit einen Streich gespielt hatte.

Es war inzwischen später Nachmittag. Der Tag war aufregend und ermüdend gewesen, und ich wusste nicht, wie oder wo, aber ich schätze, ich schluchzte mich in den Schlaf. Die Engelsflügel des Schlafes sind heilsam, sogar für den Sklavenjungen; und sein Balsam war nie einer verwundeten Seele willkommener als mir, als ich die erste Nacht im Domizil meines alten Herrn verbrachte. Der Leser mag überrascht sein, dass ich einen scheinbar so trivialen Vorfall, der sich ereignet haben muss, als ich nicht älter als sieben Jahre war, so detailliert erzähle; aber da ich eine getreue Geschichte meiner Erfahrungen als Sklave erzählen möchte, kann ich einen Umstand nicht verschweigen, der mich damals so tief berührte. Außerdem war dies tatsächlich meine erste Begegnung mit den Realitäten der Sklaverei.

Kapitel III.
Abstammung

MEIN VATER IST IN GEHEIMNISSE GEHÜLLT – MEINE MUTTER – IHR PERSÖNLICHES ERSCHEINUNGSBILD – EINGRIFF DER SKLAVEREI IN DIE NATÜRLICHEN ZUNEIGUNGEN VON MUTTER UND KINDERN – SITUATION MEINER MUTTER – IHRE NÄCHTLICHEN BESUCHE BEI IHREM JUNGEN – AUFFALLENDES EREIGNIS – IHR TOD – IHR BEGRABUNGSORT.

Wenn der Leser nun so freundlich ist, mir Zeit zu geben, um zu wachsen, und mir Gelegenheit gibt, meine Erfahrungen zu vertiefen, werde ich ihm nach und nach etwas über das Sklavenleben erzählen, wie ich es auf der Plantage von Col. Edward Lloyd und im Haus des alten Herrn sah, fühlte und hörte, wohin ich nun, trotz meiner selbst, ganz plötzlich, aber nicht unerwartet, gebracht worden war. In der Zwischenzeit werde ich mein Versprechen einlösen, etwas mehr über meine liebe Mutter zu erzählen.

Vater rede ich nicht , denn er ist von einem Geheimnis umhüllt, das ich nie ergründen konnte. Die Sklaverei schafft die Väter ab, wie sie die Familie abschafft. Die Sklaverei hat weder für Väter noch für Familien eine Verwendung, und ihre Gesetze erkennen ihre Existenz in den gesellschaftlichen Verhältnissen der Plantage nicht an. Und wenn es sie *gibt* , sind sie keine Folge der Sklaverei, sondern stehen diesem System entgegen. Die Ordnung der Zivilisation ist hier umgekehrt. Der Name des Kindes muss nicht der des Vaters sein, und sein Stand hat nicht unbedingt Auswirkungen auf den des Kindes. Er kann der Sklave von Herrn Tilgman sein, und sein Kind kann bei der Geburt der Sklave von Herrn Gross sein. Er kann ein *freier Mann sein,* und doch kann sein Kind ein *bewegliches Eigentum sein* . Er kann weiß sein und sich der Reinheit seines angelsächsischen Blutes rühmen, und sein Kind kann zu den schwärzesten Sklaven gezählt werden. Tatsächlich *kann er* Herr und Vater desselben Kindes sein und *ist es* oft auch. Er kann Vater sein, ohne Ehemann zu sein, und kann sein Kind verkaufen, ohne sich Vorwürfe zu machen, sofern das Kind von einer Frau stammt, in deren Adern ein Zweiunddreißigstel afrikanischen Blutes fließt. Mein Vater war ein Weißer oder fast Weißer. Manchmal wurde geflüstert, mein Herr sei mein Vater.

Aber zurück, oder besser gesagt, um anzufangen. Ich weiß nur sehr wenig über meine Mutter, aber sie ist sehr deutlich. Ihr Aussehen und ihr Benehmen haben sich unauslöschlich in mein Gedächtnis eingeprägt. Sie war groß und wohl proportioniert, hatte eine tiefschwarze, glänzende Haut, regelmäßige Gesichtszüge und war im Vergleich zu den anderen Sklaven in ihren Manieren bemerkenswert gesetzt. In *Prichards Natural History of Man findet sich* auf Seite 157 der Kopf einer Figur, deren Züge denen meiner Mutter so sehr ähneln, dass ich oft mit einem ähnlichen Gefühl darauf zurückkomme, das vermutlich andere empfinden, wenn sie Bilder von lieben Verstorbenen betrachten.

Dennoch kann ich nicht behaupten, dass ich sehr an meiner Mutter hing; jedenfalls nicht so sehr, wie es gewesen wäre, wenn unsere Kindheitsbeziehungen anders gewesen wären. Wir trennten uns, wie es der Brauch verlangte, schon als ich noch ein Kleinkind war und natürlich bevor ich meine Mutter von irgendjemandem kannte.

Die Keime der Zuneigung, mit denen der Allmächtige in seiner Weisheit und Barmherzigkeit das hoffnungslose Kind gegen die Übel und Wechselfälle seines Schicksals wappnet, waren in ihrer Entwicklung auf jene liebevolle alte Großmutter gerichtet, deren sanfte Hand und freundliches Benehmen ich als Kind erst zu verstehen und zu schätzen lernte. Dementsprechend wurde die zärtlichste Zuneigung, die ein gütiger Vater der Mutter als teilweise Entschädigung für die Schmerzen und Wunden ihres Herzens gewährt, die mit der mütterlichen Beziehung verbunden sind, in meinem Fall durch die neidische, gierige und verräterische Hand der Sklaverei von ihrem wahren und natürlichen Ziel abgelenkt. Die Sklavin kann lange genug vom Feld verschont bleiben, um die ganze Bitterkeit der Qualen einer Mutter zu ertragen, wenn sie einen weiteren Namen in das Hauptbuch eines Herrn einträgt, aber *nicht* lange genug, um die freudige Belohnung zu erhalten, die das intelligente Lächeln ihres Kindes bietet. Ich denke nie an diese schreckliche Einmischung der Sklaverei in meine kindlichen Gefühle und daran, dass sie diese von ihrem natürlichen Lauf ablenkt, ohne Gefühle, denen ich keinen angemessenen Ausdruck geben kann.

Ich kann mich nicht erinnern, meine Mutter jemals bei meiner Großmutter gesehen zu haben. Ich erinnere mich nur an ihre Besuche bei mir auf Col. Lloyds Plantage und in der Küche meines alten Herrn. Ihre Besuche bei mir dort waren selten, von kurzer Dauer und meist nachts. Die Mühen und Strapazen, die sie auf sich nahm, um mich zu sehen, sagen mir, dass sie das Herz einer wahren Mutter hatte und dass die Sklaverei es kaum durch unmütterliche Gleichgültigkeit lähmen konnte.

Meine Mutter wurde an einen Mr. Stewart vermietet, der etwa zwölf Meilen vom alten Herrn entfernt wohnte, und da sie eine Feldarbeiterin war, hatte sie tagsüber selten Zeit, die Reise zu unternehmen. Die Nächte und die Entfernung waren beide Hindernisse für ihre Besuche. Sie musste zu Fuß gehen, es sei denn, der Zufall bot ihr eine Gelegenheit zum Reiten; und letzteres war manchmal ihr Glück. Aber sie musste immer so oder so gehen. Es war ein größerer Luxus, als die Sklaverei es sich leisten konnte, einer schwarzen Sklavin ein Pferd oder ein Maultier zu überlassen, auf dem sie vierundzwanzig Meilen zurücklegen konnte, wenn sie die Strecke zu Fuß zurücklegen konnte. Außerdem gilt es als törichte Laune einer Sklavin, sich um ihre Kinder zu kümmern, und in gewisser Hinsicht ist der Fall klar – sie kann nichts für sie tun. Sie hat keine Kontrolle über sie; der Herr ist in allen Angelegenheiten, die das Schicksal ihres Kindes betreffen, sogar wichtiger als die Mutter. Warum sollte sie sich also selbst darum kümmern? Sie trägt keine Verantwortung. Das ist die Argumentation und das ist die Praxis. Die eiserne Regel der Plantage, die in dieser Gegend stets leidenschaftlich und gewaltsam durchgesetzt wird, sieht Auspeitschen als Strafe vor, wenn man morgens nicht vor Sonnenaufgang auf dem Feld ist, es sei denn, der abwesende Sklave erhält eine Sondergenehmigung. „Ich bin mein Kind besuchen gegangen" ist in den Ohren und im Herzen des Aufsehers keine Entschuldigung.

An einen der Besuche meiner Mutter während meiner Zeit bei Col. Lloyd erinnere ich mich noch sehr lebhaft, denn er vermittelte mir einen hellen Schimmer mütterlicher Liebe und der Ernsthaftigkeit mütterlicher Fürsorge.

„An diesem Tag hatte ich „Tante Katy" (aus Respekt „Tante" genannt), die Köchin des Hauses meines alten Herrn, beleidigt. Ich erinnere mich jetzt nicht mehr an die Art meiner Beleidigung in diesem Fall, denn meine Beleidigungen waren in dieser Hinsicht zahlreich und hingen in hohem Maße von der Laune von Tante Katy ab, was ihre Abscheulichkeit anging. Sie hatte an diesem Tag jedoch ihre bevorzugte Art der Bestrafung gewählt, nämlich mich den ganzen Tag ohne Essen auskommen zu lassen – das heißt, ab dem Frühstück. Die ersten ein oder zwei Stunden nach dem Abendessen gelang es mir ziemlich gut, meine Stimmung aufrechtzuerhalten. Aber obwohl ich dem Feind ausgezeichnet standhielt und am Nachmittag tapfer kämpfte, wusste ich, dass ich schließlich besiegt werden würde, wenn ich nicht bei Sonnenuntergang die gewohnte Verstärkung durch eine Scheibe Maisbrot bekam. Der Sonnenuntergang kam, aber *kein Brot*, und stattdessen kam die Drohung mit einem finsteren Blick, der gut zu seiner schrecklichen Bedeutung passte, dass sie „vorhatte, *mich zu Tode zu verhungern!*" Sie schwang ihr Messer, schnitt die dicken Scheiben für die anderen Kinder ab und legte das Brot weg, während sie die ganze Zeit ihre wilden Pläne gegen mich murmelte. Angesichts dieser Enttäuschung – denn ich hatte erwartet, dass ihr Herz schließlich nachgeben würde – bemühte ich mich besonders, meine Würde zu wahren; aber als ich all die anderen Kinder um mich herum mit fröhlichen und zufriedenen Gesichtern sah, konnte ich es nicht länger ertragen. Ich ging hinter das Haus und weinte wie ein braver Kerl! Als ich das satt hatte, kehrte ich in die Küche zurück, setzte mich ans Feuer und grübelte über mein hartes Schicksal. Ich war zu hungrig, um zu schlafen. Während ich in der Ecke saß, erblickte ich auf einem oberen Regal in der Küche einen Maiskolben. Ich wartete auf meine Chance, nutzte sie, schälte ein paar Körner ab und legte ihn wieder zurück. Die Körner in meiner Hand streute ich schnell in Asche und bedeckte sie mit Glut, um sie zu rösten. Das alles tat ich auf die Gefahr hin, eine brutale Tracht Prügel zu bekommen, denn Tante Katy konnte mich nicht nur verprügeln, sondern auch verhungern lassen. Mein Mais war noch nicht lange zum Rösten da und bei meinem großen Appetit machte es mir nichts aus, wenn die Körner noch nicht ganz gar waren. Begierig zog ich sie heraus und legte sie in einem geschickten kleinen Haufen auf meinen Stuhl. Gerade als ich mir meine sehr trockene Mahlzeit nehmen wollte, kam meine liebe Mutter herein. Und nun, lieber Leser, ereignete sich eine Szene, die durchaus sehenswert war und die für mich sowohl lehrreich als auch interessant war. Der freundlose und hungrige Junge fand sich in seiner äußersten Not – und als er nicht wagte, nach Hilfe zu suchen – in den starken, beschützenden Armen einer Mutter wieder; einer Mutter, die im Augenblick (da sie sowohl manierlich als auch materiell über große Fähigkeiten verfügte) all seinen Feinden mehr als gewachsen war. Ich werde nie den unbeschreiblichen Ausdruck auf ihrem Gesicht vergessen, als ich ihr sagte, dass ich seit dem Morgen nichts gegessen hätte; und dass Tante Katy sagte, sie wolle „mich zu Tode hungern lassen". In ihrem Blick auf mich lag Mitleid und zugleich eine glühende Empörung über Tante Katy; und während sie mir den Mais abnahm und mir stattdessen einen großen Lebkuchen gab, hielt sie Tante Katy eine Standpauke, die sie nie vergaß. Meine Mutter drohte ihr, sie werde sich in meinem Namen beim alten Herrn beschweren; denn dieser, obwohl er manchmal selbst hart und grausam war, billigte die Gemeinheit, Ungerechtigkeit, Parteilichkeit und Unterdrückung, die Tante Katy in der Küche an den Tag legte, nicht. An diesem Abend erfuhr ich, dass ich nicht nur ein Kind, sondern *jemandes* Kind war. Der „süße Kuchen", den mir meine Mutter gab, hatte die Form eines Herzens mit einem reichen, dunklen, glasierten Ring am Rand. Ich war siegreich und für den Moment wohlhabend; stolzer auf dem Schoß meiner Mutter als ein König auf seinem Thron. Aber mein Triumph war nur von kurzer Dauer. Ich schlief ein und als ich am nächsten Morgen aufwachte, war meine Mutter verschwunden und ich selbst der Gnade der schwarzen Hexe ausgeliefert, die in der Küche meines alten Herrn das Sagen hatte und deren feuriger Zorn ich ständig fürchtete.

Ich kann mich nicht erinnern, meine Mutter nach diesem Vorfall noch einmal gesehen zu haben. Der Tod beendete bald die wenige Kommunikation, die zwischen uns bestanden hatte, und mit ihm, glaube ich, ein Leben, das, ihrem müden, traurigen, niedergeschlagenen Gesicht und ihrem stummen Verhalten nach zu urteilen, voll tiefempfundener Trauer war. Während ihrer langen Krankheit durfte ich sie nicht besuchen, und ich sah sie auch lange Zeit nicht, bevor sie krank wurde und starb. Die herzlose und grausige Form der *Sklaverei* entsteht zwischen Mutter und Kind, sogar am Sterbebett. Die Mutter darf am Rande des Grabes ihre Kinder nicht um sich sammeln, um ihnen ihre heiligen Ermahnungen zu erteilen und ihren Segen für sie zu erbitten. Die Sklavin lebt als Sklavin und wird wie ein Tier sterben gelassen; oft mit weniger Aufmerksamkeit, als einem Lieblingspferd zuteil wird. Szenen heiliger Zärtlichkeit am Sterbebett, die nie vergessen werden und die oft die Lasterhaften aufhalten und die Tugendhaften zu Lebzeiten bestärken, müssen unter den Freien gesucht werden, obwohl sie manchmal auch unter den Sklaven vorkommen. Es war für mich ein lebenslanger, anhaltender Kummer, dass ich so wenig über meine Mutter wusste und dass ich so früh von ihr getrennt wurde. Die Ratschläge ihrer Liebe müssen für mich von Nutzen gewesen sein. Die Seitenansicht ihres Gesichts ist in mein Gedächtnis eingebrannt, und ich gehe kaum einen Schritt im Leben, ohne ihre Gegenwart zu spüren; aber das Bild ist stumm, und ich habe keine eindrucksvollen Worte von ihr in meinem Gedächtnis gespeichert.

Nach dem Tod meiner Mutter erfuhr ich, dass sie lesen konnte und dass sie die *einzige* unter allen Sklaven und Farbigen in Tuckahoe war, die diesen Vorteil hatte. Wie sie dieses Wissen erlangte, weiß ich nicht, denn Tuckahoe ist der letzte Ort auf der Welt, an dem sie die Möglichkeit zum Lernen hätte. Ich kann ihr daher voller Zuneigung und Stolz eine aufrichtige Liebe zum Wissen zuschreiben. Dass ein „Feldarbeiter" in einem Sklavenstaat lesen lernen sollte, ist bemerkenswert; aber die Leistung meiner Mutter war, wenn man den Ort berücksichtigt, sehr außergewöhnlich; und in Anbetracht dieser Tatsache bin ich durchaus bereit und sogar glücklich, meine Liebe zur Literatur, die ich besitze und für die ich – trotz allzu großer Vorurteile – *nicht* meiner anerkannten angelsächsischen Vaterschaft zu verdanken habe, sondern dem angeborenen Genie meiner schwarzen, schutzlosen und unkultivierten *Mutter* – einer Frau, die einer Rasse angehörte, deren geistige Begabung heutzutage in Mode ist, herabzusetzen und zu verachten.

Meine Mutter wurde zur Rechenschaft gezogen, während die Sklaverei während ihrer gesamten Krankheit zwischen uns lag, und starb, ohne mir auch nur einen Hinweis darauf zu hinterlassen, *wer* mein Vater war. Es gab ein Flüstern, dass mein Herr mein Vater war; doch es war nur ein Flüstern, und ich kann nicht sagen, dass ich ihm jemals Glauben geschenkt habe. Tatsächlich habe ich jetzt Grund zu der Annahme, dass er es nicht war; dennoch bleibt die Tatsache, in all ihrer eklatanten Abscheulichkeit, bestehen, dass Kinder durch die Gesetze der Sklaverei in allen Fällen auf den Stand ihrer Mütter reduziert werden. Diese Regelung lässt brutalen Sklavenhaltern und ihren lasterhaften Söhnen, Brüdern, Verwandten und Freunden die größte Freiheit und verleiht dem Vergnügen der Sünde den zusätzlichen Reiz des Profits. Über dieses einzelne Merkmal der Sklaverei, wie ich es beobachtet habe, könnte man ein ganzes Buch schreiben.

Man könnte meinen, dass es den Kindern aus solchen Familien in den Händen ihrer Herren besser ergehen würde als anderen Sklaven. Die Regel ist jedoch genau andersherum; und ein wenig Nachdenken wird den Leser davon überzeugen, dass dies der Fall ist. Auf die Großzügigkeit eines Mannes, der sein eigenes Blut versklavt, kann man sich nicht verlassen. Männer lieben diejenigen nicht, die sie an ihre Sünden erinnern, es sei denn, sie sind bereit, Buße zu tun – und das Gesicht des Mulattenkindes ist eine ständige Anklage gegen den Herrn und Vater des Kindes. Was vielleicht noch schlimmer ist: Ein solches Kind ist für die Frau eine ständige Beleidigung. Sie hasst seine bloße Anwesenheit, und wenn eine Sklavin hasst, fehlt ihr die Möglichkeit, diesen Hass deutlich zu machen. Frauen – weiße Frauen, meine ich – sind im Süden GÖTZEN, keine FRAUEN, denn in vielen Fällen werden die Sklavinnen bevorzugt; und wenn diese *Götzen* auch nur nicken oder einen Finger rühren, wehe dem armen Opfer: Tritte, Schläge und Schläge sind die Folge. Aus Rücksicht auf die Gefühle ihrer weißen Frauen sind die Herren häufig gezwungen, diese Art von Sklaven zu verkaufen. Und so schockierend und skandalös es auch erscheinen mag, wenn ein Mann sein eigenes Blut an Menschenhändler verkauft, so ist es doch oft ein Akt der Menschlichkeit gegenüber dem Sklavenkind, auf diese Weise seinen gnadenlosen Peinigern entrissen zu werden.

Es liegt nicht im Rahmen meiner einfachen Geschichte, jede Phase der Sklaverei zu kommentieren, die ich nicht als Sklave erlebt habe.

Ich möchte jedoch anmerken, dass, wenn gemäß der Heiligen Schrift nur die direkten Nachkommen Hams versklavt werden, die Sklaverei in diesem Land bald zu einer unbiblischen Institution wird; denn jedes Jahr werden Tausende in die Welt gesetzt, die – wie ich – ihre Existenz weißen Vätern und am häufigsten ihren Herren und den Söhnen ihrer Herren verdanken. Die Sklavin ist den Vätern, Söhnen oder Brüdern ihres Herrn ausgeliefert. Die Nachdenklichen kennen den Rest.

Nach dem, was ich jetzt über die Umstände meiner Mutter und meine Beziehung zu ihr gesagt habe, wird der Leser weder überrascht sein noch geneigt sein, mich zu tadeln, wenn ich nur die einfache Wahrheit sage, nämlich: dass ich die Nachricht von ihrem Tod ohne große Trauergefühle für sie und mit sehr wenig Bedauern für mich selbst wegen ihres Verlustes erhielt. Ich musste den Wert meiner Mutter erst lange nach ihrem Tod und durch die Hingabe anderer Mütter für ihre Kinder kennenlernen.

Unter der Erde gibt es keinen Feind der kindlichen Zuneigung, der so zerstörerisch wäre wie die Sklaverei. Sie machte meine Brüder und Schwestern zu Fremden für mich; sie verwandelte die Mutter, die mich zur Welt brachte, in einen Mythos; sie hüllte meinen Vater in ein Geheimnis und ließ mich ohne einen verständlichen Anfang in der Welt zurück.

Meine Mutter starb, als ich nicht älter als acht oder neun Jahre gewesen sein
kann, auf einem der Bauernhöfe eines alten Herrn in Tuckahoe, in der Nähe
von Hillsborough. Ihr Grab ist, wie das Grab der Toten auf See, unmarkiert
und ohne Stein oder Pfahl.

- 35 -

KAPITEL IV.
Ein allgemeiner Überblick über die Sklavenplantage

ISOLIERUNG VON LLOYDS PLANTAGE – ÖFFENTLICHE MEINUNG: ES GIBT KEINEN SCHUTZ FÜR DIE SKLAVEN – ABSOLUTE MACHT DES AUFSEHERS – NATÜRLICHER UND KÜNSTLICHER CHARME DES ORTES – SEIN GESCHÄFTLICHES ERSCHEINUNGSBILD – ABERGLAUBE BEZÜGLICH DER BEGRABUNGSPLÄTZE – GROSSARTIGE IDEEN VON OBERST LLOYD – ETIKETTE UNTER SKLAVEN – DER KOMISCHE SKLAVENARZT – BETEN UND PEITSCHE – DER ALTE HERR VERLIERT SEINE SCHRECKEN – SEIN GESCHÄFT – CHARAKTER VON TANTE KATY – HUNGER – HAUS DES ALTEN HERRN – JARGON DER PLANTAGE – GUINEASKLAVE – MEISTER DANIEL – FAMILIE VON OBERST LLOYD – FAMILIE VON KAPITÄN ANTHONY – SEINE SOZIALE POSITION – VORSTELLUNGEN VON RANG UND STATION.

Es wird allgemein angenommen, dass die Sklaverei im Bundesstaat Maryland in ihrer mildesten Form existiert und dass sie völlig frei von jenen harten und schrecklichen Besonderheiten ist, die das Sklavensystem in den südlichen und südwestlichen Staaten der amerikanischen Union kennzeichnen und charakterisieren. Das Argument für diese Meinung ist die Nähe der freien Staaten und die Tatsache, dass die Sklaverei in Maryland dem moralischen, religiösen und menschlichen Empfinden der freien Staaten ausgesetzt ist.

Ich habe nicht vor, dieses Argument zu widerlegen, soweit es sich auf die Sklaverei in diesem Staat im Allgemeinen bezieht. Im Gegenteil, ich bin bereit zuzugeben, dass das Argument in diesem allgemeinen Punkt gut begründet ist. Die öffentliche Meinung ist in der Tat eine unfehlbare Einschränkung der Grausamkeit und Barbarei von Herren, Aufsehern und Sklaventreibern, wann und wo immer sie sie erreichen kann. Aber es gibt bestimmte abgelegene und abgelegene Orte, sogar im Staat Maryland, die selten von einem einzigen Strahl gesunder öffentlicher Meinung heimgesucht werden – wo die Sklaverei, eingehüllt in ihre eigene angenehme mitternächtliche Dunkelheit, all ihre bösartigen und schockierenden Merkmale entwickeln *kann* und dies *auch tut* . Hier kann sie unanständig sein, ohne dass man sich dafür schamlos fühlt, grausam, ohne zu schaudern, und mörderisch, ohne dass man Angst oder Furcht vor Aufdeckung hat.

Ein ebenso abgeschiedener, dunkler und abgelegener Ort ist die „Heimatplantage" von Col. Edward Lloyd an der Ostküste Marylands. Sie liegt weit entfernt von allen großen Durchgangsstraßen und in der Nähe keiner Stadt oder jedes Dorfs. In ihrer Nachbarschaft gibt es weder ein

Schulhaus noch ein Stadthaus. Das Schulhaus ist unnötig, da es keine Kinder gibt, die zur Schule gehen. Die Kinder und Enkel von Col. Lloyd wurden im Haus von einem Privatlehrer unterrichtet – einem Mr. Page, einem großen, hageren jungen Mann, der in einem ganzen Jahr nicht ein Dutzend Worte mit einem Sklaven sprach. Die Kinder der Aufseher gehen irgendwo zur Schule und bringen daher keinen ausländischen oder gefährlichen Einfluss von außen mit, der das natürliche Funktionieren des Sklavensystems des Ortes beeinträchtigen könnte. Nicht einmal die Handwerker – durch die es gelegentlich zu einem Ausbruch ehrlicher und deutlicher Empörung über Grausamkeit und Unrecht auf anderen Plantagen kommt – sind auf dieser Plantage weiße Männer. Die gesamte Bevölkerung besteht aus drei Klassen: Sklavenhalter, Sklaven und Aufseher. Die Schmiede, Stellmacher, Schuhmacher, Weber und Böttcher sind Sklaven. Nicht einmal der Handel, so egoistisch und eisern er auch ist und so bereit, sich auf die Seite der Starken gegen die Schwachen zu stellen – die Reichen gegen die Armen –, wird in seinen abgeschiedenen Bezirken getraut oder zugelassen. Ob es darum geht, seine Geheimnisse vor der Enthüllung zu schützen, weiß ich nicht, aber es ist eine Tatsache, dass jedes Blatt und Korn der Produkte dieser Plantage und der benachbarten Farmen, die Col. Lloyd gehören, auf Col. Lloyds eigenen Schiffen nach Baltimore transportiert werden; jeder Mann und jeder Junge an Bord – außer dem Kapitän – gehört ihm. Im Gegenzug kommt alles, was auf die Plantage gebracht wird, über denselben Kanal. So ist sogar das schimmernde und wankende Licht des Handels, das manchmal einen zivilisierenden Einfluss ausübt, von diesem „tabuisierten" Ort ausgeschlossen.

Fast alle Plantagen oder Farmen in der Nähe der „Heimatplantage" von Col. Lloyd gehören ihm; und die anderen gehören persönlichen Freunden von ihm, die ebenso wie Col. Lloyd selbst ein starkes Interesse an der Aufrechterhaltung des Sklavensystems in all seiner Strenge haben. Einige seiner Nachbarn sollen sogar noch strenger sein als er. Die Skinners, die Peakers, die Tilgmans, die Lockermans und die Gipsons sitzen im selben Boot; da sie Sklaven halten, haben sie sich möglicherweise gegenseitig in ihrer eisernen Herrschaft bestärkt. Sie stehen auf innigem Fuß und ihre Interessen und Vorlieben sind identisch.

Wie der Leser sehen wird, ist die öffentliche Meinung in einem solchen Kreis nicht sehr wirksam, wenn es darum geht, den Sklaven vor Grausamkeit zu schützen. Im Gegenteil, sie muss sein Unrecht verstärken und verschärfen. Die öffentliche Meinung unterscheidet sich selten sehr stark von der öffentlichen Praxis. Um Grausamkeit und Laster einzudämmen, muss die öffentliche Meinung von einer humanen und tugendhaften Gemeinschaft ausgehen. Einer solchen humanen und tugendhaften Gemeinschaft ist die Plantage von Col. Lloyd nicht ausgesetzt. Diese Plantage ist eine kleine

Nation für sich, mit ihrer eigenen Sprache, ihren eigenen Regeln, Vorschriften und Bräuchen. Die Gesetze und Institutionen des Staates berühren sie anscheinend nirgendwo. Die hier auftretenden Probleme werden nicht von der Zivilgewalt des Staates beigelegt. Der Aufseher ist im Allgemeinen Ankläger, Richter, Geschworener, Anwalt und Henker. Der Verbrecher ist immer stumm. Der Aufseher kümmert sich um alle Seiten eines Falles.

Es gibt keine widerstreitenden Eigentumsrechte, denn alle Menschen gehören einem Mann, und sie selbst können kein Eigentum besitzen. Religion und Politik sind gleichermaßen ausgeschlossen. Eine Bevölkerungsklasse ist zu hoch, um vom Prediger erreicht zu werden, und die andere Klasse ist zu niedrig, um vom Prediger betreut zu werden. Den Armen wird in dieser Gegend das Evangelium nur gepredigt, wenn sie dafür bezahlen können. Die Sklaven, die kein Geld haben, bekommen kein Evangelium. Der Politiker hält sich fern, weil das Volk keine Stimmen hat, und der Prediger hält sich fern, weil das Volk kein Geld hat. Der reiche Plantagenbesitzer kann es sich leisten, Politik im Salon zu lernen und ganz auf Religion zu verzichten.

In ihrer Isolation, Abgeschiedenheit und selbständigen Unabhängigkeit ähnelt die Plantage von Col. Lloyd den Herrschaftsgebieten des Mittelalters in Europa. Düster, kalt und unzugänglich für alle freundlichen Einflüsse von außen *steht sie da;* volle dreihundert Jahre hinter der Zeit zurück, was Menschlichkeit und Moral betrifft.

Dies ist jedoch nicht die einzige Aussicht, die der Ort bietet. Die Zivilisation ist ausgeschlossen, die Natur jedoch nicht. Obwohl er vom Rest der Welt abgetrennt ist, obwohl die öffentliche Meinung, wie ich bereits sagte, selten die Chance bekommt, in sein dunkles Reich einzudringen, obwohl der ganze Ort von seiner eigenen, eigentümlichen, eisernen Individualität geprägt ist und obwohl dort anmaßende und grausame Verbrechen begangen werden können, die fast ebenso ungestraft bleiben wie auf dem Deck eines Piratenschiffs, ist er dennoch insgesamt, nach außen hin, ein äußerst interessanter Ort voller Leben, Aktivität und Geist und stellt einen sehr positiven Kontrast zu der trägen Monotonie und Trägheit von Tuckahoe dar. So sehr mein Bedauern und so groß mein Kummer war, letzteren zu verlassen, dauerte es nicht lange, bis ich mich an dieses, mein neues Zuhause, gewöhnte. Die Probleme eines Menschen sind immer halb gelöst, wenn er Ausdauer als einziges Heilmittel findet. Ich befand mich hier; es gab kein Entkommen; und was blieb mir übrig, als das Beste daraus zu machen? Hier gab es viele Kinder zum Spielen und viele angenehme Rückzugsorte für Jungen meines Alters und ältere Jungen. Die kleinen Ranken der Zuneigung, die sich so grob und heimtückisch um die geliebten Gegenstände in der Hütte meiner Großmutter gerissen hatten, begannen sich allmählich auszubreiten und sich um die neuen Gegenstände zu wickeln, von denen ich mich nun umgeben sah.

Auf Long Point – einem Stück Land, das den Miles River vom Wye trennte, eine Meile oder mehr vom Haus meines alten Herrn entfernt – gab es eine Windmühle (immer ein beeindruckendes Objekt für das Auge eines Kindes). Am Ende einer offenen, flachen Fläche von zwanzig Morgen oder mehr gab es einen Bach zum Schwimmen, der „Long Green" genannt wurde – ein wunderschöner Spielplatz für die Kinder.

Im Fluss, nicht weit vom Ufer entfernt, lag ruhig vor Anker, mit ihrem kleinen Boot am Heck tanzte eine große Schaluppe – die Sally Lloyd; so genannt zu Ehren einer Lieblingstochter des Obersten. Die Schaluppe und die Mühle waren wundersame Dinge, voller Gedanken und Ideen. Ein Kind kann solche Objekte nicht ohne *nachzudenken betrachten* .

Dann gab es hier sehr viele Häuser; menschliche Behausungen, voller Geheimnisse des Lebens in jeder Phase. Da war das kleine rote Haus weiter oben an der Straße, das von Mr. Sevier, dem Aufseher, bewohnt wurde. Etwas näher an dem meines alten Herrn stand ein sehr langes, grobes, niedriges Gebäude, das buchstäblich von Sklaven jeden Alters, jeder Lebenslage und Größe wimmelte. Dies wurde „das Longe Quarter" genannt. Auf einem Hügel, jenseits des Long Green, stand ein sehr hohes, verfallenes, altes Backsteingebäude – dessen architektonische Dimensionen darauf hindeuteten, dass es zu einem anderen Zweck errichtet worden war – das jetzt von Sklaven bewohnt wird, ähnlich wie das Long Quarter. Daneben gab es zahlreiche andere Sklavenhäuser und -hütten, die in der Nachbarschaft verstreut waren und von denen jeder Winkel und jede Ecke vollständig besetzt war. Das Haus des alten Herrn, ein langes, schlichtes, aber solides Backsteingebäude, stand im Zentrum des Plantagenlebens und bildete eine unabhängige Einrichtung auf dem Grundstück von Col. Lloyd.

Außer diesen Wohnhäusern gab es Scheunen, Ställe, Lagerhäuser und Tabakhäuser; Schmieden, Stellmacher, Böttchereien – alles interessante Objekte; aber vor allem stand dort das prächtigste Gebäude, das ich je gesehen hatte, und das von allen auf der Plantage das „Große Haus" genannt wurde. Es wurde von Oberst Lloyd und seiner Familie bewohnt. Sie bewohnten es; *ich* genoss es. Das große Haus war von zahlreichen und unterschiedlich geformten Nebengebäuden umgeben. Es gab Küchen, Waschhäuser, Molkereien, Gartenhäuser, Gewächshäuser, Hühnerställe, Truthahnställe, Taubenhäuser und Lauben in vielen Größen und mit vielen verschiedenen Einrichtungen, alle ordentlich gestrichen und insgesamt mit prächtigen alten Bäumen durchsetzt, Zier- und Naturbäumen, die im Sommer herrlichen Schatten spendeten und der Szenerie ein hohes Maß an stattlicher Schönheit verliehen. Das große Haus selbst war ein großes, weißes

Holzgebäude mit Flügeln an drei Seiten. Vorne verlieh ein großer Portikus, der sich über die gesamte Länge des Gebäudes erstreckte und von einer langen Reihe von Säulen getragen wurde, dem ganzen Gebäude eine Atmosphäre feierlicher Erhabenheit. Es war ein Genuss für meinen jungen und sich allmählich öffnenden Geist, diese aufwendige Zurschaustellung von Reichtum, Macht und Eitelkeit zu sehen. Die Kutscheneinfahrt zum Haus war ein großes Tor, mehr als eine Viertelmeile davon entfernt; der Zwischenraum war ein wunderschöner Rasen, sehr ordentlich getrimmt und mit größter Sorgfalt gepflegt. Er war dicht übersät mit herrlichen Bäumen, Sträuchern und Blumen. Die Straße oder Gasse vom Tor zum großen Haus war reich mit weißen Kieselsteinen vom Strand gepflastert und bildete in ihrem Verlauf einen vollständigen Kreis um den wunderschönen Rasen. Kutschen, die das große Haus betraten und verließen, machten eine Runde um den Rasen, und ihre Passagiere durften eine Szene von beinahe paradiesischer Schönheit betrachten. Außerhalb dieser exklusiven Einfriedung befanden sich Parks, in denen man, wie in der Nähe der Residenzen des englischen Adels, Kaninchen, Hirsche und anderes Wild sehen konnte, die herumspähten und spielten, ohne dass sie jemand belästigte oder ihnen Angst machte. Die Wipfel der stattlichen Pappeln waren oft mit Rotschulterstärlingen bedeckt, die die ganze Natur mit der freudigen Lebendigkeit und Schönheit ihrer wilden, trillernden Töne beschallten. All dies gehörte mir, ebenso wie Col. Edward Lloyd, und eine Zeit lang genoss ich es sehr.

Nicht weit vom großen Haus entfernt befanden sich die stattlichen Herrenhäuser der Toten, ein Ort von düsterem Aussehen. Riesige Gräber, eingebettet unter Trauerweiden und Tannen, erzählten von den Altertümern der Familie Lloyd sowie von ihrem Reichtum. Unter den Sklaven war Aberglaube in Bezug auf diesen Familienfriedhof weit verbreitet. Einige der älteren Sklaven hatten dort seltsame Dinge gesehen. Man hatte verhüllte Geister auf großen schwarzen Pferden kommen sehen; man hatte gesehen, wie Feuerbälle um Mitternacht dorthin flogen, und wiederholt waren grauenhafte Geräusche zu hören. Sklaven kennen die Grundlagen der Theologie genug, um zu glauben, dass diejenigen, die als Sklavenhalter sterben, in die Hölle kommen; und sie stellen sich oft vor, dass sich solche Personen zurückwünschen, um die Peitsche zu schwingen. Geschichten über seltsame und schreckliche Bilder und Geräusche, die mit den riesigen schwarzen Gräbern in Verbindung standen, boten eine große Sicherheit für das Gelände um sie herum, denn nur wenige Sklaven hatten Lust, sich ihnen selbst tagsüber zu nähern. Es war ein dunkler, düsterer und abweisender Ort, und es war schwer zu glauben, dass die Geister des schlafenden Staubes, der dort abgelagert war, mit den Gesegneten im Reich des ewigen Friedens herrschten.

Die Geschäfte von zwanzig oder dreißig Farmen wurden auf dieser Farm abgewickelt, die der Vornehmheit halber „Great House Farm" genannt wurde. Diese Farmen gehörten alle Oberst Lloyd, ebenso wie die Sklaven auf ihnen. Jede Farm stand unter der Leitung eines Aufsehers. Was ich über den Aufseher der heimischen Plantage gesagt habe, kann ich auch über die Aufseher der kleineren Farmen sagen; sie stehen zwischen dem Sklaven und allen bürgerlichen Verfassungen – ihr Wort ist Gesetz und wird bedingungslos befolgt.

Der Oberst galt zu dieser Zeit als sehr reich, und das war er offenbar auch. Allein seine Sklaven stellten ein riesiges Vermögen dar. Diese, ob klein oder groß, konnten nicht weniger als tausend an der Zahl gewesen sein, und obwohl kaum ein Monat verging, ohne dass ein oder mehrere Lose an die Händler in Georgia verkauft wurden, war keine erkennbare Verminderung seiner menschlichen Vorräte zu verzeichnen: Die heimische Plantage stöhnte nur unter der Entfernung des jungen Zuwachses oder der menschlichen Ernte, dann ging es so lebhaft weiter wie immer. Hufbeschlag, Karrenreparatur, Pflugreparatur, Böttcherei, Schleifen und Weben wurden für alle benachbarten Farmen durchgeführt, und Sklaven wurden in allen diesen Zweigen beschäftigt. „Onkel Tony" war der Schmied; „Onkel Harry" war der Stellmacher; „Onkel Abel" war der Schuhmacher; und alle diese hatten Arbeitskräfte, die ihnen in ihren jeweiligen Abteilungen halfen.

Diese Handwerker wurden von allen jüngeren Sklaven „Onkel" genannt, nicht weil sie wirklich zu irgendjemandem in dieser Beziehung standen, sondern gemäß der Plantagenetikette *als* Zeichen des Respekts, den die jüngeren den älteren Sklaven schuldeten. So seltsam und sogar lächerlich es auch erscheinen mag, bei einem so unkultivierten Volk mit so vielen harten Prüfungen gibt es bei keinem Volk eine strengere Durchsetzung des Gesetzes des Respekts gegenüber Älteren als bei ihnen. Ich halte dies für teilweise verfassungsmäßig und teilweise konventionell bei meiner Rasse. Es gibt auf der Welt kein besseres Material für einen Gentleman als die Afrikaner. Er zeigt anderen und fordert für sich selbst alle Zeichen des Respekts, die er seinem Herrn gegenüber erweisen muss. Ein junger Sklave muss sich der Gesellschaft der Älteren mit dem Hut in der Hand nähern, und wehe ihm, wenn er es versäumt, einen Gefallen jeglicher Art mit dem üblichen *„tank'ee"* usw. zu erwidern. Gute Manieren werden unter Sklaven so einheitlich durchgesetzt, dass ich einen „falschen" Flüchtling leicht anhand seines Verhaltens erkennen kann.

Unter den anderen Sklavenberühmtheiten der Plantage gab es einen, den alle Onkel Isaac Copper nannten. Es kommt selten vor, dass ein Sklave einen Nachnamen von irgendjemandem in Maryland bekommt; und der Süden hat die Sitten des Nordens in dieser Hinsicht so stark geprägt, dass selbst die Abolitionisten sehr wenig Wert auf den Nachnamen eines Negers legen. Die einzige Verbesserung gegenüber den „Bills", „Jacks", „Jims" und „Neds" des Südens, die hier erkennbar ist, ist, dass „William", „John", „James" und „Edward" ersetzt wurden. Es widerstrebt der Natur, einen Neger genauso zu behandeln und anzusprechen, wie man einen Weißen behandeln und ansprechen würde. Aber hin und wieder, sowohl in der Sklaverei als auch in den freien Staaten, wird dem Neger durch einen außergewöhnlichen Umstand ein Nachname angehängt, den er gegen alle Konventionen hält. Dies war bei Onkel Isaac Copper der Fall. Wenn das „Onkel" wegfiel, bekam er normalerweise stattdessen das Präfix „Doktor". Er war unser Doktor der Medizin und auch Doktor der Theologie. Wo er seinen Abschluss gemacht hat, kann ich nicht sagen, denn er war nicht sehr mitteilsam gegenüber Untergebenen, und ich war das ganz besonders, da ich erst ein Junge von sieben oder acht Jahren war. Er war in seinem Beruf zu gut etabliert, um Fragen nach seinen angeborenen Fähigkeiten oder seinen Kenntnissen zuzulassen. Eine Qualifikation hatte er zweifellos – er war ein überzeugter *Krüppel;* er konnte weder arbeiten, noch würde er etwas bringen, wenn es auf dem Markt zum Verkauf angeboten würde. Der alte Mann war zwar lahm, aber kein Faulenzer. Er war ein Mann, der seine Krücken gute Dienste leistete. Er war immer auf der Hut, suchte die Kranken auf und alle, die angeblich seinen Rat brauchten. Seine Heilmittel umfassten vier Artikel. Für Krankheiten des Körpers *Bittersalz und Rizinusöl;* für Krankheiten der Seele *das Vaterunser* und *Hickory-Reisen* !

Ich war nicht lange bei Col. Lloyd, bevor ich in die Obhut von Doktor Issac Copper kam. Ich wurde mit zwanzig oder dreißig anderen Kindern zu ihm geschickt, um das „Vaterunser" zu lernen. Ich fand den alten Herrn auf einem riesigen dreibeinigen Eichenstuhl sitzend, bewaffnet mit mehreren großen Hickory-Reiten; und von seiner Position aus konnte er – so lahm er auch war – jeden Jungen im Raum erreichen. Nachdem wir eine Weile dagestanden hatten, um zu erfahren, was von uns erwartet wurde, befahl uns der alte Herr in einem nicht gerade andächtigen Ton, niederzuknien. Danach begann er, uns zu sagen, dass wir alles sagen sollten, was er sagte. „Vater unser" – dies wurde ihm prompt und einheitlich nachgesagt; „Der du bist im Himmel" – wurde weniger prompt und einheitlich wiederholt; und der alte Herr unterbrach das Gebet, um uns einen kurzen Vortrag über die unmittelbaren und zukünftigen Folgen der Unaufmerksamkeit zu halten, insbesondere über die unmittelbareren. Über diese war er sich absolut sicher, denn er hielt in seiner rechten Hand das Mittel, um alle seine Vorhersagen und Warnungen wahr werden zu lassen. Er betete weiter, und wir mit unseren dicken Zungen und ungeübten Ohren folgten ihm, so gut wir konnten. Dies genügte jedoch nicht, um den alten Herrn zufriedenzustellen. Im Süden will jeder das Privileg haben, jemand anderen zu schlagen. Onkel Isaac teilte die gemeinsame Leidenschaft seines Landes und fand daher selten ein anderes Mittel, um seine Schüler in Schach zu halten, als sie zu peitschen.

„Sag alles, was ich sage", und schon knallte die Gerte auf den ungläubigen Kopf eines armen Jungen. *„Was guckst du da?"* – *„Hör auf zu schubsen"* – und schon kam die Peitsche herunter.

Die Peitsche ist alles in allem. Sie soll den Gehorsam des Sklavenhalters sicherstellen und gilt unter den Sklaven selbst als Allheilmittel gegen jede Form des Ungehorsams, sei er weltlich oder geistig. Sklaven wie Sklavenhalter setzen sie schonungslos ein. Unsere Andachten bei Onkel Isaac vereinten zu viel Tragisches und Komisches, um sie aus geistiger Sicht sehr heilsam zu machen; und es ist wahr, dass ich oft die Stunde schwänzte, wenn die Zeit kam, dem Gebet und der Auspeitschung von Doktor Isaac Copper beizuwohnen.

Die Windmühle, die unter der Obhut von Mr. Kinney, einem gutherzigen alten Engländer, stand, war für mich eine Quelle unendlichen Interesses und Vergnügens. Der alte Mann schien immer erfreut, wenn er eine Truppe kleiner, dunkelhäutiger Straßenkinder mit ihren im Wind flatternden Leinenhemden sah, die näher kamen, um die wirbelnden Flügel seiner wundersamen Maschine zu betrachten und zu bewundern. Von der Mühle aus konnten wir andere Objekte von großem Interesse sehen. Dies waren die Schiffe von St. Michael auf ihrem Weg nach Baltimore. Es war eine Quelle großer Belustigung, die wehenden Segel und die komplizierte Takelage zu betrachten, wenn die kleinen Boote vorbeihuschten, und über Baltimore zu spekulieren, wie Art und Qualität dieser Ort war. Bei so vielen interessanten Quellen um mich herum wird der Leser vielleicht darauf gefasst sein zu erfahren, dass ich begann, sehr viel von Col. L.s Plantage zu halten. Es war genau ein Ort nach meinem jungenhaften Geschmack. In dem Bach konnte man Fische fangen, wenn man nur Angel und Leine hatte; und Krabben, Muscheln und Austern musste man fangen, indem man watete, grub und harkte. Dies war ein Feld für Industrie und Unternehmungslust, das sehr einladend war; und der Leser kann sicher sein, dass ich es mit Elan angegangen bin.

Sogar der gefürchtete alte Herr, dessen gnadenloser Befehl mich aus Tuckahoe gebracht hatte, ließ meiner Meinung nach allmählich von seinem Schrecken ab. Seltsamerweise schien seine Ehrwürdigkeit weder von mir noch von meinem Kommen besondere Notiz zu nehmen. Anstatt hervorzuspringen und mich zu verschlingen, schien er sich meiner Anwesenheit kaum bewusst zu sein. Tatsächlich war er mit wichtigeren und gewichtigeren Dingen beschäftigt, als sich um mich zu kümmern oder mich zu ärgern. Wahrscheinlich hielt er so wenig von meiner Ankunft, wie er von der Anschaffung eines einzigen Schweins in seinem Bestand gehalten hätte!

Als oberster Butler auf Col. Lloyds Plantage hatte er zahlreiche und verwirrende Aufgaben. In fast allen wichtigen Angelegenheiten antwortete er an Col. Lloyds Stelle. Die Aufseher aller Farmen waren ihm in gewisser Weise unterstellt und erhielten die Anweisungen aus seinem Mund. Der Colonel selbst wandte sich selten an einen Aufseher oder ließ sich von einem Aufseher ansprechen. Der alte Herr trug die Schlüssel zu allen Lagerhäusern bei sich, maß am Ende jedes Monats die Ration für jeden Sklaven ab, beaufsichtigte die Lagerung aller auf die Plantage gebrachten Waren, verteilte das Rohmaterial an alle Handwerker, verschiffte das Getreide, den Tabak und alle verkaufbaren Produkte der Plantage auf den Markt und hatte die allgemeine Aufsicht über die Böttcherei, die Stellmacherei, die Schmiede und die Schuhmacherei. Neben der Betreuung dieser Geschäfte hatte er oft Geschäfte für die Plantage, für die er zwei oder drei Tage abwesend sein musste.

Da er so viel beschäftigt war, hatte er wenig Zeit und vielleicht ebenso wenig Lust, sich um die einzelnen Kinder zu kümmern. Was er für Col. Lloyd war, war für ihn Tante Katy. Wenn er etwas über uns zu sagen oder zu tun hatte, sagte oder tat er es im großen Stil; er teilte uns in Klassen oder Größen ein und überließ alle kleinen Einzelheiten Tante Katy, einer Person, von der der Leser bereits keinen sehr positiven Eindruck gewonnen hat. Tante Katy war eine Frau, die sich nie erlaubte, im Rahmen des ihr zugestandenen Machtbereichs zu handeln, egal wie groß diese Autorität auch sein mochte. Ehrgeizig, übellaunig und grausam, fand sie in ihrer gegenwärtigen Position ein weites Feld für die Ausübung ihrer unheilvollen Eigenschaften. Sie hatte großen Einfluss auf ihren alten Herrn – sie galt als erstklassige Köchin und war wirklich sehr fleißig. Sie stand daher bei ihrem alten Herrn sehr hoch im Kurs und als Zeichen seiner Gunst war sie die einzige Mutter, die ihre Kinder um sich behalten durfte. Sogar diesen Kindern gegenüber war sie oft teuflisch brutal. Eines Tages verfolgte sie ihren Sohn Phil in meiner Gegenwart mit einem riesigen Fleischermesser und versetzte ihm mit der Schneide einen Schlag, der eine schreckliche Wunde an seinem Arm in der Nähe des Handgelenks hinterließ. Dafür tadelte sie der alte Herr scharf und drohte, dass er ihr die Haut vom Rücken ziehen würde, wenn sie das noch einmal tun sollte. Obwohl Tante Katy grausam zu ihren eigenen Kindern war, fehlte es ihr manchmal nicht an mütterlichen Gefühlen, wie ich oft in den bitteren Qualen des Hungers feststellen konnte, die ich ertragen musste. Anders als bei Oberst Lloyd gab der alte Herr nicht jedem Sklaven so viel, sondern übergab die Ration für alle der Obhut von Tante Katy, die sie nach dem Kochen unter uns aufteilen sollte. Die Ration, die aus grobem Maismehl bestand, war nicht sehr reichlich – sie war tatsächlich sehr knapp; und als sie durch Tante Katys Hände ging, wurde sie für einige von uns noch knapper. William, Phil und Jerry waren ihre Kinder, und es ist keine zu große Anschuldigung, wenn man ihr unterstellt, sie habe sich oft schuldig gemacht, mich und die anderen Kinder verhungern zu lassen, während sie ihre eigenen buchstäblich vollstopfte. Nahrungsmangel war mein Hauptproblem im ersten Sommer bei meinem alten Herrn. Austern und Muscheln wären mit gelegentlichem Brot sehr gut zu gebrauchen gewesen, aber ohne Brot gingen sie bald aus. Ich spreche nur die Wahrheit, wenn ich sage, dass ich oft so vor Hunger geplagt war, dass ich mit dem Hund – „Old Nep" – um die kleinsten Krümel kämpfte, die vom Küchentisch fielen, und froh war, wenn ich bei dem Kampf auch nur eine einzige Krume gewann. Oft bin ich mit eifrigen Schritten der Kellnerin gefolgt, wenn sie hinausging, um das Tischtuch auszuschütteln und die Krümel und kleinen Knochen für die Katzen herauszuholen. Ebenso eifrig suchte ich nach dem Wasser, in dem das Fleisch gekocht worden war. Es war eine große Sache, das Vorrecht zu haben, ein Stück Brot in solches Wasser zu tauchen; und die Haut von rostigem Speck war ein wahrer Luxus. Trotzdem bekam ich manchmal volle Mahlzeiten und freundliche Worte von mitfühlenden alten Sklaven, die meine Leiden kannten, und erhielt die tröstende Versicherung, dass ich eines Tages ein Mann sein würde. „Mach dir keine Sorgen, Liebling – es kommt ein besserer Tag" war schon damals ein Trost, ein aufmunternder Trost für mich in meinen Sorgen. Auch alle freundlichen Worte, die ich von Sklaven erhielt, waren es nicht. Ich hatte auch einen Freund im Salon, und einen, dem ich gerne Gerechtigkeit widerfahren lassen werde, bevor ich diesen Teil meiner Geschichte beendet habe.

Ich war noch nicht lange bei Old Master, als ich erfuhr, dass sein Nachname Anthony war und dass er allgemein „Captain Anthony" genannt wurde – ein Titel, den er wahrscheinlich erhielt, als er ein Boot in der Chesapeake Bay segelte. Die Sklaven von Col. Lloyd nannten Capt. Anthony nie „Old Master", sondern immer Capt. Anthony; und *mich* nannten sie „Captain Anthony Fred". Es gibt im ganzen Süden wahrscheinlich keine Plantage, auf der die englische Sprache schlechter gesprochen wird als auf Col. Lloyds. Es ist eine Mischung aus Guinea und allem, was Sie sich vorstellen können. Zu der Zeit, von der ich jetzt schreibe, gab es dort Sklaven, die von der Küste Afrikas gebracht worden waren. Sie verwendeten nie das „s" als Hinweis auf den Possessiv. „Cap'n Ant'ney Tom", „Lloyd Bill", „Aunt Rose Harry" bedeutet „Captain Anthonys Tom", „Lloyds Bill" usw. *„Oo you dem long to?"* bedeutet: „Wem gehörst du?" *„Oo dem got any peachy?"* bedeutet: „Hast du irgendwelche Pfirsiche?" Ich konnte sie kaum verstehen, als ich das erste Mal unter sie kam, so gebrochen war ihre Sprache; und ich bin überzeugt, dass ich nirgendwo auf der Welt hätte abgesetzt werden können, wo ich von meinen unmittelbaren Gefährten weniger Wissen hätte ernten können als auf dieser Plantage. Sogar „MAS' DANIEL" hatte durch seinen Umgang mit den Sklaven seines Vaters ihren Dialekt und ihre Ideen nachweislich übernommen, soweit es Ideen gab, die übernommen werden konnten. Die Gleichheit der Natur wird in der Kindheit stark betont, und die Kindheit erfordert Kinder als Gefährten. Die *Farbe* spielt bei einem Kind keine Rolle. Sind Sie ein Kind mit Bedürfnissen, Vorlieben und Beschäftigungen, die

Kindern gemeinsam sind, nicht aufgesetzt, sondern natürlich? Dann wären Sie, wenn Sie schwarz wie Ebenholz wären, bei dem Kind von Alabasterweiß willkommen. Das Gesetz der Kompensation gilt hier wie auch anderswo. Mas' Daniel konnte sich nicht mit Unwissenheit abgeben, ohne ihren Schatten zu teilen; und er konnte seinen schwarzen Spielkameraden nicht seine Gesellschaft gewähren, ohne ihnen auch seine Intelligenz zu geben. Ohne es zu wissen oder mich damals darum zu kümmern, verbrachte ich aus irgendeinem Grund einen Großteil meiner Zeit lieber mit Mas' Daniel als mit den meisten anderen Jungen.

Mas' Daniel war der jüngste Sohn von Col. Lloyd; seine älteren Brüder waren Edward und Murray – beide erwachsen und gutaussehend. Edward wurde von den Kindern besonders geschätzt und von mir unter den anderen; nicht, dass er jemals etwas zu uns oder für uns gesagt hätte, was man als besonders freundlich bezeichnen könnte; es genügte uns, dass er uns nie verächtlich ansah oder verhielt. Es gab auch drei Schwestern, alle verheiratet; eine mit Edward Winder; eine zweite mit Edward Nicholson; eine dritte mit Mr. Lownes.

Die Familie des alten Herrn bestand aus zwei Söhnen, Andrew und Richard, seiner Tochter Lucretia und ihrem frisch verheirateten Ehemann, Captain Auld. Dies war die Hausfamilie. Die Küchenfamilie bestand aus Tante Katy, Tante Esther und zehn oder einem Dutzend Kindern, die meisten davon älter als ich. Captain Anthony galt nicht als reicher Sklavenhalter, war aber ziemlich wohlhabend. Er besaß etwa dreißig „ Sklaven" und drei Farmen in Tuckahoe. Der wertvollste Teil seines Besitzes waren seine Sklaven, von denen er es sich leisten konnte, jedes Jahr einen zu verkaufen. Diese Ernte brachte ihm daher sieben- oder achthundert Dollar pro Jahr ein, neben seinem Jahresgehalt und anderen Einkünften aus seinen Farmen.

Auf der Plantage von Col. Lloyd wurde das Konzept von Rang und Stand streng aufrechterhalten. Unsere Familie besuchte das Herrenhaus nie, und die Lloyds kamen nie zu uns nach Hause. Zwischen der Familie von Captain Anthony und der von Mr. Sevier, dem Aufseher, herrschte ebenso wenig Verkehr.

Dies, lieber Leser, war die Gemeinschaft und der Ort, an dem ich meine ersten und nachhaltigsten Eindrücke von der Sklaverei und dem Sklavenleben erhielt. Über diese Eindrücke werden Sie in den folgenden Kapiteln dieses Buches mehr erfahren.

KAPITEL V.
Allmähliche Einführung in die Mysterien der Sklaverei

WACHSENDE BEKANNTMACHUNG MIT DEM ALTEN HERRN –
SEIN CHARAKTER – DIE ÜBEL DER UNZUGELASSENEN
LEIDENSCHAFT – OFFENSICHTLICHE ZÄRTLICHKEIT – DER
ALTE HERR, EIN MANN, DER SCHWIERIGKEITEN MACHT – DIE
GEWOHNHEIT, VOR SICH SELBST ZU MURMELN – DIE
NOTWENDIGKEIT, SICH SEINER WORTE BEWUSST ZU SEIN –
DIE VERMUTETE DUMMSITÄT VON SKLAVENKINDERN –
BRUTALE EMPÖRUNG – BETRUNKENER AUFSEHER – DIE
UNGEDULD DES SKLAVENHALTERS – DIE WEISHEIT, SICH AN
VORGESEHENE ZU BITTEN – DER ZORN DES
SKLAVENHALTERS SCHLIMMER ALS DER DES AUFSEHERS –
EIN NIEDRIGER UND SELBSTSÜCHTIGER VERSUCH, EINE
WERBUNG ZU ZERSTÖREN – EINE ERSCHRECKENDE SZENE.

Obwohl mein alter Herr – Captain Anthony – mir anfangs (wie der Leser bereits bemerkt haben wird) sehr wenig Aufmerksamkeit schenkte und diese Aufmerksamkeit bemerkenswert milde und sanft war, genügten nur wenige Monate, um mich davon zu überzeugen, dass Milde und Sanftmut nicht die vorherrschenden oder bestimmenden Züge seines Charakters waren. Diese hervorragenden Eigenschaften zeigte er nur gelegentlich. Wenn es ihm passte, konnte er buchstäblich unempfindlich gegenüber den Ansprüchen der Menschlichkeit erscheinen, wenn die Hilflosen sich gegen einen Angreifer wandten, und er konnte selbst schwere, dunkle und namenlose Verbrechen begehen. Doch war er von Natur aus nicht schlimmer als andere Menschen. Wäre er in einem freien Staat aufgewachsen, umgeben von den gerechten Beschränkungen der freien Gesellschaft – Beschränkungen, die für die Freiheit aller ihrer Mitglieder gleichermaßen notwendig sind –, wäre Captain Anthony ein ebenso menschlicher und in jeder Hinsicht respektabler Mensch gewesen wie viele, die sich heute dem Sklavensystem widersetzen; sicherlich ebenso menschlich und respektabel wie die Mitglieder der Gesellschaft im Allgemeinen. Der Sklavenhalter ist ebenso wie der Sklave das Opfer des Sklavensystems. Der Charakter eines Menschen wird in hohem Maße von der Form und Farbe der Dinge um ihn herum geprägt. Unter dem ganzen Himmel gibt es keine Beziehung, die der Entwicklung eines ehrenhaften Charakters ungünstiger ist als die, die der Sklavenhalter zum Sklaven pflegt. Die Vernunft ist hier gefangen und die Leidenschaften laufen wild. Wie die Feuer der Prärie sind sie, einmal angezündet, jedem Wind ausgeliefert und müssen brennen, bis sie alles Brennbare in ihrem unbarmherzigen Griff verzehrt haben. Kapitän Anthony konnte freundlich sein und zeigte manchmal sogar eine liebevolle Veranlagung. Hätte der Leser sehen können, wie er mich sanft an der Hand führte – wie er es manchmal tat –, mir den Kopf tätschelte, in sanftem, schmeichelndem Ton mit mir sprach und mich seinen „kleinen Indianerjungen" nannte, hätte er ihn für einen freundlichen alten Mann gehalten und wirklich fast väterlich. Aber die guten Launen eines Sklavenhalters sind bemerkenswert brüchig; sie lassen sich leicht vertreiben; sie kommen weder oft noch bleiben sie lange. Sein Temperament wird ständig auf die Probe gestellt; Da er diese Prüfungen jedoch nie geduldig erträgt, tragen sie nichts zu seiner natürlichen Geduld bei.

Der alte Meister vermittelte mir schon sehr früh den Eindruck, dass er ein unglücklicher Mensch war. Selbst in den Augen meines Kindes wirkte er besorgt und manchmal hager. Seine seltsamen Bewegungen erregten meine Neugier und mein Mitleid. Er ging selten allein, ohne vor sich hin zu murmeln, und gelegentlich tobte er umher, als würde er eine Armee unsichtbarer Feinde herausfordern. „Er würde dies, das und jenes tun; er wäre verdammt, wenn er es nicht täte" – so lautete die übliche Form seiner Drohungen. Die meiste Zeit seiner Freizeit verbrachte er mit Gehen, Fluchen und Gestikulieren wie jemand, der von einem Dämon besessen ist. Ganz offensichtlich war er ein elender Mensch, der mit seiner eigenen Seele und mit der ganzen Welt um ihn herum im Krieg lag. Dass ihn die Kinder belauschten, störte ihn kaum. Er kümmerte sich nicht mehr um unsere Anwesenheit als um die der Enten und Gänse, die er auf der Wiese traf. Er dachte nicht daran, dass die kleinen schwarzen Bengel um ihn herum durch diese Stimmritzen die Geheimnisse seines Herzens sehen konnten. Sklavenhalter unterschätzen immer die Intelligenz, mit der sie sich auseinandersetzen müssen. Ich verstand das Gemurmel, die Haltung und die Gesten des alten Mannes tatsächlich ungefähr so gut wie er selbst. Aber Sklavenhalter fördern diese Art der Kommunikation mit den Sklaven nie, durch die sie lernen könnten, die Tiefe seines Wissens zu ermessen. Unwissenheit ist eine hohe Tugend in einem menschlichen Besitz; und während der Herr versucht, den Sklaven unwissend zu halten, ist der Sklave schlau genug, um den Herrn glauben zu lassen, dass er damit Erfolg hat. Der Sklave versteht das Sprichwort voll und ganz: „Wo Unwissenheit ein Segen ist, ist es Torheit, weise zu sein." Wenn die Gesten des alten Herrn heftig waren und mit einem drohenden Kopfschütteln und einem scharfen Schnippen seines Mittelfingers und Daumens endeten, hielt ich es für klug, einen respektvollen Abstand zu ihm zu halten; denn in solchen Momenten galten in seinen Augen geringfügige Fehler als schwerwiegende Vergehen; und da er sowohl die Macht als auch die Veranlagung hatte, musste das Opfer nur in seiner Nähe sein, um die verdiente oder unverdiente Strafe abzubekommen.

Einer der ersten Umstände, die mir die Augen für die Grausamkeit und Niedertracht der Sklaverei und die Herzlosigkeit meines alten Herrn öffneten, war dessen Weigerung, seine Autorität geltend zu machen, um eine junge Frau zu beschützen und abzuschirmen, die von seinem Aufseher in Tuckahoe grausam misshandelt und geschlagen worden war. Dieser Aufseher – ein Mr. Plummer – war ein Mann wie die meisten seiner Klasse, kaum besser als ein menschliches Tier; und zusätzlich zu seiner allgemeinen Ausschweifung und abstoßenden Grobheit war das Geschöpf ein erbärmlicher Trunkenbold. Er wurde wahrscheinlich von meinem alten Herrn weniger wegen der Vortrefflichkeit seiner Dienste angestellt, als wegen des niedrigen Preises, zu dem man sie bekommen konnte. Er war nicht geeignet, die Leitung einer Herde Maultiere zu übernehmen. In einem Anfall von betrunkenem Wahnsinn beging er die Gewalttat, die die junge Frau in Frage zu meinem alten Herrn brachte, um Schutz zu suchen. Diese junge Frau war die Tochter von Milly, einer meiner Tante. Als das arme Mädchen bei uns ankam , bot es einen bemitleidenswerten Anblick. Sie war in Eile und ohne Vorbereitung abgereist, und wahrscheinlich ohne das Wissen von Mr. Plummer. Sie war zwölf Meilen barfuß, mit nacktem Hals und barhäuptig gereist. Ihr Hals und ihre Schultern waren mit frischen Narben bedeckt, und nicht zufrieden damit, ihren Hals und ihre Schultern mit der Kuhhaut zu verunstalten, hatte ihr das feige Tier mit einer Hickory-Keule einen Schlag auf den Kopf versetzt, der eine schreckliche Wunde hinterließ und ihr Gesicht buchstäblich mit Blut bedeckte. In diesem Zustand kam die arme junge Frau herunter, um meinen alten Herrn um Schutz anzuflehen. Ich erwartete, ihn vor Wut über die abscheuliche Tat kochen zu sehen und ihn die Luft mit Flüchen über den brutalen Plummer erfüllen zu hören, aber ich wurde enttäuscht. Er sagte ihr streng und in wütendem Ton, er glaube, sie habe „alles verdient“, und wenn sie nicht sofort nach Hause ginge, würde er ihr persönlich die restliche Haut von Hals und Rücken ziehen. So war das arme Mädchen gezwungen, ohne Wiedergutmachung zurückzukehren und möglicherweise eine zusätzliche Tracht Prügel zu erhalten, weil sie es gewagt hatte, sich an den alten Meister zu wenden und gegen den Aufseher vorzugehen.

Der alte Herr schien wütend bei dem Gedanken, durch solche Beschwerden belästigt zu werden. Ich verstand damals nicht, was für eine Philosophie er mit meinem Cousin umging. Sie war streng, unnatürlich, gewalttätig. Hatte der Mann kein Mitgefühl? Hatte er jeglichen Sinn für Menschlichkeit verloren? Nein. Ich glaube, ich verstehe es jetzt. Diese Behandlung ist eher ein Teil des Systems als ein Teil des Menschen. Wenn Sklavenhalter Beschwerden dieser Art gegen die Aufseher anhören müssten, wäre der Luxus, eine große Anzahl Sklaven zu besitzen, unmöglich. Es würde das Amt des Aufsehers vollständig abschaffen oder, mit anderen Worten, es würde den Herrn selbst in einen Aufseher verwandeln. Es würde viel Zeit und

Arbeit kosten und den Aufseher in Fesseln zurücklassen und ihm die nötige Macht entziehen, um Gehorsam gegenüber seinen Befehlen zu erzwingen. Ein so gefährliches Privileg wie das der Berufung ist daher streng verboten, und jeder, der es ausübt, begibt sich in furchtbare Gefahr. Wenn jedoch ein Sklave genug Mut hat, diese zu nutzen und sich kühn mit einer wohlbegründeten Beschwerde gegen einen Aufseher an seinen Herrn wendet, wird er zwar zurückgewiesen und seine Beschwerde kann sogar wiederholt werden, und obwohl er von seinem Herrn und auch vom Aufseher für seine Kühnheit geschlagen wird, wird die Beschwerdepolitik letztlich im Allgemeinen durch die nachlassende Strenge der Behandlung durch den Aufseher gerechtfertigt. Dieser wird vorsichtiger und ist danach weniger geneigt, solche Sklaven mit der Peitsche zu schlagen. Dieses Endergebnis im Auge und nicht die Erwartung unmittelbaren Nutzens ist es, die den empörten Sklaven dazu bewegt, sich mit einer Beschwerde an seinen Herrn zu wenden. Der Aufseher mag es natürlich nicht, wenn das Ohr seines Herrn durch Beschwerden gestört wird; und entweder aus diesem Grund oder aufgrund von Ratschlägen und Warnungen, die ihm seine Arbeitgeber privat geben, mildert er im Allgemeinen die Strenge seiner Herrschaft nach einem Ausbruch der Art, auf den ich mich bezogen habe.

Wie auch immer der Sklavenhalter sich gegenüber seinem Sklaven verhalten mag und wie grausam er es auch für klug hält, ihn zu verüben, um sich zu profilieren oder um seine Laune zu befriedigen, er kann, wenn er nicht provoziert wird, nicht mit Vergnügen auf die blutenden Wunden einer wehrlosen Sklavin blicken. Wenn er sie ohne Wiedergutmachung oder Hoffnung auf Wiedergutmachung aus seiner Gegenwart vertreibt, handelt er im Allgemeinen eher aus politischen Motiven als aus einer verhärteten Natur oder angeborener Brutalität. Doch wenn nur sein eigenes Temperament erregt wird, seine eigenen Leidenschaften ausbrechen, wird der Sklavenhalter den Aufseher an Grausamkeit *weit übertreffen* . Er wird den Sklaven davon überzeugen, dass sein Zorn weitaus schrecklicher und grenzenloser und weitaus mehr zu fürchten ist als der des untergeordneten Aufsehers. Was der Aufseher mechanisch und herzlos getan haben mag, wird jetzt mit Willen getan. Der Mann, der jetzt die Peitsche schwingt, ist unverantwortlich. Er kann, wenn es ihm beliebt, verkrüppeln oder töten, ohne die Konsequenzen fürchten zu müssen; außer insoweit es um Gewinn oder Verlust geht. Für einen Mann mit gewalttätigem Temperament – wie mein alter Herr – war dies nur eine sehr schwache und unwirksame Zurückhaltung. Ich habe ihn in einem Sturm der Leidenschaft erlebt, wie ich ihn gerade beschrieben habe – einer Leidenschaft, in die alle bitteren Zutaten von Stolz, Hass, Neid, Eifersucht und dem Durst nach Rache einflossen.

Die Umstände, die ich hier schildern werde und die zu diesem furchtbaren Sturm der Leidenschaft führten, sind im Sklavenleben kein Einzelfall, sondern in jeder Sklavenhaltergemeinschaft, in der ich gelebt habe, üblich. Sie sind Nebensächlichkeiten der Beziehung zwischen Herr und Sklave und kommen in allen Teilen der Sklavenhalterländer vor.

Dem Leser wird aufgefallen sein, dass bei der Aufzählung der Namen der Sklaven, die bei meinem alten Herrn lebten, *Esther* erwähnt wird. Diese junge Frau besaß das, was für eine Sklavin immer ein Fluch ist: nämlich ihre persönliche Schönheit. Sie war groß, wohlgeformt und hatte ein schönes Aussehen. Die Töchter von Oberst Lloyd konnten sie an persönlichen Reizen kaum übertreffen. Esther wurde von Ned Roberts umworben, und er war als junger Mann ebenso gutaussehend wie sie als Frau. Er war der Sohn eines Lieblingssklaven von Oberst Lloyd. Einige Sklavenhalter hätten die Heirat zweier solcher Personen gern gefördert, aber aus irgendeinem Grund nahm mein alter Herr es auf sich, die wachsende Vertrautheit zwischen Esther und Edward zu unterbrechen. Er befahl ihr streng, die Gesellschaft des besagten Roberts zu verlassen, und sagte ihr, dass er sie streng bestrafen würde, wenn er sie jemals wieder in Edwards Gesellschaft finden würde. Dieser unnatürliche und herzlose Befehl wurde natürlich gebrochen. Die Liebe einer Frau kann nicht durch den kategorischen Befehl eines Menschen vernichtet werden, der den Atem in seiner Nase hat. Es war unmöglich, Edward und Esther auseinander zu halten. Sie wollten sich treffen, und das taten sie auch. Wäre der alte Herr ein Mann von Ehre und Reinheit gewesen, hätte man seine Motive in dieser Angelegenheit vielleicht positiver sehen können. So wie es war, waren seine Motive ebenso abscheulich wie seine Methoden töricht und verachtenswert. Es war zu offensichtlich, dass er sich nicht um das Wohlergehen des Mädchens sorgte. Es ist eines der verdammenswerten Merkmale des Sklavensystems, dass es seinen Opfern jeden irdischen Anreiz für ein heiliges Leben raubt. Die Furcht vor Gott und die Hoffnung auf den Himmel reichen aus, um viele Sklavinnen inmitten der Fallen und Gefahren ihres seltsamen Schicksals zu erhalten; aber jenseits von Gott und Himmel ist eine Sklavin der Macht, Laune und Leidenschaft ihres Besitzers ausgeliefert. Die Sklaverei bietet keine Möglichkeit für den ehrenhaften Fortbestand der Rasse. Eine Ehe, die ihren Partnern Verpflichtungen auferlegt, existiert hier nicht, außer in Herzen, die reiner und höher sind als die Standardmoral um sie herum. Es ist einer der Tröstungen meines Lebens, dass ich viele ehrenhafte Beispiele von Personen kenne, die ihre Ehre bewahrt haben, wo alles um sie herum korrupt war.

Esther hing offensichtlich sehr an Edward und verabscheute – und sie hatte Grund dazu – das tyrannische und niederträchtige Verhalten des alten Herrn. Edward war jung und sah gut aus, und er liebte und machte ihr den Hof. Er hätte ihr Ehemann sein können, im soeben erwähnten hohen Sinne; aber WER und *was* war dieser alte Herr? Seine Aufmerksamkeiten waren eindeutig brutal und selbstsüchtig, und es war ebenso natürlich, dass Esther ihn verabscheute, wie dass sie Edward liebte. Obwohl er verabscheut und umgangen wurde, nahm der alte Herr, der die Macht hatte, sehr leicht Rache. Ich war zufällig Zeuge dieser Zurschaustellung seiner Wut und Grausamkeit gegenüber Esther. Die gewählte Zeit war merkwürdig. Es war früh am Morgen, als es sonst überall still war, und bevor irgendjemand aus der Familie, im Haus oder in der Küche, das Bett verlassen hatte. Ich sah nur wenige der schockierenden Vorstufen, denn das grausame Werk hatte begonnen, bevor ich aufwachte. Ich wurde wahrscheinlich durch die Schreie und kläglichen Schreie der armen Esther geweckt. Mein Schlafplatz war auf dem Boden einer kleinen, groben Kammer, die in die Küche führte; und durch die Ritzen der ungehobelten Bretter konnte ich deutlich sehen und hören, was vor sich ging, ohne von meinem alten Herrn gesehen zu werden. Esthers Handgelenke waren fest gefesselt, und das gedrehte Seil war an einem starken Krampen in einem schweren Holzbalken oben in der Nähe des Kamins befestigt. Hier stand sie auf einer Bank, die Arme fest über ihre Brust gelegt. Ihr Rücken und ihre Schultern waren bis zur Taille nackt. Hinter ihr stand mein alter Herr mit einem Kuhfell in der Hand und bereitete sein barbarisches Werk mit allerlei harten, groben und quälenden Beinamen vor. Die Schreie seines Opfers waren äußerst durchdringend. Er war grausam und zog die Folter in die Länge, als ob er sich an der Szene erfreute. Immer wieder zog er die verhasste Peitsche durch seine Hand und passte sie an, um den schmerzhaftesten Schlag zu versetzen. Die arme Esther war noch nie so hart ausgepeitscht worden, und ihre Schultern waren dick und empfindlich. Jeder kräftige Schlag löste Schreie und Blut aus. *„Hab Erbarmen, oh! Hab Erbarmen"*, rief sie, *„ ich werde es nicht mehr tun"*, aber ihre durchdringenden Schreie schienen seine Wut nur noch zu steigern. Seine Antworten darauf sind zu grob und blasphemisch, um sie hier wiederzugeben. Die ganze Szene mit all ihren Begleiterscheinungen war bis ins letzte Maß abstoßend und schockierend, und wenn man die Motive dieser brutalen Züchtigung bedenkt, sind die Worte nicht imstande, ein angemessenes Gefühl für ihre schreckliche Verbrechen zu vermitteln. Nachdem er dreißig oder vierzig Hiebe versetzt hatte, band der alte Herr sein leidendes Opfer los und ließ sie herunter. Sie konnte kaum stehen, als sie losgebunden war. Von ganzem Herzen tat sie mir leid, und obwohl ich ein Kind war, entfachte die Schandtat in mir ein Gefühl, das alles andere als friedlich war; aber ich war still, verängstigt, betäubt und konnte nichts tun, und das Schicksal von Esther könnte als nächstes mein Schicksal sein. Die hier beschriebene Szene wiederholte sich im Fall der armen Esther oft, und ihr Leben war, wie ich es kannte, von Elend geprägt.

KAPITEL VI.
Behandlung der Sklaven auf Lloyd's Plantage

FRÜHE ÜBERLEGUNGEN ZUR SKLAVEREI – DARSTELLUNG EINES TAGES ALS FREIER MANN – KAMPF ZWISCHEN EINEM AUFSEHER UND EINER SKLAVIN – DIE VORTEILE DES WIDERSTANDS – DER TAGESGEBÜHRENTAG AUF DER HAUSBOHNUNG – DAS SINGEN DER SKLAVEN – EINE ERKLÄRUNG – NAHRUNG UND KLEIDUNG DER SKLAVEN – NACKTE KINDER – DAS LEBEN IM VIERTEL – SCHLAFENTZUG – STILLENDE KINDER, DIE AUF DAS FELD GETRAGEN WERDEN – BESCHREIBUNG DES KUHFELLS – DER ASCHEKUCHEN – DIE ART UND WEISE, IHN ZU MACHEN – DIE MITTAGESSENSTUNDE – DER KONTRAST.

Die herzzerreißenden Ereignisse, die im vorhergehenden Kapitel geschildert wurden, führten mich schon früh dazu, die Natur und Geschichte der Sklaverei zu untersuchen. *Warum bin ich ein Sklave? Warum sind manche Menschen Sklaven und andere Herren? Gab es jemals eine Zeit, in der dies nicht der Fall war? Wie begann diese Beziehung?* Dies waren die verwirrenden Fragen, die nun meine Gedanken in Anspruch nahmen und die schwachen Kräfte meines Geistes beanspruchten, denn ich war noch ein Kind und wusste weniger als gleichaltrige Kinder in den freien Staaten. Da meine Fragen zu diesen Dingen nur Kindern gestellt wurden, die etwas älter und kaum besser informiert waren als ich, konnte ich nicht schnell eine solide Grundlage erlangen. Irgendwie erfuhr ich aus diesen Fragen, dass „*Gott im Himmel*" jeden Menschen erschaffen hat und dass er die *Weißen* zu Herren und Mätressen und die *Schwarzen* zu Sklaven gemacht hat. Dies befriedigte mich nicht und minderte mein Interesse an dem Thema nicht. Mir wurde auch gesagt, dass Gott gut sei und dass er wisse, was das Beste für mich und das Beste für alle sei. Dies war weniger zufriedenstellend als die erste Aussage; denn es widersprach allen meinen Vorstellungen von Güte. Es war nicht gut, den alten Herrn Esther das Fleisch abschneiden zu lassen und sie so weinen zu lassen. Außerdem, woher wussten die Leute, dass Gott die Schwarzen zu Sklaven gemacht hatte? Sind sie in den Himmel aufgestiegen und haben es erfahren? Oder ist er herabgestiegen und hat es ihnen gesagt? Alles war dunkel hier. Es war eine gewisse Erleichterung für meine harten Vorstellungen von der Güte Gottes, dass er, obwohl er die Weißen zu Sklavenhaltern gemacht hatte, sie nicht zu *schlechten* Sklavenhaltern machte und dass er die schlechten Sklavenhalter zu gegebener Zeit bestrafen würde; dass er sie, wenn sie starben, an den schlechten Ort schicken würde, wo sie „verbrannt" würden. Trotzdem konnte ich die Verbindung der Sklaverei nicht mit meinen groben Vorstellungen von Güte in Einklang bringen.

Außerdem stellte ich fest, dass es auf beiden Seiten und in der Mitte rätselhafte Ausnahmen zu dieser Sklavereitheorie gab. Ich kannte Schwarze, die *keine* Sklaven waren; ich kannte Weiße, die *keine* Sklavenhalter waren; und ich kannte Menschen, die *fast* weiß waren, aber Sklaven waren. *Hautfarbe* war daher eine sehr unbefriedigende Grundlage für Sklaverei.

Als ich mich jedoch einmal in die Untersuchung vertieft hatte, dauerte es nicht lange, bis ich die wahre Lösung der Angelegenheit fand. Nicht die *Hautfarbe*, sondern *das Verbrechen*, nicht *Gott*, sondern *der Mensch* lieferte die wahre Erklärung für die Existenz der Sklaverei; und auch eine andere wichtige Wahrheit fand ich bald heraus, nämlich: Was der Mensch machen kann, kann der Mensch auch wieder zerstören. Die entsetzliche Finsternis verschwand, und ich beherrschte das Thema. Es gab hier Sklaven, direkt aus Guinea; und viele konnten sagen, dass ihre Väter und Mütter aus Afrika geraubt worden waren – aus ihrer Heimat vertrieben und gezwungen, als Sklaven zu dienen. Für mich war das Wissen; aber es war eine Art von Wissen, das mich mit brennendem Hass auf die Sklaverei erfüllte, mein Leiden vergrößerte und mir keine Möglichkeit ließ, mich aus meiner Knechtschaft zu befreien. Und doch war es Wissen, das es durchaus wert war, es zu besitzen. Ich kann nicht älter als sieben oder acht Jahre gewesen sein, als ich begann, dieses Thema zu meinem Studium zu machen. Es begleitete mich in den Wäldern und auf den Feldern, am Flussufer und wohin auch immer meine kindlichen Wanderungen mich führten; und obwohl ich damals nichts von der Existenz der freien Staaten wusste, erinnere ich mich deutlich daran, dass ich *schon damals* von der Vorstellung, eines Tages ein freier Mensch zu sein, am stärksten beeindruckt war. Diese ermutigende Gewissheit war ein angeborener Traum meiner menschlichen Natur, eine ständige Bedrohung durch die Sklaverei – und eine, die alle Mächte der Sklaverei nicht zum Schweigen bringen oder auslöschen konnten.

Bis zu der Zeit, als meine Tante Esther brutal ausgepeitscht wurde – denn sie war meine eigene Tante – und bis zu der schrecklichen Lage, in der ich meinen Cousin aus Tuckahoe gesehen hatte, der von dem grausamen Mr. Plummer so schlimm geschlagen worden war, war meine Aufmerksamkeit nicht besonders auf die abscheulichen Aspekte der Sklaverei gelenkt worden. Ich hatte natürlich von Auspeitschungen und wilden *Begegnungen* zwischen Aufsehern und Sklaven gehört, aber ich war zu den Zeiten und an den Orten, wo sie stattfanden, immer abseits gewesen. Meine Spiele und Sportarten führten mich die meiste Zeit von den Mais- und Tabakfeldern weg, wo die große Masse der Hände bei der Arbeit war und wo Szenen der Grausamkeit aufgeführt und bezeugt wurden. Aber nach der Auspeitschung von Tante Esther sah ich viele Fälle der gleichen schockierenden Art, nicht nur im Haus meines Herrn, sondern auch auf Col. Lloyds Plantage. Einer der ersten Fälle, die ich sah und die mich sehr aufregten, war die Auspeitschung einer Frau namens Nelly, die Col. Lloyd gehörte. Das Nelly vorgeworfene Vergehen war eines der häufigsten und unbestimmtesten in der ganzen Liste der Vergehen, die Sklaven normalerweise vorgeworfen werden, nämlich „Unverschämtheit". Dies kann fast alles oder auch gar nichts bedeuten, je nach Laune des Herrn oder Aufsehers im jeweiligen Moment. Aber was auch immer es ist oder nicht ist, wenn es den Namen „Unverschämtheit" erhält, ist der beschuldigten Partei eine Auspeitschung sicher. Dieses Vergehen kann auf verschiedene Weise begangen werden: im Ton einer Antwort; in der Antwort überhaupt; in der Nichtantwort; im Gesichtsausdruck; in der Bewegung des Kopfes; im Gang, Benehmen und Verhalten des Sklaven. In dem vorliegenden Fall kann ich mir leicht vorstellen, dass es sich nach allen Maßstäben der Sklavenhaltung um einen echten Fall von Unverschämtheit handelte. Bei Nelly lagen alle notwendigen Bedingungen für die Begehung des Vergehens vor. Sie war eine kluge Mulatte, die anerkannte Ehefrau eines beliebten „Handlangers" an Bord von Col. Lloyds Schaluppe und Mutter von fünf munteren Kindern. Sie war eine kräftige und temperamentvolle Frau und eine der Frauen auf der Plantage, die sich am ehesten einer Unverschämtheit schuldig machen konnte. Meine Aufmerksamkeit wurde auf die Szene durch den Lärm, die Flüche und Schreie gelenkt, die von dort ausgingen, und als ich ein Stück in diese Richtung ging, stieß ich auf die in das Gefecht verwickelten Parteien. Mr. Siever, der Aufseher, hatte Nelly festgehalten, als ich sie erblickte; er versuchte, sie zu einem Baum zu zerren, was Nelly energisch abwehrte; aber ohne Zweck, außer dass es den Fortschritt der Pläne des Aufsehers verzögerte. Nelly war – wie ich bereits sagte – Mutter von fünf Kindern; drei von ihnen waren anwesend, und obwohl sie noch ganz klein waren (zwischen sieben und zehn Jahre alt, schätze ich), kamen sie ihrer Mutter galant zu Hilfe und bewarfen den Aufseher gehörig mit Steinen. Einer der kleinen Kerle rannte herbei, packte den Aufseher am Bein und biss ihn; aber das Ungeheuer war zu sehr mit Nelly beschäftigt, als dass es den Angriffen der Kinder Beachtung schenkte. Als ich Mr. Sevier das erste Mal sah, waren zahlreiche blutige Flecken auf seinem Gesicht, und im Lauf des Kampfes wurden sie immer mehr. Die Abdrücke von Nellys Fingern waren sichtbar, und ich war froh, sie zu sehen. Inmitten des wilden Geschrei der Kinder – „ *Lasst meine Mama los* " – „*Lasst meine Mama los* " – drangen aus den Zähnen des Aufsehers mit dem Kugelkopf ein paar bittere Flüche hervor, vermischt mit Drohungen, „er würde dem Teufel lehren, wie man einem weißen Mann Unverschämtheit verleiht." Es besteht kein Zweifel, dass Nelly sich den Sklaven um sie herum in mancher Hinsicht überlegen fühlte. Sie war Ehefrau und Mutter; ihr Mann war ein geschätzter und beliebter Sklave. Außerdem war er einer der ersten Matrosen an Bord der Schaluppe, und die Schaluppenarbeiter wurden – da sie die Plantage im Ausland zu vertreten hatten – im Allgemeinen zärtlich behandelt. Dem Aufseher war es nie erlaubt, Harry zu peitschen; warum sollte er dann Harrys Frau peitschen dürfen? Gedanken dieser Art beeinflussten sie zweifellos; aber aus welchem Grund auch immer, sie widerstand edelmütig und schien, anders als die meisten Sklaven, entschlossen, Mr. Sevier für ihre Prügel so viel wie möglich kosten zu lassen. Das Blut auf seinem (und ihrem) Gesicht zeugte von ihrem Können sowie von ihrem Mut und ihrer Geschicklichkeit im Gebrauch ihrer Nägel. Ihr Widerstand machte mich verrückt, und ich erwartete, dass Mr. Sevier sie mit einem betäubenden Schlag zu Boden bringen würde, aber nein; wie ein wilder Bulldogge – dem er sowohl vom Temperament als auch vom Aussehen her ähnelte – behielt er seinen Griff und zerrte sein Opfer stetig auf den Baum zu, wobei er ihre Schläge und die Schreie der Kinder, die nach der Freilassung ihrer Mutter verlangten, ignorierte. Zweifellos hätte er sie mit seinem Hickory-Stock niedergeschlagen, aber diese Tat hätte ihn möglicherweise seinen Platz gekostet. Es wird oft für ratsam gehalten, einen *Sklaven* niederzuschlagen, um ihn zu fesseln, aber es gilt als feige und unentschuldbar, wenn ein Aufseher eine *Frau so behandelt* . Von ihm wird erwartet, dass er sie fesselt und ihr, wie es im Süden heißt, eine „vornehme Tracht Prügel" verpasst, ohne dass er dafür sehr viel Kraft oder Geschick aufwenden muss. Ich beobachtete mit klopfendem Interesse den Verlauf des Vorkampfes und war traurig über jeden neuen Vorteil, den der Rohling ihr gegenüber erlangte . Es gab Momente, in denen es so aussah, als ob sie das Tier besiegen würde, aber schließlich überwältigte er sie und schaffte es, ihr sein Seil um die Arme zu legen und sie fest an den Baum zu fesseln, auf den er gezielt hatte. Als dies geschah, war Nelly seiner gnadenlosen Peitsche ausgeliefert; und was nun folgte, kann ich nicht beschreiben. Das feige Geschöpf machte jede Drohung wahr und schwang die Peitsche mit der ganzen heißen Lust wütender Rache. Die Schreie der Frau, während sie die schreckliche Pein erduldete, vermischten sich mit denen der Kinder, Geräusche, die der Leser hoffentlich nie zu hören bekommt. Als Nelly losgebunden wurde, war ihr Rücken mit Blut bedeckt. Die roten Streifen waren überall auf ihren Schultern. Sie wurde ausgepeitscht – brutal ausgepeitscht; aber sie war nicht unter Kontrolle, denn sie fuhr fort, den Aufseher anzuprangern und ihn mit jedem abscheulichen Schimpfwort zu belegen. Er hatte ihr Fleisch verletzt, aber ihren unbesiegbaren Geist unerschrocken gelassen. Solche Prügel werden selten vom gleichen Aufseher wiederholt. Sie ziehen es vor, diejenigen zu peitschen, die am leichtesten zu peitschen sind. Die alte Lehre, dass Unterwerfung das beste Heilmittel gegen Gewalt und Unrecht ist, gilt auf der Sklavenplantage nicht. Derjenige wird am häufigsten ausgepeitscht, der am leichtesten zu peitschen ist; und der Sklave, der den Mut hat, sich gegen den Aufseher zu wehren, wird am Ende ein freier Mann, auch wenn er zunächst viele harte Schläge einstecken muss, auch wenn er formal als Sklave gilt. „Sie können mich erschießen, aber nicht auspeitschen", sagte ein Sklave zu Rigby Hopkins; und das Ergebnis war, dass er weder ausgepeitscht noch erschossen wurde. Wäre Letzteres sein Schicksal gewesen, wäre es weniger beklagenswert gewesen als der lebendige und langsame Tod, dem feige und sklavische Seelen ausgesetzt sind. Ich weiß nicht, ob Mr. Sevier jemals wieder versuchte, Nelly zu peitschen. Wahrscheinlich tat er es nie, denn kurz nach seinem Versuch, sie zu unterwerfen, wurde er krank und starb. Der elende Mann starb, wie er gelebt hatte, reuelos; und es wurde gesagt – mit wie viel Wahrheit, weiß ich nicht –, dass sich in den allerletzten Stunden seines Lebens seine beherrschende Leidenschaft zeigte und dass er im Kampf mit dem Tod schreckliche Flüche ausstieß und mit der Kuhhaut herumfuchtelte, als würde er einem hilflosen Sklaven das Fleisch abreißen. Eines ist sicher: Als er noch gesund war, ließ es einem gewöhnlichen Menschen das Blut gefrieren und die Haare zu Berge stehen, wenn er Mr. Sevier reden hörte. Die Natur oder seine grausamen Gewohnheiten hatten seinem Gesicht einen Ausdruck ungewöhnlicher Wildheit verliehen, selbst für einen Sklaventreiber. Tabak und Wut hatten seine Zähne kurz gemacht, und fast jeder Satz, der ihrem gepressten Knirschen entkam, wurde mit einem Ausbruch von Gotteslästerung begonnen oder beendet. Seine Anwesenheit machte das Feld gleichermaßen zu einem Feld des Blutes und der Gotteslästerung. Wegen seiner Grausamkeit gehasst und wegen seiner Feigheit verachtet, bedauerte niemand seinen Tod außerhalb seines eigenen Hauses – wenn er dort überhaupt bedauert wurde; die Sklaven betrachteten ihn als gnädiges Eingreifen der Vorsehung. Nie ging dort ein Mann mit schwereren Flüchen beladen ins Grab. Mr. Seviers Platz wurde umgehend von einem Mr. Hopkins eingenommen, und die Veränderung war eine große Erleichterung, da er ein ganz anderer Mensch war. Er war in jeder Hinsicht ein besserer Mensch als sein Vorgänger; so gut, wie ein Mensch nur sein kann und dennoch ein Aufseher sein kann. Sein Lebenswandel war nicht von außergewöhnlicher Grausamkeit geprägt; und wenn er einen Sklaven auspeitschte, was er manchmal tat, schien er daran kein besonderes Vergnügen zu haben, sondern verhielt sich im Gegenteil so, als empfand er es als eine gemeine Tat. Mr. Hopkins blieb nur kurze Zeit; seinen Platz nahm – sehr zum Bedauern der Sklaven im Allgemeinen – ein Mr. Gore ein, von dem später noch mehr zu sagen sein wird. Für den Augenblick genügt es zu sagen, dass er keine Verbesserung gegenüber Mr. Sevier darstellte, außer dass er weniger laut und weniger vulgär war.

Ich habe bereits auf den geschäftsmäßigen Aspekt von Col. Lloyds Plantage hingewiesen. Dieser geschäftsmäßige Anschein verstärkte sich noch an den beiden Tagen am Ende jedes Monats, wenn die Sklaven von den verschiedenen Farmen kamen, um ihre monatliche Ration an Essen und Fleisch abzuholen. Dies waren Festtage für die Sklaven, und es herrschte große Rivalität unter ihnen darüber, *wer* ausgewählt werden sollte, auf die große House Farm zu gehen, um die Ration abzuholen und überhaupt alle Geschäfte in dieser (für sie) Hauptstadt zu erledigen. Die Schönheit und Erhabenheit des Ortes, seine zahlreiche Sklavenbevölkerung und die Tatsache, dass Harry, Peter und Jake, die Matrosen der Schaluppe, fast immer kleine Schmuckstücke, die sie in Baltimore gekauft hatten, zum Verkauf aufbewahrten, privat aufbewahrten, machten es zu einem Privileg, auf die große House Farm zu kommen. Auch für dieses Amt ausgewählt zu werden, galt als große Ehre. Es wurde als Beweis des Vertrauens und der Gunst betrachtet; aber wahrscheinlich war das Hauptmotiv der Konkurrenten um den Platz der Wunsch, die öde Monotonie des Feldes zu durchbrechen und dem Blick und der Peitsche des Aufsehers zu entkommen. Wenn der Sklave erst einmal mit einem Ochsengespann unterwegs war und auf der Deichsel seines Karrens saß und kein Aufseher auf ihn aufpasste, war er verhältnismäßig frei; und wenn er nachdenklich war, hatte er Zeit zum Nachdenken. Von Sklaven wird im Allgemeinen erwartet, dass sie singen und arbeiten. Ein stiller Sklave wird von Herren oder Aufsehern nicht gemocht. *„Mach Lärm"*, *„Mach Lärm"* und *„Helft mit"* sind die Worte, die man normalerweise an die Sklaven richtet, wenn es unter ihnen still ist. Dies könnte erklären, warum man in den Südstaaten fast ständig singt. Im Allgemeinen wurde unter den Fuhrwerksfahrern mehr oder weniger gesungen, da dies eine Möglichkeit war, den Aufseher wissen zu lassen, wo sie waren und dass sie mit der Arbeit weitermachten. Aber am Tag der Zuteilung waren diejenigen, die die große Farm besuchten, besonders aufgeregt und laut. Unterwegs ließen sie die dichten alten Wälder meilenweit mit ihren wilden Liedern widerhallen. Diese waren nicht immer fröhlich, weil sie wild waren. Im Gegenteil, sie waren meist klagender Natur und erzählten eine Geschichte von Kummer und Leid. In den ausgelassensten Ausbrüchen verzückter Gefühle war immer ein Hauch tiefer Melancholie mit dabei. Seit ich die Sklaverei verlassen habe, habe ich nirgendwo sonst Lieder wie diese gehört, außer in Irland. Dort hörte ich dieselben *klagenden Töne* und war sehr berührt davon. Es war während der Hungersnot von 1845-46. In allen Liedern der Sklaven gab es immer einen Ausdruck des Lobes für den großen Bauernhof; etwas, das dem Stolz des Besitzers schmeichelte und ihm möglicherweise einen wohlwollenden Blick einbrachte.

Ich gehe fort auf den großen Bauernhof,
oh ja! O ja! O ja! Mein alter Herr ist ein guter alter Herr, oh ja! O ja! O ja!

Sie sangen dies und improvisierten dazu andere Worte – für andere ein Jargon, für sie selbst aber voller Bedeutung. Ich habe manchmal gedacht, dass das bloße Hören dieser Lieder wahrhaft spirituell gesinnten Männern und Frauen den seelenzerstörenden und tödlichen Charakter der Sklaverei besser vor Augen führen würde als das Lesen ganzer Bände über ihre rein physischen Grausamkeiten. Sie sprechen das Herz und die Seele des Nachdenklichen an. Ich kann meine Gefühle für sie heute nicht besser ausdrücken als vor zehn Jahren, als ich in einer Lebensskizze über diesen Aspekt meiner Plantagenerfahrung sprach:

Als Sklave verstand ich die tiefere Bedeutung dieser rohen und scheinbar zusammenhanglosen Lieder nicht. Ich selbst befand mich im Kreis, sodass ich weder sah noch hörte, wie die Leute draußen sahen und hörten. Sie erzählten eine Geschichte, die damals völlig jenseits meines schwachen Verständnisses lag; es waren Töne, laut, lang und tief, die das Gebet und die Klage von Seelen atmeten, die vor bitterster Qual überkochten. Jeder Ton war ein Zeugnis gegen die Sklaverei und ein Gebet zu Gott um Befreiung von den Ketten. Das Hören dieser wilden Töne deprimierte mich immer und erfüllte mein Herz mit unbeschreiblicher Traurigkeit. Selbst jetzt noch quält mich die bloße Wiederholung, und während ich diese Zeilen schreibe, fließen meine Tränen. Auf diese Lieder führe ich meine ersten schimmernden Vorstellungen vom entmenschlichenden Charakter der Sklaverei zurück. Ich kann diese Vorstellung nie loswerden. Diese Lieder verfolgen mich noch immer, vertiefen meinen Hass auf die Sklaverei und beleben mein Mitgefühl für meine Brüder in Gefangenschaft. Wenn irgendjemand ein Gefühl für die seelenzerstörende Macht der Sklaverei bekommen möchte, soll er zu Col. Lloyds Plantage gehen, sich am Tag seiner Freistellung in die tiefen Kiefernwälder begeben und dort in aller Stille die Geräusche analysieren, die durch die Kammern seiner Seele dringen, und wenn er keinen Eindruck davon bekommt, dann nur, weil „sein verstocktes Herz kein Fleisch hat".

Es wird nicht selten gesagt, dass Sklaven die zufriedensten und glücklichsten Arbeiter der Welt sind. Sie tanzen und singen und machen alle möglichen fröhlichen Geräusche – das ist richtig; aber es ist ein großer Irrtum, sie glücklich zu machen, weil sie singen. Die Lieder der Sklaven repräsentieren eher die Sorgen als die Freuden ihres Herzens; und sie erleichtern sie ihm nur, wie ein schmerzendes Herz durch seine Tränen erleichtert wird. Der menschliche Geist ist so beschaffen, dass er, wenn er in extreme Situationen gedrängt wird, oft die gegensätzlichsten Methoden anwendet. Extreme begegnen sich im Geist wie in der Materie. Als die Sklaven an Bord der „Pearl" eingeholt, verhaftet und ins Gefängnis gebracht wurden – ihre Hoffnungen auf Freiheit zerstört –, sangen sie, während sie in Ketten marschierten, und fanden (wie Emily Edmunson uns erzählt) eine melancholische Erleichterung im Singen. Der Gesang eines Mannes, der auf einer verlassenen Insel strandet, könnte ebenso als Beweis seiner Zufriedenheit und seines Glücks angesehen werden wie der Gesang eines Sklaven. Trauer und Trostlosigkeit haben ihre Lieder, ebenso wie Freude und Frieden. Sklaven singen mehr, um sich glücklich *zu machen*, als um ihr Glück auszudrücken.

Sklavenhalter rühmen sich, dass ihre Sklaven mehr materielle Annehmlichkeiten genießen als die Bauern in irgendeinem anderen Land der Welt. Meine Erfahrung widerspricht dem. Die Sklaven und Sklavinnen auf Col. Lloyds Farm erhielten als monatliche Essensration acht Pfund eingelegtes Schweinefleisch oder den entsprechenden Fisch. Das Schweinefleisch war oft verdorben und der Fisch war von minderster Qualität – Heringe, die auf einem Markt im Norden nur wenig einbringen würden. Zu ihrem Schweinefleisch oder Fisch bekamen sie einen Scheffel ungeschältes Mehl, von dem gut fünfzehn Prozent nur zur Schweinefütterung geeignet waren. Dazu gab es einen halben Liter Salz; und das war die gesamte monatliche Ration eines ausgewachsenen Sklaven, der ständig auf freiem Feld arbeitete, von morgens bis abends, jeden Tag im Monat außer Sonntag, und von etwas mehr als einem Viertelpfund Fleisch pro Tag und weniger als einem Scheffel Maismehl pro Woche lebte. Es gibt keine Arbeit, die ein Mensch verrichten kann, die mehr Nahrung erfordert, um körperliche Erschöpfung zu vermeiden, als die Feldarbeit eines Sklaven. So viel zur Nahrungsration des Sklaven; jetzt zu seiner Kleidung. Die jährliche Kleidungsration für die Sklaven auf dieser Plantage bestand aus zwei Hemden aus Wergleinen – aus einem Leinen, wie es die gröbsten Handtücher sind; einem Paar Hosen aus demselben Material für den Sommer und einem Paar Hosen und einer Wolljacke, die sehr lässig zusammengenäht war, für den Winter; einem Paar Wollstrümpfe und einem Paar Schuhe der gröbsten Art. Die gesamte Kleidung des Sklaven konnte nicht mehr als acht Dollar pro Jahr kosten. Die Nahrungs- und Kleidungsration für die kleinen Kinder wurde ihren Müttern oder den älteren Sklavinnen anvertraut, die sich um sie kümmerten. Kinder, die nicht auf dem Feld arbeiten konnten, bekamen weder Schuhe, Strümpfe, Jacken noch Hosen. Ihre Kleidung bestand aus zwei groben Leinenhemden – die bereits beschrieben wurden – pro Jahr; und wenn diese ausfielen, was oft der Fall war, blieben sie nackt bis zum nächsten Tag, an dem sie ihre Taschengelder bekamen. Auf der Plantage von Col. Lloyd sah man Scharen kleiner Kinder im Alter von fünf bis zehn Jahren, die ebenso kleidungslos waren wie jeder kleine Heide an der Westküste Afrikas; und das nicht nur während der Sommermonate, sondern auch während des frostigen Wetters im März. Den kleinen Mädchen ging es nicht besser als den Jungen; alle waren fast nackt.

Keiner der Landarbeiter kannte Betten zum Schlafen; sie bekamen nichts als eine grobe Decke – nicht so gut wie die, die im Norden zum Zudecken der Pferde verwendet wurden – und diese nur an die Männer und Frauen. Die Kinder kauerten sich in Löchern und Ecken in den Quartieren zusammen, oft in den Ecken der riesigen Kamine, mit den Füßen in der Asche, um sich warm zu halten. Der Mangel an Betten wurde jedoch nicht als sehr große Entbehrung angesehen. Die Zeit zum Schlafen war von weitaus größerer Bedeutung, denn wenn die Arbeit des Tages getan ist, müssen die meisten

Sklaven waschen, flicken und kochen; und da sie kaum oder gar keine der üblichen Möglichkeiten für solche Dinge haben, werden sehr viele ihrer Schlafstunden mit den notwendigen Vorbereitungen für die Pflichten des kommenden Tages verbracht.

In den Schlafgemächern – wenn man sie so nennen kann – wird wenig Wert auf Komfort oder Anstand gelegt. Alt und Jung, Mann und Frau, Verheiratete und Ledige lassen sich auf den gemeinsamen Lehmboden fallen und decken sich mit ihrer Decke zu – dem einzigen Schutz vor Kälte oder Ausgesetztheit. Die Nacht ist jedoch an beiden Enden verkürzt. Die Sklaven arbeiten oft, solange sie sehen können, und sind mit dem Kochen und Ausbessern für den kommenden Tag spät dran; und im ersten grauen Morgengrauen werden sie mit der Hupe des Kutschers aufs Feld gerufen.

Mehr Sklaven werden ausgepeitscht, wenn sie verschlafen, als für irgendein anderes Vergehen. Weder Alter noch Geschlecht werden dabei begünstigt. Der Aufseher steht mit Stock und Kuhfell bewaffnet an der Seitentür und ist bereit, jeden zu schlagen, der ein paar Minuten zu spät kommt. Wenn das Horn geblasen wird, stürmt ein Sturm auf die Tür zu, und der Letzte bekommt mit Sicherheit einen Schlag vom Aufseher. Junge Mütter, die auf dem Feld arbeiteten, durften eine Stunde, etwa um zehn Uhr morgens, nach Hause gehen, um ihre Kinder zu stillen. Manchmal waren sie gezwungen, ihre Kinder mitzunehmen und sie in der Ecke des Zauns zurückzulassen, um keine Zeit mit dem Stillen zu verlieren. Der Aufseher reitet normalerweise zu Pferd über das Feld. Ein Kuhfell und ein Hickorystock sind seine ständigen Begleiter. Das Kuhfell ist eine Art Peitsche, die man in den nördlichen Staaten selten sieht. Es besteht vollständig aus ungegerbtem, aber getrocknetem Ochsenleder und ist ungefähr so hart wie ein Stück gut abgelagerte Virginia-Eiche. Es gibt sie in verschiedenen Größen, aber die übliche Länge beträgt etwa drei Fuß. Der Teil, den man in der Hand hält, ist fast einen Zoll dick; und vom äußersten Ende des Griffs oder Stiels läuft das Kuhfell über die gesamte Länge spitz zu. Dadurch ist es ziemlich elastisch und federnd. Ein Schlag damit auf den härtesten Rücken wird das Fleisch aufschlitzen und das Blut in Wallung bringen. Kuhfelle sind rot, blau und grün bemalt und die beliebteste Sklavenpeitsche. Ich finde diese Peitsche schlimmer als die „Neunschwänzige Katze". Sie konzentriert die ganze Kraft des Arms auf eine einzige Spitze und hat eine Feder, die die Luft pfeifen lässt. Es ist ein schreckliches Instrument und so handlich, dass der Aufseher es immer bei sich tragen und einsatzbereit haben kann. Die Versuchung, es zu benutzen, ist immer groß; und ein Aufseher kann, wenn er dazu geneigt ist, immer einen Grund haben, es zu benutzen. Bei ihm ist es buchstäblich ein Wort und ein Schlag, und in den meisten Fällen kommt der Schlag zuerst.

In der Regel kommen Sklaven weder zum Frühstück noch zum Abendessen in die Unterkunft, sondern nehmen ihren „Aschekuchen" mit und essen ihn auf dem Feld. Dies war auf der heimischen Plantage so; wahrscheinlich, weil die Entfernung von der Unterkunft zum Feld manchmal zwei oder sogar drei Meilen betrug.

Das Abendessen der Sklaven bestand aus einem großen Stück Aschekuchen und einem kleinen Stück Schweinefleisch oder zwei gesalzenen Heringen. Da sie weder Öfen noch geeignete Kochutensilien hatten, mischten die Sklaven ihr Essen mit ein wenig Wasser, bis es so dick war, dass ein Löffel aufrecht darin stehen konnte. Nachdem das Holz zu Kohlen und Asche verbrannt war, legten sie den Teig zwischen Eichenblätter und legten ihn vorsichtig in die Asche, sodass er vollständig bedeckt war. Daher wird das Brot Aschekuchen genannt. Die Oberfläche dieses besonderen Brotes ist bis zu einer Tiefe von einem Sechzehntel Zoll mit Asche bedeckt, und die Asche macht es sicherlich weder sehr angenehm für die Zähne noch sehr schmackhaft. Die Kleie oder der grobe Teil des Mehls wird mit den feinen und hellen Schuppen gebacken, die das Brot durchziehen. Dieses Brot mit seiner Asche und Kleie würde einen Nordstaatler anwidern und ersticken lassen, aber die Sklaven mögen es sehr. Sie essen es mit Gier und legen mehr Wert auf die Menge als auf die Qualität. Sie sind viel zu dürftig versorgt und müssen zu viel arbeiten, als dass sie sich groß um die Qualität ihrer Nahrung sorgen würden. Die wenigen Minuten, die ihnen nach dem Verzehr ihrer groben Mahlzeit zur Essenszeit zugestanden werden, verbringen sie auf unterschiedliche Weise. Einige legen sich auf die „Wendereihe" und gehen schlafen; andere rücken zusammen und unterhalten sich; und wieder andere arbeiten mit Nadel und Faden und flicken ihre zerfetzten Kleidungsstücke. Manchmal hört man ein wildes, heiseres Lachen aus einem Kreis erklingen und oft auch ein Lied. Bald jedoch kommt der Aufseher durch das Feld gerannt. *„Auf, auf*, und an *die Arbeit, an die Arbeit"*, ist der Ruf; und nun, von zwölf Uhr (mittags) bis zur Dunkelheit, ist das menschliche Vieh in Bewegung und schwingt seine plumpen Hacken; angetrieben von keiner Hoffnung auf Belohnung, keinem Gefühl der Dankbarkeit, keiner Liebe zu Kindern, keiner Aussicht auf eine Verbesserung ihrer Lage; nichts außer der Angst und dem Schrecken vor der Peitsche des Sklaventreibers. So vergeht ein Tag, und so kommt und geht der nächste.

Aber lassen wir nun die rauen Gepflogenheiten hinter uns, wo vulgäre Grobheit und brutale Grausamkeit sich ausbreiten und gedeihen wie Unkraut in den Tropen; wo ein gemeiner Schurke in Menschengestalt für dreißig Dollar im Monat herumreitet, geht oder stolziert, Schläge austeilt und Schnittwunden an gebrochenen Männern und hilflosen Frauen hinterlässt – ein Geschäft, das so schrecklich, verhärtend und schändlich ist, dass ein anständiger Mann sich lieber das Gehirn wegblasen würde, als es zu tun – und lassen wir den Leser mit mir die ebenso bösen, aber weniger abstoßenden Aspekte des Sklavenlebens betrachten; wo Stolz und Pomp sich luxuriös und entspannt wiegen; wo die Mühen von tausend Männern eine einzige Familie in bequemer Faulheit und Sünde ernähren. Dies ist das große Haus; es ist das Zuhause der LLOYDS! Eine Vorstellung von seiner Pracht wurde bereits gegeben – und hier werden wir jenen Höhepunkt des Luxus finden, der das Gegenteil jener Tiefe der Armut und des physischen Elends ist, die wir gerade betrachtet haben. Aber es gibt diesen Unterschied zwischen den beiden Extremen; nämlich, dass im Fall des Sklaven das Elend und die Härten seines Schicksals von anderen auferlegt werden, und im Fall des Herrn von ihm selbst. Der Sklave ist ein Untertan, der von anderen unterworfen wird; der Sklavenhalter ist ein Untertan, aber er ist der Urheber seiner eigenen Unterwerfung. Es ist mehr Wahrheit in dem Sprichwort, dass Sklaverei für den Herrn ein größeres Übel ist als für den Sklaven, als viele, die es aussprechen, annehmen. Die selbstvollziehenden Gesetze der ewigen Gerechtigkeit folgen dem Übeltäter hier wie auch anderswo dicht auf den Fersen und machen es unmöglich, all seinen Strafen zu entgehen. Aber lassen wir andere philosophieren; es ist meine Aufgabe hier, zu erzählen und zu beschreiben; ich erlaube mir nur gelegentlich ein oder zwei Worte, um dem Leser beim richtigen Verständnis der erzählten Tatsachen zu helfen.

KAPITEL VII.
Leben im Großen Haus

KOMFORT UND LUXUS – AUFWENDIGE AUSGABEN –
HAUSSERVICE – DIENER UND DIENERINNEN – AUSSEHEN –
SKLAVENARISTOKRATIE – STALL UND KUTTENHAUS –
GRENZENLOSE GASTFREUNDSCHAFT – DUFT
REICHHALTIGER GERICHTE – DER TRÜGERISCHE
CHARAKTER DER SKLAVEREI – SKLAVEN SCHEINEN
GLÜCKLICH – SKLAVEN UND SKLAVENHALTER
GLEICHERMASSEN ELEND – MÜDERIÖSE
UNZUFRIEDENHEIT DER SKLAVENHALTER –
NÖRDERFINDUNG – DER ALTE BARNEY – SEIN BERUF –
AUSPEitschen – DEMÜTIGENDES SCHAUSPIEL –
AUSNAHMEFALL – WILLIAM WILKS – ANGEBLICHER SOHN
VON OBERST LLOYD – SELTSAME EREIGNISSE – SKLAVEN
ZIEHEN REICHE HERREN ARMENER VOR.

Der knausrige Geiz, der den armen Sklaven mit grobem Maismehl und verdorbenem Fleisch ernährte, der ihn in knisterndes Wergleinen kleidete und ihn bei jedem Wetter zur Arbeit aufs Feld trieb, während Wind und Regen durch seine zerfetzten Kleider peitschten, der selbst der jungen Sklavin kaum Zeit ließ, ihr hungriges Kind in der Zaunecke zu stillen, verschwindet völlig, wenn man sich den heiligen Bezirken des großen Hauses, dem Heim der Lloyds, nähert. Dort findet der biblische Ausdruck eine genaue Illustration; die hochbegünstigten Bewohner dieses Herrenhauses sind buchstäblich „in Purpur und feines Leinen" gekleidet und leben jeden Tag üppig! Der Tisch ächzt unter den schweren und mit Blut erkauften Luxusgütern, die mit akribischer Sorgfalt im In- und Ausland gesammelt wurden. Felder, Wälder, Flüsse und Meere werden hier als Tribute herangezogen. Unermesslicher Reichtum und seine verschwenderischen Ausgaben füllen das große Haus mit allem, was das Auge erfreuen oder den Geschmack verführen kann. Hier ist Appetit, nicht Essen das große *Desiderat* . Fisch, Fleisch und Geflügel gibt es hier in Hülle und Fülle. Hühner aller Rassen, Enten aller Art, wilde und zahme, die gewöhnlichen und die riesigen Moskauer Enten, Perlhühner, Truthähne, Gänse und Erbsenhühner sind in ihren verschiedenen Pferchen fett und mästend für den vorbestimmten Wirbel. Der anmutige Schwan, die Mischlinge, die schwarzhalsige Wildgans, Rebhühner, Wachteln, Fasane und Tauben; erlesenes Wassergeflügel mit all seinen seltsamen Varianten werden in diesem riesigen Familiennetz gefangen. Rind-, Kalb-, Hammel- und Wildfleisch der erlesensten Art und Qualität rollen großzügig zu diesem großzügigen Verbraucher. Die wimmelnden Reichtümer der Chesapeake

Bay, ihre Felsen, Barsche, Trommelfische, Krokusse, Forellen, Austern, Krabben und Sumpfschildkröten werden hierhergezogen, um die glitzernde Tafel des großen Hauses zu schmücken. Auch die Molkerei, wahrscheinlich die beste an der Ostküste von Maryland – die von eigens zu diesem Zweck importiertem Vieh bester englischer Herkunft versorgt wird – schüttet ihre reichlichen Gaben an aromatischem Käse, goldener Butter und köstlicher Sahne aus, um den Reiz des herrlichen, niemals endenden Festmahls zu steigern. Auch die Früchte der Erde werden nicht vergessen oder vernachlässigt. Der fruchtbare Garten, viele Morgen groß, bildet einen separaten Betrieb, getrennt vom gewöhnlichen Bauernhof – mit seinem aus Schottland importierten wissenschaftlichen Gärtner (ein Mr. McDermott) mit vier Männern unter seiner Leitung stand er weder in der Fülle noch in der Feinheit seiner Beiträge zur gleichen vollen Verpflegung zurück. Der zarte Spargel, der saftige Sellerie und der delikate Blumenkohl; Auberginen, Rüben, Salat, Pastinaken, Erbsen und grüne Bohnen, früh und spät; Radieschen, Kantalupen, Melonen aller Art; Die Früchte und Blumen aller Gegenden und aller Arten, vom robusten Apfel des Nordens bis zu den Zitronen und Orangen des Südens, erreichten an diesem Punkt ihren Höhepunkt. Baltimore sammelte Feigen, Rosinen, Mandeln und saftige Trauben aus Spanien. Weine und Brandys aus Frankreich, Tees verschiedener Geschmacksrichtungen aus China und gehaltvoller, aromatischer Kaffee aus Java, alles verschwor sich, um die Flut des Highlife anzukurbeln, wo Stolz und Trägheit in Pracht und Sättigung dahinrollten und sich räkelten.

Hinter den Stühlen mit hohen Rückenlehnen und kunstvoller Arbeit stehen die Diener, Knechte und Mägde – fünfzehn an der Zahl –, die nicht nur aufgrund ihres Fleißes und ihrer Treue, sondern auch aufgrund ihres Aussehens, ihrer anmutigen Beweglichkeit und ihrer bezaubernden Art ausgewählt wurden. Einige von ihnen sind mit Fächern bewaffnet und wehen den überhitzten Stirnen der Alabasterdamen erfrischende Brisen zu; andere beobachten sie mit eifrigen Augen und kommen mit rehkitzartigen Schritten den Bedürfnissen zuvor und erfüllen sie, bevor sie so weit entwickelt sind, dass sie durch Wort oder Zeichen angekündigt werden können.

Diese Diener bildeten eine Art schwarze Aristokratie auf Col. Lloyds Plantage. Sie ähnelten den Feldarbeitern in nichts, außer in der Farbe, und darin hatten sie den Vorteil eines samtartigen Glanzes, reich und schön. Auch das Haar zeigte den gleichen Vorteil. Das zartgefärbte Dienstmädchen raschelte in der kaum getragenen Seide ihrer jungen Herrin, während die Diener ebenso gut gekleidet waren aus der überquellenden Garderobe ihrer jungen Herren; so dass in Kleidung, Form und Gesichtszügen, Manieren und Sprache, Geschmack und Gewohnheiten der Unterschied zwischen diesen wenigen Auserwählten und den von Kummer und Hunger geplagten Massen des Viertels und des Feldes enorm war; und das wird selten übersehen.

Werfen wir nun einen Blick auf die Ställe und das Kutschenhaus, und wir werden dieselben Beweise für Stolz und luxuriöse Extravaganz finden. Hier stehen drei prächtige Kutschen, innen weich und außen glänzend. Hier stehen auch Gigs, Phaetons, Barouches, Sulkeys und Schlitten. Hier stehen Sättel und Geschirre – wunderschön gearbeitet und mit Silber beschlagen –, die mit größter Sorgfalt gepflegt werden. Im Stall finden Sie ganze 35 Pferde, die nur zum Vergnügen gehalten werden, aus dem für Schnelligkeit und Schönheit besten Blut. Zwei Männer sind hier ständig damit beschäftigt, sich um diese Pferde zu kümmern. Einer dieser Männer muss immer im Stall sein, um auf jeden Ruf des großen Hauses zu reagieren. Gegenüber dem Stall steht ein Haus, das eigens für die Hunde gebaut wurde – eine Meute von 25 oder 30 –, deren Futter das Herz eines Dutzends Sklaven erfreut hätte. Pferde und Hunde sind nicht die einzigen Verbraucher der Sklavenarbeit. Bei den Lloyds herrschte eine Gastfreundschaft, die jeden gesundheitsbewussten Geistlichen oder Kaufmann aus dem Norden, der zufällig daran teilhatte, in Erstaunen versetzt und bezaubert hätte. Von seinem eigenen Tisch aus betrachtet, und *nicht* vom Feld aus, war der Oberst ein Musterbeispiel großzügiger Gastfreundschaft. Sein Haus war während der Sommermonate wochenlang buchstäblich ein Hotel. Besonders zu diesen Zeiten war die Luft erfüllt von den reichen Dämpfen des Backens, Kochens, Bratens und Grillens. Die Gerüche teilte ich mit dem Wind; aber das Fleisch war einem strengeren Monopol unterworfen, außer dass ich gelegentlich einen Kuchen von Mas' Daniel bekam. In Mas' Daniel hatte ich einen Freund am Hof, von dem ich viele Dinge erfuhr, die meine eifrige Neugierde weckte. Ich wusste immer, wann Besuch erwartet wurde und wer es war, obwohl ich ein Außenseiter war, da ich nicht das Eigentum von Col. Lloyd, sondern eines Dieners des reichen Obersten war. Bei diesen Gelegenheiten wurde alles getan, was Stolz, Geschmack und Geld tun konnten, um zu blenden und zu bezaubern.

Wer könnte behaupten, dass die Diener von Oberst Lloyd nicht gut gekleidet und umsorgt waren, nachdem sie Zeuge einer seiner großartigen Unterhaltungen geworden waren? Wer könnte behaupten, dass sie nicht den Eindruck machten, es gefiele ihnen, die Sklaven eines solchen Herrn zu sein? Wer, außer einem Fanatiker, könnte Sympathie für Personen aufbringen, deren jede Bewegung flink, leicht und anmutig war und die ein Bewusstsein großer Überlegenheit an den Tag legten? Und wer würde jemals zu vermuten wagen, dass Oberst Lloyd den Problemen gewöhnlicher Sterblicher ausgesetzt war? Herr und Sklave scheinen sich hier in ihrem Ruhm zu gleichen? Kann das alles nur Schein sein? Ach! Vielleicht ist es am Ende nur eine Täuschung! Dieser ungeheure Reichtum, diese vergoldete Pracht, dieser

Luxus im Überfluss, diese Befreiung von der Mühsal, dieses bequeme Leben, dieses Meer des Überflusses, ja, was soll das alles? Werden solchen Verehrern die Perlentore des Glücks und der süßen Zufriedenheit geöffnet? *Weit gefehlt!* Der arme Sklave auf seinem harten Kiefernbrett, nur spärlich mit seiner dünnen Decke bedeckt, schläft fester als der fiebrige Lüstling, der sich auf seinem Federbett und seinem Daunenkissen zurücklehnt. Für den trägen Faulenzer ist Essen Gift, keine Nahrung. Unter all ihren Tellern lauern unsichtbare Geister des Bösen, bereit, die selbstbetrügerischen Vielfraße zu füttern, die Schmerzen, Jähzorn, unkontrollierte Leidenschaften, Verdauungsstörungen, Rheuma, Hexenschuss und Gicht verursachen; und davon bekamen die Lloyds ihren vollen Anteil. Für die verwöhnte Liebe zur Bequemlichkeit gibt es keinen Ruheplatz. Was heute angenehm ist, ist morgen abstoßend; was jetzt weich ist, ist zu einer anderen Zeit hart; was morgens süß ist, ist abends bitter. Weder für die Bösen noch für die Faulenzer gibt es einen festen Frieden: „*Unruhig, wie das ruhelose Meer.*"

Ich hatte hervorragende Gelegenheit, die ruhelose Unzufriedenheit und die kapriziösen Gereiztheit der Lloyds zu beobachten. Meine Vorliebe für Pferde – die mir nicht mehr eigen war als anderen Jungen – zog mich die meiste Zeit in die Ställe. Diese Einrichtung wurde insbesondere von dem „alten" und dem „jungen" Barney – Vater und Sohn – betreut. Der alte Barney war ein gut aussehender alter Mann mit bräunlicher Haut, der recht stämmig war und für einen Sklaven ein würdevolles Aussehen hatte. Er war offensichtlich seinem Beruf sehr ergeben und führte sein Amt mit Ehren aus. Er war Hufschmied und Stallknecht; er konnte Aderlasse verrichten, den Pferden die Lampen aus dem Maul entfernen und war gut in Pferdemedizin bewandert. Niemand auf der Farm wusste so gut wie der alte Barney, was man mit einem kranken Pferd macht. Aber seine Gaben und Kenntnisse nützten ihm wenig. Sein Amt war keineswegs beneidenswert. Er bekam oft Geschenke, aber er bekam auch Peitschenhiebe; denn in nichts war Oberst Lloyd unvernünftiger und anspruchsvoller als in Bezug auf die Führung seiner Freizeitpferde. Jede vermeintliche Unachtsamkeit gegenüber diesen Tieren wurde mit Sicherheit mit entwürdigender Strafe geahndet. Seinen Pferden und Hunden ging es besser als seinen Männern. Ihre Betten mussten weicher und sauberer sein als die seines menschlichen Viehs. Keine Entschuldigung konnte Old Barney schützen, wenn der Oberst nur vermutete, dass etwas mit seinen Pferden nicht stimmte; und folglich wurde er oft bestraft, wenn er fehlerlos war. Es war absolut schmerzhaft, den vielen unvernünftigen und gereizten Schimpfereien zuzuhören, die Oberst Lloyd, seine Söhne und Schwiegersöhne im Stall austeilten. Von letzteren hatte er drei – die Herren Nicholson, Winder und Lownes. Sie alle lebten einen Teil des Jahres im Herrenhaus und genossen den Luxus, die Bediensteten zu peitschen, wann immer es ihnen gefiel, was keineswegs selten vorkam. Ein Pferd wurde selten aus dem Stall geholt, gegen das man keinen Einwand erheben konnte. „Er hatte Staub im Haar", „seine Zügel waren verdreht"; „seine Mähne lag nicht gerade", „er war nicht richtig gemasert", „sein Kopf sah nicht gut aus", „sein Haar war nicht gekämmt", „seine Fesseln waren nicht richtig gestutzt"; immer stimmte etwas nicht. Barney muss sich Beschwerden anhören, wie grundlos sie auch sein mögen, und zwar mit dem Hut in der Hand und versiegelten Lippen, ohne ein Wort zu beantworten. Er darf keine Antwort geben, keine Erklärung abgeben; das Urteil des Herrn muss als unfehlbar gelten, denn seine Macht ist absolut und unverantwortlich. In einem freien Staat könnte man einem Herrn, der sich so grundlos über seinen Stallknecht beschwert, sagen: „Sir, es tut mir leid, dass ich Ihnen nicht gefallen kann, aber da ich mein Bestes getan habe, besteht Ihre Abhilfe darin, mich zu entlassen." Hier jedoch muss der Stallknecht stehen, zuhören und zittern. Eine der herzzerreißendsten und demütigendsten Szenen, die ich je miterlebt habe, war die Auspeitschung von Old Barney durch Col. Lloyd persönlich. Hier waren zwei Männer, beide in fortgeschrittenem Alter; da waren die silbrigen Locken von Col. L. und da war die kahle und von der Arbeit gezeichnete Stirn von Old Barney; Herr und Sklave; hier höher und niedriger gestellt, aber vor Gottes Gericht *gleich* ; und im normalen Lauf der Dinge müssen sie sich beide bald in einer anderen Welt begegnen, in einer Welt, wo alle Unterschiede, außer denen, die auf Gehorsam und Ungehorsam beruhen, für immer ausgelöscht sind. „Entblöße dein Haupt!", sagte der herrische Herr; man gehorchte ihm. „Zieh deine Jacke aus, du alter Schlingel!" und Barneys Jacke fiel aus. „Auf die Knie!", kniete der alte Mann nieder, seine Schultern entblößt, sein kahler Kopf glänzte in der Sonne und seine alten Knie auf dem kalten, feuchten Boden. In seiner demütigen und erniedrigenden Haltung trat der Herr – jener Herr, dem er die besten Jahre und die beste Kraft seines Lebens gewidmet hatte – vor und verpasste ihm dreißig Hiebe mit seiner Pferdepeitsche . Der alte Mann ertrug es geduldig bis zum Schluss und antwortete auf jeden Schlag mit einem leichten Schulterzucken und einem Stöhnen. Ich kann mir nicht vorstellen, dass es Col. Lloyd gelang, Old Barneys Fleisch ernsthaft zu beschädigen, denn die Peitsche war eine leichte Reitpeitsche; aber der Anblick eines alten Mannes – eines Ehemanns und Vaters –, der demütig vor einem Wurm aus Staub niederkniete, überraschte und schockierte mich damals; und seit ich alt genug bin, um über die Schlechtigkeit der Sklaverei nachzudenken, waren nur wenige Tatsachen für mich wertvoller als diese, deren Zeuge ich war. Sie offenbart die Sklaverei in ihrem wahren Gesicht und in ihrer Reife abstoßender Hasserfülltheit. Ich schulde es jedoch der Wahrheit, zu sagen, dass dies das erste und letzte Mal war, dass ich Old Barney oder einen anderen Sklaven gezwungen sah, niederzuknien, um eine Tracht Prügel zu empfangen.

Ich war im Stall Zeuge eines weiteren Vorfalls, den ich erzählen werde, da er eine Phase der Sklaverei illustriert, auf die ich bereits in einem anderen

Zusammenhang hingewiesen habe. Neben zwei anderen Kutschern besaß Col. Lloyd einen namens William, der seltsamerweise von den Weißen und Farbigen auf der Plantage oft bei seinem Nachnamen Wilks genannt wurde. Wilks war ein sehr gutaussehender Mann. Er war ungefähr so weiß wie jeder andere auf der Plantage; und in seiner männlichen Gestalt und seinen anmutigen Gesichtszügen hatte er eine sehr auffallende Ähnlichkeit mit Mr. Murray Lloyd. Es wurde gemunkelt und allgemein als Tatsache anerkannt, dass William Wilks ein Sohn von Col. Lloyd war, der von einer hochbegünstigten Sklavin stammte, die noch immer auf der Plantage lebte. Es gab viele Gründe, diesem Gerücht Glauben zu schenken, nicht nur wegen Williams Aussehen, sondern auch wegen der unbestreitbaren Freiheit, die er gegenüber allen anderen genoss, und seinem offensichtlichen Bewusstsein, für seinen Herrn mehr als nur ein Sklave zu sein. Es war auch bekannt, dass William in Murray Lloyd, dem er so ähnlich sah, einen Todfeind hatte und dass dieser seinem Vater mit seinen Bemühungen, William zu verkaufen, große Sorgen machte. Tatsächlich ließ er seinem Vater keine Ruhe, bis er ihn tatsächlich verkaufte, und zwar an Austin Woldfolk, den großen Sklavenhändler jener Zeit. Bevor er ihn verkaufte, versuchte Mr. L. jedoch, die Dinge durch eine Tracht Prügel für William wieder ins Lot zu bringen, aber das war kein Erfolg. Es war ein Kompromiss und scheiterte, denn unmittelbar nach der Tracht Prügel entschädigte der untröstliche Colonel William für seine Misshandlungen, indem er ihm eine goldene Uhr mit Kette schenkte. Eine weitere, etwas merkwürdige Tatsache ist, dass William, obwohl er an den reuelosen *Woldfolk verkauft* und in Ketten nach Baltimore gebracht und ins Gefängnis geworfen wurde, um ihn in den Süden zu treiben, auf *irgendeine* Weise – die mir immer ein Rätsel ist – alle seine Käufer überbot, selbst bezahlte *und jetzt als* EHRENVOLLER MANN in Baltimore lebt. Gibt es nicht Grund zu der Vermutung, dass ihm, als er die goldene Uhr als Sühne für die Auspeitschung erhielt, aus derselben Hand ein Beutel mit Gold gegeben wurde, mit dem er den Kauf tätigen konnte, als Sühne für die Demütigung, die der Verkauf seines eigenen Fleisches und Blutes mit sich brachte? Alle Umstände von William auf der großen Farm zeigen, dass er eine andere Stellung als die anderen Sklaven innehatte, und die angebliche Feindseligkeit der Sklavenhalter gegenüber der Amalgamierung hat sicherlich nichts gegen die Annahme, dass William Wilks der Sohn von Edward Lloyd war. *Praktische* Amalgamierung ist in allen Gegenden üblich, in denen ich als Sklave gelebt habe.

Col. Lloyd wusste nicht viel über die wirklichen Meinungen und Gefühle seiner Sklaven ihm gegenüber. Die Entfernung zwischen ihm und ihnen war viel zu groß, um solche Informationen zuzulassen. Er hatte so zahlreich Sklaven, dass er sie nicht erkannte, wenn er sie sah. Und tatsächlich kannten ihn nicht alle seine Sklaven. In dieser Hinsicht war er ungünstig reich. Es wird von ihm berichtet, dass er eines Tages, als er die Straße entlang ritt, einen Farbigen traf und ihn in der üblichen Art ansprach, wie man mit Farbigen auf den öffentlichen Straßen des Südens spricht: „Na, Junge, wem gehörst du?" „Col. Lloyd", antwortete der Sklave. „Also, behandelt dich der Colonel gut?" „Nein, Sir", war die prompte Antwort. „Was? Lässt er dich zu hart arbeiten?" „Ja, Sir." „Also, gibt er dir nicht genug zu essen?" „Ja, Sir, er gibt mir genug, so wie es ist." Nachdem der Colonel sich vergewissert hatte, wohin der Sklave gehörte, ritt er weiter; Der Sklave ging auch seinen Geschäften nach und dachte nicht im Traum daran, dass er sich mit seinem Herrn unterhalten hatte. Er dachte, sagte und hörte nichts mehr von der Sache, bis zwei oder drei Wochen später. Der arme Mann wurde dann von seinem Aufseher informiert, dass er, weil er an seinem Herrn etwas auszusetzen hatte, nun an einen Händler aus Georgia verkauft werden sollte. Er wurde sofort angekettet und mit Handschellen gefesselt; und so wurde er ohne einen Moment der Warnung von einer Hand, die unerbittlicher war als die des Todes, fortgerissen und für immer von seiner Familie und seinen Freunden getrennt. *Dies* ist die Strafe dafür, die reine Wahrheit als Antwort auf eine Reihe klarer Fragen zu sagen. Teilweise aufgrund solcher Tatsachen sagen Sklaven, wenn man sie nach ihrem Zustand und dem Charakter ihrer Herren fragt, fast immer, dass sie zufrieden und ihre Herren freundlich seien. Es ist bekannt, dass Sklavenhalter Spione zu ihren Sklaven schicken, um, wenn möglich, ihre Ansichten und Gefühle in Bezug auf ihren Zustand herauszufinden. Die Häufigkeit dieser Äußerungen hatte zur Folge, dass sich unter den Sklaven die Maxime etablierte, dass eine ruhige Zunge einen weisen Kopf macht. Sie unterdrücken die Wahrheit lieber, als die Konsequenzen zu ziehen, die sie daraus ziehen, und beweisen damit, dass sie ein Teil der Menschheitsfamilie sind. Wenn sie etwas über ihren Herrn zu sagen haben, ist es im Allgemeinen etwas zu seinen Gunsten, insbesondere wenn sie mit Fremden sprechen. Als ich Sklave war, wurde ich häufig gefragt, ob ich einen freundlichen Herrn hätte, und ich kann mich nicht erinnern, jemals eine negative Antwort gegeben zu haben. Auch hielt ich mich, als ich diesen Weg einschlug, nie für jemanden, der etwas völlig Falsches sagte; denn ich maß die Freundlichkeit meines Herrn immer an dem Maßstab der Freundlichkeit, den die Sklavenhalter um uns herum aufstellten. Sklaven sind jedoch wie andere Menschen und haben ähnliche Vorurteile. Sie neigen dazu, zu denken, dass *ihre Lage* besser ist als die anderer. Viele denken unter dem Einfluss dieses Vorurteils, dass ihre eigenen Herren besser sind als die Herren anderer Sklaven; und dies in einigen Fällen sogar, wenn das genaue Gegenteil der Fall ist. Es kommt tatsächlich nicht selten vor, dass Sklaven sich untereinander über die relative Freundlichkeit ihrer Herren streiten und dafür eintreten, dass ihre eigene Güte der der anderen überlegen sei. Gleichzeitig verfluchen sie ihre Herren gegenseitig, wenn man sie getrennt betrachtet. So war es auf unserer Plantage. Wenn die Sklaven von Col. Lloyd auf die von Jacob Jepson trafen, trennten sie sich selten, ohne über ihre

Herren zu streiten. Col. Lloyds Sklaven behaupteten, er sei der Reichere, und Mr. Jepsons Sklaven, er sei der Klügere von beiden. Col. Lloyds Sklaven steigerten seine Fähigkeit, Jacob Jepson zu kaufen und zu verkaufen; Mr. Jepsons Sklaven prahlten mit seiner Fähigkeit, Col. Lloyd zu schlagen. Diese Streitereien endeten fast immer in einer Schlägerei zwischen den Parteien; wer schlug, hatte angeblich den Streitpunkt erreicht. Sie schienen zu glauben, die Größe ihrer Herren sei auf sie selbst übertragbar. Ein Sklave zu sein, galt als schlimm genug; aber der Sklave eines *armen Mannes* zu sein , galt tatsächlich als Schande.

KAPITEL VIII.
Ein Kapitel des Grauens

AUSTIN GORE – EINE SKIZZE SEINES CHARAKTERS – AUFSEHER ALS KLASSE – IHRE BESONDEREN EIGENSCHAFTEN – DIE AUSGEPRÄGTE INDIVIDUALITÄT VON AUSTIN GORE – SEIN PFLICHTBEWUSSTSEIN – WIE ER AUSGEPEITSCHT HAT – DER MORD AN DEM ARMEN DENBY – WIE ES PASSIERTE – SEHENSWÜRDIGKEIT – WIE GORE MIT OBERST LLOYD FRIEDEN SCHLOSS – DER MORD Blieb UNGESTRAFTET – EIN WEITERER SCHRECKLICHER MORD WIRD BERICHTET – IN DEN SÜDSTAATEN KÖNNEN KEINE GESETZE ZUM SCHUTZ DER SKLAVEN DURCHGESETZT WERDEN.

Wie ich bereits an anderer Stelle angedeutet habe, war es den Sklaven auf Col. Lloyds Plantage, deren hartes Schicksal unter Mr. Sevier, wie der Leser bereits bemerkt und beklagt hat, nicht gestattet, die vergleichsweise gemäßigte Herrschaft von Mr. Hopkins zu genießen. Letzterem folgte ein ganz anderer Mann. Der Name des neuen Aufsehers war Austin Gore. Auf diese Person möchte ich besondere Aufmerksamkeit richten, denn unter seiner Herrschaft gab es mehr Leid durch Gewalt und Blutvergießen, als es – den älteren Sklaven zufolge – je zuvor auf dieser Plantage gegeben hatte. Ich gestehe, ich weiß kaum, wie ich diesen Mann dem Leser angemessen vorstellen soll. Er war zwar ein Aufseher und besaß in hohem Maße die besonderen Merkmale seiner Klasse; ihn jedoch bloß einen Aufseher zu nennen, würde dem Leser keine angemessene Vorstellung von dem Mann vermitteln. Ich spreche von Aufsehern als einer Klasse. Das sind sie. Sie unterscheiden sich so sehr vom Sklavenhalteradel des Südens, wie sich die Fischerinnen von Paris und die Kohlenschlepper von London von anderen Mitgliedern der Gesellschaft unterscheiden. Sie bilden im Süden eine eigene Bruderschaft, die nicht weniger ausgeprägt ist als die Bruderschaft der Park Lane-Rowdys in New York. Sie wurden nach jenem großen Gesetz der Anziehung geordnet und klassifiziert, das die Sphären und Neigungen der Menschen bestimmt; das bestimmt, dass Menschen, deren bösartige und brutale Neigungen ihre moralischen und intellektuellen Fähigkeiten überwiegen, natürlicherweise jenen Beschäftigungen zufallen, die diesen vorherrschenden Instinkten oder Neigungen die größte Befriedigung versprechen. Das Amt des Aufsehers nimmt diesen Rohstoff an Vulgarität und Brutalität und stempelt ihn zu einer besonderen Klasse der südlichen Gesellschaft. Aber in dieser Klasse gibt es, wie in allen anderen Klassen, Charaktere von ausgeprägter Individualität, auch wenn sie im Großen und Ganzen der Masse ähneln. Mr. Gore war einer von denen, denen eine allgemeine Charakterisierung in keiner Weise gerecht würde. Er war ein Aufseher; aber er war noch mehr. Mit den bösartigen und tyrannischen Eigenschaften eines Aufsehers verband er etwas von einem rechtmäßigen Herrn. Er besaß die Schlauheit und den gemeinen Ehrgeiz seiner Klasse, war aber völlig frei von dem widerlichen Gehabe und der lauten Prahlerei seiner Bruderschaft. Er strahlte eine lockere Aura der Unabhängigkeit aus, eine ruhige Selbstbeherrschung und einen strengen Blick, der auch weniger furchtsame Herzen einschüchtern konnte als die armer Sklaven, die von Kindheit an und ihr ganzes Leben lang daran gewöhnt waren, vor der Peitsche eines Fahrers zu kauern. Die Heimatplantage von Col. Lloyd bot reichlich Gelegenheit, die Qualifikationen für die Aufsicht auszuüben, die er in so hohem Maße besaß.

Mr. Gore war einer jener Aufseher, die das kleinste Wort oder die kleinste Unverschämtheit als Folter werten konnten; er hatte die Frechheit, nicht nur übel zu nehmen, sondern auch prompt und streng zu bestrafen. Er ließ es nie zu, dass ein Sklaven ihm widersprach. Darin war er so herrisch und gebieterisch wie Col. Edward Lloyd selbst; er handelte immer nach dem von Sklavenhaltern praktisch aufrechterhaltenen Grundsatz, dass es besser ist, wenn ein Dutzend Sklaven ohne Schuld unter der Peitsche leiden, als dass der Herr oder der Aufseher in Gegenwart des Sklaven den *Eindruck erweckt , im Unrecht gewesen zu sein. Hier muss alles absolut sein* . Schuldig oder nicht schuldig, es reicht, angeklagt zu sein, um einer Auspeitschung sicher zu sein. Allein die Anwesenheit dieses Mannes namens Gore war schmerzhaft und ich mied ihn, wie ich eine Klapperschlange gemieden hätte. Seine durchdringenden schwarzen Augen und seine scharfe, schrille Stimme lösten bei den Sklaven stets Angst aus. Für einen so jungen Mann (ich beschreibe ihn, wie er war, vor 25 oder 30 Jahren) war Mr. Gore in Gegenwart von Sklaven außergewöhnlich zurückhaltend und ernst. Er machte keine Witze, sagte keine komischen Dinge und behielt seine eigenen Ratschläge für sich. Andere Aufseher, wie brutal sie auch sein mochten, neigten manchmal dazu, sich die Gunst der Sklaven zu verdienen, indem sie sich ein wenig Scherz erlaubten; aber Gore war nie dafür bekannt, sich einer solchen Schwäche schuldig zu machen. Er war immer der kalte, distanzierte, unnahbare *Aufseher* von Col. Edward Lloyds Plantage und brauchte kein größeres Vergnügen als das, was mit der gewissenhaften Erfüllung der Pflichten seines Amtes verbunden war. Wenn er peitschte, schien er dies aus Pflichtgefühl zu tun und fürchtete keine Konsequenzen. Was Hopkins widerstrebend tat, tat Gore mit Bereitwilligkeit. Dieser Gore hatte einen strengen Willen, eine eiserne Realität, die ihn leicht zum Anführer einer Piratenbande gemacht hätte, wenn sein Umfeld einem solchen Lebensweg förderlich gewesen wäre. All die Kühle, wilde Barbarei und Freiheit von moralischen Hemmungen, die für den Charakter eines Piratenchefs notwendig sind, verkörperte, glaube ich, diesen Mann Gore. Unter den vielen anderen Taten von schockierender

Grausamkeit, die er beging, während ich bei Mr. Lloyd war, war der Mord an einem jungen farbigen Mann namens Denby. Er wurde manchmal Bill Denby oder Demby genannt; (ich schreibe nach Gehör, und die Geräusche auf Lloyds Plantage sind nicht sehr eindeutig.) Ich kannte ihn gut. Er war ein kräftiger junger Mann, voller animalischer Lebensgeister, und soviel ich weiß, gehörte er zu den wertvollsten Sklaven von Col. Lloyd. Durch etwas – ich weiß nicht wodurch – beleidigte er diesen Mr. Austin Gore, und gemäß dessen Brauch unternahm er es, ihn zu verprügeln. Er verpasste Denby nur wenige Hiebe; dieser löste sich von ihm und stürzte sich in den Bach, und als er dort bis zum Hals im Wasser stand, weigerte er sich, auf Befehl des Aufsehers herauszukommen; woraufhin *Gore ihn wegen dieser Weigerung erschoss!* Es wird gesagt, dass Gore Denby dreimal rief und ihm sagte, wenn er dem letzten Ruf nicht gehorche, würde er ihn erschießen. Als der dritte Ruf erklang, blieb Denby standhaft; und dies warf in den Köpfen der umstehenden Sklaven die Frage auf: „Wird er es wagen zu schießen?" Mr. Gore hob ohne weitere Verhandlungen und ohne weitere Anstrengungen, Denby aus dem Wasser zu bewegen, sein Gewehr absichtlich an sein Gesicht, zielte tödlich auf sein stehendes Opfer und im Nu war der arme Denby unter den Toten. Sein verstümmelter Körper verschwand aus dem Blickfeld und nur sein warmes, rotes Blut markierte die Stelle, an der er gestanden hatte.

Diese teuflische Gräueltat, dieser teuflische Mord erzeugte, wie es auch geplant war, eine gewaltige Sensation. Ein Schauer des Entsetzens durchfuhr jede Seele auf der Plantage, wenn ich den schuldigen Schurken ausnehmen darf, der diese höllische Tat begangen hatte. Während die Sklaven im Allgemeinen in Panik gerieten und vor Angst schrien, war der Mörder selbst ruhig und gelassen und schien, als wäre nichts Ungewöhnliches geschehen. Die Grausamkeit weckte meinen alten Herrn, und er sprach seine Stimme aus und missbilligte sie; doch die ganze Sache erwies sich als weniger als ein Wunder von neun Tagen. Sowohl Col. Lloyd als auch mein alter Herr klagten Gore wegen seiner Grausamkeit in dieser Angelegenheit an, aber das führte zu nichts. Seine Antwort oder Erklärung – soweit ich mich erinnere, sie damals gehört zu haben – war, dass die außergewöhnliche Maßnahme notwendig gewesen sei; dass Denby unkontrollierbar geworden sei; dass er den anderen Sklaven ein gefährliches Beispiel gegeben habe; und dass ohne eine solche sofortige Maßnahme wie die, zu der er gegriffen hatte, jegliche Herrschaft und Ordnung auf der Plantage beendet sein würde. Dieses sehr praktische Versteck für alle Arten von Grausamkeit und Gewalttätigkeit, dieser feige Alarmruf, dass die Sklaven *„den Platz einnehmen" würden,* wurde zur Milderung dieses abscheulichen Verbrechens angeführt, genau wie es zur Verteidigung tausender ähnlicher Verbrechen angeführt worden war. Er argumentierte, dass, wenn ein Sklave sich weigerte, sich zurechtweisen zu lassen, und mit dem Leben davonkommen durfte, nachdem man ihm gesagt hatte, dass er es verlieren würde, wenn er auf seinem Kurs beharrte, die anderen Sklaven bald seinem Beispiel folgen würden; das Ergebnis davon wäre die Freiheit der Sklaven und die Versklavung der Weißen. Ich habe allen Grund zu der Annahme, dass Mr. Gores Verteidigung oder Erklärung als zufriedenstellend erachtet wurde – zumindest für Col. Lloyd. Er behielt sein Amt auf der Plantage. Sein Ruf als Aufseher ging ins Ausland, und sein schreckliches Verbrechen wurde nicht einmal gerichtlich untersucht. Der Mord wurde in Anwesenheit von Sklaven begangen, und diese konnten natürlich weder eine Klage einreichen noch gegen den Mörder aussagen. Sein bloßes Wort würde vor Gericht mehr zählen als die gemeinsame Aussage von zehntausend schwarzen Zeugen.

Alles, was Mr. Gore tun musste, war, sich mit Col. Lloyd zu versöhnen. Wenn das getan ist, wird der schuldige Täter eines der schlimmsten Morde ungestraft und ungeschoren von der Gemeinde, in der er lebt, davonkommen. Als ich Maryland verließ, lebte Mr. Gore in St. Michael's, Talbot County. Wenn er noch lebt, wohnt er wahrscheinlich noch immer dort. Und ich habe keinen Grund daran zu zweifeln, dass er jetzt so hoch geschätzt und respektiert wird, als wäre seine schuldige Seele nie mit unschuldigem Blut befleckt worden. Ich bin mir durchaus bewusst, dass das, was ich jetzt geschrieben habe, von manchen als falsch und bösartig gebrandmarkt werden wird. Man wird nicht nur leugnen, dass so etwas jemals geschehen ist, wie ich es jetzt erzählt habe, sondern auch, dass so etwas in *Maryland passieren konnte* . Ich kann nur sagen – ob Sie es glauben oder nicht –, dass ich nichts als die buchstäbliche Wahrheit gesagt habe, egal, wer dem widerspricht.

Ich sage es mit Bedacht, wenn ich sage, dass das Töten eines Sklaven oder einer farbigen Person in Talbot County, Maryland, weder von den Gerichten noch von der Gesellschaft als Verbrechen behandelt wird. Mr. Thomas Lanman, Schiffszimmermann aus St. Michael, tötete zwei Sklaven, von denen er einem mit einer Axt das Gehirn wegschlug und ihn damit schlachtete. Er pflegte damit zu prahlen, diese schreckliche und blutige Tat begangen zu haben. Ich habe ihn das lachend tun hören, wobei er unter anderem sagte, dass er der einzige Wohltäter seines Landes in der Gesellschaft sei und dass wir von den verdammten Nigger befreit wären, wenn „andere so viel tun würden wie er."

Als Beweis für die rücksichtslose Missachtung menschlichen Lebens, wenn es sich um das Leben eines Sklaven handelt, möchte ich die berüchtigte Tatsache anführen, dass die Frau von Mr. Giles Hicks, der ganz in der Nähe von Col. Lloyd lebte, die Cousine meiner Frau, ein junges Mädchen zwischen fünfzehn und sechzehn Jahren, eigenhändig ermordete und sie dabei auf höchst schockierende Weise verstümmelte. Die grausame Frau gab sich in einem Anfall ihrer Wut nicht damit zufrieden, ihr Opfer zu ermorden, sondern zerfetzte ihr buchstäblich das Gesicht und brach ihr das Brustbein. Wild und wütend, wie sie war, ließ sie die Sklavin jedoch vorsichtshalber begraben; doch als die Tatsachen ans Licht kamen, mussten die Überreste der ermordeten Sklavin sehr schnell exhumiert werden. Eine Untersuchungskommission wurde einberufen, die entschied, dass das Mädchen durch schwere Schläge ums Leben gekommen war. Es wurde festgestellt, dass das Vergehen, für das dieses Mädchen so aus der Welt gejagt wurde, folgendes war: Sie war in dieser Nacht und in mehreren Nächten davor damit beauftragt worden, auf Mrs. Hicks' Baby aufzupassen, und als sie in einen tiefen Schlaf gefallen war, weinte das Baby und weckte Mrs. Hicks, aber nicht die Sklavin. Mrs. Hicks, die über die Verspätung des Mädchens wütend wurde, sprang nach mehreren Rufen aus ihrem Bett und schnappte sich ein Stück Brennholz aus dem Kamin; und dann, als sie fest schlief, schlug sie sich absichtlich auf Schädel und Brustbein und beendete so ihr Leben. Ich will nicht sagen, dass dieser grauenhafteste Mord in der Gemeinde keine Sensation hervorrief. Er erregte tatsächlich *Sensation* ; aber, unglaublich, das moralische Empfinden der Gemeinde war durch die gewöhnliche Natur der Sklaverei-Gräuel zu sehr abgestumpft, um die Mörderin zu bestrafen. Es wurde ein Haftbefehl gegen sie erlassen, aber aus irgendeinem Grund wurde dieser Haftbefehl nie vollstreckt. Auf diese Weise entging Mrs. Hicks nicht nur einer verdienten Strafe, sondern auch dem Schmerz und der Demütigung, vor Gericht angeklagt zu werden.

Während ich die blutigen Taten schildere, die sich während meines Aufenthalts auf Col. Lloyds Plantage zutrugen, möchte ich kurz von einem weiteren dunklen Vorfall berichten, der sich etwa zur selben Zeit ereignete wie die Ermordung Denbys durch Mr. Gore.

Auf der dem Anwesen von Col. Lloyd gegenüberliegenden Seite des Flusses Wye lebte ein Mr. Beal Bondley, ein reicher Sklavenhalter. In Richtung seines Landes und in Ufernähe gab es ein ausgezeichnetes Austernfanggebiet, und einige der Sklaven von Col. Lloyd fuhren nachts gelegentlich mit ihren kleinen Kanus dorthin, um den Mangel an Nahrung, der ihnen zugestanden wurde, durch Austern auszugleichen, die sie dort leicht finden konnten. Mr. Bondley kam auf die Idee, dies als Übertretung zu betrachten, und während ein alter Mann von Col. Lloyd damit beschäftigt war, einige der vielen Millionen Austern zu fangen, die den Grund des Baches säumten, um seinen Hunger zu stillen, feuerte der schurkische Mr. Bondley, der im Hinterhalt lag, ohne die geringste Umschweife den Inhalt seiner Muskete in den Rücken und die Schultern des armen alten Mannes ab. Wie es das Schicksal wollte, war der Schuss nicht tödlich, und Mr. Bondley kam am nächsten Tag zu Col. Lloyd – ob um ihm sein Eigentum zu bezahlen oder um sich für seine Tat zu rechtfertigen, weiß ich nicht; aber so viel kann ich *sagen* : Der grausame und schändliche Vorgang wurde schnell vertuscht; es wurde kaum etwas darüber gesagt, und nichts wurde öffentlich getan, was wie die Anwendung des Gerechtigkeitsprinzips auf den Mann aussah, den nur *der Zufall* davor bewahrte, ein wirklicher Mörder zu sein. Eines der gängigsten Sprichwörter, an das ich mich auf Col. Lloyds Plantage und anderswo in Maryland schon bald gewöhnte, war, dass es *„nur einen halben Cent wert ist, einen Nigger zu töten, und einen halben Cent, ihn zu begraben"*; und die Tatsachen, die ich erlebt habe, belegen die praktische Wahrheit dieses seltsamen Sprichworts. Gesetze zum Schutz des Lebens von Sklaven können, wie es notwendig ist, überhaupt nicht durchgesetzt werden, wenn es den Personen, die nominell geschützt sind, nicht gestattet ist, vor Gericht gegen die einzige Personengruppe auszusagen, von der Missbrauch, Gewalttätigkeit und Mord vernünftigerweise befürchtet werden könnten. Obwohl ich von zahlreichen Morden gehört habe, die von Sklavenhaltern an der Ostküste Marylands begangen wurden, kenne ich keinen einzigen Fall, in dem ein Sklavenhalter gehängt oder eingesperrt wurde, weil er einen Sklaven ermordet hatte. Der übliche Vorwand für die Tötung eines Sklaven ist, dass der Sklave Widerstand geleistet hat. Sollte ein Sklave bei einem Angriff seine Hand zur Selbstverteidigung erheben, ist die öffentliche Meinung im Süden oder in Maryland für den weißen Angreifer völlig berechtigt, den Sklaven niederzuschießen. Manchmal geschieht dies einfach, weil behauptet wird, der Sklave sei frech gewesen. Aber hier lasse ich diese Phase der Gesellschaft meiner frühen Kindheit hinter mir und werde den freundlichen Leser von diesen herzzerreißenden Einzelheiten verschonen.

KAPITEL IX.
Persönliche Behandlung

MISS LUCRETIA – IHRE FREUNDLICHKEIT – WIE SIE SICH ZEIGT – „IKE" – EIN KAMPF MIT IHM – DIE FOLGEN DARAUS – MISS LUCRETIAS BALSAM – BROT – WIE ICH ES BEKOMME – SONNENSTRAHLEN INMITTEN DER ALLGEMEINEN DUNKELHEIT – KÄLTE – WIE WIR UNSERE MAHLZEITEN einnahmen – ANWEISUNGEN ZUR VORBEREITUNG AUF BALTIMORE – ÜBERGLÜCKLICH BEIM GEDENKEN, DIE PLANTAGE ZU VERLASSEN – AUSSERORDENTLICHE SAUBERKEIT – COUSIN TOMS VERSION VON BALTIMORE – ANKUNFT DORT – FREUNDLICHER EMPFANG DURCH MRS. SOPHIA AULD – DER KLEINE TOMMY – MEINE NEUE POSITION – MEINE NEUEN PFLICHTEN – EIN WENDEPUNKT IN MEINER GESCHICHTE.

Ich habe nichts Grausames oder Schockierendes aus meiner persönlichen Erfahrung zu berichten, während ich auf Col. Lloyds Plantage im Haus meines alten Herrn war. Ein gelegentlicher Schlag von Tante Katy und eine regelmäßige Tracht Prügel von meinem alten Herrn, wie sie jeder unvorsichtige und boshafte Junge von seinem Vater bekommen könnte, ist alles, was ich in dieser Hinsicht erwähnen kann. Ich war nicht alt genug, um auf dem Feld zu arbeiten, und da es kaum etwas anderes als Feldarbeit zu verrichten gab, hatte ich viel Freizeit. Das meiste, was ich zu tun hatte, war, abends die Kühe hochzutreiben, den Vorgarten sauber zu halten und kleine Besorgungen für meine junge Herrin Lucretia Auld zu erledigen. Ich habe Grund zu der Annahme, dass diese Dame mir gegenüber sehr freundlich gesinnt war, und obwohl ich nicht oft das Objekt ihrer Aufmerksamkeit war, betrachtete ich sie ständig als meine Freundin und war immer froh, wenn ich das Privileg hatte, ihr einen Dienst zu erweisen. In einer Familie, in der es so viel Hartes, Kaltes und Gleichgültiges gab, war für mich das kleinste Wort oder der kleinste Blick der Freundlichkeit voll und ganz wert. Miss Lucretia – wie wir sie alle noch lange nach ihrer Heirat nannten – hatte mir solche Worte und Blicke zugeworfen, die mir klar machten, dass sie mich bemitleidete, wenn sie mich nicht liebte. Außer Worten und Blicken gab sie mir manchmal ein Stück Butterbrot; etwas, das nicht auf der Speisekarte stand und das eine Extraration gewesen sein muss, die entweder Tante Katy oder der alte Herr nicht mitgebracht hatten, nur aus der zärtlichen Zuneigung und Freundschaft, die sie für mich empfand. Dann geriet ich eines Tages auch in den Krieg mit Onkel Ables Sohn „Ike" und hatte dabei eine traurige Niederlage erlitten; der kleine Schlingel hatte mir sogar mit einem scharfen Stück Asche, das mit Eisen verschmolzen war und aus der alten Schmiede stammte, direkt auf die Stirn geschlagen, wodurch ein Kreuz auf meiner Stirn entstand, das jetzt sehr deutlich zu sehen ist. Die Wunde blutete sehr stark, und ich brüllte sehr laut und machte mich auf den Heimweg. Die kaltherzige Tante Katy schenkte weder meiner Wunde noch meinem Brüllen Beachtung, sondern sagte mir, es geschehe mir recht; ich hätte mit Ike nichts zu tun; es sei gut für mich; ich würde mich jetzt *von den „Lloyd - Niggern" fernhalten*. In dieser Lage trat Miss Lucretia vor; und in einem ganz anderen Geist als dem, den Tante Katy an den Tag legte, rief sie mich ins Wohnzimmer (ein zusätzliches Privileg an sich) und spielte ruhig die barmherzige Samariterin, ohne mir gegenüber eines der hartherzigen und vorwurfsvollen Beinamen meines Küchenquälers zu verwenden. Mit ihrer eigenen weichen Hand wusch sie das Blut von Kopf und Gesicht, holte ihre eigene Balsamflasche, benetzte mit dem Balsam ein schönes Stück weißes Leinen und verband meinen Kopf. Der Balsam heilte die Wunde an meinem Kopf nicht mehr, als ihre Freundlichkeit die Wunden in meiner Seele heilte, die durch die gefühllosen Worte von Tante Katy entstanden waren. Von da an war Miss Lucretia meine Freundin. Ich empfand sie als solche und ich zweifle nicht daran, dass allein das Verbinden meines Kopfes schon ihr Interesse an meinem Wohlergehen weckte. Es ist ganz richtig, dass dieses Interesse nie sehr ausgeprägt war und sich selten darin zeigte, dass sie mir ein Stück Brot gab, wenn ich hungrig war; aber auf einer Sklavenplantage war das eine große Gunst und ich war das einzige Kind, dem eine solche Aufmerksamkeit geschenkt wurde. Wenn ich großen Hunger hatte, ging ich in den Hinterhof und spielte unter Miss Lucretias Fenster. Wenn ich ziemlich stark vom Hunger geplagt war, hatte ich die Angewohnheit zu singen, was die gute Dame sehr bald als Bitte um ein Stück Brot verstand. Wenn ich unter Miss Lucretias Fenster sang, wurde ich sehr wahrscheinlich gut für meine Musik bezahlt. Der Leser wird sehen, dass ich nun zwei Freunde hatte, beide an wichtigen Stellen – Mas' Daniel im Herrenhaus und Miss Lucretia zu Hause. Mas' Daniel beschützte mich vor den größeren Jungen; und von Miss Lucretia bekam ich Brot, indem ich sang, wenn ich hungrig war, und Mitgefühl, wenn ich von dieser Furie, die in der Küche die Zügel der Regierung in der Hand hielt, misshandelt wurde. Für diese Freundschaft war ich zutiefst dankbar, und so bitter meine Erinnerungen an die Sklaverei auch sind, so gern erinnere ich mich doch an alle Fälle von Güte, an alle Sonnenstrahlen menschlicher Behandlung, die durch das Eisengitter meines Hauses der Knechtschaft den Weg zu meiner Seele fanden. Solche Strahlen scheinen umso heller, je mehr Dunkelheit sie durchdringen, und der Eindruck, den sie machen, ist lebhaft deutlich und schön.

Wie ich bereits angedeutet habe, wurde ich von meinem alten Herrn selten – und nie streng – geschlagen. Ich litt kaum unter der Behandlung, die ich erfuhr, außer Hunger und Kälte. Dies waren meine beiden größten körperlichen Probleme. Ich konnte weder genug Nahrung noch Kleidung bekommen; aber ich litt weniger unter Hunger als unter Kälte. Im heißesten Sommer und im kältesten Winter war ich fast nackt; keine Schuhe, keine Strümpfe, keine Jacke, keine Hose; nichts als grobes Sackleinen oder Wergleinen, das zu einer Art Hemd verarbeitet war und mir bis zu den Knien reichte. Dieses trug ich Tag und Nacht und wechselte es einmal pro Woche. Tagsüber konnte ich mich ziemlich gut schützen, indem ich mich auf der Sonnenseite des Hauses aufhielt, und bei schlechtem Wetter in der Ecke des Küchenkamins. Die große Schwierigkeit bestand darin, mich nachts warm zu halten. Ich hatte kein Bett. Die Schweine im Pferch hatten Blätter und die Pferde im Stall hatten Stroh, aber die Kinder hatten keine Betten. Sie übernachteten irgendwo in der geräumigen Küche. Ich schlief normalerweise in einer kleinen Kammer und hatte nicht einmal eine Decke, die mich zudeckte. Bei sehr kaltem Wetter holte ich manchmal den Sack herunter, in dem das Maismehl normalerweise zur Mühle gebracht wurde, und kroch hinein. Als ich dort mit dem Kopf drinnen und den Füßen draußen schlief, war ich teilweise geschützt, obwohl es nicht bequem war. Meine Füße waren vom Frost so rissig, dass man die Feder, mit der ich schreibe, in die Schnitte legen könnte. Die Art, wie wir bei Old Master unsere Mahlzeiten einnahmen, ließ nur wenig Kultiviertheit erkennen. Unser Maismehlbrei wurde, wenn er ausreichend abgekühlt war, in eine große hölzerne Schale oder einen Trog gelegt, wie sie hier im Norden zur Herstellung von Ahornzucker verwendet werden. Diese Schale wurde entweder auf den Küchenboden oder draußen auf die Erde gestellt; und die Kinder wurden wie Schweine gerufen; und wie Schweine kamen sie und verschlangen buchstäblich den Brei – manche mit Austernschalen, manche mit Stücken von Dachschindeln und keines mit Löffeln. Wer am schnellsten aß, bekam am meisten, und wer am stärksten war, bekam den besten Platz; und nur wenige verließen den Trog wirklich zufrieden. Ich hatte das größte Pech von allen, denn Tante Katy hatte kein gutes Gefühl für mich; und wenn ich eines der anderen Kinder schubste oder wenn sie ihr etwas Negatives über mich erzählten, glaubte sie immer das Schlimmste und verprügelte mich mit Sicherheit.

Als ich älter und nachdenklicher wurde, wurde ich mir meines Elends immer bewusster. Die Grausamkeit von Tante Katy, der Hunger und die Kälte, die ich erdulden musste, und die schrecklichen Berichte über Unrecht und Gewalt, die mir zu Ohren kamen, zusammen mit dem, was ich fast täglich miterlebte, ließen mich, als ich erst acht oder neun Jahre alt war, wünschen, ich wäre nie geboren worden. Ich verglich meinen Zustand mit den Amseln, die ich mir bei ihrem wilden und süßen Gesang so glücklich vorstellte! Ihre scheinbare Freude vertiefte nur die Schatten meines Kummers. Es gibt nachdenkliche Tage im Leben von Kindern – zumindest gab es sie in meinem, wenn sie sich mit all den großen, grundlegenden Wissensthemen auseinandersetzen und in einem Augenblick zu Schlussfolgerungen gelangen, die keine spätere Erfahrung erschüttern kann. Ich war mir des ungerechten, unnatürlichen und mörderischen Charakters der Sklaverei mit neun Jahren genauso bewusst wie heute. Ohne mich auf Bücher, Gesetze oder Autoritäten jeglicher Art zu berufen, genügte es, Gott als Vater zu akzeptieren, um Sklaverei als Verbrechen zu betrachten.

Ich war noch keine zehn Jahre alt, als ich Col. Lloyds Plantage verließ und nach Balitmore (sic) ging. Ich verließ die Plantage mit unbeschreiblicher Freude. Ich werde nie die Verzückung vergessen, mit der ich die Nachricht von meiner Freundin, Miss Lucretia, aufnahm, dass mein alter Herr beschlossen hatte, mich nach Baltimore gehen zu lassen, um bei Mr. Hugh Auld zu leben, einem Bruder von Mr. Thomas Auld, dem Schwiegersohn meines alten Herrn. Ich erhielt diese Mitteilung etwa drei Tage vor meiner Abreise. Es waren drei der glücklichsten Tage meiner Kindheit. Den größten Teil dieser drei Tage verbrachte ich im Bach, wo ich den Schorf der Plantage abwusch und mich auf mein neues Heim vorbereitete. Mrs. Lucretia kümmerte sich mit großem Interesse darum, mich fertig zu machen. Sie sagte mir, ich müsse alle abgestorbene Haut von meinen Füßen und Knien entfernen, bevor ich nach Baltimore gehen könne, denn die Leute dort seien sehr sauber und würden mich auslachen, wenn ich schmutzig sähe; und außerdem wollte sie mir eine Hose geben, die ich nicht anziehen sollte, bevor ich nicht allen Schmutz entfernt hätte. Dies war eine Warnung, die ich beachten musste; denn der Gedanke, eine Hose zu besitzen, war in der Tat groß. Es war fast ein ausreichender Grund, mich dazu zu bewegen, nicht nur die Räude (wie Schweinetreiber es nennen würden), sondern auch die Haut abzuschrubben. Also machte ich mich ernsthaft an die Arbeit und arbeitete zum ersten Mal in der Hoffnung auf eine Belohnung. Ich war sehr aufgeregt und konnte kaum einwilligen zu schlafen, aus Angst, ich würde zurückgelassen werden. Die Bande, die Kinder normalerweise an ihr Zuhause binden, waren alle durchtrennt, oder sie hatten in meinem Fall nie existiert, zumindest soweit es die Heimatplantage von Col. L. betraf. Ich fand daher im Moment meiner Abreise keine strenge Spur vor, wie ich sie erlebt hatte, als ich von meinem Zuhause in Tuckahoe getrennt wurde. Mein Zuhause bei meinem alten Herrn war für mich reizlos; es war kein Zuhause, sondern ein Gefängnis für mich; als ich mich davon verabschiedete, hatte ich nicht das Gefühl, etwas zurückzulassen, was ich durch mein Bleiben hätte genießen können. Meine Mutter war nun schon lange gestorben; meine Großmutter lebte weit weg, so dass ich sie selten sah; Tante Katy war meine unerbittliche Peinigerin; und meine beiden Schwestern und Brüder waren mir aufgrund unserer frühen Trennung und der familienzerstörenden Macht der Sklaverei verhältnismäßig fremd. Die Tatsache unserer Verwandtschaft war fast ausgelöscht. Ich suchte anderswo nach einem *Zuhause* und war überzeugt, keins zu finden, das mir weniger gefallen würde als das, das ich verließ. Wenn ich jedoch in meinem neuen Zuhause, in das ich mit solch seligen Erwartungen ging, Härte, Auspeitschung und Nacktheit vorfand, so hatte ich den fragwürdigen Trost, dass ich keinem dieser Übel entgangen wäre, wenn ich unter Tante Katys Obhut geblieben wäre. Außerdem dachte ich, da ich in dieser Hinsicht auf Lloyds Plantage viel ertragen hatte, könnte ich anderswo und besonders in Baltimore genauso viel ertragen; denn ich hatte etwas von dem Gefühl für diese Stadt, das in dem Sprichwort zum Ausdruck kommt, dass es „besser ist, in England gehängt zu werden, als in Irland eines natürlichen Todes zu sterben". Ich hatte das sehnlichste Verlangen, Baltimore zu sehen. Mein Cousin Tom – ein Junge, der zwei oder drei Jahre älter war als ich – war dort gewesen, und obwohl er nicht fließend sprechen konnte (er stotterte übermäßig), hatte er mir durch seine eloquente Beschreibung des Ortes dieses Verlangen eingeflößt. Tom war manchmal Kapitän Aulds Schiffsjunge; und wenn er aus Baltimore kam, war er immer eine Art Held unter uns, zumindest bis seine Reise nach Baltimore vergessen war. Ich konnte ihm nie etwas erzählen oder auf etwas hinweisen, das mir schön oder beeindruckend vorkam, ohne dass er in Baltimore etwas gesehen hätte, das es bei weitem übertraf. Sogar das große Haus selbst mit all seinen Gemälden im Inneren und Säulen außen hatte er die Kühnheit zu sagen, dass es „nichts im Vergleich zu Baltimore" sei. Er kaufte eine Trompete (im Wert von sechs Pence) und brachte sie nach Hause; erzählte, was er in den Schaufenstern der Geschäfte gesehen hatte; dass er Knallkörperschüsse gehört und Soldaten gesehen hatte; dass er ein Dampfschiff gesehen habe; dass es in Baltimore Schiffe gebe, die vier Schaluppen wie die „Sally Lloyd" transportieren könnten. Er sagte viel über das Markthaus; er sprach von den läutenden Glocken und von vielen anderen Dingen, die meine Neugierde sehr weckten und tatsächlich meine Hoffnung auf Glück in meinem neuen Zuhause steigerten.

Wir verließen Miles River früh am Samstagmorgen nach Baltimore. Ich erinnere mich nur an den Wochentag, denn zu dieser Zeit kannte ich weder die Tage des Monats noch die Monate des Jahres. Als wir die Segel setzten, ging ich nach achtern und warf Col. Lloyds Plantage den letzten Blick zu, den ich ihr oder einem Ort wie diesem zuwerfen würde. Meine starke Abneigung gegen die große Farm war nicht auf mein eigenes Leiden zurückzuführen, sondern auf das tägliche Leiden anderer und auf die Gewissheit, dass ich früher oder später unter die barbarische Herrschaft eines Aufsehers wie des versierten Gore oder des brutalen und betrunkenen Plummer gestellt werden würde. Nachdem ich diesen letzten Blick geworfen hatte, verließ ich das Achterdeck, ging zum Bug der Schaluppe und verbrachte den Rest des Tages damit, nach vorn zu schauen; ich interessierte mich mehr für das, was in der Ferne war, als für das, was in der Nähe oder hinter mir lag. Die Schiffe, die durch die Bucht zogen, waren sehr interessante Objekte. Die weite Bucht öffnete sich vor meinen jungen Augen wie ein uferloser Ozean und erfüllte mich mit Staunen und Bewunderung.

Am späten Nachmittag erreichten wir Annapolis, die Hauptstadt des Staates, und hielten uns dort nicht lange genug auf, um an Land gehen zu können. Es war die erste große Stadt, die ich je gesehen hatte; und obwohl sie vielen Fabrikdörfern in Neuengland unterlegen war, waren meine Gefühle bei ihrem Anblick kaum weniger erregt als die, die Reisende beim ersten Anblick Roms verspüren. Die Kuppel des State House war besonders imposant und übertraf an Erhabenheit das Aussehen des großen Hauses. Die große Welt erschloss sich mir sehr schnell, und ich lernte eifrig ihre vielfältigen Lektionen kennen.

Wir kamen am Sonntagmorgen in Baltimore an und landeten an Smiths Kai, nicht weit von Bowlys Kai. Wir hatten eine große Schafherde für den Markt in Baltimore an Bord der Schaluppe, und nachdem ich geholfen hatte, sie zum Schlachthaus von Mr. Curtis auf Loudon Slater's Hill zu treiben, wurde ich zügig von Rich – einem der Matrosen der Schaluppe – zu meinem neuen Zuhause in der Alliciana Street, in der Nähe von Gardiners Werft auf Fell's Point, geführt. Mr. und Mrs. Hugh Auld, meine neue Herrin und mein neuer Herr, waren beide zu Hause und empfingen mich an der Tür mit ihrem kleinen Sohn Thomas mit den rosigen Wangen, um den ich mich kümmern sollte und der meine zukünftige Beschäftigung sein sollte. Tatsächlich machte mich der alte Herr eher „dem kleinen Tommy“ als seinen Eltern zum Geschenk; und obwohl weder eine *rechtliche* Form noch eine Vereinbarung getroffen wurde, zweifle ich nicht daran, dass Mr. und Mrs. Auld fühlten, dass ich zu gegebener Zeit das rechtliche Eigentum ihres geliebten Jungen Tommy mit den strahlenden Augen sein würde. Besonders das Aussehen meiner neuen Herrin beeindruckte mich. Ihr Gesicht war von den freundlichsten Gefühlen erfüllt, und die Wirkung ihrer Miene und die Zärtlichkeit, mit der sie mich zu betrachten schien, während sie mir diverse kleine Fragen stellte, entzückten mich sehr und erhellten in meiner Vorstellung meinen Weg in die Zukunft. Miss Lucretia war freundlich, aber meine neue Herrin, „Miss Sophy“, übertraf sie an Freundlichkeit im Benehmen. Dem kleinen Thomas sagte seine Mutter liebevoll, „*da sei sein Freddy*“, und „Freddy würde auf ihn aufpassen“, und mir wurde gesagt, ich solle „freundlich zu dem kleinen Tommy sein“ – eine Anweisung, die ich kaum brauchte, da ich mich bereits in den lieben Jungen verliebt hatte. und mit diesen kleinen Zeremonien wurde ich in mein neues Zuhause eingeweiht und begann meine besonderen Pflichten, ohne dass eine Wolke am Horizont hing.

Ich kann hier sagen, dass ich meinen Umzug von Col. Lloyds Plantage als eines der interessantesten und glücklichsten Ereignisse meines Lebens betrachte. Wenn man es im Lichte menschlicher Wahrscheinlichkeiten betrachtet, ist es ziemlich wahrscheinlich, dass ich, wenn nicht der bloße Umstand, dass ich so weggebracht wurde, bevor die Härte der Sklaverei über mich hereinbrach; bevor mein junger Geist unter der eisernen Kontrolle des Sklaventreibers zermalmt wurde, heute nicht ein FREIER MANN wäre, sondern die quälenden Ketten der Sklaverei tragen würde. Manchmal habe ich jedoch gespürt, dass in diesem Umstand etwas Intelligenteres als *Zufall* und etwas Sichereres als *Glück* zu sehen war. Wenn ich irgendwelche Fortschritte in meinem Wissen gemacht habe; wenn ich irgendwelche ehrenhaften Bestrebungen gehegt habe oder in irgendeiner Weise die Pflichten eines Angehörigen eines unterdrückten Volkes würdig erfüllt habe, muss man diesem kleinen Umstand das gebührende Gewicht beimessen, das meinem Leben diese Richtung gab. Ich habe ihn immer als die erste klare Manifestation dieser

Göttlichkeit, die unsere Ziele formt,
wir können sie grob behauen, wie wir wollen.

Ich war nicht der einzige Junge auf der Plantage, der nach Baltimore geschickt werden konnte. Die Auswahl war groß. Es gab jüngere Jungen, ältere Jungen und Jungen im gleichen Alter, die meinem alten Herrn gehörten, manche lebten in seinem eigenen Haus, manche auf seiner Farm – aber das große Privileg fiel mir zu.

Man könnte mich für abergläubisch und egoistisch halten, wenn ich dieses Ereignis als eine besondere Einmischung der göttlichen Vorsehung zu meinen Gunsten betrachte; aber dieser Gedanke ist Teil meiner Geschichte, und ich würde den frühesten und am meisten gehegten Gefühlen meiner Seele untreu werden, wenn ich diese Meinung unterdrücken oder zögern würde, sie zu bekennen, obwohl sie von den Weisen als irrational und von den Spöttern als lächerlich bezeichnet werden mag. Von meinen frühesten Erinnerungen an ernste Angelegenheiten datiere ich die Unterhaltung einer Art unauslöschlicher Überzeugung, dass die Sklaverei mich nicht immer in ihren widerwärtigen Armen halten könnte; und diese Überzeugung, wie ein Wort lebendigen Glaubens, stärkte mich durch die dunkelsten Prüfungen meines Schicksals. Dieser gute Geist kam von Gott; und ihm bringe ich Dank und Lob dar.

KAPITEL X.
Leben in Baltimore

ÄRGERNISSE IN DER STADT – BEDAUERN AUF DER PLANTAGE
– MEINE HERRIN, MISS SOPHA – IHRE GESCHICHTE – IHRE
FREUNDLICHKEIT MIR GEGENÜBER – MEIN HERR, HUGH
AULD – SEINE MISSERREICHTHEIT – MEINE GESTEIGERTE
EMPFINDLICHKEIT – MEIN TROST – MEIN BERUF – DIE
VERDERBLICHEN AUSWIRKUNGEN DER SKLAVENHALTUNG
AUF MEINE LIEBE UND GUTE HERRIN – WIE SIE BEGANN, MIR
DAS LESEN BEIZUBRINGEN – WARUM SIE AUFHÖRTE, MIR DAS
LESEN BEIZUBRINGEN – WOLKEN, DIE SICH ÜBER MEINEN
GLÄNZENDEN AUSSICHTEN AUFZIEHEN – MASTER AULDS
DARSTELLUNG DER WAHREN PHILOSOPHIE DER SKLAVEREI
– STADTSKLAVEN – PLANTAGESKLAVEN – DER KONTRAST –
AUSNAHMEN – DIE BEIDEN SKLAVENEN VON MR. HAMILTON,
HENRIETTA UND MARY – HAMILTONS GRAUSAME
BEHANDLUNG VON IHNEN – DAS ERBÄRMLICHE AUSSEHEN,
DAS SIE DARSTELLTEN – KEINE MACHT DARF ZWISCHEN DEN
SKLAVEN UND DEN SKLAVENHALTER KOMMEN.

Als ich in Baltimore war, hatte ich harte Ziegelpflaster unter den Füßen, die mir vor lauter Hitze fast Blasen verursachten, denn es war Hochsommer; ich war von allen Seiten von hohen Ziegelhäusern umgeben; ich hatte Horden feindseliger Jungen, die an jeder Straßenecke bereit waren, mich anzugreifen; ich hatte bei jedem Schritt neue und seltsame Dinge im Blick und aus allen Richtungen drangen erschreckende Geräusche an mein Ohr. Eine Zeit lang dachte ich, dass die Plantage zu Hause ein begehrenswerterer Wohnort wäre als mein Haus in der Alliciana Street in Baltimore. Meine Augen und Ohren vom Land waren hier verwirrt und verwirrt; aber die Jungen waren mein größtes Problem. Sie jagten mich und nannten mich „*Ostküstenmann*", bis ich mir fast wünschte, ich wäre wieder an der Ostküste. Ich musste eine Art moralischer Akklimatisierung durchlaufen, und als diese vorbei war, ging es mir viel besser. Meine neue Herrin erwies sich glücklicherweise als das, was sie zu sein *schien*, als sie mich mit ihrem Mann mit einem äußerst strahlenden, gütigen Gesicht an der Tür empfing. Sie hatte von Natur aus ein ausgezeichnetes Wesen, war freundlich, sanft und fröhlich. Die hochmütige Verachtung der Rechte und Gefühle der Sklaven und die Gereiztheit und schlechte Laune, die Sklavenhalterinnen im Allgemeinen auszeichnen, fehlten in der Art und Haltung der netten „Miss" Sophia mir gegenüber völlig. Sie war in der Tat nie Sklavenhalterin gewesen, sondern – was im Süden ziemlich ungewöhnlich ist – für ihren Lebensunterhalt fast ausschließlich auf ihre eigene Arbeit angewiesen. Dieser Tatsache verdankte die liebe Dame zweifellos die hervorragende Bewahrung ihrer natürlichen Herzensgüte, denn Sklaverei kann einen Heiligen in einen Sünder und einen Engel in einen Dämon verwandeln. Ich wusste kaum, wie ich mich gegenüber „Miss Sopha", wie ich Mrs. Hugh Auld nannte, verhalten sollte. Auf der Plantage war ich wie ein *Schwein behandelt worden*; jetzt wurde ich wie ein *Kind behandelt*. Ich konnte mich ihr nicht einmal so nähern, wie ich mich früher Mrs. Thomas Auld genähert hatte. Wie konnte ich meinen Kopf hängen lassen und mit angehaltenem Atem sprechen, wenn es keinen Stolz gab, der mich verachtete, keine Kälte, die mich abstieß, und keinen Hass, der mir Angst einflößte? Ich lernte daher bald, sie eher als etwas zu betrachten, das einer Mutter glich, als einer Sklavenhalterin. Die kauernde Unterwürfigkeit eines Sklaven, normalerweise eine so angenehme Eigenschaft für den hochmütigen Sklavenhalter, wurde von dieser sanften Frau weder verstanden noch gewünscht. Sie hielt es nicht für unverschämt, wenn ein Sklave ihr direkt ins Gesicht sah, wie es manche Sklavenhalterinnen tun, sondern schien immer zu sagen: „Schau auf, Kind; hab keine Angst; sieh, ich bin voller Freundlichkeit und Wohlwollen dir gegenüber." Die Leute von Col. Lloyds Schaluppe betrachteten es als großes Privileg, Pakete oder Nachrichten an meine neue Herrin zu überbringen; denn wann immer sie kamen, konnten sie sich eines äußerst freundlichen und angenehmen Empfangs sicher sein. Wenn der kleine Thomas ihr Sohn und ihr innig geliebtes Kind war, machte sie mich zumindest eine Zeit lang zu so etwas wie seinem Halbbruder in ihrer Zuneigung. Wenn der liebe Tommy einen Platz auf dem Schoß seiner Mutter bekam, wurde „Feddy" durch einen Platz an der Seite seiner Mutter geehrt. Auch fehlten ihm die streichelnden Berührungen ihrer sanften Hand nicht, um ihn davon zu überzeugen, dass er, obwohl *ohne Mutter*, nicht ohne *Freunde war*. Mrs. Auld war nicht nur eine gutherzige Frau, sondern auch bemerkenswert fromm; sie nahm häufig an öffentlichen Gottesdiensten teil, las viel in der Bibel und sang Loblieder, wenn sie allein war. Mr. Hugh Auld war ein ganz anderer Charakter. Er kümmerte sich sehr wenig um Religion, wusste mehr über die Welt und war weltlicher als seine Frau. Er hatte sich zweifellos vorgenommen, – wie die Welt so spielt – ein respektabler Mann zu werden und voranzukommen, indem er ein erfolgreicher Schiffsbauer in dieser Stadt des Schiffbaus wurde. Das war sein Ehrgeiz, und er nahm damit voll und ganz seinen Platz ein. Ich war ihm natürlich sehr wenig wichtig, verglichen mit der guten Mrs. Auld; und wenn er mich anlächelte, was er manchmal tat, war das Lächeln von seiner reizenden Frau geliehen, und wie alles geliehene Licht war es flüchtig und verschwand mit der Quelle, aus der es kam. Obwohl ich Master Hugh als einen sehr mürrischen Mann mit abschreckendem Aussehen charakterisieren muss, muss er zugeben, dass er nach dem Begriff der Grausamkeit in Maryland nie sehr grausam zu mir war. Die ersten ein oder zwei Jahre, die ich in seinem Haus verbrachte, überließ er mich fast ausschließlich der Obhut seiner Frau. Sie war meine Gesetzgeberin. In so zärtlichen Händen wie ihren und in Abwesenheit der Grausamkeiten der Plantage wurde ich sowohl körperlich als auch geistig viel empfindlicher gegenüber guter und schlechter Behandlung; und vielleicht litt ich mehr unter einem Stirnrunzeln meiner Herrin als früher unter einem Schlag durch Tante Katy. Statt auf dem kalten, feuchten Boden der Küche meines alten Herrn fand ich mich auf Teppichen wieder; für den Getreidesack im Winter hatte ich nun ein gutes Strohbett, gut mit Decken ausgestattet; für das grobe Getreidemehl am Morgen hatte ich nun gutes Brot und gelegentlich Grütze; für mein arme, bis zu den Knien reichende Leinenhemd hatte ich gute, saubere Kleidung. Ich war wirklich wohlhabend. Meine Aufgabe bestand darin, Besorgungen zu machen und auf Tommy aufzupassen; zu verhindern, dass er den Kutschen im Weg stand, und ihn generell aus der Gefahrenzone zu halten. Tommy, ich und seine Mutter kamen eine Zeit lang prima miteinander aus. Ich sage *eine Zeit lang* , weil das tödliche Gift verantwortungsloser Macht und der natürliche Einfluss der Sklavenbräuche nicht lange brauchten, um einen angemessenen Eindruck auf das sanfte und liebevolle Wesen meiner ausgezeichneten Herrin zu machen. Anfangs betrachtete mich Mrs. Auld offensichtlich einfach als ein Kind wie jedes andere Kind; sie sah mich nicht als *Eigentum* an. Dieser letztere Gedanke war eine Sache konventioneller Entwicklung. Der erste war natürlich und spontan. Eine edle Natur wie die ihre konnte nicht über Nacht völlig verdorben werden; und es dauerte mehrere Jahre, bis sich die natürliche Sanftheit ihres Gemüts in gereizte Bitterkeit verwandelte. In ihrer schlimmsten Verfassung kam es jedoch während der ersten sieben Jahre, die ich mit ihr zusammenlebte, gelegentlich zu einer Rückkehr ihrer früheren freundlichen Gemütsart.

Das häufige Hören meiner Herrin aus der Bibel lesend, denn sie las oft laut vor, wenn ihr Mann abwesend war, weckte bald meine Neugier in Bezug auf dieses *Mysterium* des Lesens und weckte in mir den Wunsch, es zu lernen. Da ich keine Angst vor meiner freundlichen Herrin vor meinen Augen hatte (sie hatte mir damals keinen Grund zur Angst gegeben), bat ich sie freimütig, mir das Lesen beizubringen; und ohne zu zögern begann die liebe Frau mit der Aufgabe, und sehr bald beherrschte ich mit ihrer Hilfe das Alphabet und konnte Wörter mit drei oder vier Buchstaben buchstabieren. Meine Herrin schien auf meine Fortschritte fast so stolz zu sein, als wäre ich ihr eigenes Kind; und da sie annahm, dass ihr Mann ebenso erfreut sein würde, machte sie kein Geheimnis daraus, was sie für mich tat. Tatsächlich erzählte sie ihm triumphierend von der Begabung ihrer Schülerin, von ihrer Absicht, mich weiterhin zu unterrichten, und von der Pflicht, die sie empfand, mir zumindest das Lesen *der Bibel beizubringen* . Hier zogen die ersten Wolken über meine Aussichten in Baltimore auf, der Vorbote von strömendem Regen und eisigen Winden.

Master Hugh war erstaunt über die Einfachheit seiner Gattin und erklärte ihr wahrscheinlich zum ersten Mal die wahre Philosophie der Sklaverei und die besonderen Regeln, die Herr und Frau beim Umgang mit ihrem menschlichen Eigentum beachten müssen. Mr. Auld verbot ihr umgehend die Fortsetzung ihrer Unterweisung und sagte ihr zunächst, dass die Sache an sich ungesetzlich sei; dass sie auch unsicher sei und nur zu Unheil führen könne. Um seine eigenen Worte zu verwenden, sagte er weiter: „Wenn Sie einem Nigger einen Zoll geben, nimmt er eine Elle." „Er sollte nichts als den Willen seines Herrn kennen und lernen, ihm zu gehorchen." „Wenn Sie diesem Nigger – ich spreche von mir – beibringen, die Bibel zu lesen, wird er nicht mehr zu halten sein." „Das würde ihn für immer untauglich für die Pflichten eines Sklaven machen." und „Was ihn selbst betrifft, würde ihm das Lernen nichts nützen, sondern wahrscheinlich sehr schaden – es würde ihn trostlos und unglücklich machen." „Wenn Sie ihm jetzt das Lesen beibringen, wird er das Schreiben lernen wollen, und wenn er das geschafft hat, wird er mit sich selbst davonlaufen." Dies war der Tenor von Master Hughs orakelhafter Darlegung der wahren Philosophie der Erziehung eines menschlichen Eigentums, und es muss zugegeben werden, dass er die Natur und die Anforderungen der Beziehung zwischen Herr und Sklave sehr klar verstand. Seine Rede war die erste entschiedene Anti-Sklaverei-Vorlesung, der ich zuhören durfte. Mrs. Auld spürte offensichtlich die Kraft seiner Bemerkungen und begann wie eine gehorsame Ehefrau, ihren Kurs in die von ihrem Mann angegebene Richtung zu lenken. Die Wirkung seiner Worte *auf mich* war weder gering noch vorübergehend. Seine eisernen Sätze – kalt und hart – drangen tief in mein Herz ein und weckten nicht nur meine Gefühle zu einer Art Rebellion, sondern weckten in mir einen schlummernden Strom lebenswichtiger Gedanken. Es war eine neue und besondere Offenbarung, die ein schmerzliches Geheimnis lüftete, gegen das mein jugendlicher Verstand angekämpft hatte, und zwar vergebens: die Macht des *weißen Mannes, die Versklavung des schwarzen Mannes* aufrechtzuerhalten . „Also gut", dachte ich, „Wissen macht ein Kind untauglich, ein Sklave zu sein." Ich stimmte dem Vorschlag instinktiv zu und verstand von diesem Moment an den direkten Weg von der Sklaverei zur Freiheit. Das war genau das, was ich brauchte, und ich bekam es zu einem Zeitpunkt und aus einer Quelle, von der ich es am wenigsten erwartet hatte. Der Gedanke, die Hilfe meiner freundlichen Herrin zu verlieren, machte mich traurig, aber die Informationen, die ich so sofort erhielt, entschädigten mich in gewissem Maße für den Verlust, den ich in dieser Hinsicht erlitten hatte. So weise Mr. Auld auch war, er unterschätzte offensichtlich mein Verständnis und hatte kaum eine Vorstellung davon, wie ich die eindrucksvolle Lektion, die er seiner Frau erteilte, anwenden konnte. *Er* wollte, dass ich *ein Sklave war;* ich hatte bereits auf der Plantage von Col. Lloyd dagegen gestimmt. Was er am meisten liebte, hasste ich am meisten;

und gerade seine Entschlossenheit, mich in Unwissenheit zu halten, machte mich nur noch entschlossener, nach Intelligenz zu suchen. Daher bin ich mir nicht sicher, ob ich das Lesenlernen nicht ebenso sehr dem Widerstand meines Herrn verdanke wie der freundlichen Unterstützung meiner liebenswürdigen Herrin. Ich erkenne den Nutzen an, den mir das eine und das andere gebracht haben; ich glaube, dass ich ohne meine Herrin in Unwissenheit aufgewachsen wäre.

Ich hatte erst kurze Zeit in Baltimore gelebt, als mir auffiel, dass die Art und Weise, wie Sklaven behandelt wurden, im Allgemeinen anders war als in jenem abgelegenen und abgelegenen Teil des Landes, in dem ich geboren wurde. Ein Stadtsklave ist in Baltimore fast ein freier Bürger, verglichen mit einem Sklaven auf der Plantage von Col. Lloyd. Er ist viel besser ernährt und gekleidet, sieht weniger niedergeschlagen aus und genießt Privilegien, die dem von der Peitsche getriebenen Sklaven auf der Plantage völlig unbekannt sind. Die Sklaverei mag keine dichte Bevölkerung, in der die Mehrheit aus Nichtsklavenhaltern besteht. Der allgemeine Sinn für Anstand, der eine solche Bevölkerung durchdringen muss, trägt viel dazu bei, diese Ausbrüche abscheulicher Grausamkeit und diese dunklen, namenlosen Verbrechen, die auf der Plantage fast offen begangen werden, einzudämmen und zu verhindern. Er ist ein verzweifelter Sklavenhalter, der die Menschlichkeit seiner nichtsklavenhaltenden Nachbarn durch die Schreie der zerfleischten Sklaven schockieren wird; und nur sehr wenige in der Stadt sind bereit, sich den Hass eines grausamen Herrn auf sich zu ziehen. Ich habe in Baltimore festgestellt, dass niemand bei den Weißen und auch bei den Farbigen verhasster war als der, der den Ruf hatte, seine Sklaven hungern zu lassen. Man soll sie arbeiten lassen, sie auspeitschen, wenn es sein muss, aber man soll sie nicht verhungern lassen. Es gibt jedoch einige schmerzliche Ausnahmen von dieser Regel. Während es durchaus wahr ist, dass die meisten Sklavenhalter in Baltimore ihre Sklaven gut ernähren und kleiden, gibt es andere, die ihre ländlichen Grausamkeiten in der Stadt fortsetzen.

Ein Beispiel dieser Art liefert der Fall einer Familie namens Hamilton, die direkt gegenüber unserem Haus wohnte. Mrs. Hamilton besaß zwei Sklavinnen. Sie hießen Henrietta und Mary. Sie waren immer Haussklavinnen gewesen. Die eine war etwa zweiundzwanzig, die andere etwa vierzehn Jahre alt. Sie waren von Natur aus ein zerbrechliches Paar, und die Behandlung, die sie erfuhren, hätte die Gesundheit eines Pferdes zerstört. Von allen niedergeschlagenen, abgemagerten, verstümmelten und wundgescheuerten Geschöpfen, die ich je gesehen habe, waren diese beiden Mädchen – in der kultivierten, kirchlich geprägten und christlichen Stadt Baltimore – die beklagenswertesten. Das Herz musste aus Stein sein, das Henrietta und Mary ansehen konnte, ohne bis ins Mark vor Traurigkeit zu erkranken. Besonders Mary war ein herzzerreißendes Objekt. Ihr Kopf, ihr

Hals und ihre Schultern waren buchstäblich in Stücke geschnitten. Ich habe ihren Kopf oft betastet und festgestellt, dass er fast von eiternden Wunden bedeckt war, die von der Peitsche ihrer grausamen Herrin verursacht worden waren. Ich weiß nicht, ob ihr Herr sie jemals ausgepeitscht hat, aber ich war oft Augenzeuge der abstoßenden und brutalen Behandlung durch Mrs. Hamilton. Und was das Verhalten dieser Frau noch tiefer färbt, ist die Tatsache, dass sie einen fast in den Augenblicken ihrer schockierenden Verstöße gegen Menschlichkeit und Anstand durch die Süße ihrer Stimme und ihre scheinbare Frömmigkeit bezauberte. Sie saß in einem großen Schaukelstuhl in der Mitte des Zimmers, mit einem dicken Kuhfell bedeckt, wie ich es an anderer Stelle beschrieben habe. Und ich spreche die Wahrheit, wenn ich sage, dass diese Mädchen tagsüber selten an diesem Stuhl vorbeigingen, ohne einen Schlag mit diesem Kuhfell zu bekommen, entweder auf ihre bloßen Arme oder auf ihre Schultern. Wenn sie an ihr vorbeigingen, zog sie ihr Kuhfell und versetzte ihnen einen Schlag, wobei sie sagte: *„Beweg dich schneller, du schwarzer Kerl!“* und wieder: *„Nimm das, du schwarzer Kerl!“* und weiter: *„Wenn du dich nicht schneller bewegst, gebe ich dir mehr.“* Dann fuhr die Dame fort und sang ihre süßen Hymnen, als seufze ihre *rechtschaffene Seele nach den heiligen Reichen des Paradieses.*

Zusätzlich zu den grausamen Schlägen, denen diese armen Sklavinnen ausgesetzt waren – die allein schon ausreichten, um den Geist der Männer zu brechen – wurden sie tatsächlich fast halb verhungert gehalten; sie wussten selten, was es heißt, eine volle Mahlzeit zu sich zu nehmen, außer wenn sie diese in den Küchen der Nachbarn bekamen, die weniger gemein und geizig waren als die Psalmen singende Mrs. Hamilton. Ich habe gesehen, wie die arme Mary mit den Schweinen auf der Straße um die Innereien kämpfte. Das arme Mädchen wurde so oft gezwickt, getreten, geschnitten und in Stücke gepickt, dass die Jungen auf der Straße sie nur unter dem Namen *„gepickt“ kannten,* ein Name, der sich von den Narben und Flecken an ihrem Hals, Kopf und Schultern ableitete.

Es ist eine gewisse Erleichterung für dieses Bild der Sklaverei in Baltimore, zu sagen – was nichts anderes als die schlichte Wahrheit ist – dass Mrs. Hamiltons Behandlung ihrer Sklaven allgemein als schändlich und schockierend verurteilt wurde; aber während ich dies sage, muss auch daran erinnert werden, dass dieselben Parteien, die die Grausamkeit von Mrs. Hamilton tadelten, jeden Versuch, Mrs. Hamiltons *Recht* , ihre Sklaven in Stücke zu schneiden und zu hauen, zu beeinträchtigen, verurteilt und umgehend bestraft hätten. Es darf keine Gewalt zwischen dem Sklaven und dem Sklavenhalter geben, um die Macht des einen einzuschränken und die Schwäche des anderen zu schützen; und die Grausamkeit von Mrs. Hamilton ist den Verfechtern des Sklavensystems mit ebenso viel Recht anzulasten, wie die Trunksucht denen angelastet werden kann, die durch Gebot und Beispiel oder durch Gleichgültigkeit das Trinksystem aufrechterhalten.

KAPITEL XI.
„Eine Veränderung kam über den Geist meines Traumes"

WIE ICH LESEN LERNTE – MEINE HERRIN – IHRE PFLICHTEN ALS SKLAVENHALTERIN – IHRE BEDAUERLICHEN AUSWIRKUNGEN AUF IHR URSPRÜNGLICH EDLES WESEN – DER KONFLIKT IN IHREM GEIST – IHR LETZTER WIDERSTAND GEGEN MEIN LESENLERNEN – ZU SPÄT – SIE HATTE MIR DEN WINK GEGEBEN, ICH WAR ENTSCHLOSSEN, DEN WINK ZU NEHMEN – WIE ICH MEINE BILDUNG VERFOLGT HABE – MEINE HÖRER – WIE ICH SIE ENTSCHÄDIGT HABE – WELCHE FORTSCHRITTE ICH MACHTE – SKLAVEREI – WAS ICH DARÜBER HÖRTE – DREIZEHN JAHRE ALT – DER KOLUMBIANISCHE Redner – EINE REICHE SZENE – EIN DIALOG – REDEN VON *CHATHAM* , SHERIDAN, PITT UND FOX – IMMER WACHSENDES WISSEN – MEINE AUGEN GEÖFFNET – FREIHEIT – WIE ICH MICH DANACH VERLANGT HABE – MEINE TRAURIGKEIT – DIE UNZUFRIEDENHEIT MIT MEINER ARMEN HERRIN – MEIN HASS AUF DIE SKLAVEREI – EIN UPAS-BAUM ÜBERSCHATTET UNS BEIDE.

Ich lebte sieben Jahre lang in der Familie von Master Hugh in Baltimore, und während dieser Zeit war mein Zustand – wie die Almanach-Autoren vom Wetter sagen – wechselhaft. Das Interessanteste an meiner Geschichte hier war, dass ich unter ziemlich deutlichen Nachteilen Lesen und Schreiben lernte. Um diese Kenntnisse zu erlangen, war ich gezwungen, auf Umwege zurückzugreifen, die meiner Natur überhaupt nicht zuträglich waren und die für mich wirklich demütigend waren. Meine Herrin – die, wie der Leser bereits gesehen hat, begonnen hatte, mich zu unterrichten – wurde plötzlich in ihrem wohlwollenden Plan durch den strengen Rat ihres Mannes gebremst. In treuer Befolgung dieses Ratschlags hatte die gute Dame nicht nur aufgehört, mich selbst zu unterrichten, sondern sich auch wie ein Stein gegen mein Erlernen des Lesens auf jegliche Weise gestellt. Es ist jedoch meiner Herrin schuldig zu sagen, dass sie diesen Weg zunächst nicht in seiner ganzen Strenge verfolgte. Entweder hielt sie ihn für unnötig, oder ihr fehlte die Verdorbenheit, die unabdingbar war, um mich in geistiger Dunkelheit einzuschließen. Zumindest war es für sie notwendig, eine gewisse Ausbildung und Abhärtung in der Ausübung des Sklavenhaltervorrechts zu erhalten, damit sie meine menschliche Natur und meinen Charakter vergaß und mich als ein Wesen ohne moralische oder intellektuelle Natur behandelte. Mrs. Auld – meine Herrin – war, wie ich bereits sagte, eine äußerst freundliche und weichherzige Frau; und in der Menschlichkeit ihres Herzens und der Einfachheit ihres Geistes nahm sie sich, als ich zum ersten Mal zu ihr zog, vor, mich so zu behandeln, wie ihrer Meinung nach ein Mensch einen anderen behandeln sollte.

Es ist leicht zu erkennen, dass man ein wenig Erfahrung braucht, um die Pflichten eines Sklavenhalters zu übernehmen. Die Natur hat fast nichts getan, um Männer und Frauen darauf vorzubereiten, Sklaven oder Sklavenhalter zu sein. Nur strenge, lang anhaltende Erziehung kann den Charakter des einen oder des anderen vervollkommnen. Man kann nicht leicht vergessen, die Freiheit zu lieben; und es ist ebenso schwer, diese natürliche Liebe in unseren Mitgeschöpfen nicht mehr zu respektieren. Als sie die Karriere einer Sklavenhalterin begann, war Mrs. Auld außerordentlich mangelhaft; die Natur, die niemanden für ein solches Amt geeignet macht, hatte weniger für sie getan als jede Dame, die ich kannte. Es war keine leichte Sache, sie dazu zu bringen, zu denken und zu fühlen, dass der lockige Junge, der an ihrer Seite stand und sich sogar auf ihren Schoß lehnte; der von dem kleinen Tommy geliebt wurde und der den kleinen Tommy wiederum liebte; für sie nur die Beziehung eines beweglichen Besitzes war. Ich war *mehr* als das, und sie fühlte, dass ich mehr als das war. Ich konnte reden und singen; ich konnte lachen und weinen; ich konnte denken und mich erinnern; ich konnte lieben und hassen. Ich war ein Mensch, und sie, liebe Dame, wusste und fühlte, dass ich einer war. Wie konnte sie mich dann wie ein Tier behandeln, ohne einen gewaltigen Kampf mit all den edlen Kräften ihrer eigenen Seele zu führen? Dieser Kampf kam, und der Wille und die Kraft des Ehemannes siegten. Ihre edle Seele wurde gestürzt; aber derjenige, der sie stürzte, entging selbst nicht den Folgen. Er wurde durch den Sturz in seinem häuslichen Frieden nicht weniger als die anderen Parteien verletzt.

Als ich ihre Familie besuchte, war sie ein Ort des Glücks und der Zufriedenheit. Die Hausherrin war ein Muster an Zuneigung und Zärtlichkeit. Ihre inbrünstige Frömmigkeit und wachsame Aufrichtigkeit machten es unmöglich, sie zu sehen, ohne zu denken und zu fühlen: „ *Diese Frau ist eine Christin* .“ Es gab keinen Kummer und kein Leid, für das sie nicht eine Träne vergossen hätte, und es gab keine unschuldige Freude, für die sie nicht gelächelt hätte. Sie hatte Brot für die Hungrigen, Kleidung für die Nackten und Trost für jeden Trauernden, der in ihre Nähe kam. Die Sklaverei bewies bald, dass sie ihr diese hervorragenden Eigenschaften und ihrem Heim sein frühes Glück nehmen konnte. Das Gewissen kann nicht viel Gewalt ertragen. Wenn es einmal gründlich gebrochen ist, *wer* kann dann den Schaden wiedergutmachen? Es kann am Sonntag gegenüber dem Sklaven gebrochen werden und am Montag gegenüber dem Herrn. Solche Erschütterungen kann es nicht ertragen. Es muss ganz bestehen, sonst besteht es überhaupt nicht. Wenn sich mein Zustand verschlechterte, wurde der der Familie nicht besser. Der erste Schritt in die falsche Richtung war die Gewalt, die sie der Natur und dem Gewissen antat, indem sie die Güte aufhielt, die meinen jungen Geist erleuchtet hätte. Als sie aufhörte, mich zu unterrichten, musste sie anfangen, sich *vor* sich selbst zu rechtfertigen; und als sie sich einmal bereit erklärte, in einer solchen Debatte Partei zu ergreifen, blieb sie auf ihrer Position beharrlich. Man braucht nur sehr wenig Wissen über Moralphilosophie, um zu sehen, *wo* meine Herrin nun landete. Schließlich wurde sie in ihrem Widerstand gegen mein Lesenlernen noch heftiger als ihr Mann selbst. Sie war nicht damit zufrieden, einfach so *gut zu tun*, wie ihr Mann es ihr befohlen hatte, sondern schien entschlossen, seinen Unterricht zu verbessern. Nichts schien meine arme Herrin – nachdem sie sich dem abschüssigen Pfad zugewandt hatte – wütender zu machen, als mich in irgendeiner Ecke sitzen zu sehen, wie ich ruhig ein Buch oder eine Zeitung las. Ich habe erlebt, wie sie mit äußerster Wut auf mich losging und mir eine solche Zeitung oder ein solches Buch aus der Hand riss, mit etwas von dem Zorn und der Bestürzung, die ein Verräter empfinden könnte, wenn er von einem gefährlichen Spion bei einer Verschwörung entdeckt wird.

Mrs. Auld war eine tüchtige Frau, und der Rat ihres Mannes und ihre eigene Erfahrung zeigten ihr bald zu ihrer vollsten Zufriedenheit, dass Bildung und Sklaverei unvereinbar sind. Als diese Überzeugung vollständig gefestigt war, wurde ich bei all meinen Bewegungen strengstens beobachtet. Wenn ich mich längere Zeit in einem von der Familie getrennten Raum aufhielt, wurde ich mit Sicherheit verdächtigt, ein Buch zu besitzen, und ich wurde sofort aufgefordert, Rechenschaft abzulegen. All dies war jedoch völlig *zu spät*. *Der erste und nie rückgängig zu machende Schritt war getan. Als meine Herrin mir in den Tagen ihrer Einfachheit und Freundlichkeit das Alphabet beibrachte, hatte sie mir den* „*Zoll*" gegeben, und jetzt konnte mich keine gewöhnliche Vorsichtsmaßnahme davon abhalten, die „Elle" zu nehmen .

Von dem Entschluss ergriffen, um jeden Preis lesen zu lernen, fielen mir viele Auswege ein, um das gewünschte Ziel zu erreichen. Der Grund, den ich hauptsächlich verfolgte und mit dem ich am erfolgreichsten war, war, meine jungen weißen Spielkameraden, die ich auf der Straße traf, als Lehrer einzusetzen. Ich hatte fast ständig ein Exemplar von Websters Buch zum Buchstabieren in der Tasche, und wenn ich Besorgungen machen musste oder Zeit zum Spielen hatte, trat ich mit meinen jungen Freunden beiseite und nahm eine Unterrichtsstunde im Buchstabieren. Normalerweise bezahlte ich mein *Schulgeld* an die Jungen mit Brot, das ich ebenfalls in der Tasche trug. Für einen einzigen Keks erteilte mir jeder meiner hungrigen kleinen Kameraden eine Unterrichtsstunde, die für mich wertvoller war als Brot. Nicht jeder verlangte jedoch diese Rücksichtnahme, denn es gab welche, die Freude daran hatten, mich zu unterrichten, wann immer ich die

Gelegenheit dazu hatte. Ich bin stark versucht, die Namen von zwei oder drei dieser kleinen Jungen zu nennen, als ein kleines Zeugnis der Dankbarkeit und Zuneigung, die ich ihnen gegenüber empfinde, aber die Klugheit verbietet es; nicht, dass es mir schaden würde, aber es könnte sie möglicherweise in Verlegenheit bringen; denn es ist fast ein unverzeihliches Vergehen, in einem Sklavenstaat direkt oder indirekt etwas zu tun, um die Freiheit eines Sklaven zu fördern. Von meinen warmherzigen kleinen Spielkameraden genügt es zu sagen, dass sie in der Philpot Street lebten, ganz in der Nähe von Durgin & Baileys Werft.

Obwohl Sklaverei ein heikles Thema war und unter Erwachsenen in Maryland nur sehr vorsichtig darüber gesprochen wurde, sprach ich häufig – und zwar sehr frei – mit den weißen Jungen darüber. Manchmal sagte ich zu ihnen, wenn wir auf einem Randstein oder einer Kellertür saßen: „Ich wünschte, ich könnte frei sein, so wie ihr es sein werdet, wenn ihr einmal ein Mann seid." „Ihr werdet frei sein, weißt du, sobald ihr einundzwanzig seid, und könnt gehen, wohin ihr wollt, aber ich bin ein lebenslanger Sklave. Habe ich nicht ebenso ein Recht auf Freiheit wie ihr?" Worte wie diese, bemerkte ich, beunruhigten sie immer, und es bereitete mir keine geringe Befriedigung, den Jungen von Zeit zu Zeit diese frische und bittere Verurteilung der Sklaverei abzuringen, die der Natur entspringt, unverfälscht und unverfälscht. Von allen Gewissen möchte ich mich lieber mit denen auseinandersetzen, die nicht von den Sorgen des Lebens verwirrt wurden. Ich kann mich nicht erinnern, während meiner Sklaverei jemals einen *Jungen* getroffen zu haben , der das Sklavensystem verteidigte; aber ich hatte oft Jungen, die mich trösteten, in der Hoffnung, dass doch noch etwas passieren würde, wodurch ich frei werden könnte. Immer wieder sagten sie mir, dass „sie glaubten, ich hätte ein ebenso gutes Recht auf Freiheit wie *sie* " und dass „sie nicht glaubten, dass Gott jemals jemanden zum Sklaven gemacht hat". Der Leser wird leicht erkennen, dass solche kleinen Gespräche mit meinen Spielkameraden nicht dazu neigten, meine Liebe zur Freiheit zu schwächen oder mich mit meinem Zustand als Sklave zufrieden zu machen.

Als ich etwa dreizehn Jahre alt war und lesen gelernt hatte, verstärkte jeder Wissenszuwachs, insbesondere über die FREIEN STAATEN, die fast unerträgliche Last des Gedankens: ICH BIN EIN SKLAVE FÜRS LEBEN. Ich sah kein Ende meiner Knechtschaft. Es war eine schreckliche Realität, und ich werde nie in Worte fassen können, wie sehr dieser Gedanke meinen jungen Geist reizte. Glücklicherweise oder unglücklicherweise hatte ich zu dieser Zeit in meinem Leben genug Geld verdient, um ein damals sehr beliebtes Schulbuch zu kaufen, nämlich „The *Columbian Orator*". Ich kaufte diese Ergänzung meiner Bibliothek von Mr. Knight in der Thames Street, Fell's Point, Baltimore, und zahlte ihm fünfzig Cent dafür. Ich kam zum ersten Mal dazu, dieses Buch zu kaufen, als ich einige kleine Jungen sagen hörte, sie wollten für die Ausstellung ein paar kleine Stücke daraus lernen. Dieses Buch war in der Tat ein reicher Schatz, und eine Zeit lang nutzte ich jede Gelegenheit, die sich mir bot, um es fleißig durchzulesen. Unter vielen anderen interessanten Dingen, die ich mit unermüdlicher Befriedigung gelesen und wiedergelesen hatte, befand sich ein kurzer Dialog zwischen einem Herrn und seinem Sklaven. Der Sklave wird dargestellt, als sei er bei einem zweiten Fluchtversuch wieder eingefangen worden; und der Herr eröffnet den Dialog mit einer vorwurfsvollen Rede, in der er den Sklaven der Undankbarkeit bezichtigt und verlangt, zu erfahren, was er zu seiner Verteidigung zu sagen habe. Derart vorgeworfen und zu einer Antwort aufgefordert, erwidert der Sklave, er wisse, wie wenig alles, was er sagen könne, nütze, da er sich vollständig in den Händen seines Besitzers befinde; und mit edler Entschlossenheit sagt er ruhig: „Ich ergebe mich meinem Schicksal." Von der Antwort des Sklaven berührt, besteht der Herr darauf, dass dieser weiterspricht, rekapituliert die vielen guten Taten, die er dem Sklaven erwiesen hat, und sagt ihm, dass er für sich selbst sprechen dürfe. So zur Debatte eingeladen, verteidigte sich der ehemalige Sklave energisch, und danach wurde das gesamte Argument für und gegen die Sklaverei vorgebracht. Der Herr wurde in der Diskussion auf Schritt und Tritt besiegt; und als er sich so besiegt sah, ließ er den Sklaven großzügig und demütig frei und wünscht ihm alles Gute für sein Wohlergehen. Es ist kaum nötig zu sagen, dass ein Dialog mit einem solchen Ursprung und einem solchen Ende – gelesen zu einer Zeit, als die Tatsache, dass ich ein Sklave war, eine ständige Last des Kummers für mich war – mich stark berührte; und ich konnte das Gefühl nicht loswerden, dass der Tag kommen könnte, an dem die wohlüberlegten Antworten, die der Sklave in diesem Fall an seinen Herrn gab, ihr Gegenstück in mir selbst finden würden.

Dies war jedoch nicht der einzige Fanatismus, den ich bei diesem *kolumbianischen Redner fand*. Ich stieß dort auf eine von Sheridans gewaltigen Reden zum Thema der Katholikenemanzipation, Lord Chathams Rede über den amerikanischen Krieg und Reden des großen William Pitt und von Fox. Dies waren alles erlesene Dokumente für mich und ich las sie immer wieder mit einem immer größeren Interesse, da es immer intelligenter wurde; denn je mehr ich sie las, desto besser verstand ich sie. Das Lesen dieser Reden erweiterte meinen begrenzten sprachlichen Fundus erheblich und ermöglichte es mir, vielen interessanten Gedanken Ausdruck zu verleihen, die mir oft durch die Seele geschossen waren und dann, weil ich sie nicht aussprechen konnte, verhallt waren. Die gewaltige Macht und herzerforschende Direktheit der Wahrheit, die sogar das Herz eines Sklavenhalters durchdringt und ihn zwang, seine irdischen Interessen den Ansprüchen der ewigen Gerechtigkeit unterzuordnen, wurde in dem soeben erwähnten Dialog schön illustriert; und aus den Reden Sheridans erhielt ich eine mutige und kraftvolle Verurteilung der Unterdrückung und eine höchst brillante Verteidigung der Menschenrechte. Das war in der Tat eine edle Errungenschaft. Wenn ich jemals bei dem Gedanken schwankte, dass der Allmächtige in gewisser Weise die Sklaverei angeordnet und meine Versklavung zu seiner eigenen Ehre gewollt hatte, schwankte ich nicht länger. Ich war nun hinter das Geheimnis aller Sklaverei und Unterdrückung geriet und hatte festgestellt, dass ihre wahre Grundlage im Stolz, der Macht und der Habgier des Menschen lag. Der Dialog und die Reden strahlten alle die Prinzipien der Freiheit aus und ergossen Fluten von Licht auf die Natur und den Charakter der Sklaverei. Mit einem Buch dieser Art in der Hand, meiner eigenen menschlichen Natur und den Tatsachen meiner Erfahrung als Hilfe war ich einem Wettkampf mit den religiösen Befürwortern der Sklaverei gewachsen, ob unter den Weißen oder unter den Farbigen, denn Blindheit in dieser Angelegenheit ist nicht auf die ersteren beschränkt. Ich habe im Süden viele religiöse Farbige getroffen, die der Wahnvorstellung erlegen sind, Gott verlange von ihnen, sich der Sklaverei zu unterwerfen und ihre Ketten mit Sanftmut und Demut zu tragen. Ich konnte solchen Unsinn nicht dulden und verlor beinahe die Geduld, wenn ich einem Farbigen begegnete, der schwach genug war, solchen Unsinn zu glauben. Dennoch war die Zunahme des Wissens von bitteren wie auch süßen Ergebnissen begleitet. Je mehr ich las, desto mehr verabscheute und verabscheute ich die Sklaverei und meine Sklavenhalter. „Sklavenhalter", dachte ich, „sind nichts weiter als eine Bande erfolgreicher Räuber, die ihre Heimat verließen und nach Afrika gingen, um mein Volk zu bestehlen und zu versklaven." Ich verabscheute sie als die gemeinsten und bösesten aller Menschen. Während ich las, siehe da! Die Unzufriedenheit, die Master Hugh so anschaulich vorhergesagt hatte, war bereits über mich gekommen. Ich war nicht mehr der unbeschwerte, fröhliche Junge voller Frohsinn und Spiel, der ich war, als ich zum ersten Mal in Baltimore landete. Das Wissen war gekommen; Licht war in den moralischen Kerker gedrungen, in dem ich hauste; und siehe da! Da lag die blutige Peitsche für meinen Rücken, und hier war die Eisenkette; und mein guter, *gütiger Herr* , er war der Urheber meiner Lage. Die Offenbarung verfolgte mich, stach mich und machte mich düster und elend. Während ich mich unter dem Stich und der Qual dieser Erkenntnis krümmte, beneidete ich meine Mitsklaven beinahe um ihre dumme Zufriedenheit. Diese Erkenntnis öffnete mir die Augen für die grauenhafte Grube und enthüllte die Zähne des furchtbaren Drachen, der bereit war, sich auf mich zu stürzen, aber sie eröffnete mir keinen Weg zur Flucht. Ich habe mir oft gewünscht, ein Tier oder ein Vogel zu sein – alles, nur kein Sklave. Ich war elend und düster, jenseits meiner Fähigkeit, es zu beschreiben. Ich war zu nachdenklich, um glücklich zu sein. Es war dieses ewige Denken, das mich beunruhigte und quälte; und doch konnte ich das Thema meiner Gedanken nicht loswerden. Die ganze Natur duftete danach. Einmal durch die silberne Posaune des Wissens geweckt, wurde mein Geist zu ewiger

Wachsamkeit erweckt. Freiheit! Das unschätzbare Geburtsrecht eines jeden Menschen hatte für mich jedes Objekt zu einem Träger dieses großen Rechts gemacht. Man hörte sie in jedem Geräusch und sah sie in jedem Objekt. Sie war immer gegenwärtig, um mich mit dem Gefühl meines elenden Zustands zu quälen. Je schöner und bezaubernder das Lächeln der Natur war, desto schrecklicher und trostloser war mein Zustand. Ich sah nichts, ohne es zu sehen, und ich hörte nichts, ohne es zu hören. Ich übertreibe nicht, wenn ich sage, dass sie von jedem Stern herabschaute, in jeder Windstille lächelte, in jedem Wind atmete und sich in jedem Sturm bewegte.

Ich habe keinen Zweifel, dass mein Gemützustand etwas mit der veränderten Behandlung zu tun hatte, die meine einstmals freundliche Herrin mir gegenüber an den Tag legte. Ich kann mir gut vorstellen, dass mein bleierner, niedergeschlagener und unzufriedener Blick sie sehr beleidigte. Arme Frau! Sie kannte meine Probleme nicht, und ich wagte nicht, es ihr zu sagen. Hätte ich sie freimütig über meinen wahren Gemützustand informieren und ihr die Gründe dafür nennen können, wäre es für uns beide gut gewesen. Ihre Beschimpfungen über mich trafen mich wie die Schläge des falschen Propheten auf seinen Esel; sie wusste nicht, dass ein *Engel* im Weg stand; und – so ist das Verhältnis zwischen Herr und Sklave – ich konnte es ihr nicht sagen. Die Natur hatte uns zu *Freunden gemacht;* die Sklaverei machte uns *zu Feinden* . Meine Interessen gingen in eine entgegengesetzte Richtung als ihre, und wir hatten beide unsere privaten Gedanken und Pläne. Sie wollte mich in Unwissenheit lassen, und ich beschloss, es zu erfahren, obwohl das Wissen meine Unzufriedenheit nur noch verstärkte. Meine Gefühle waren nicht das Ergebnis einer ausgeprägten Grausamkeit in der Behandlung, die ich erfuhr; sie entsprangen der Überlegung, dass ich überhaupt ein Sklave war. Es war *die Sklaverei* – nicht ihre bloßen *Vorfälle* – die ich hasste. Ich war betrogen worden. Ich durchschaute den Versuch, mich in Unwissenheit zu halten; ich sah, dass Sklavenhalter mich gern glauben gemacht hätten, sie handelten lediglich im Auftrag Gottes, wenn sie mich zu ihrem Sklaven machten und andere zu Sklaven machten; und ich behandelte sie wie Räuber und Betrüger. Dass sie mich gut ernährten und kleideten, konnte nicht dafür entschädigen, dass sie mir meine Freiheit genommen hatten. Die Lächeln meiner Herrin konnten den tiefen Kummer nicht lindern, der in meiner jungen Brust wohnte. Tatsächlich vertieften sie mit der Zeit meinen Kummer nur noch. Sie hatte sich verändert; und der Leser wird sehen, dass auch ich mich verändert hatte. Wir waren beide Opfer desselben alles überschattenden Übels – *sie* als Herrin, ich als Sklave. Ich werde sie nicht hart tadeln; sie kann mich nicht tadeln, denn sie weiß, dass ich nur die Wahrheit spreche und in meinem Widerstand gegen die Sklaverei genauso gehandelt habe, wie sie selbst unter umgekehrten Umständen gehandelt hätte.

KAPITEL XII.
Die religiöse Natur erwacht

VON ABOLITIONISTEN WIR GESPROCHEN – MEIN WUNSCH, ZU WISSEN, WAS DIESES WORT BEDEUTET – MEINE KONSULTATION IM WÖRTERBUCH – BRANDSTOFFE – WIE UND WOHER – DAS RÄTSEL GELÖST – NATHANIEL TURNERS AUFSTAND – DIE CHOLERA – RELIGION – ZUERST ERWECKT DURCH EINEN METHODISTISCHEN PREDIGER NAMENS HANSON – MEIN LIEBER UND GUTER ALTER FARBIGER FREUND LAWSON – SEIN CHARAKTER UND BERUF – SEIN EINFLUSS AUF MICH – UNSERE GEGENSEITIGE ZUGEHÖRIGKEIT – DER TROST, DEN ICH AUS SEINER LEHRE ZIEHE – NEUE HOFFNUNGEN UND BESTREBUNGEN – HIMMLISCHES LICHT INMITTEN IRDISCHER DUNKELHEIT – DIE BEIDEN IREN AUF DEM KAI – IHR GESPRÄCH – WIE ICH SCHREIBEN LERNTE – WAS WAREN MEINE ZIELE.

Während ich mich in dem schmerzlichen Gemütszustand befand, der im vorhergehenden Kapitel beschrieben wurde, und beinahe meine Existenz bedauerte, weil ich zu einem Leben in Knechtschaft verdammt war, das manchmal so stachlig und elend war, dass ich sogar versucht war, mein eigenes Leben zu zerstören, war ich äußerst sensibel und begierig, alles zu erfahren, was sich ereignete und mit dem Thema Sklaverei zu tun hatte. Ich war ganz Ohr, ganz Auge, wenn die Worte *Sklave, Sklaverei* über die Lippen eines Weißen kamen, und es kam nicht selten vor, dass diese Worte zu Leitwörtern in hochrangigen, gesellschaftlichen Debatten in unserem Haus wurden. Ab und zu konnte ich Master Hugh oder einige seiner Begleiter mit viel Wärme und Aufregung über *„Abolitionisten" sprechen hören.* Wer oder *was diese waren, wusste ich überhaupt nicht. Ich fand jedoch heraus, dass sie ,* was auch immer sie sein mochten, von Sklavenhaltern aller Art aufs herzlichste gehasst und aufs Übelste beschimpft wurden. Ich entdeckte auch sehr bald, dass die Sklaverei in irgendeiner Form in Betracht gezogen wurde, wann immer die Abolitionisten erwähnt wurden. Dies machte den Begriff für mich sehr interessant. Wenn es einem Sklaven beispielsweise gelungen war, aus der Sklaverei zu entkommen, wurde im Allgemeinen behauptet, er sei von den Abolitionisten überredet und unterstützt worden. Wenn ein Sklave zudem seinen Herrn tötete – was manchmal der Fall war – oder seinen Aufseher niederschlug oder die Wohnung seines Herrn in Brand steckte oder eine Gewalttat oder ein Verbrechen beging, das nicht der üblichen Art entsprach, wurde mit Sicherheit gesagt, dass ein solches Verbrechen die legitimen Früchte der Abolitionsbewegung waren. Als ich solche Anschuldigungen oft wiederholt hörte, gewann ich natürlich den Eindruck, dass die Abolition –

was auch immer sie sonst sein mochte – weder unfreundlich gegenüber dem Sklaven noch sehr freundlich gegenüber dem Sklavenhalter sein konnte. Ich machte mich daher daran, wenn möglich herauszufinden, *wer* und *was* die Abolitionisten waren und *warum* sie den Sklavenhaltern gegenüber so verhasst waren. Das Wörterbuch war mir dabei kaum eine Hilfe. Es lehrte mich, dass Abolition der „Akt der Abschaffung" war; aber es ließ mich gerade dort im Unklaren, wo ich Informationen am meisten brauchte – nämlich darüber, *was* abgeschafft werden sollte. Eine Stadtzeitung, der *Baltimore American* , lieferte mir die aufrührerischen Informationen, die mir das Wörterbuch vorenthielt. In ihren Spalten fand ich, dass an einem bestimmten Tag eine große Zahl von Petitionen und Denkschriften dem Kongress vorgelegt worden waren, in denen um die Abschaffung der Sklaverei im District of Columbia und um die Abschaffung des Sklavenhandels zwischen den Staaten der Union gebeten wurde. Das war genug. Die rachsüchtige Bitterkeit, die ausgeprägte Vorsicht, die wohlüberlegte Kehrtwende und die lästige Zweideutigkeit, die unsere Weißen bei der Anspielung auf dieses Thema an den Tag legten, waren nun vollständig erklärt. Immer wenn ich danach die Worte „Abschaffung" oder „Abschaffungsbewegung" hörte, empfand ich die Angelegenheit als eine, die mich persönlich interessierte, und ich näherte mich, um zuzuhören, wenn ich dies konnte, ohne zu besorgt und neugierig zu wirken. In diesen Worten lag HOFFNUNG. Auch konnte ich in unseren Zeitungen immer wieder schreckliche Verurteilungen der Sklaverei sehen – Abschriften aus den Abschaffungspapieren des Nordens – und Kommentare zur Ungerechtigkeit solcher Verurteilungen. Diese las ich mit Begierde. Der Gedanke, dass die Schurkerei der Sklavenhalter vor den Augen der Welt nicht verborgen blieb und dass ich nicht der Einzige war, der die Grausamkeit und Brutalität der Sklaverei verabscheute, befriedigte mich zutiefst. Noch tiefere Gedanken gingen mir durch den Kopf. Ich sah, dass in der Art, wie die Abolitionisten sprachen, sowohl *Furcht* als auch *Wut mitschwang* . Ich musste daher davon ausgehen, dass letztere eine gewisse Macht im Land hatten und ich hatte das Gefühl, dass ihre Pläne möglicherweise Erfolg haben könnten. Wenn ich einen Sklaven traf, mit dem ich es für gefahrlos hielt, über das Thema zu sprechen, teilte ich ihm so viel von dem Geheimnis mit, wie ich durchdringen konnte. So drang nach und nach das Licht dieser großen Bewegung in mein Bewusstsein; und ich muss sagen, dass ich, obwohl ich damals noch nichts von der Philosophie dieser Bewegung wusste, von Anfang an daran glaubte – und ich glaubte teilweise daran, weil ich sah, dass sie das Gewissen der Sklavenhalter alarmierte. Der Aufstand von Nathaniel Turner war niedergeschlagen worden, aber die Angst und der Schrecken hatten nicht nachgelassen. Die Cholera war auf dem Vormarsch und der Gedanke war allgegenwärtig, dass Gott wegen der Schlechtigkeit der Sklavenhalter auf die Weißen zornig war und deshalb seine Urteile im Land verbreiteten. Es war mir unmöglich, nicht viel von der Abolitionsbewegung zu erwarten, als ich sah, dass sie vom Allmächtigen unterstützt und mit dem TOD bewaffnet war!

Bevor ich über die Anti-Sklaverei-Bewegung und ihre wahrscheinlichen Folgen nachdachte, war mein Geist ernsthaft auf das Thema Religion aufmerksam geworden. Ich war nicht älter als dreizehn Jahre, als ich das Bedürfnis nach Gott als Vater und Beschützer verspürte. Meine religiöse Natur wurde durch die Predigt eines weißen methodistischen Pfarrers namens Hanson geweckt. Er dachte, dass alle Menschen, ob groß oder klein, gebunden oder frei, in den Augen Gottes Sünder seien; dass sie von Natur aus Rebellen gegen seine Regierung seien und dass sie ihre Sünden bereuen und durch Christus mit Gott versöhnt werden müssten. Ich kann nicht sagen, dass ich eine sehr klare Vorstellung davon hatte, was von mir verlangt wurde; aber eines wusste ich sehr gut – ich war elend und hatte keine Möglichkeit, mich zu ändern. Außerdem wusste ich, dass ich um Licht beten konnte. Ich konsultierte einen guten farbigen Mann namens Charles Johnson; und in einem Ton heiliger Zuneigung sagte er mir, ich solle beten und wofür ich beten sollte. Wochenlang war ich ein armer, trauernder Mensch mit gebrochenem Herzen, der durch die Dunkelheit und das Elend der Zweifel und Ängste wandelte. Schließlich fand ich jenen Sinneswandel, der dadurch eintritt, dass man „alle seine Sorgen auf Gott wirft" und an Jesus Christus als Erlöser, Freund und Retter derer glaubt, die ihn eifrig suchen.

Danach sah ich die Welt in einem neuen Licht. Ich schien in einer neuen Welt zu leben, umgeben von neuen Dingen und beseelt von neuen Hoffnungen und Wünschen. Ich liebte die ganze Menschheit – Sklavenhalter nicht ausgenommen; obwohl ich die Sklaverei mehr denn je verabscheute. Meine größte Sorge war jetzt, die Welt zu bekehren. Der Wissensdurst wuchs, und vor allem wollte ich den Inhalt der Bibel gründlich kennen. Ich habe verstreute Seiten dieses heiligen Buches aus den schmutzigen Straßengossen von Baltimore gesammelt und sie gewaschen und getrocknet, damit ich in meinen Mußestunden ein oder zwei Worte der Weisheit daraus lernen konnte. Während ich so religiös nach Wissen suchte, lernte ich einen guten alten farbigen Mann namens Lawson kennen. Einen frommeren Mann als ihn habe ich nie gesehen. Er fuhr einen Karren für Mr. James Ramsey, den Besitzer einer Seilerei in Fell's Point, Baltimore. Dieser Mann betete nicht nur dreimal am Tag, sondern auch, wenn er bei seiner Arbeit durch die Straßen ging – überall auf seinem Karren. Sein Leben war ein Leben des Gebets, und seine Worte (wenn er mit seinen Freunden sprach) handelten von einer besseren Welt. Onkel Lawson lebte in der Nähe von Master Hughs Haus, und da ich den alten Mann sehr ins Herz geschlossen hatte, ging ich oft mit ihm zum Gebetstreffen und verbrachte einen Großteil meiner Freizeit am Sonntag mit ihm. Der alte Mann konnte ein wenig lesen, und ich war ihm eine große Hilfe beim Verstehen der schwierigen Wörter, denn ich war ein besserer Leser als er. Ich konnte ihm *„den Buchstaben" beibringen,* aber er konnte mir *„den Geist" beibringen,* und wir verbrachten schöne, erfrischende Zeiten zusammen, indem wir sangen, beteten und Gott lobten. Diese Treffen mit Onkel Lawson dauerten lange Zeit an, ohne dass Master Hugh oder meine Herrin davon wussten. Beide wussten jedoch, dass ich religiös geworden war, und sie schienen meine gewissenhafte Frömmigkeit zu respektieren. Meine Herrin war immer noch Professorin der Religion und gehörte zur Klasse. Ihr Anführer war niemand Geringeres als der Reverend Beverly Waugh, der vorsitzende Älteste und jetzt einer der Bischöfe der Methodist Episcopal Church. Mr. Waugh war damals bei der Kirche in der Wilk Street stationiert. Ich lege Wert darauf, diese Tatsachen zu erwähnen, damit sich der Leser ein Bild von den genauen Einflüssen machen kann, die meinen Geist geformt und geleitet haben.

Angesichts der Sorgen und Ängste, die ihr damaliges Leben mit sich brachte, und insbesondere angesichts der Trennung von religiösen Vereinigungen, der sie unterworfen war, war meine Herrin, wie ich bereits erwähnte, lauwarm geworden und musste von ihrem Vorgesetzten betreut werden. Dies brachte Mr. Waugh zu uns nach Hause und gab mir Gelegenheit, ihm beim Ermahnen und Beten zuzuhören. Aber mein Hauptlehrer in religiösen Angelegenheiten war Onkel Lawson. Er war mein geistiger Vater; ich liebte ihn sehr und besuchte ihn bei jeder Gelegenheit.

Dieses Vergnügen blieb mir nicht lange vergönnt. Master Hugh war nicht mehr daran interessiert, dass ich zu Pater Lawson ging, und drohte, mich zu schlagen, wenn ich jemals wieder dorthin ginge. Ich fühlte mich nun von einem bösen Mann verfolgt und wollte *trotz* der Drohung zu Pater Lawson gehen. Der gute alte Mann hatte mir gesagt, dass „der Herr eine große Aufgabe für mich zu erledigen hatte" und ich mich darauf vorbereiten müsse; und dass ihm gezeigt worden sei, dass ich das Evangelium predigen müsse. Seine Worte hinterließen einen tiefen Eindruck in meinem Geist, und ich fühlte wahrhaftig, dass eine solche Aufgabe vor mir lag, obwohl ich mir nicht vorstellen konnte, *wie* ich sie jemals ausführen sollte. „Der liebe Gott", sagte er, „wird es zu seiner Zeit geschehen lassen", und ich müsse weiterhin die Schriften lesen und studieren. Die Ratschläge und Vorschläge von Onkel Lawson blieben nicht ohne Einfluss auf meinen Charakter und mein Schicksal. Er lenkte meine Gedanken in eine Richtung, von der sie nie ganz abgewichen sind. Er entfachte meine ohnehin schon intensive Liebe zum Wissen, indem er mir versicherte, dass ich ein nützlicher Mensch in der Welt sein würde. Wenn ich ihn fragte: „Wie kann das sein und was kann *ich* tun?", antwortete er einfach: *„Vertraue auf den Herrn. "* Als ich ihm sagte, dass ich ein Sklave war, und zwar ein Sklave FÜRS LEBEN", sagte er: „Der Herr kann dich befreien, meine Liebe. Bei ihm ist alles möglich, *vertraue nur auf Gott. "*

„Bitte, und es wird dir gegeben." „Wenn du Freiheit willst", sagte der gute alte Mann, „bitte den Herrn *im Glauben darum* , UND ER WIRD SIE DIR GEBEN."

So beruhigt und ermutigt, unter der Inspiration der Hoffnung, arbeitete und betete ich mit leichtem Herzen, im Glauben, dass mein Leben unter der Führung einer höheren Weisheit stand als meine eigene. Während ich um alle anderen Segnungen am Gnadenstuhl bat, betete ich immer, dass Gott mich in seiner großen Barmherzigkeit und zu seiner Zeit aus meiner Knechtschaft befreien möge.

Eines Tages ging ich zum Kai von Mr. Waters und als ich zwei Iren sah, die einen großen Schuten mit Steinen oder Ballast entluden, ging ich unaufgefordert an Bord und half ihnen. Als wir mit der Arbeit fertig waren, kam einer der Männer zu mir und stellte mir eine Reihe von Fragen, unter anderem, ob ich ein Sklave sei. Ich sagte ihm: „Ich bin ein Sklave, und zwar ein Sklave fürs Leben." Der gute Ire zuckte mit den Schultern und schien von der Aussage tief berührt zu sein. Er sagte: „Es ist schade, dass ein so feiner kleiner Kerl wie ich ein Sklave fürs Leben sein muss." Sie hatten beide viel zu der Angelegenheit zu sagen und drückten ihr tiefstes Mitgefühl mit mir und ihren entschiedensten Hass auf die Sklaverei aus. Sie gingen so weit, mir zu sagen, ich solle weglaufen und in den Norden gehen; dort würde ich Freunde finden und so frei sein wie jeder andere. Ich gab jedoch vor, mich nicht für das zu interessieren, was sie sagten, denn ich fürchtete, sie könnten verräterisch sein. Es ist bekannt, dass weiße Männer Sklaven zur Flucht ermutigten und sie dann – um die Belohnung zu erhalten – entführten und an ihre Herren zurückgaben. Und obwohl ich im Großen und Ganzen zu der Annahme neigte, dass diese Männer ehrlich waren und mir nichts Böses wollten, befürchtete ich, dass es anders sein könnte. Ich erinnerte mich dennoch an ihre Worte und ihren Rat und freute mich auf eine Flucht in den Norden als mögliche Möglichkeit, die Freiheit zu erlangen, nach der mein Herz lechzte. Es war nicht meine Versklavung, die mich damals am meisten bedrückte; der Gedanke, *lebenslang ein Sklave zu sein* , war der traurigste. Ich war zu jung, um sofort an eine Flucht zu denken; außerdem wollte ich vor meiner Abreise schreiben lernen, da ich vielleicht Gelegenheit haben würde, meinen eigenen Pass zu schreiben. Ich hatte jetzt nicht nur die Hoffnung auf Freiheit, sondern auch eine Ahnung davon, wie ich eines Tages diesen unschätzbaren Segen erlangen könnte. In der Zwischenzeit beschloss ich, meine Bildung um die Kunst des Schreibens zu erweitern.

Auf diese Weise begann ich, das Schreiben zu lernen: Ich war oft auf der Werft – der von Master Hugh und der von Durgan & Bailey – und ich beobachtete, dass die Zimmerleute, nachdem sie ein Stück Holz behauen und für den Gebrauch vorbereitet hatten, die Initialen des Namens des Schiffsteils darauf schrieben, für den es bestimmt war. Wenn zum Beispiel ein Stück Holz für die Steuerbordseite fertig war, wurde es mit einem großen „S" gekennzeichnet. Ein Stück für die Backbordseite wurde mit „L" gekennzeichnet; Backbord vorne mit „LF", Backbord achtern mit „LA", Steuerbord achtern mit „SA" und Steuerbord vorne mit „SF". Ich lernte diese Buchstaben bald und lernte, wofür sie auf die Balken geschrieben wurden.

Meine Arbeit bestand nun darin, das Feuer unter dem Dampfkasten zu halten und auf die Werft aufzupassen, während die Zimmerleute zum Abendessen gegangen waren. Diese Pause bot mir eine gute Gelegenheit, die genannten Buchstaben abzuschreiben. Ich war bald selbst überrascht, wie leicht mir die Buchstaben fielen, und bald kam mir der Gedanke: „Wenn ich vier machen kann, kann ich noch mehr machen." Aber nachdem ich diese Buchstaben leicht gemacht hatte und Jungen in der Bethel-Kirche oder auf einem unserer Spielplätze begegnete, trat ich mit ihnen in die Schreibkunstlisten ein und schrieb die Buchstaben, die ich das Glück hatte zu lernen, und bat sie, „das zu übertreffen, wenn sie könnten". Mit Spielkameraden als Lehrern, Zäunen und Bürgersteigen als Schreibheften und Kreide als Feder und Tinte lernte ich die Schreibkunst. Später wandte ich jedoch verschiedene Methoden an, um meine Hand zu verbessern. Am erfolgreichsten war es, die *Kursivschrift* in Websters Rechtschreibbuch abzuschreiben, bis ich sie alle machen konnte, ohne in das Buch zu schauen. Inzwischen war mein kleiner „Master Tommy" ein großer Junge geworden und hatte eine Menge Schreibhefte überschrieben und nach Hause gebracht. Er hatte sie den Nachbarn gezeigt, hatte gebührendes Lob erhalten und wurde nun sorgsam weggelegt. Ich verbrachte meine Zeit zwischen der Werft und dem Haus und war ebenso oft der einzige Hüter des letzteren wie des ersteren. Als meine Herrin mir die Verantwortung für das Haus überließ, hatte ich eine großartige Zeit; ich bekam Master Tommys Schreibhefte und Feder und Tinte und schrieb in die großen Zwischenräume zwischen den Zeilen weitere Zeilen, die seinen so ähnlich wie möglich waren. Das war mühsam und ich lief Gefahr, eine Tracht Prügel zu bekommen, weil ich die hochgeschätzten Schreibhefte des ältesten Sohnes beschädigt hatte. Zusätzlich zu diesen Möglichkeiten hatte ich, da ich auf dem Küchenboden schlief – einem Raum, den selten jemand aus der Familie besuchte – dort oben ein Mehlfass und einen Stuhl; und auf dem Fass habe ich bis spät in die Nacht, als die ganze Familie im Bett war und schlief, Abschriften aus der Bibel, dem methodistischen Gesangbuch und anderen Büchern geschrieben (oder versucht, sie zu schreiben), die sich in meinen Händen angesammelt hatten. Ich wurde bei meinen Bemühungen durch neue Ratschläge und heilige Versprechen des guten Pater Lawson unterstützt, mit dem ich mich weiterhin traf, betete und die Heiligen Schriften las. Obwohl Master Hugh wusste, dass ich dorthin ging, muss ich ihm zugutehalten, dass er seine

Drohung, mich zu peitschen, nie wahr machte, weil ich meine Freizeit so unschuldig verbracht hatte.

KAPITEL XIII.
Die Wechselfälle des Sklavenlebens

TOD VON RICHARD, DEM SOHN DES ALTEN MEISTERS, DARAUF FOLGT DER DES ALTEN MEISTERS – BEWERTUNG UND AUFTEILUNG DES GESAMTEN EIGENTUMS, EINSCHLIESSLICH DER SKLAVEN – MEINE ANWESENDHEIT IN HILLSBOROUGH, UM BEWERTET UND EINEM NEUEN EIGENTÜMER ZUGETEILT ZU WERDEN – MEINE TRAURIGEN AUSSICHTEN UND MEIN Kummer – ABSCHIEDUNG – DIE ABSOLUTE MACHTLOSIGKEIT DER SKLAVEN, ÜBER IHR EIGENES SCHICKSAL ZU ENTSCHEIDEN – EINE ALLGEMEINE ANGST VOR MEISTEREM ANDREW – SEINE BÖSARTIGKEIT UND GRAUSAMKEIT – MISS LUCRETIA, MEINE NEUE EIGENTÜMERIN – MEINE RÜCKKEHR NACH BALTIMORE – FREUDE UNTER DEM DACH VON MEISTEREM HUGH – TOD VON MRS. LUCRETIA – MEINE ARME ALTE GROßMUTTER – IHR TRAURIGES SCHICKSAL – DIE EINSAME KINDERBETT IM WALD – MASTER THOMAS AULD'S ZWEITE EHE – WIEDER AUS MASTER HUGH'S ENTFERNT – GRÜNDE, DIE VERÄNDERUNG ZU BEREUEN – EIN FLUCHTPLAN GEPLANT.

Ich muss den Leser nun bitten, mit mir in meiner bescheidenen Geschichte ein wenig in die Vergangenheit zurückzureisen und einen weiteren Umstand zu beachten, der in meine Erfahrung als Sklave einfloss und der ohne Zweifel dazu beigetragen hat, meinen Horror vor der Sklaverei zu vertiefen und meine Feindseligkeit gegenüber jenen Männern und Maßnahmen zu steigern, die das Sklavensystem in der Praxis aufrechterhalten.

Es wurde bereits festgestellt, dass ich, obwohl ich nach meiner Entfernung von Col. Lloyds Plantage formell der Sklave von Master Hugh war , tatsächlich *und* rechtlich *der* Sklave meines alten Herrn, Captain Anthony, war. Also gut.

Sehr bald, nachdem ich nach Baltimore gegangen war, starb der jüngste Sohn meines alten Herrn, Richard; und drei Jahre und sechs Monate nach seinem Tod starb mein alter Herr selbst und hinterließ nur seinen Sohn Andrew und seine Tochter Lucretia, die sich seinen Besitz teilten. Der alte Herr starb während eines Besuchs bei seiner Tochter in Hillsborough, wo Kapitän Auld und Frau Lucretia jetzt lebten. Ersterer hatte das Kommando über Col. Lloyds Schaluppe abgegeben und betrieb jetzt einen Laden in dieser Stadt.

Kapitän Anthony verstarb unerwartet ohne Testament und sein Besitz muss nun zu gleichen Teilen unter seinen beiden Kindern Andrew und Lucretia aufgeteilt werden.

Die Bewertung und Aufteilung der Sklaven unter konkurrierenden Erben ist ein wichtiger Aspekt im Sklavenleben. Der Charakter und die Neigungen der Erben sind den Sklaven, die aufgeteilt werden sollen, im Allgemeinen gut bekannt, und alle haben ihre Abneigungen und Vorlieben. Aber weder ihre Abneigungen noch ihre Vorlieben nützen ihnen etwas.

Nach dem Tod meines alten Herrn wurde ich sofort gerufen, um geschätzt und mit dem übrigen Besitz aufgeteilt zu werden. Persönlich machte ich mir vor allem Sorgen über meinen möglichen Umzug aus dem Haus von Master Hugh, das mir nach dem meiner Großmutter am liebsten war. Aber die ganze Sache als Aspekt der Sklaverei schockierte mich. Sie gab mir einen neuen Einblick in die unnatürliche Macht, der ich unterworfen war. Meine bereits große Abneigung gegen die Sklaverei wuchs mit dieser neuen Vorstellung ihrer Ungeheuerlichkeit.

Das war ein trauriger Tag für mich, ein trauriger Tag für den kleinen Tommy und ein trauriger Tag für meine liebe Baltimorer Herrin und Lehrerin, als ich an die Ostküste ging, um geschätzt und geteilt zu werden. Wir alle drei weinten an diesem Tag bitterlich; denn wir könnten uns trennen, und wir fürchteten, wir würden uns für immer trennen. Niemand konnte sagen, in welchen Haufen von Hab und Gut ich geworfen werden würde. So früh bekam ich einen Vorgeschmack der schmerzlichen Ungewissheit, die die Sklaverei dem gewöhnlichen Schicksal der Sterblichen bringt. Krankheit, Unglück und Tod können die Pläne und Absichten aller durchkreuzen; aber der Sklave hat die zusätzliche Gefahr, sein Zuhause zu wechseln, den Besitzer zu wechseln und Trennungen zu erleben, von denen andere Menschen nichts wissen. Dann gab es auch noch die verstärkte Erniedrigung des Schauspiels. Was für eine Ansammlung! Männer und Frauen, jung und alt, verheiratet und ledig; moralische und intellektuelle Wesen, in offener Verachtung ihrer Menschlichkeit, auf Augenhöhe mit Pferden, Schafen, Hornvieh und Schweinen! Pferde und Männer – Rinder und Frauen – Schweine und Kinder – alle haben denselben Rang auf der sozialen Skala und werden alle derselben strengen Prüfung unterzogen, um ihren Wert in Gold und Silber zu bestimmen – dem einzigen Wertmaßstab, den Sklavenhalter an Sklaven anlegen! Wie lebhaft blitzte in diesem Moment die brutale Macht der Sklaverei vor meinen Augen auf! Die Persönlichkeit ging in der schmutzigen Idee des Eigentums unter! Die Männlichkeit ging in der Leibeigenschaft unter!

Nach der Schätzung kam die Teilung. Dies war eine Stunde großer Aufregung und quälender Angst. Unser Schicksal stand nun *für den Rest unseres Lebens fest* , und wir hatten bei der Entscheidung der Frage ebenso wenig Mitspracherecht wie die Ochsen und Kühe, die am Heuboden kauten. Ein Wort der Schätzer, gegen alle Wünsche oder Gebete, genügte, um alle Bande der Freundschaft und Zuneigung zu zerreißen und sogar Ehemänner und Ehefrauen, Eltern und Kinder zu trennen. Wir waren alle entsetzt über diese Macht, die uns, nach menschlichem Ermessen, in einem Augenblick segnen oder vernichten konnte. Zu der Angst vor der Trennung, die für die Mehrheit der Sklaven äußerst schmerzhaft war, kam noch ein entschiedener Horror bei uns allen vor dem Gedanken, in die Hände von Master Andrew zu fallen. Er war bekannt für seine Grausamkeit und Maßlosigkeit.

Sklaven fürchten sich im Allgemeinen davor, in die Hände betrunkener Besitzer zu fallen. Master Andrew war fast ein eingefleischter Säufer und hatte durch seine rücksichtslose Misswirtschaft und seine verschwenderische Verschwendung bereits einen großen Teil des Eigentums seines alten Herrn vergeudet. In seine Hände zu fallen, galt daher lediglich als erster Schritt zum Verkauf in den fernen Süden. Er würde sein Vermögen in ein paar Jahren ausgeben, und wir dachten, seine Farmen und Sklaven würden unter öffentlichem Aufschrei verkauft werden; und wir würden in aller Eile zu den Baumwollfeldern und Reissümpfen des sonnigen Südens verschleppt werden. Dies war der Grund für tiefe Bestürzung.

Ich glaube, die Menschen im Norden und die freien Menschen im Allgemeinen sind weniger an die Orte gebunden, an denen sie geboren und aufgewachsen sind, als die Sklaven. Ihre Freiheit, zu gehen und zu kommen, hier und dort zu sein, wie es ihnen beliebt, verhindert in ihrem Fall jede übertriebene Bindung an einen bestimmten Ort. Der Sklave hingegen ist ein fester Bestandteil; er hat keine Wahl, kein Ziel, keinen Bestimmungsort; er ist an einen einzigen Ort gebunden und muss hier oder nirgendwo Wurzeln schlagen. Der Gedanke, woandershin zu ziehen, kommt im Allgemeinen in Form einer Drohung und als Bestrafung eines Verbrechens. Er ist daher mit Angst und Schrecken verbunden. Ein Sklave denkt selten daran, seine Lage durch Verkauf zu verbessern, und daher blickt er der Trennung von seinem Heimatort nicht mit der Begeisterung entgegen, die die Herzen junger freier Männer belebt, wenn sie über ein Leben im fernen Westen oder in einem fernen Land nachdenken, wo sie zu Reichtum und Ansehen gelangen wollen. Auch können diejenigen, von denen sie sich trennen, sie nicht mit jener Heiterkeit aufgeben, mit der Freunde und Verwandte einander aufgeben, wenn sie spüren, dass es zum Wohle des Verstorbenen ist, dass er von seinem Heimatort weggebracht wird. Außerdem gibt es noch Briefwechsel und zumindest die Hoffnung auf Wiedervereinigung, denn eine Wiedervereinigung ist *möglich*. Aber beim Sklaven fehlen all diese mildernden Umstände. Eine Verbesserung seines Zustands ist nicht *wahrscheinlich* – kein Briefwechsel *möglich* – keine Wiedervereinigung erreichbar. Sein Hinausgehen in die Welt ist wie das Hinausgehen eines lebenden Menschen ins Grab, der mit offenen Augen sieht, wie er begraben ist, außer Sicht- und Hörweite von Frau, Kindern und Freunden verwandter Verwandtschaft.

Beim Nachdenken über die Wahrscheinlichkeiten und Möglichkeiten unserer Umstände litt ich wahrscheinlich mehr als die meisten meiner Mitdiener. Ich hatte gewusst, was es heißt, freundlich und sogar zärtlich behandelt zu werden; sie hatten nichts dergleichen gekannt. Für sie war das Leben rau und dornig und auch dunkel gewesen. Sie – die meisten von ihnen – hatten auf der Farm meines alten Herrn in Tuckahoe gelebt und die Herrschaft von Mr. Plummer gespürt. Der Aufseher hatte seinen Charakter auf das lebende Pergament der meisten ihrer Rücken geschrieben und sie schwielig gemacht; mein Rücken war (dank meines frühen Umzugs von der Plantage nach Baltimore) noch empfindlich. Ich hatte eine freundliche Herrin in Baltimore zurückgelassen, die für mich fast eine Mutter war. Sie war in Tränen aufgelöst, als wir uns trennten, und die Wahrscheinlichkeit, sie jemals wiederzusehen, konnte, so zitternd sie auch war, nicht ohne Angst und Qual betrachtet werden. Der Gedanke, diese freundliche Herrin für immer zu verlassen und, schlimmer noch, der Sklave von Andrew Anthony zu sein – eines Mannes, der nur wenige Tage vor der Aufteilung des Eigentums in meiner Gegenwart meinen Bruder Perry an der Kehle gepackt, ihn zu Boden geworfen und ihm mit dem Absatz seines Stiefels auf den Kopf getreten hatte, bis ihm das Blut aus Nase und Ohren strömte – war schrecklich! Für dieses teuflische Vorgehen gab es keine bessere Entschuldigung als die Tatsache, dass Perry spielen gegangen war, als Master Andrew ihn für einen unbedeutenden Dienst brauchte. Auch diese Grausamkeit passte zu seinem allgemeinen Charakter. Nachdem er meinem Bruder seine schweren Schläge zugefügt hatte und bemerkte, dass ich ihn mit größtem Erstaunen ansah, sagte er: „ *So* werde ich dir eines Tages dienen", wobei er zweifellos meinte, wann ich in seinen Besitz kommen würde. Der Leser kann sich gut vorstellen, dass diese Drohung meine Gefühle nicht sehr beruhigte. Ich konnte sehen, dass er wirklich danach dürstete, mich zu erwischen. Aber ich war nur für ein paar Tage dort. Ich hatte keinerlei Befehle erhalten und auch keine missachtet, und deshalb gab es keine Entschuldigung dafür, mich zu verprügeln.

Endlich hatten die Angst und die Ungewissheit ein Ende, und sie endeten, dank einer gütigen Vorsehung, in Übereinstimmung mit meinen Wünschen. Ich fiel der Rolle von Frau Lucretia zu – der lieben Dame, die mir den Kopf bandagierte, als die wilde Tante Katy zu meinen Leiden noch ihre bittersten Verwünschungen hinzufügte.

Kapitän Thomas Auld und Frau Lucretia beschlossen sofort, dass ich nach Baltimore zurückkehren sollte. Sie wussten, wie aufrichtig und herzlich Frau Hugh Auld mir zugetan war und wie erfreut Mr. Hughs Sohn sein würde, mich wieder bei sich zu haben. Da sie außerdem keine unmittelbare Verwendung für jemanden in so jungem Alter hatten, ließen sie mich gern nach Baltimore gehen.

Ich brauche hier nicht aufzuhören, um von meiner Freude über meine Rückkehr nach Baltimore zu erzählen, noch von der des kleinen Tommy, noch von der tränenreichen Freude seiner Mutter, noch von der offensichtlichen Zufriedenheit von Master Hugh. Ich war gerade einen Monat von Baltimore abwesend, bevor die Sache entschieden wurde, und die Zeit kam mir tatsächlich wie volle sechs Monate vor.

Ein Problem ist vorbei, und schon kommt das nächste. Das Leben eines Sklaven ist voller Ungewissheit. Ich war erst vor kurzem nach Baltimore zurückgekehrt, als mich die Nachricht erreichte, dass meine Freundin Mrs. Lucretia, die in meiner Wertschätzung nach Mrs. Hugh Auld die Zweite war, gestorben war und nur ihren Mann und ein Kind hinterlassen hatte – eine Tochter namens Amanda.

Kurz nach dem Tod von Mrs. Lucretia starb seltsamerweise auch Master Andrew und hinterließ seine Frau und ein Kind. Damit war die ganze Familie Anthonys verschwunden; nur zwei Kinder blieben übrig. All das geschah innerhalb von fünf Jahren, nachdem ich Col. Lloyds verlassen hatte.

Infolge dieser Todesfälle änderte sich die Lage der Sklaven nicht, doch ich konnte nicht anders, als mich nach dem Tod meiner Freundin, Mrs. Lucretia, weniger sicher zu fühlen als zu ihren Lebzeiten. Als sie noch lebte, hatte ich das Gefühl, eine starke Freundin zu haben, die in jeder Notlage für mich eintrat. Als ich vor zehn Jahren nach den eben genannten Ereignissen über die Lage in unserer Familie sprach, benutzte ich diese Worte:

Nun war der gesamte Besitz meines alten Herrn, Sklaven eingeschlossen, in den Händen von Fremden – Fremden, die nichts an dessen Anhäufung zu tun hatten. Nicht ein Sklave blieb frei. Alle blieben Sklaven, vom Jüngsten bis zum Ältesten. Wenn etwas in meiner Erfahrung mehr als alles andere dazu beitrug, meine Überzeugung vom höllischen Charakter der Sklaverei zu vertiefen und mich mit unsagbarem Hass gegen Sklavenhalter zu erfüllen, dann war es ihre niederträchtige Undankbarkeit gegenüber meiner armen alten Großmutter. Sie hatte meinem alten Herrn von ihrer Jugend bis ins hohe Alter treu gedient. Sie war die Quelle all seines Reichtums gewesen, sie hatte seine Plantage mit Sklaven bevölkert, sie war in seinen Diensten eine Urgroßmutter geworden. Sie hatte ihn im Säuglingsalter wiegte, ihn in der Kindheit begleitet, ihm sein Leben lang gedient und bei seinem Tod den kalten Todesschweiß von seiner eisigen Stirn wischte und seine Augen für immer geschlossen. Trotzdem blieb sie eine Sklavin – eine Sklavin fürs Leben – eine Sklavin in den Händen von Fremden; und in ihren Händen sah sie ihre Kinder, ihre Enkel und ihre Urenkel wie Schafe, ohne dass sie mit dem kleinen Privileg eines einzigen Wortes über ihr eigenes Schicksal zufrieden wären. Und um dem Höhepunkt ihrer niederträchtigen Undankbarkeit und teuflischen Barbarei die Krone aufzusetzen, hatte meine

Großmutter, die jetzt sehr alt war, meinen alten Herrn und alle seine Kinder überlebt, den Anfang und das Ende von ihnen allen gesehen, und ihre jetzigen Besitzer fanden, dass sie nur noch wenig wert war, ihr Körper bereits von den Schmerzen des Alters gequält war und ihre einst aktiven Glieder schnell von völliger Hilflosigkeit übermannt wurden. Sie brachten sie in den Wald, bauten ihr eine kleine Hütte, einen kleinen Kamin aus Lehm und hießen sie dann willkommen und boten ihr das Privileg, dort in völliger Einsamkeit zu leben; sie wurde also praktisch zum Sterben hinausgeschickt! Wenn meine arme alte Großmutter jetzt lebt, lebt sie, um in völliger Einsamkeit zu leiden; sie lebt, um sich an den Verlust von Kindern, den Verlust von Enkeln und den Verlust von Urenkeln zu erinnern und darüber zu trauern. Sie sind, in der Sprache des Sklavendichters Whittier, -

Weg, weg, verkauft und weg,
In den feuchten und einsamen Reissumpf, Wo die Sklavenpeitsche unaufhörlich schwingt, Wo das widerliche Insekt sticht, Wo der Fieberdämon mit dem fallenden Tau Gift streut, Wo die kränklichen Sonnenstrahlen durch die heiße und neblige Luft gleißen: – Weg, weg, verkauft und weg In den feuchten und einsamen Reissumpf, Von den Hügeln und Gewässern Virginias – Wehe mir, meine gestohlenen Töchter!

Der Herd ist verlassen. Die Kinder, die bewusstlosen Kinder, die einst in ihrer Gegenwart sangen und tanzten, sind fort. Sie tastet sich in der Dunkelheit des Alters nach einem Schluck Wasser. Statt der Stimmen ihrer Kinder hört sie tagsüber das Stöhnen der Taube und nachts die Schreie der scheußlichen Eule. Alles ist düster. Das Grab liegt vor der Tür. Und jetzt, niedergedrückt von den Schmerzen und Leiden des Alters, wenn sich der Kopf zu den Füßen neigt, wenn Anfang und Ende der menschlichen Existenz zusammentreffen und hilflose Kindheit und schmerzvolles Alter sich vereinen – in dieser Zeit, dieser überaus notwendigen Zeit, der Zeit für die Ausübung jener Zärtlichkeit und Zuneigung, die nur Kinder gegenüber einem schwächelnden Elternteil empfinden können – bleibt meine arme alte Großmutter, die hingebungsvolle Mutter von zwölf Kindern, ganz allein zurück, in jener kleinen Hütte vor ein paar schwachen Glutresten.

Zwei Jahre nach dem Tod von Mrs. Lucretia heiratete Master Thomas seine zweite Frau. Ihr Name war Rowena Hamilton, die älteste Tochter von Mr. William Hamilton, einem reichen Sklavenhalter an der Ostküste Marylands, der etwa fünf Meilen von St. Michael entfernt lebte, dem damaligen Wohnsitz meines Herrn.

Nicht lange nach seiner Hochzeit kam es zwischen Master Thomas und Master Hugh zu einem Missverständnis und um seinen Bruder zu bestrafen, befahl er ihm, mich nach Hause zu schicken.

Da der Grund für dieses Missverständnis dazu dient, den Charakter der Ritterlichkeit und Menschlichkeit des Südens zu veranschaulichen, werde ich ihn schildern.

Zu den Kindern meiner Tante Milly gehörte eine Tochter namens Henny. Als sie noch ein Kind war, war Henny ins Feuer gefallen und hatte sich die Hände so stark verbrannt, dass sie kaum noch etwas damit anfangen konnte. Ihre Finger waren fast in die Handflächen eingezogen. Sie konnte zwar etwas tun, aber man hielt sie kaum für wert, sie zu besitzen – sie war kaum mehr wert als ein Pferd mit einem gebrochenen Bein. Dieses unnütze Stück menschlichen Eigentums, missgestaltet und entstellt, schickte Kapitän Auld nach Baltimore und hieß seinen Bruder Hugh in ihren Diensten willkommen.

Nachdem Master Hugh und seine Frau der armen Henny eine faire Probezeit gegeben hatten, kamen sie zu dem Schluss, dass sie für die verkrüppelte Dienerin keine Verwendung hatten, und schickten sie zu Master Thomas zurück. Letzterer empfand dies als einen Akt der Undankbarkeit seines Bruders und forderte ihn als Zeichen seines Missfallens auf, mich sofort nach St. Michael zu schicken, und sagte, wenn er *„Hen" nicht behalten könne, solle er „Fred"* nicht haben .

Das war ein weiterer Nervenschock, ein weiterer Zusammenbruch meiner Pläne und ein weiterer Bruch meiner religiösen und sozialen Bindungen. Ich war jetzt ein großer Junge. Ich war mehreren jungen farbigen Männern, die mich zu ihrem Lehrer gemacht hatten, recht nützlich geworden. Ich hatte einigen von ihnen das Lesen beigebracht und verbrachte viele meiner freien Stunden mit ihnen. Unsere Bindung war stark und ich fürchtete die Trennung sehr. Aber Bedauern, besonders bei einem Sklaven, ist nutzlos. Ich war nur ein Sklave; meine Wünsche waren bedeutungslos und mein Glück war der Spaß meiner Herren.

Mein Bedauern, Baltimore jetzt zu verlassen, hatte nicht die gleichen Gründe wie damals, als ich diese Stadt verließ, um sie wertzuschätzen und meinem rechtmäßigen Besitzer zu übergeben. Mein Zuhause war nicht mehr der angenehme Ort, der es früher gewesen war. Sowohl bei Master Hugh als auch bei seiner einst frommen und liebevollen Frau hatte eine Veränderung stattgefunden. Der Einfluss von Brandy und schlechter Gesellschaft auf ihn und der Einfluss von Sklaverei und sozialer Isolation auf sie hatten sich verheerend auf den Charakter beider ausgewirkt. Thomas war nicht mehr „kleiner Tommy", sondern ein großer Junge und hatte gelernt, sich mir gegenüber so zu benehmen, wie er seiner Klasse glich. Meine Lage im Haus von Master Hugh war daher keineswegs so angenehm wie in früheren Jahren. Meine Bindungen galten jetzt nicht mehr unserer Familie. Sie galten denen, denen ich Unterricht *erteilte* , und den kleinen weißen Jungen, von denen ich

Unterricht *erhielt* . Und da war auch mein lieber alter Vater, der fromme Lawson, der in christlicher Hinsicht das genaue Gegenstück zu „Onkel" Tom war. Die Ähnlichkeit ist so perfekt, dass er das Original von Mrs. Stowes christlichem Helden sein könnte. Der Gedanke, diese lieben Freunde zu verlassen, beunruhigte mich sehr, denn ich ging ohne die Hoffnung, jemals wieder nach Baltimore zurückzukehren; die Fehde zwischen Master Hugh und seinem Bruder war bitter und unversöhnlich, oder zumindest wurde das angenommen.

Neben den Gedanken an Freunde, von denen ich mich vermutlich *für immer trennen würde* , grübelte ich auch über die verpassten Fluchtmöglichkeiten nach. Ich hatte die Flucht aufgeschoben, bis ich nun an einen Ort gebracht werden sollte, wo die Fluchtmöglichkeiten viel geringer waren als in einer großen Stadt wie Baltimore.

Auf meinem Weg von Baltimore nach St. Michael's, die Chesapeake Bay hinunter, wurde unsere Schaluppe, die „Amanda", von den Dampfschiffen überholt, die zwischen dieser Stadt und Philadelphia verkehrten, und ich beobachtete den Kurs dieser Dampfer und schmiedete auf dem Weg nach St. Michael's einen Plan, um der Sklaverei zu entkommen. Über diesen Plan und die damit verbundenen Angelegenheiten wird der geneigte Leser später mehr erfahren.

KAPITEL XIV.
Erfahrungen in St. Michael

DAS DORF – SEINE EINWOHNER – IHR BERUF UND IHRE NIEDRIGEN NEIGUNGEN. CAPTAN(sic) THOMAS AULD – SEIN CHARAKTER – SEINE ZWEITE FRAU, ROWENA – GUT PASSEND – LEIDET AN HUNGER – VERPFLICHTET, NAHRUNG ZU NEHMEN – ARGUMENTATIONSART ZUR RECHTFERTIGUNG – KEIN MORALKODEX DER FREIEN GESELLSCHAFT KANN AUF DIE SKLAVENGESELLSCHAFT GELTEN – SÜDLICHES LAGERTREFFEN – WAS MEISTER THOMAS DORT TAT – HOFFNUNGEN – VERDACHT HINSICHTLICH SEINER BEKEHRUNG – DAS ERGEBNIS – GLAUBE UND WERKE VÖLLIG VARIANT – SEIN AUFSTIEG UND FORTSCHRITT IN DER KIRCHE – ARME COUSINE „HENNY" – SEIN BEHANDLUNGSVERHALTEN MIT IHR – DIE METHODISTISCHEN PREDIGER – IHRE VÖLLIGE MISSACHTUNG UNS GEGENÜBER – EINE AUSGEZEICHNETE AUSNAHME – REV. GEORGE COOKMAN – SABBATH SCHOOL – WIE UND VON WEM AUFGEHOBEN – EIN LEICHENHAFTIGER TOD ÜBER ALLE MEINE AUSSICHTEN – COVEY, DER NEGER-ZERBRECHER.

St. Michael, das Dorf, in dem ich jetzt zu Hause war, schnitt im Vergleich zu Dörfern in Sklavenstaaten im Allgemeinen gut ab. Es gab ein paar komfortable Wohnungen, aber der Ort als Ganzes hatte einen langweiligen, schlampigen, geschäftstüchtigen Anblick. Die meisten Gebäude waren aus Holz; sie hatten nie den künstlichen Schmuck von Farbe genossen, und Zeit und Stürme hatten die helle Farbe des Holzes abgenutzt und sie fast so schwarz gemacht wie von einem Brand verkohlte Gebäude.

St. Michael hatte in früheren Jahren (vor 1833, denn das war das Jahr, in dem ich dort wohnte) einen gewissen Ruf als Schiffsbaugemeinde genossen, aber dieses Geschäft war fast vollständig dem Austernfischen für die Märkte von Baltimore und Philadelphia gewichen – ein Lebenswandel, der für Moral, Fleiß und Sitten höchst ungünstig war. Der Miles River war breit und seine Austernfanggründe waren ausgedehnt; und die Fischer waren im Herbst, Winter und Frühling oft den ganzen Tag und einen Teil der Nacht draußen. Diese Lage war ein Vorwand, um beträchtliche Mengen an Spirituosen mit sich zu führen, das damals als das beste Mittel gegen Erkältung galt. Jedes Kanu wurde mit einem Krug Rum ausgestattet; und das Zechten wurde unter dieser Klasse von Bürgern von St. Michael allgemein üblich. Diese Trinkgewohnheit förderte bei einer unwissenden Bevölkerung Grobheit, Vulgarität und eine träge Missachtung der sozialen Entwicklung des Ortes, sodass die wenigen nüchternen, denkenden Leute, die dort geblieben waren, zugaben, dass St. Michael zu einem sehr *unheiligen* und unansehnlichen Ort geworden war, bevor ich dorthin zog, um dort zu wohnen.

Ich verließ Baltimore im März 1833 in Richtung St. Michael. Ich kenne das Jahr, weil es das Jahr nach der ersten Cholera in Baltimore war und auch das Jahr jenes seltsamen Phänomens, als der Himmel sich von seinem Sternengefolge zu trennen schien. Ich war Zeuge dieses prachtvollen Schauspiels und war von Ehrfurcht ergriffen. Die Luft schien erfüllt von hellen, herabsteigenden Boten des Himmels. Es war etwa Tagesanbruch, als ich diese erhabene Szene sah. Ich war in diesem Moment nicht ohne die Vorstellung, dass dies der Vorbote der Ankunft des Menschensohnes sein könnte, und in meinem damaligen Geisteszustand war ich bereit, ihn als meinen Freund und Erlöser zu begrüßen. Ich hatte gelesen, dass „die Sterne vom Himmel fallen werden"; und jetzt fielen sie. Ich litt innerlich sehr. Es schien, als würden die jungen Ranken meiner Zuneigung jedes Mal, wenn sie sich festsetzten, von einer unnatürlichen äußeren Macht grob abgebrochen; und ich begann, meinen Blick zum Himmel zu wenden, um den Rest zu finden, der mir auf Erden verwehrt war.

Doch nun zu meiner Geschichte. Es war nun mehr als sieben Jahre her, dass ich mit Master Thomas Auld in der Familie meines alten Herrn auf Col. Lloyds Plantage gelebt hatte. Wir waren uns fast völlig fremd; denn als ich ihn im Haus meines alten Herrn kannte, war er nicht als *Herr*, sondern einfach als „Captain Auld", der die Tochter meines alten Herrn geheiratet hatte. All meine Lektionen über sein Temperament und seine Veranlagung und die besten Methoden, ihm zu gefallen, musste ich noch lernen. Sklavenhalter gehen jedoch nicht sehr zeremoniell an einen Sklaven heran, und meine Unkenntnis des neuen Materials in Gestalt eines Herrn war nur vorübergehend. Auch meine Herrin ließ nicht lange auf sich warten, bis sie ihre Feindseligkeit kundtat. Sie war keine „Miss Lucretia", an deren Spuren ich mich noch erinnerte, und zwar umso mehr, als ich sie im Gesicht der kleinen Amanda, ihrer Tochter, aufleuchten sah, die jetzt unter der Herrschaft einer Stiefmutter lebte. Ich hatte die sanfte Hand nicht vergessen, die von einem zarten Herzen geführt wurde und die Wunde, die Ike, der Sohn Abels, in meinen Kopf geschlagen hatte, mit heilendem Balsam verband. Thomas und Rowena, so fand ich, waren ein gut zusammenpassendes Paar. *Er* war geizig und *sie* war grausam; und – was in solchen Fällen ganz natürlich war – sie besaß die Fähigkeit, ihn ebenso grausam zu machen wie sich selbst, während sie sich leicht auf das Niveau seiner Gemeinheit herablassen konnte. Im Haus von Master Thomas musste ich zum ersten Mal seit sieben Jahren die Qualen des Hungers spüren, und das war nicht sehr leicht zu ertragen.

Denn trotz aller Veränderungen in Master Hughs Familie änderte sich nichts an der Großzügigkeit, mit der sie mich mit Nahrung versorgten. Einem Sklaven nicht genug zu essen zu geben, ist eine noch schlimmere Gemeinheit, und das ist unter Sklavenhaltern in Maryland allgemein anerkannt. Die Regel lautet: Egal, wie grob das Essen ist, es muss nur genug davon geben. Das ist die Theorie, und – in dem Teil von Maryland, aus dem ich komme – stimmt die allgemeine Praxis mit dieser Theorie überein. Lloyds Plantage war eine Ausnahme, ebenso wie das Haus von Master Thomas Auld.

Alle wissen, wie leicht Maismehl als Nahrungsmittel ist, und können aus den folgenden Tatsachen leicht beurteilen, ob meine Behauptungen über Master Thomas' Geiz zutreffen. Wir waren vier Sklaven in der Küche und vier Weiße im großen Haus: Thomas Auld, Mrs. Auld, Hadaway Auld (Bruder von Thomas Auld) und die kleine Amanda. Die Sklaven in der Küche hießen Eliza, meine Schwester, Priscilla, meine Tante, Henny, meine Cousine, und ich. Die Familie bestand aus acht Personen. Jede Woche wurde ein halber Scheffel Maismehl aus der Mühle gebracht, und in der Küche war Maismehl fast unsere einzige Nahrung, denn uns wurde nur sehr wenig anderes erlaubt. Von diesem Scheffel Maismehl aß die Familie im großen Haus jeden Morgen ein kleines Brot, so dass uns in der Küche jeweils nicht ganz ein halber Scheffel pro Woche blieb. Diese Zuteilung war weniger als die Hälfte der Nahrungszuteilung auf Lloyds Plantage. Es reichte nicht zum Überleben; und wir waren daher auf die elende Notwendigkeit angewiesen, auf Kosten unserer Nachbarn zu leben. Wir waren gezwungen, entweder zu betteln oder zu stehlen, und wir taten beides. Ich gestehe offen, dass ich zwar alles wie Stehlen *als solches hasste*, aber dennoch nicht zögerte, mir Essen zu nehmen, wenn ich hungrig war, wo immer ich es finden konnte. Und diese Praxis war nicht nur das Ergebnis eines unvernünftigen Instinkts; in meinem Fall war es das Ergebnis einer klaren Auffassung der moralischen Ansprüche. Ich wägte die Sache gründlich ab und dachte darüber nach, bevor ich es wagte, meinen Hunger auf diese Weise zu stillen. Wenn man bedenkt, dass meine Arbeit und meine Person das Eigentum von Master Thomas waren und dass er mir die lebensnotwendigen Dinge vorenthielt, die ich durch meine eigene Arbeit erlangt hatte, war es leicht, daraus das Recht abzuleiten, mich mit dem zu versorgen, was mir gehörte. Es war einfach eine Aneignung dessen, was mir gehörte, zum Gebrauch meines Masters, da die Gesundheit und Kraft, die ich aus dieser Nahrung erhielt, in *seinem* Dienst eingesetzt wurde. Natürlich war dies Diebstahl nach dem Gesetz und Evangelium, das ich von der Kanzel des St. Michael hörte; aber ich hatte bereits begonnen, dem, was von dieser Seite fiel, in diesem Punkt weniger Bedeutung beizumessen, während ich mir bis jetzt meine Ehrfurcht vor der Religion bewahrte. Es war nicht immer bequem, den Herrn zu bestehlen, und derselbe Grund, warum ich ihn unschuldig bestehlen konnte, schien mich nicht zu rechtfertigen, andere zu bestehlen. Im Fall meines Herrn handelte es sich nur um eine *Entnahme* – das Herausnehmen seines Fleisches aus einem Bottich und das Einlegen in einen anderen; das Eigentumsrecht an dem Fleisch wurde durch die Transaktion nicht berührt. Zuerst gehörte es ihm im *Bottich* , und schließlich gehörte es ihm in *mir*. Sein Fleischhaus war nicht immer geöffnet. Es wurde streng darauf geachtet, und der Schlüssel steckte an einem großen Schlüsselbund in Rowenas Tasche. Sehr oft wurden wir armen Geschöpfe schwer vom Hunger gequält, wenn Fleisch und Brot unter dem Schloss schimmelten, während der Schlüssel in der Tasche unserer Herrin war. Dies war der Fall, als sie *wusste,* dass wir fast halb verhungert waren; und doch kniete diese Herrin mit heiliger Miene jeden Morgen mit ihrem Mann nieder und betete, dass ein gnädiger Gott sie mit Körben und Vorräten segnen und sie schließlich in sein Königreich retten möge. Aber ich fahre mit dem Argument fort.

Es war notwendig, das Recht zu etablieren, *andere* zu stehlen; und dies konnte nur auf einer breiteren Verallgemeinerungsbasis beruhen als der, die das Recht voraussetzte, meinen Herrn zu stehlen.

Es dauerte eine Weile, bis ich zu diesem klaren Recht gelangte. Der Leser wird sich durch eine kurze Darstellung des Falls eine Vorstellung von meinem Gedankengang machen können. „Ich bin", dachte ich, „nicht nur der Sklave von Thomas, sondern ich bin der Sklave der Gesellschaft als Ganzes. Die Gesellschaft als Ganzes hat sich in der Form und in der Tat verpflichtet, Master Thomas dabei zu helfen, mich meiner rechtmäßigen Freiheit und der gerechten Belohnung für meine Arbeit zu berauben; daher habe ich alle Rechte, die ich gegenüber Master Thomas habe, in gleichem Maße gegenüber denen, die mit ihm verbündet sind, um mir die Freiheit zu rauben. Da die Gesellschaft mich als privilegierte Beute gekennzeichnet hat, bin ich aus dem Grundsatz der Selbsterhaltung berechtigt, meinerseits zu plündern. Da jeder Sklave allen gehört, müssen alle jedem gehören."

Ich werde hier ein Glaubensbekenntnis ablegen, das manche schockieren, andere beleidigen und auf Ablehnung stoßen könnte. Es lautet: Ich bin der Ansicht, dass der Sklave im Rahmen seines gerechten Verdienstes völlig berechtigt ist, sich das *Gold und Silber sowie die beste Kleidung seines Herrn oder eines anderen Sklavenhalters zu nehmen, und dass eine solche Inbesitznahme im wahrsten Sinne des Wortes kein Diebstahl ist* .

Die Moral der *freien Gesellschaft kann auf die Sklavengesellschaft* nicht angewendet werden . Sklavenhalter haben es den Sklaven fast unmöglich gemacht, ein Verbrechen zu begehen, das weder den Gesetzen Gottes noch den Gesetzen der Menschen bekannt ist. Wenn er stiehlt, nimmt er sich selbst etwas; wenn er seinen Herrn tötet, ahmt er nur die Helden der Revolution nach. Sklavenhalter sind meiner Meinung nach individuell und kollektiv für alles

Böse verantwortlich, das aus dieser schrecklichen Beziehung entsteht, und ich glaube, dass sie vor dem Gericht eines gerechten Gottes so verurteilt werden. Machen Sie einen Menschen zum Sklaven, und Sie berauben ihn seiner moralischen Verantwortung. Entscheidungsfreiheit ist die Essenz aller Verantwortlichkeit. Aber meine wohlgesinnten Leser sind wahrscheinlich weniger an meinen Meinungen interessiert als an dem, was meine persönliche Erfahrung näher berührt; obwohl meine Meinungen in gewisser Weise durch diese Erfahrung geprägt wurden.

So schlimm Sklavenhalter auch sind, ich habe selten einen getroffen, dem jedes Charaktermerkmal, das Respekt einflößen könnte, so sehr fehlte wie meinem gegenwärtigen Herrn, Kapitän Thomas Auld.

Als ich mit ihm zusammenlebte, hielt ich ihn für unfähig, eine edle Tat zu vollbringen. Sein Hauptcharakterzug war extremer Egoismus. Ich glaube, er war sich dieser Tatsache selbst voll bewusst und versuchte oft, sie zu verbergen. Captain Auld war kein *geborener* Sklavenhalter – kein durch Geburtsrecht erworbenes Mitglied der Sklavenhalteroligarchie. Er war nur durch *Heirat Sklavenhalter;* und von allen Sklavenhaltern sind diese *bei weitem* die anspruchsvollsten. Er hatte die ganze Liebe zur Herrschaft, den Stolz der Meisterschaft und die Prahlerei der Autorität, aber seiner Herrschaft fehlte das entscheidende Element der Konsequenz. Er konnte grausam sein; aber die Art und Weise, wie er dies zeigte, war feige und bezeugte eher seine Gemeinheit als seinen Mut. Seine Befehle waren streng, seine Durchsetzung schwach.

Sklaven sind nicht unempfindlich gegenüber den aufrichtigen Charaktereigenschaften eines großzügigen, schneidigen Sklavenhalters, der keine Angst vor den Konsequenzen hat. Und sie ziehen einen Herrn dieser kühnen und wagemutigen Art vor – selbst auf die Gefahr hin, wegen Unverschämtheit niedergeschossen zu werden – gegenüber der mürrischen kleinen Seele, die die Peitsche nur auf Anraten von Gewinnsucht anwendet.

Auch Sklaven unterscheiden ohne weiteres zwischen dem Geburtsrecht des ursprünglichen Sklavenhalters und der angenommenen Einstellung des zufälligen Sklavenhalters. Und obwohl sie weder das eine noch das andere respektieren können, verachten sie letztere sicherlich mehr als erstere.

Der Luxus, von Sklaven bedient zu werden, war etwas Neues für Master Thomas und er war darauf völlig unvorbereitet. Er war ein Sklavenhalter und nicht in der Lage, seine Sklaven zu halten oder zu führen. Wir nannten ihn selten „Master", sondern sprachen ihn im Allgemeinen mit seinem „Hafenboot"-Titel an – „ *Capt. Auld* ". Es ist leicht zu verstehen, dass ein solches Verhalten ihn sehr unbeholfen und folglich gereizt erscheinen lassen konnte. Seine Frau war besonders darauf bedacht, dass wir ihren Mann „Master" nannten. Ist Ihr *Master* im Laden?" – „Wo ist Ihr *Master* ?" –

„Gehen Sie und sagen Sie es Ihrem *Master*" – „Ich werde Ihren *Master* über Ihr Verhalten informieren" – pflegte sie zu sagen, aber wir waren keine guten Schüler. Besonders ich und meine Schwester Eliza waren in dieser Hinsicht unfähig. Tante Priscilla war weniger stur und trotzig als Eliza und ich, und ich glaube, ihr Weg war weniger steinig als unserer.

Im August 1833, als ich unter der Behandlung von Master Thomas fast verzweifelt war und den oft wiederholten Entschluss wegzulaufen stärker denn je in mir weckte, geschah etwas, das uns allen hellere und bessere Tage zu verheißen schien. Bei einem methodistischen Zelttreffen, das in Bay Side (einem berühmten Ort für Zelttreffen), etwa acht Meilen von St. Michael entfernt, abgehalten wurde, trat Master Thomas mit einem Bekenntnis seiner Religion auf. Er war schon lange ein Gegenstand des Interesses der Kirche und der Pfarrer, wie ich an den wiederholten Besuchen und langen Ermahnungen der letzteren gesehen hatte. Er war ein Fisch, den es sich zu fangen lohnte, denn er hatte Geld und Ansehen. In der Gemeinde von St. Michael galt er als der beste Bürger. Er war streng maßvoll; *vielleicht* aus Prinzip, aber höchstwahrscheinlich aus Eigennutz. Man konnte sehr wenig für ihn tun, um ihm den Anschein von Frömmigkeit zu verleihen und ihn zu einer Stütze der Kirche zu machen. Nun, das Zelttreffen dauerte eine Woche; Menschen versammelten sich aus allen Teilen des Landkreises, und zwei Dampfschiffladungen kamen aus Baltimore. Der Platz war gut gewählt; Sitze wurden aufgestellt, ein Podium errichtet, ein einfacher Altar eingezäunt, der vor dem Podium der Prediger stand, mit Stroh darin als Unterbringung für Trauernde. Letzteres würde mindestens hundert Personen fassen. Vor und an den Seiten des Podiums der Prediger und außerhalb der langen Sitzreihen erhob sich die erste Klasse stattlicher Zelte, die in Stärke, Sauberkeit und Kapazität zur Unterbringung ihrer Bewohner miteinander wetteiferten. Hinter diesem ersten Zeltkreis befand sich ein weiterer, weniger imposanter, der um den Campingplatz herum bis zum Rednerpult reichte. Außerhalb dieser zweiten Klasse von Zelten befanden sich Planwagen, Ochsenkarren und Fahrzeuge jeder Form und Größe. Diese dienten ihren Besitzern als Zelte. Außerhalb dieser brannten in alle Richtungen riesige Feuer, wo geröstet, gekocht und gebraten wurde, zum Wohle derer, die sich innerhalb des Kreises um ihr eigenes geistiges Wohlergehen kümmerten. *Hinter* dem Predigerpult war ein schmaler Raum für die Farbigen abgesteckt. Für diese Personengruppe waren keine Sitzplätze vorgesehen; die Prediger sprachen sie *„links"* an, wenn sie sie überhaupt ansprachen. Nach der Predigt wurden bei jedem Gottesdienst die Trauernden eingeladen, in den Pferch zu kommen; und in einigen Fällen gingen Pfarrer hinaus, um Männer und Frauen zu überreden, hereinzukommen. Einer dieser Pfarrer überredete Master Thomas Auld, in den Pferch zu gehen. Ich war sehr an dieser Angelegenheit interessiert und folgte ihm; und obwohl Farbige weder in den Pferch noch vor das Predigerpult durften, wagte ich es, meinen Platz auf einer Art Zwischenplatz zwischen den Schwarzen und Weißen einzunehmen, wo ich die Bewegungen der Trauernden und insbesondere die Schritte von Master Thomas deutlich sehen konnte.

„Wenn er religiös ist", dachte ich, „wird er seine Sklaven freilassen; und wenn er nicht einmal das tut, wird er sich uns gegenüber jedenfalls freundlicher verhalten und uns großzügiger ernähren, als er es bisher getan hat." Wenn ich mich auf meine eigene religiöse Erfahrung berief und meinen Herrn nach dem beurteilte, was in meinem eigenen Fall der Fall war, konnte ich ihn nicht als ernsthaft bekehrt betrachten, wenn nicht einige solche guten Ergebnisse seinem Bekenntnis zur Religion folgten.

Aber ich wurde in meinen Erwartungen doppelt enttäuscht; Master Thomas war immer noch *Master Thomas*. Die Früchte seiner Rechtschaffenheit sollten sich nicht auf die Art zeigen, wie ich es erwartet hatte. Seine Bekehrung sollte seine Beziehung zu Menschen nicht ändern – jedenfalls nicht zu SCHWARZEN Menschen –, sondern zu Gott. Ich gestehe, mein Glaube war nicht groß. Da war etwas in seinem Aussehen, das in meinen Gedanken Zweifel an seiner Bekehrung aufkommen ließ. Von dort, wo ich stand, konnte ich jede seiner Bewegungen sehen. Ich beobachtete ihn genau, während er in dem kleinen Pferch blieb; und obwohl ich sah, dass sein Gesicht extrem rot und sein Haar zerzaust war, und obwohl ich ihn stöhnen hörte und eine vereinzelte Träne auf seiner Wange verharren sah, als ob er fragte: „Wohin soll ich gehen?" – konnte ich nicht ganz an die Echtheit seiner Bekehrung glauben. Das zögernde Verhalten dieser Träne und ihre Einsamkeit beunruhigten mich und ließen Zweifel an der ganzen Transaktion aufkommen, von der sie ein Teil war. Aber die Leute sagten: „*Capt. Auld hatte es geschafft*", und ich konnte auf das Beste hoffen. Ich war verpflichtet, dies aus Nächstenliebe zu tun, denn auch ich war religiös und war volle drei Jahre in der Kirche, obwohl ich jetzt nicht älter als sechzehn Jahre war. Sklavenhalter mögen manchmal Vertrauen in die Frömmigkeit einiger ihrer Sklaven haben; aber die Sklaven haben selten Vertrauen in die Frömmigkeit ihrer Herren. „*Er kann nicht in den Himmel kommen, wenn er unser Blut an seinen Kleidern hat*", ist ein fester Punkt im Glaubensbekenntnis jedes Sklaven; er ist allen gegenteiligen Lehren überlegen und steht für immer als unumstößliche Tatsache. Der höchste Beweis, den der Sklavenhalter dem Sklaven für seine Akzeptanz bei Gott geben kann, ist die Emanzipation seiner Sklaven. Dies ist der Beweis, dass er bereit ist, alles Gott und um Gottes willen aufzugeben. Dies nicht zu tun, war meiner Einschätzung und der Meinung aller Sklaven nach ein Beweis von Halbherzigkeit und völlig unvereinbar mit der Idee einer echten Bekehrung. Ich hatte auch irgendwo in der Methodistendisziplin die folgende Frage und Antwort gelesen:

„*Frage*: Was soll zur Abschaffung der Sklaverei getan werden?

„ *Antwort* : Wir erklären, dass wir nach wie vor vom großen Übel der Sklaverei überzeugt sind. Daher soll kein Sklavenhalter für eine offizielle Position in unserer Kirche infrage kommen."

Diese Worte klangen lange in meinen Ohren und ermutigten mich zu hoffen. Aber wie ich schon sagte, war ich zur Enttäuschung verurteilt. Master Thomas schien meine Hoffnungen und Erwartungen in Bezug auf ihn zu kennen. Ich habe mir schon früher gedacht, dass er mich als Antwort auf meine Blicke ansah, als wollte er sagen: „Ich werde dich lehren, junger Mann, dass ich, obwohl ich mich von meinen Sünden getrennt habe, meinen Verstand nicht aufgegeben habe. Ich werde meine Sklaven halten und auch in den Himmel kommen."

Möglicherweise um uns davon zu überzeugen, dass wir seine kürzliche Bekehrung nicht *zu sehr unterschätzen dürfen, wurde er in seinen Forderungen etwas strenger und strenger. Der Mann hatte immer einen Mangel an Gutmütigkeit an sich, aber jetzt war sein ganzes Antlitz von Anschein der Frömmigkeit verdorben* . Seine Religion veranlasste ihn daher weder, seine Sklaven freizulassen, noch veranlasste sie ihn, sie menschlicher zu behandeln. Wenn die Religion überhaupt irgendeinen Einfluss auf seinen Charakter hatte, dann machte sie ihn in all seinem Verhalten grausamer und hasserfüllter. Die angeborene Schlechtigkeit seines Herzens war durch das Bekenntnis zur Religion nicht beseitigt, sondern nur verstärkt worden. Verurteile ich ihn zu hart? Gott bewahre. Tatsachen *sind* Tatsachen. Kapitän Auld bekannte sich äußerst frömmigkeitsbetont. Sein Haus war buchstäblich ein Haus des Gebets. Morgens und abends hörte man dort laute Gebete und Hymnen, in die er und seine Frau sich einstimmten; dennoch wurde *kein Essen mehr* aus der Mühle gebracht, dem moralischen Wohl in der Küche wurde *keine Aufmerksamkeit mehr* geschenkt; und es wurde nichts unternommen, um uns spüren zu lassen, dass es Master Thomas auch nur ein bisschen besser ging als bevor er in den kleinen Pferch gegenüber der Predigertribüne auf dem Lagerplatz ging.

Unsere Hoffnungen (die auf der Disziplin beruhten) verschwanden bald, denn die Behörden ließen ihn *sofort in die Kirche* , und bevor seine Probezeit abgelaufen war , hörte ich von seiner führenden Klasse! Er zeichnete sich unter den Brüdern sehr aus und wurde bald ein Mahner. Sein Fortschritt war fast so schnell wie das Wachstum der sagenumwobenen Rebe der Jackbohne. Kein Mann war bei Erweckungsveranstaltungen aktiver als er. Er ging viele Meilen, um dabei zu helfen, sie durchzuführen und Außenstehende für Religion zu interessieren. Sein Haus war eines der heiligsten, wenn nicht das fröhlichste in St. Michael und wurde zum „Heim der Prediger". Diese Prediger teilten offensichtlich gern Master Thomas' Gastfreundschaft, denn während er *uns hungern ließ* , *stopfte er* sie voll. Drei oder vier dieser Botschafter des Evangeliums – der Sklaverei zufolge – waren gleichzeitig dort; alle lebten in Saus und Braus, während wir in der Küche fast verhungerten. Nicht oft bekamen wir ein anerkennendes Lächeln von diesen heiligen Männern. Sie schienen sich fast ebenso wenig darum zu kümmern, dass wir in den Himmel kommen, wie darum, dass wir aus der Sklaverei befreit werden. Von dieser allgemeinen Forderung gab es eine Ausnahme – den Reverend GEORGE COOKMAN. Anders als die Reverends Storks, Ewry, Hickey, Humphrey und Cooper (die alle im St. Michael's-Kreis waren) interessierte er sich freundlich für unser weltliches und geistiges Wohlergehen. Unsere Seelen und unsere Körper waren in seinen Augen alle gleichermaßen heilig; und er hatte wirklich eine Menge echter Anti-Sklaverei-Gefühle, die sich mit seinen Kolonisierungsideen vermischten. Es gab keinen Sklaven in unserer Nachbarschaft, der Mr. Cookman nicht liebte und fast verehrte. Es wurde allgemein angenommen, dass er maßgeblich dazu beigetragen hatte, einen der größten Sklavenhalter – Mr. Cookman – aus dem Land zu holen. Samuel Harrison – in dieser Gegend, um alle seine Sklaven freizulassen, und tatsächlich war der allgemeine Eindruck, dass Mr. Cookman treu mit Sklavenhaltern zusammengearbeitet hatte, wann immer er sie traf, um sie dazu zu bewegen, ihre Leibeigenen freizulassen, und dass er dies als religiöse Pflicht tat. Wenn dieser gute Mann bei uns zu Hause war, wurden wir alle sicher morgens zum Gebet gerufen; und er zögerte nicht, sich nach unserem Gemütszustand zu erkundigen oder uns ein Wort der Ermahnung und Ermutigung zu geben. Groß war die Trauer aller Sklaven, als dieser treue Prediger des Evangeliums aus dem Bezirk Talbot County entfernt wurde. Er war ein beredter Prediger und besaß, was nur wenige Pfarrer südlich von Mason Dixons Linie besitzen oder zu zeigen *wagen* , nämlich ein warmes und menschenfreundliches Herz. Der Mr. Cookman, von dem ich spreche, war gebürtiger Engländer und starb auf seinem Weg nach England an Bord der unglückseligen „President". Könnten die Tausenden von Sklaven in Maryland das Schicksal des guten Mannes erfahren, dessen tröstenden Worten sie so viel zu verdanken haben, würden sie mir danken, wenn ich auf dieser Seite im Gedenken an ihren Lieblingsprediger, Freund und Wohltäter eine Träne vergießen würde.

Doch kommen wir zu Master Thomas zurück und zu meiner Erfahrung nach seiner Bekehrung. In Baltimore konnte ich gelegentlich in eine Sonntagsschule gehen, wo die freien Kinder Unterricht erhielten, aber da ich bereits lesen und schreiben gelernt hatte, war ich selbst dort mehr Lehrer als Schüler. Als ich jedoch an die Ostküste zurückkehrte und im Haus von Master Thomas war, durfte ich weder unterrichten noch unterrichtet werden. Die ganze Gemeinde – mit nur einer einzigen Ausnahme unter den Weißen – missbilligte alles, was mit dem Unterrichten von Sklaven oder freien Farbigen zu tun hatte. Diese einzige Ausnahme, ein frommer junger Mann namens Wilson, fragte mich eines Tages, ob ich ihm dabei helfen wolle, in einer kleinen Sonntagsschule im Haus eines freien Farbigen namens James

Mitchell in St. Michael zu unterrichten. Die Idee gefiel mir sehr, und ich sagte ihm, ich würde gern so viel von meinem Sonntag, wie ich verfüge, dieser höchst lobenswerten Arbeit widmen. Mr. Wilson sammelte bald ein Dutzend alte Rechtschreibbücher und ein paar Testamente zusammen, und wir begannen mit etwa zwanzig Schülern in unserer Sonntagsschule zu arbeiten. Das hier, dachte ich, ist etwas, wofür es sich zu leben lohnt; das hier ist eine ausgezeichnete Gelegenheit, sich nützlich zu machen; und ich werde bald eine Gruppe junger Freunde haben, die das Wissen lieben, wie einige meiner Freunde aus Baltimore, von denen ich mich jetzt für immer getrennt fühlte.

Unser erster Sabbat verlief wunderbar, und ich verbrachte die Woche darauf sehr freudig. Ich konnte nicht nach Baltimore gehen, aber ich konnte hier ein kleines Baltimore machen. Bei unserem zweiten Treffen erfuhr ich, dass es einige Einwände gegen die Existenz der Sabbatschule gab, und tatsächlich hatten wir kaum mit der Arbeit begonnen – *gute Arbeit* , einfach ein paar farbigen Kindern das Lesen des Evangeliums des Sohnes Gottes beizubringen –, als ein Mob hereinstürmte, angeführt von Mr. Wright Fairbanks und Mr. Garrison West – zwei Klassenführern – und Master Thomas, der uns, bewaffnet mit Stöcken und anderen Wurfgeschossen, verjagte und uns befahl, uns nie wieder zu einem solchen Zweck zu treffen. Einer dieser frommen Leute sagte mir, was mich betrifft, ich wolle ein zweiter Nat Turner sein, und wenn ich nicht aufpasste, würde ich genauso viele Kugeln abbekommen wie Nat in ihn. So endete die Sabbatschule für Kinder in der Stadt St. Michael. Der Leser wird nicht überrascht sein, wenn ich sage, dass die Auflösung meiner Sonntagsschule durch diese Klassenführer und angeblich heiligen Männer nicht dazu beitrug, meine religiösen Überzeugungen zu stärken. Die Wolke über meinem Zuhause in St. Michael wurde schwerer und schwärzer als je zuvor.

Es war nicht nur Master Thomas' Eingreifen, meine Sonntagsschule zu sprengen und zu zerstören, das mein Vertrauen in die Macht der Religion des Südens, die Menschen weiser oder besser zu machen, erschütterte; ich sah in ihm *nach* seiner Bekehrung auch all die Grausamkeit und Gemeinheit, die er gezeigt hatte, bevor er sich zum Glauben bekannte. Seine Grausamkeit und Gemeinheit zeigte sich besonders in seiner Behandlung meiner unglücklichen Cousine Henny, deren Lahmheit sie zu einer Last für ihn machte. Ich habe keine außergewöhnlich harte Behandlung gegen mich selbst, über die ich mich bei ihm beschweren könnte, aber ich habe gesehen, wie er die lahme und verstümmelte Frau fesselte und sie auf eine höchst brutale und schockierende Weise auspeitschte; und dann zitierte er mit markerschütternder Gotteslästerung die Bibelstelle: „Der Diener, der den Willen seines Herrn kannte und sich nicht vorbereitete und nicht nach seinem Willen handelte, soll mit vielen Schlägen geschlagen werden." Master ließ diese zerfetzte Frau an den Handgelenken an einem Bolzen im Balken festgebunden, jeweils drei, vier und fünf Stunden lang. Er fesselte sie frühmorgens, peitschte sie vor dem Frühstück mit einem Kuhfell aus, ließ sie gefesselt zurück, ging in seinen Laden und wiederholte, wenn er zu seinem Abendessen zurückkehrte, die Züchtigung, indem er die raue Peitsche auf das Fleisch legte, das bereits durch wiederholte Schläge wund geworden war. Er schien das arme Mädchen aus dem Leben reißen oder es zumindest loswerden zu wollen. Als Beweis dafür gab er sie später seiner Schwester Sarah (Mrs. Cline) weg, aber wie im Fall von Master Hugh wurde Henny bald wieder in seine Hände gegeben. Schließlich gab er sie unter dem Vorwand, er könne nichts mit ihr anfangen (ich verwende seine eigenen Worte), „frei, damit sie für sich selbst sorgen konnte". Hier war ein kürzlich bekehrter Mann, der die gut gebauten und körperlich leistungsfähigen Sklaven, die ihm sein alter Herr hinterlassen hatte – die Personen, die in Freiheit für sich selbst hätten sorgen können –, mit festem Griff festhielt und dennoch den einzigen Krüppel unter ihnen freiließ, der praktisch verhungern und sterben musste.

Hätte ein frommer Bruder aus dem Norden Master Thomas gefragt, *warum* er weiterhin die Beziehung eines Sklavenhalters zu denen aufrechterhielt, die er hielt, so wäre seine Antwort zweifellos genau die gleiche gewesen wie die vieler anderer religiöser Sklavenhalter auf diese Frage, nämlich: „Ich halte meine Sklaven zu ihrem eigenen Wohl."

So schlimm meine Lage auch war, als ich bei Master Thomas lebte, so sollte ich doch bald ein weitaus quälenderes und bittereres Leben erleben. Die vielen Meinungsverschiedenheiten, die zwischen mir und Master Thomas aufkamen, die auf meine klare Wahrnehmung seines Charakters und die Kühnheit zurückzuführen waren, mit der ich mich gegen seine kapriziösen Klagen verteidigte, veranlassten ihn zu der Erklärung, dass ich für seine Bedürfnisse ungeeignet sei; dass mein Stadtleben mich verderblich beeinflusst habe; dass es mich tatsächlich für jeden guten Zweck fast ruiniert und für alles Schlechte geeignet gemacht habe. Einer meiner größten Fehler oder Vergehen war, dass ich sein Pferd davonlaufen ließ und es auf die Farm seines Schwiegervaters brachte. Das Tier hatte eine Vorliebe für diese Farm, die ich voll und ganz nachvollziehen konnte. Immer wenn ich es herausließ, raste es die Straße hinunter zu Mr. Hamilton, als ob es einen großen Spaß hätte. Da mein Pferd weg war, musste ich ihm natürlich nachgehen. Die Erklärung für unsere gegenseitige Zuneigung zu dem Ort ist dieselbe; das Pferd fand dort gute Weide und ich fand dort reichlich Brot. Mr. Hamilton hatte seine Fehler, aber seine Sklaven hungern zu lassen, gehörte nicht dazu. Er gab mir Essen in Hülle und Fülle und das auch noch von ausgezeichneter Qualität. In Mr. Hamiltons Köchin – Tante Mary – fand ich eine äußerst großzügige und rücksichtsvolle Freundin. Sie erlaubte mir nie, dorthin zu gehen, ohne mir genug Brot zu geben, um die Defizite von ein oder zwei

Tagen auszugleichen. Master Thomas beschloss schließlich, mein Verhalten nicht länger zu ertragen; er konnte weder mich noch sein Pferd behalten, wir waren so gern auf der Farm seines Schwiegervaters. Ich lebte nun schon fast neun Monate bei ihm, und er hatte mir eine Reihe schwerer Schläge verpasst, ohne dass sich mein Charakter oder mein Verhalten sichtbar verbessert hätten; und nun war er entschlossen, mich hinauszuschicken – wie er sagte – „ *um mich zu brechen* " .

In der Bay Side, ganz in der Nähe des Lagerplatzes, wo mein Herr seine religiösen Eindrücke erhielt, lebte ein Mann namens Edward Covey, der den verabscheuten Ruf genoss, ein erstklassiger Mann im Zureiten junger Neger zu sein. Dieser Covey war ein armer Mann, ein Pächter einer Farm, und dieser Ruf (so verhasst er den Sklaven und allen guten Menschen auch war) war gleichzeitig von immensem Vorteil für ihn. Er ermöglichte es ihm, seine Farm mit sehr geringen Kosten zu bewirtschaften, verglichen mit dem, was es ihn ohne diesen außerordentlichen Ruf gekostet hätte. Einige Sklavenhalter hielten es für einen Vorteil, Mr. Covey ein oder zwei Jahre lang fast kostenlos die Herrschaft über ihre Sklaven zu überlassen, um der hervorragenden Ausbildung willen, die diese Sklaven unter seiner glücklichen Leitung erhielten! Wie einige für ihre Geschicklichkeit bekannte Pferdezureiter, die die besten Pferde des Landes kostenlos reiten, konnte Mr. Covey die feurigsten Pferde der Gegend für sich gewinnen, für die einfache Belohnung, sie *gut zugeritten an ihre Besitzer zurückzugeben* . Zu Mr. Coveys natürlicher Eignung für die Pflichten seines Berufs kam noch hinzu, dass er „Religion liebte" und in der Pflege der Frömmigkeit ebenso streng war wie in der Bewirtschaftung seines Hofes. Einige, die unter seiner Leitung gestanden hatten, machten mich auf seinen Charakter aufmerksam; und obwohl ich mich nicht darauf freute, zu ihm zu gehen, war ich froh, von St. Michael wegzukommen. Ich war sicher, bei Covey genug zu essen zu bekommen, auch wenn ich in anderer Hinsicht zu leiden hatte. Für einen hungrigen Mann ist *dies* keine Aussicht, die man mit Gleichgültigkeit betrachten sollte.

KAPITEL XV.
Covey, der Negerbrecher

REISE ZU MEINEM NEUEN HERRN – MEDITATIONEN UNTERWEGS – ANSICHT VON COVEYS WOHNUNG – DIE FAMILIE – MEINE UNFALLBARKEIT ALS FELDARBEITER – EINE GRAUSAME Prügelstrafe – WARUM SIE VERURSACHT WURDE – BESCHREIBUNG VON COVEY – ERSTES ABENTEUER BEIM OCHSENTREIBEN – HAARBREITE ENTKOMMT – OCHSE UND MENSCH SIND GLEICHERMASSEN EIGENTUM – COVEYS ART, MIT DER PEITSCHE VORZUGEHEN – HARTE ARBEIT IST BESSER ALS DIE PEITSCHE, UM DEN GEIST ZU BRECHEN – COVEYS LIST UND TRICK – FAMILIENROTSCHAFT – SCHOCKIERENDE VERACHTUNG DER KEUSCHHEIT – ICH BIN ZERSTÖRT – GROSSE GEISTIGE AUFREGUNG BEIM VERGLEICH DER FREIHEIT DER SCHIFFE MIT SEINER EIGENEN SKLAVEREI – UNBESCHREIBLICHE ANGST.

Am Morgen des 1. Januar 1834, mit seinem eisigen Wind und beißenden Frost, ganz im Einklang mit dem Winter in meinen eigenen Gedanken, befand ich mich mit meinem kleinen Kleiderbündel am Ende eines Stocks, den ich über meine Schulter gehängt hatte, auf der Hauptstraße und bog in Richtung Covey's ab, wohin ich von Master Thomas herrisch beordert worden war. Letzterer hatte Wort gehalten und mich vorbehaltlos der Herrschaft von Mr. Edward Covey anvertraut. Acht oder zehn Jahre waren nun vergangen, seit ich aus der Hütte meiner Großmutter in Tuckahoe geholt worden war; und diese Jahre hatte ich größtenteils in Baltimore verbracht, wo ich – wie der Leser bereits gesehen hat – vergleichsweise zärtlich behandelt wurde. Ich war nun dabei, tiefere Tiefen des Sklavenlebens zu ergründen. Die Härten eines Feldes, das weniger erträglich war als das Schlachtfeld, erwarteten mich. Mein neuer Herr war für sein wildes und grausames Wesen berüchtigt, und mein einziger Trost, bei ihm zu leben, war die Gewissheit, ihn genau so vorzufinden, wie ihn der allgemeine Ruf verkörperte. Ich war weder voller Freude im Herzen noch federnd, als ich mich auf die Suche nach dem Haus des Tyrannen machte. Ich war froh, Thomas Aulds Haus verlassen zu können, und die grausame Peitsche ließ mich davor zurückschrecken, zu Coveys Haus zu gehen. Ein Entkommen war unmöglich; und so schritt ich bedrückt und traurig die sieben Meilen, die Coveys Haus von St. Michaels trennten, auf und ab – und dachte viel nach auf dem einsamen Weg –, abgeneigt über meine Lage; aber *Nachdenken* war alles, was ich tun konnte. Wie ein Fisch im Netz, den man eine Zeitlang spielen lässt, wurde ich nun schnell ans Ufer gezogen und war an allen Punkten gesichert. „Ich bin", dachte ich, „nur das Spiel einer Macht, die weder auf mein Wohlergehen noch auf mein Glück Rücksicht nimmt." Nach einem Gesetz, das ich klar begreife, dem ich jedoch weder ausweichen noch widerstehen kann, werde ich erbarmungslos vom Herd einer liebevollen Großmutter gerissen und in das Haus eines geheimnisvollen „alten Meisters" verschleppt; von dort werde ich wieder zu einem Meister in Baltimore gebracht; von dort werde ich an die Ostküste verschleppt, um mit den Tieren des Feldes geschätzt und mit ihnen für einen Besitzer aufgeteilt und abgesondert zu werden; dann werde ich nach Baltimore zurückgeschickt; und als ich neue Bindungen geknüpft habe und zu hoffen beginne, dass mich keine groben Schläge mehr treffen, kommt es zu Meinungsverschiedenheiten zwischen Brüdern, und ich werde wieder getrennt und nach St. Michael geschickt; und nun mache ich mich von letzterem Ort auf den Weg zum Haus eines neuen Meisters, wo ich, wie man mir zu verstehen gibt, wie ein wildes junges Arbeitstier dem Joch einer bitteren und lebenslangen Knechtschaft unterworfen werde."

Mit solchen Gedanken und Überlegungen kam ich in Sichtweite eines kleinen holzfarbenen Gebäudes, etwa eine Meile von der Hauptstraße entfernt, das ich aufgrund der Beschreibung, die ich zu Beginn erhalten hatte, leicht als mein neues Zuhause erkannte. Die Chesapeake Bay – an deren vorspringendem Ufer das kleine holzfarbene Haus stand – weiß von Schaum, der vom starken Nordwestwind aufgewirbelt wurde; Poplar Island, bedeckt mit einem dichten, schwarzen Kiefernwald, der aus diesem halben Ozean herausragt; und Kent Point, das seine sandigen, wüstenartigen Ufer in die schaumbedeckte Bucht hineinstreckte – alles war in Sichtweite und verstärkte den wilden und trostlosen Eindruck meines neuen Zuhauses.

Die guten Kleider, die ich aus Baltimore mitgebracht hatte, waren inzwischen abgenutzt und nicht ersetzt worden, denn Master Thomas kümmerte sich ebenso wenig darum, uns gegen die Kälte wie gegen den Hunger zu schützen. Als mir hier ein Nordwind entgegenwehte, der über eine offene Fläche von vierzig Meilen fegte, war ich froh, jeden Hafen zu erreichen, und so begab ich mich schnell zu dem kleinen holzfarbenen Haus. Die Familie bestand aus Mr. und Mrs. Covey, Miss Kemp (eine Frau mit gebrochenem Rücken), einer Schwester von Mrs. Covey, William Hughes, dem Cousin von Edward Covey, Caroline, der Köchin, Bill Smith, einem Tagelöhner, und mir. Bill Smith, Bill Hughes und ich waren die Arbeiter auf der Farm, die aus drei- oder vierhundert Morgen Land bestand. Ich sollte jetzt zum ersten Mal in meinem Leben Feldarbeiter sein, und in meiner neuen Beschäftigung fühlte ich mich noch unbeholfener, als man es sich für einen unerfahrenen Jungen vom Lande vorstellen kann, der zum ersten Mal die verwirrenden Szenen des Stadtlebens betritt, und meine Unbeholfenheit machte mir viel Mühe. So seltsam und unnatürlich es auch erscheinen mag, ich war erst drei Tage in meinem neuen Zuhause, als mir Mr. Covey (mein Bruder in der

Methodistenkirche) einen bitteren Vorgeschmack dessen gab, was mich erwartete. Ich nehme an, er dachte, da er nur ein Jahr Zeit hatte, um seine Arbeit zu vollenden, sei es besser, je früher er begann. Vielleicht dachte er, dass wir unsere Beziehungen besser verstehen würden, wenn wir uns sofort prügelten. Aber was auch immer der Grund sein mag, direkt oder indirekt, ich war noch nicht drei volle Tage in seiner Gewalt, als er mich einer äußerst brutalen Züchtigung unterzog. Unter seinen schweren Schlägen floss das Blut in Strömen und auf meinem Rücken hinterließen sich Wunden, so groß wie mein kleiner Finger. Die Wunden auf meinem Rücken von dieser Prügelstrafe blieben wochenlang, denn sie blieben durch den groben und groben Stoff, den ich als Hemd trug, offen. Anlass und Einzelheiten dieses ersten Kapitels meiner Erfahrung als Feldarbeiter müssen erzählt werden, damit der Leser sieht, wie unvernünftig und grausam mein neuer Herr Covey war. Ich fand, dass das Ganze typisch für den Mann war; und wahrscheinlich wurde ich von ihm nicht schlechter behandelt als Dutzende von Jungen, die ihm zuvor anvertraut worden waren, aus ähnlichen Gründen wie denen, die meinen Herrn dazu veranlasst hatten, mich bei ihm unterzubringen. Aber hier sind die mit der Angelegenheit verbundenen Fakten, genau wie sie sich zugetragen haben.

An einem der kältesten Tage des gesamten Monats Januar 1834 wurde mir bei Tagesanbruch befohlen, eine Ladung Holz aus einem Wald etwa zwei Meilen vom Haus entfernt zu holen. Um diese Arbeit zu verrichten, gab mir Mr. Covey ein Paar ungezähmter Ochsen, denn anscheinend waren seine Fähigkeiten im Zähmen nicht auf diese Richtung ausgerichtet; und ich möchte nebenbei anmerken, dass Arbeitstiere im Süden selten so gut ausgebildet sind wie im Norden. In aller Form und mit aller gebotenen Zeremonie wurde ich diesem riesigen Joch ungezähmter Ochsen vorgestellt und mir wurde genau erklärt, welcher „Buck" und welcher „Darby" war – welcher der „in der Hand" und welcher der „frei in der Hand" stehende Ochse war. Der Meister dieser wichtigen Zeremonie war niemand Geringeres als Mr. Covey selbst; und die Vorstellung war die erste dieser Art, die ich jemals erlebt hatte. Mein bisheriges Leben hatte mich von gehörntem Vieh weggeführt, und ich hatte keine Ahnung von der Kunst, es zu führen. Was mit dem „in-Ochsen" im Gegensatz zum „off-Ochsen" gemeint war, wenn beide gleichermaßen an einen Karren und unter ein Joch gebunden waren, konnte ich nicht sehr leicht erraten; und der Unterschied, der durch die Namen und die besonderen Aufgaben jedes einzelnen impliziert wurde, kam mir wie *Griechisch vor. Warum wurde der „off-Ochse" nicht „in-Ochse" genannt? Wo und was ist der Grund für diese Unterscheidung in den Namen, wenn es in den Dingen selbst keinen gibt? Nachdem er mich in „woa", „back", „gee", „hither" eingeweiht* hatte – die gesamte gesprochene Sprache zwischen Ochsen und Fahrer – nahm Mr. Covey ein Seil, etwa zehn Fuß lang und einen Zoll dick, legte ein Ende davon um die Hörner des „in-Hand-Ochsen" und gab mir das andere

Ende und sagte mir, dass ich das Seil festhalten und sie aufhalten müsse, wenn die Ochsen loslaufen würden, was der Schlingel wusste. Ich brauche niemandem, der mit der Willenskraft eines ungezähmten Ochsen vertraut ist, zu sagen, dass dieser Befehl genauso unvernünftig war wie der Befehl, einen tollwütigen Stier auf die Schultern zu nehmen! Ich hatte noch nie Ochsen getrieben, und als Fahrer war ich so ungeschickt, wie man es sich nur vorstellen kann. Es kam für mich nicht in Frage, Mr. Covey gegenüber Unwissenheit vorzutäuschen; etwas in seinem Benehmen verbot das geradezu. Er war ein Mann, mit dem ein Sklave selten Lust hatte zu sprechen. Kalt, distanziert, mürrisch, mit einem Gesicht, das alle Zeichen von kleinlichem Stolz und boshafter Strenge trug, wehrte er alle Annäherungsversuche ab. Covey war kein großer Mann; ich würde schätzen, er war nur etwa 1,78 m groß; er hatte einen kurzen Hals, runde Schultern, war flink und drahtig in seinen Bewegungen und hatte ein schmales, wölfisches Gesicht; mit einem Paar kleiner, grünlich-grauer Augen, die tief unter einer Stirn ohne Würde lagen und ständig in Bewegung waren, und seine Leidenschaften, statt seiner Gedanken, in Sichtweite ließen, ihnen aber nicht in Worte zu fassen vermochten. Das Geschöpf bot einen durch und durch wilden und unheimlichen Anblick, unangenehm und abweisend, im höchsten Maße. Wenn es sprach, tat es aus dem Mundwinkel und in einer Art leisem Knurren, wie ein Hund, wenn man versucht, ihm einen Knochen abzunehmen. Der Kerl hatte mich bereits glauben lassen, dass er noch *schlimmer* war, als er sich präsentiert hatte. Mit seinen Anweisungen und ohne anzuhalten, um Fragen zu stellen, machte ich mich auf den Weg in den Wald, ganz darauf bedacht, meine erste Heldentat als Fahrer auf ehrenhafte Weise zu vollbringen. Die Entfernung vom Haus zum Waldtor – eine ganze Meile, würde ich meinen – konnte ich mit sehr wenig Mühe zurücklegen; denn obwohl die Tiere rannten, war ich schnell genug, um auf dem offenen Feld mit ihnen Schritt zu halten; besonders, da sie mich am Ende des Seils hinter sich herzogen; aber als ich den Wald erreichte, geriet ich schnell in eine bedrückende Lage. Die Tiere erschraken und rannten wild in den Wald, wobei sie den Karren mit voller Wucht gegen Bäume und Baumstümpfe rissen und auf eine absolut furchterregende Art von Seite zu Seite rasten. Während ich das Seil hielt, erwartete ich jeden Moment, zwischen dem Karren und den riesigen Bäumen, zwischen denen sie so wütend hin und her rasten, zerquetscht zu werden. Nachdem sie mehrere Minuten so gerannt waren, wurden meine Ochsen schließlich an einem Baum zum Stehen gebracht, gegen den sie mit großer Gewalt rasten, den Karren umwarfen und sich in verschiedenen jungen Setzlingen verhedderten. Durch den Aufprall wurde der Karren in eine Richtung geschleudert und die Räder und die Deichsel in eine andere, und alles geriet in größte Verwirrung. Da war ich nun, ganz allein, in einem dichten Wald, in dem ich ein Fremder war; mein Karren war umgekippt und zerschmettert; meine Ochsen waren verheddert, wild und wütend; und ich, die arme Seele! brauchte nur eine unerfahrene Hand, um all diese Unordnung wieder in Ordnung zu bringen. Ich wusste von Ochsen nicht mehr, als ein Ochsentreiber von Weisheit wissen sollte. Nachdem ich einige Augenblicke dagestanden und die Schäden und die Unordnung begutachtet hatte, und nicht ohne eine Vorahnung, dass dieses Unglück noch weitere, noch schlimmere nach sich ziehen würde, nahm ich ein Ende des Karrens und hob es mit zusätzlichem Kraftaufwand in Richtung der Achse, von der es heftig geschleudert worden war; und nach langem Ziehen und Zerren gelang es mir, den Karren an seinen Platz zu bringen. Dies war ein wichtiger Schritt aus der Schwierigkeit, und seine Leistung stärkte meinen Mut für die Arbeit, die noch zu tun war. Der Karren war mit einer Axt ausgestattet, einem Werkzeug, mit dem ich auf der Werft in Baltimore ziemlich gut vertraut geworden war. Mit dieser fällte ich die jungen Bäume, in denen meine Ochsen verfangen waren, und setzte meine Reise mit klopfendem Herzen fort, damit die Ochsen nicht wieder auf die Idee kommen könnten, einen Streich zu spielen. Meine Befürchtungen waren unbegründet. Ihr Gelage war fürs Erste vorbei und die Gauner zogen nun so nüchtern davon, als ob ihr Verhalten natürlich und vorbildlich gewesen wäre. Als ich den Teil des Waldes erreichte, in dem ich am Tag zuvor Holz gehackt hatte, lud ich den Karren mit einer schweren Ladung voll, als Sicherheit, falls noch einer davonlief. Aber der Hals eines Ochsen ist so stark wie Eisen. Er trotzt allen gewöhnlichen Belastungen, wenn er aufgeregt ist. Der Ochse ist zahm und gefügig wie ein Sprichwort, wenn er *gut* trainiert ist, aber er ist das mürrischste und widerspenstigste aller Tiere, wenn er nur halb ans Joch gezähmt ist.

Jetzt sah ich in meiner Situation mehrere Ähnlichkeiten mit der der Ochsen. Sie waren Eigentum, ich auch; sie mussten gebrochen werden, ich auch. Covey musste mich brechen, ich musste sie brechen; brechen und gebrochen werden – so ist das Leben.

Der halbe Tag ist schon vorbei und ich bin noch nicht auf dem Heimweg! Ich brauchte nur zwei Tage Erfahrung und Beobachtung, um zu wissen, dass Covey eine solche offensichtliche Zeitverschwendung nicht so leicht übersehen würde. Ich eilte also nach Hause, aber als ich das Tor erreichte, erlebte ich die Krönung des Tages. Dieses Tor war ein schönes Beispiel südlicher Handwerkskunst. Es bestand aus zwei riesigen Pfosten, 45 cm im Durchmesser, grob behauen und quadratisch, und das schwere Tor war so an einem davon aufgehängt, dass es sich nur etwa zur Hälfte der eigentlichen Entfernung öffnen ließ. Als ich hier ankam, musste ich das Ende des Seils an den Hörnern des „in der Hand“ gehaltenen Ochsen loslassen; und sobald das Tor offen war und ich es wieder losließ, um das Seil zu holen, rannten meine Ochsen – ohne etwas von ihrer Ladung zu merken – mit voller Kraft los; und dabei erwischten sie das riesige Tor zwischen Rad und Wagenkasten, zerschmetterten es buchstäblich in Splitter und hätten mich nur wenige Zentimeter davon entfernt einer ähnlichen Zerschmetterung ausgesetzt, denn ich war gerade vor dem Rad, als es gegen den linken Torpfosten prallte. Mit diesen beiden haarscharfen Fluchtversuchen glaubte ich, Mr. Covey die Verzögerung erfolgreich erklären und eine befürchtete Strafe abwenden zu können. Ich hatte die schwache Hoffnung, für die unerschütterliche Entschlossenheit gelobt zu werden, die ich bei der Bewältigung dieser schwierigen Aufgabe gezeigt hatte – eine Aufgabe, die, wie ich später erfuhr, nicht einmal Covey selbst übernommen hätte, ohne die Ochsen vorher eine Zeitlang über das offene Feld zu treiben, bevor sie in den Wald gingen. Aber darin wurde ich enttäuscht. Als ich zu ihm kam, nahm sein Gesicht einen Ausdruck starren Missfallens an, und als ich ihm die Geschichte der Verluste meiner Reise erzählte, wurde sein wölfisches Gesicht mit seinen grünlichen Augen äußerst wild. „Geh wieder zurück in den Wald", sagte er und murmelte noch etwas von Zeitverschwendung. Ich gehorchte hastig; aber ich war noch nicht weit gekommen, als ich ihn hinter mir herkommen sah. Meine Ochsen benahmen sich jetzt mit merkwürdiger Anständigkeit und stellten ihr gegenwärtiges Verhalten meiner Beschreibung ihrer früheren Mätzchen entgegen. Ich wünschte fast, sie würden jetzt, da Covey kam, etwas tun, das dem Charakter entsprach, den ich ihnen gegeben hatte; aber nein, sie hatten ihren Bummel bereits hinter sich und konnten es sich jetzt leisten, besonders brav zu sein, indem sie meinen Befehlen bereitwillig gehorchten und sie anscheinend genauso gut verstanden wie ich selbst. Als wir den Wald erreichten, kam mein Peiniger – der die ganze Zeit über das gute Verhalten seiner Ochsen zu bemerken schien – auf mich zu und befahl mir, den Karren anzuhalten, wobei er dies mit der Drohung begleitete, er würde mir jetzt beibringen, wie man Tore aufbricht, und meine Zeit vertrödeln, wenn er mich in den Wald schickte. Covey ließ seinen Worten Taten folgen und schritt in seiner eigenen drahtigen Art zu einem großen schwarzen Gummibaum, dessen junge Triebe aufgrund ihrer enormen Zähigkeit üblicherweise für Ochsentreiber verwendet werden . Drei dieser *Treiber* , zwischen vier und sechs Fuß lang, schnitt er mit seinem großen Klappmesser ab und stutzte sie. Danach befahl er mir, meine Kleider auszuziehen. Auf diesen unvernünftigen Befehl antwortete ich nicht, sondern weigerte mich strikt, meine Kleider auszuziehen. „Wenn du mich schlagen willst", dachte ich, „dann sollst du es über meine Kleider tun." Nach vielen Drohungen, die keinerlei Eindruck auf mich machten, stürzte er sich mit der Wildheit eines Wolfes auf mich, riss mir die wenigen und kaum abgenutzten Kleider vom Leib und rieb mir dann die schweren Treiber, die er aus dem Gummibaum geschnitten hatte, auf dem Rücken ab. Diese Tracht Prügel war die erste einer Reihe von Tracht Prügeln. und obwohl es sehr schwerwiegend war, war es doch weniger schwerwiegend als viele, die danach kamen, und diese betrafen weitaus weniger schwerwiegende Vergehen als das Aufbrechen des Tores.

Ich blieb ein Jahr bei Mr. Covey (ich kann nicht sagen, dass ich bei ihm *lebte*) und während der ersten sechs Monate, die ich dort war, wurde ich jede Woche ausgepeitscht, entweder mit Stöcken oder Kuhhäuten. Knochenschmerzen und ein schmerzender Rücken waren meine ständigen Begleiter. Obwohl die Peitsche häufig zum Einsatz kam, betrachtete Mr. Covey sie weniger als Mittel, meinen Geist zu brechen, als als harte und lang anhaltende Arbeit. Er ließ mich ununterbrochen arbeiten, bis ich meine Ausdauerfähigkeit erschöpfte. Von Tagesanbruch bis zur völligen Dunkelheit am Abend musste ich auf dem Feld oder im Wald hart arbeiten. Zu bestimmten Jahreszeiten mussten wir alle bis elf oder zwölf Uhr abends auf dem Feld bleiben. Zu diesen Zeiten begleitete uns Covey auf dem Feld und trieb uns mit Worten oder Schlägen an, wie es ihm am besten schien. Er war in seinem Leben Aufseher gewesen und verstand das Geschäft des Sklaventreibens gut. Man konnte ihn nicht täuschen. Er wusste genau, was ein Mann oder ein Junge tun konnte, und er hielt sich an beide. Wenn es ihm gefiel, arbeitete er wie ein echter Türke und ließ alles vor sich hinfliegen. Es war jedoch kaum nötig, dass Mr. Covey wirklich auf dem Feld anwesend war, damit seine Arbeit fleißig voranging. Er hatte die Gabe, uns das Gefühl zu geben, dass er immer anwesend war. Durch eine Reihe geschickt eingesetzter Überraschungen, die er einsetzte, war ich darauf vorbereitet, ihn jeden Moment zu erwarten. Sein Plan war, sich niemals offen, männlich und direkt der Stelle zu nähern, an der seine Hände arbeiteten. Kein Dieb war jemals raffinierter in seinen Anschlägen als dieser Covey. Er kroch und krabbelte in Gräben und Schluchten, versteckte sich hinter Baumstümpfen und Büschen und übte so viel von der List der Schlange aus, dass Bill Smith und ich – unter uns – ihn nie anders nannten als *„die Schlange"*. Wir bildeten uns ein, dass wir in seinen Augen und seinem Gang eine schlangenhafte Ähnlichkeit erkennen konnten. Die Hälfte seiner Fertigkeiten in der Kunst des Negerbrechens bestand, glaube ich, in dieser Art von List. Wir waren nie sicher. Er konnte uns fast die ganze Zeit sehen oder hören. Er war für uns hinter jedem Baumstumpf, Baum, Busch und Zaun auf der Plantage. Er trieb diese Art von Trickserei so weit, dass er manchmal auf sein Pferd stieg und vorgab, er würde nach St. Michael gehen. Dreißig Minuten später konnte man sein Pferd angebunden im Wald finden und den schlangenartigen Covey flach im Graben liegen, mit dem Kopf über den Rand gehoben, oder in einer Zaunecke, wo er jede Bewegung der Sklaven beobachtete! Ich habe erlebt, wie er auf uns zukam und uns im Voraus spezielle Anweisungen für unsere Arbeit gab, als ob er das Haus verließe, um mehrere Tage weg zu sein. Und bevor er den halben Weg zum Haus zurückgelegt hatte, nutzte er unsere Unachtsamkeit gegenüber seinen Bewegungen aus, um auf dem Absatz kehrtzumachen, sich hinter einer Zaunecke oder einem Baum zu verstecken und uns bis zum Sonnenuntergang zu beobachten. So gemein und verachtenswert das alles auch ist, es entspricht dem Charakter, den das Leben eines Sklavenhalters hervorbringen soll. In der Lage des Sklaven gibt es keinen irdischen Anreiz, der ihn zu treuer Arbeit anspornen könnte. Die Angst vor Bestrafung ist bei ihm das einzige Motiv für jegliche Art von Fleiß. Da der Sklavenhalter diese Tatsache kennt und den Sklaven nach seinem eigenen Ermessen beurteilt, kommt er natürlich zu dem Schluss, dass der Sklave untätig sein wird, wenn der Grund für diese Angst nicht vorhanden ist. Daher werden alle möglichen kleinen Täuschungen angewandt, um diese Angst zu schüren.

Doch für Mr. Covey war Betrug etwas Natürliches. Alles, was er an Bildung oder Religion besaß, war auf diese halblügnerische Neigung ausgerichtet. Er schien sich nicht bewusst zu sein, dass diese Praxis etwas Unmännliches, Niederträchtiges oder Verächtliches an sich hatte. Für ihn war sie Teil eines wichtigen Systems, das für die Beziehung zwischen Herr und Sklave wesentlich war. Ich glaubte, in seiner religiösen Hingabe dieses beherrschende Element seines Charakters zu erkennen. Ein langes Gebet am Abend machte das kurze Gebet am Morgen wett; und nur wenige Männer konnten frommer wirken als er, wenn er nichts anderes zu tun hatte.

Mr. Covey war nicht zufrieden mit dem kalten Stil des Familiengottesdienstes, der in diesen kalten Breitengraden üblich ist und mit einem einfachen Gebet beginnt und endet. Nein! Die Stimme des Lobpreises und des Gebets musste in seinem Haus zu hören sein, morgens und abends. Anfangs wurde ich aufgefordert, an diesen Übungen teilzunehmen, aber die wiederholte Tracht Prügel, die Covey mir verpasste, machte die ganze Sache lächerlich. Er war ein schlechter Sänger und verließ sich hauptsächlich darauf, dass ich die Hymne für die Familie ansang, und als ich dies nicht tat, geriet er in große Verwirrung. Ich glaube nicht, dass er mich wegen dieser Peinlichkeiten jemals beschimpfte. Seine Religion war etwas völlig Unabhängiges von seinen weltlichen Belangen. Er kannte sie nicht als ein heiliges Prinzip, das sein tägliches Leben leitete und kontrollierte und es den Anforderungen des Evangeliums anpasste. Ein oder zwei Fakten werden seinen Charakter besser veranschaulichen als ein Band mit Allgemeinplätzen.

Ich habe bereits gesagt oder angedeutet, dass Mr. Edward Covey ein armer Mann war. Tatsächlich war er gerade dabei, den Grundstein für sein Vermögen zu legen, so wie man Vermögen in einem Sklavenstaat betrachtet. Die erste Voraussetzung für Reichtum und Ansehen ist dort der Besitz menschlichen Eigentums. Der arme Mann setzt alles daran, es zu erlangen, und legt wenig Wert auf die Art und Weise, wie er es erlangt. Bei der Verfolgung dieses Ziels erwies sich Mr. Covey, so fromm er auch war, als ebenso skrupellos und gemein wie der schlimmste seiner Nachbarn. Anfangs war er nur in der Lage – wie er sagte – „eine Sklavin zu kaufen“; und so skandalös und schockierend die Tatsache auch ist, er prahlte, er habe sie einfach „ *als Zuchttier* " gekauft. Aber das Schlimmste ist in dieser nackten Aussage nicht gesagt. Diese junge Frau (ihr Name war Caroline) wurde von Mr. Covey praktisch gezwungen, sich dem Ziel hinzugeben, für das er sie gekauft hatte; und das Ergebnis war die Geburt von Zwillingen am Ende des Jahres. Edward Covey und seine Frau Susan freuten sich riesig über diesen Zuwachs in ihrem menschlichen Bestand. Niemand dachte daran, der Frau Vorwürfe zu machen oder den Angestellten Bill Smith, den Vater der Kinder, zu kritisieren, denn Mr. Covey selbst hatte die beiden jede Nacht zusammen eingesperrt und damit das Ergebnis heraufbeschworen.

Aber ich werde dieses abstoßende Thema nicht weiter verfolgen. Es gibt kein besseres Beispiel für den unkeuschen und demoralisierenden Charakter der Sklaverei als die Tatsache, dass dieser angeblich christliche Sklavenhalter inmitten all seiner Gebete und Hymnen schamlos und prahlerisch unverhohlene und ungemilderte Unzucht in seinem eigenen Haus förderte und tatsächlich dazu zwang, um seinen menschlichen Bestand zu vergrößern. Ich möchte hier anmerken, dass diese Tatsache im Norden mit Abscheu und Scham gelesen wird, im Süden jedoch als schockierend und lobenswert bei Mr. Covey *ausgelacht* wird; denn ein Mann wird dort nicht mehr verurteilt, wenn er eine Frau kauft und sie diesem Leben der Unehre weiht, als wenn er eine Kuh kauft und mit ihr Vieh züchtet. Es werden dieselben Regeln befolgt, um die Zahl und Qualität der ersteren wie der letzteren zu erhöhen.

Ich werde hier wiedergeben, was ich vor mehr als zehn Jahren über meine eigenen Erfahrungen an diesem elenden Ort gesagt habe:

Wenn ich zu einer Zeit meines Lebens mehr als zu einer anderen die bittersten Rückstände der Sklaverei zu mir nehmen musste, dann war es die Zeit während der ersten sechs Monate meines Aufenthalts bei Mr. Covey. Wir mussten bei jedem Wetter arbeiten. Es war nie zu heiß oder zu kalt; es konnte nie zu stark regnen, stürmen, schneien oder hageln, als dass wir auf dem Feld hätten arbeiten können. Arbeit, Arbeit, Arbeit war kaum mehr an der Tages- als an der Nachtordnung. Die längsten Tage waren zu kurz für ihn und die kürzesten Nächte waren zu lang für ihn. Ich war etwas widerspenstig, als ich das erste Mal dorthin kam; aber ein paar Monate seiner Disziplin zähmten mich. Mr. Covey gelang es, mich zu brechen. Ich war an Körper, Seele und Geist gebrochen. Meine natürliche Elastizität war zerstört; mein Intellekt erlahmte; die Neigung zum Lesen verschwand; der fröhliche Funke, der in meinen Augen verweilte, erlosch; die dunkle Nacht der Sklaverei brach über mich herein; und siehe, ein Mann verwandelte sich in ein Tier!

Der Sonntag war meine einzige Freizeit. Ich verbrachte sie in einer Art tierischem Stupor, zwischen Schlafen und Wachsein, unter einem großen Baum. Manchmal stand ich auf, ein Blitz energetischer Freiheit schoss durch meine Seele, begleitet von einem schwachen Hoffnungsstrahl, der einen Moment lang aufflackerte und dann verschwand. Ich sank wieder nieder und trauerte über meinen elenden Zustand. Manchmal wollte ich mir und Covey das Leben nehmen, aber eine Kombination aus Hoffnung und Angst hielt mich davon ab. Meine Leiden auf dieser Plantage erscheinen mir jetzt eher wie ein Traum als wie eine harte Realität.

Unser Haus stand nur wenige Meter von der Chesapeake Bay entfernt, deren breites Inneres immer weiß war von Segeln aus allen Teilen der bewohnbaren Welt. Diese wunderschönen Schiffe, in reinstes Weiß gekleidet und für das Auge freier Menschen so entzückend, waren für mich wie viele verhüllte Geister, die mich mit Gedanken an meinen elenden Zustand erschreckten und quälten. Oft stand ich in der tiefen Stille eines Sommersabbats ganz allein am Ufer dieser herrlichen Bucht und verfolgte mit traurigem Herzen und tränenüberströmten Augen die unzähligen Segel, die sich auf den mächtigen Ozean hinausbewegten. Ihr Anblick berührte mich immer sehr. Meine Gedanken zwangen mich, sie auszusprechen, und dort, mit keinem anderen Publikum als dem Allmächtigen, schüttete ich auf meine grobe Art die Klage meiner Seele aus, indem ich die sich bewegende Menge der Schiffe mit einem Apostroph ansprach:

„Ihr seid losgebunden und frei; ich hänge fest in meinen Ketten und bin ein Sklave! Ihr bewegt euch fröhlich vor dem sanften Sturm und ich traurig vor der blutigen Peitsche! Ihr seid die schnell geflügelten Engel der Freiheit, die um die Welt fliegen; ich bin in eisernen Banden gefangen! O, wäre ich doch frei! O, wäre ich doch auf einem eurer galanten Decks und unter euren schützenden Flügeln! Ach! Zwischen mir und euch wälzen sich die trüben Wasser. Geht weiter, fahrt weiter. O, könnte ich doch auch gehen! Könnte ich doch nur schwimmen! Wenn ich fliegen könnte! O, warum wurde ich als Mensch geboren, aus dem man ein Tier machen sollte! Das freudige Schiff ist verschwunden; es versteckt sich in der trüben Ferne. Ich bin in der heißesten Hölle der endlosen Sklaverei zurückgeblieben. O Gott, rette mich! Gott, befreie mich! Lass mich frei sein! Gibt es einen Gott? Warum bin ich ein Sklave? Ich werde weglaufen. Ich werde es nicht ertragen. Lass dich fangen oder entkomme, ich werde es versuchen. Ich könnte genauso gut an Schüttelfrost sterben wie an Fieber. Ich habe nur ein Leben zu verlieren. Ich könnte genauso gut im Laufen sterben wie im Stehen. Denken Sie nur daran: Hundert Meilen geradeaus nach Norden, und ich bin frei! Versuchen? Ja! So Gott mir helfe, ich werde es tun. Es kann nicht sein, dass ich als Sklave lebe und sterbe. Ich werde aufs Wasser gehen. Diese Bucht wird mich noch in die Freiheit tragen. Die Dampfschiffe steuerten von North Point aus an der

Nordostküste entlang. Ich werde dasselbe tun; und wenn ich an die Spitze der Bucht komme, werde ich mein Kanu losreißen und geradewegs durch Delaware nach Pennsylvania laufen. Wenn ich dort ankomme, werde ich keinen Pass benötigen; ich werde ungestört reisen. Lass nur die erste Gelegenheit kommen, und komme, was wolle, ich ziehe los. In der Zwischenzeit werde ich versuchen, das Joch zu ertragen. Ich bin nicht der einzige Sklave auf der Welt. Warum sollte ich mir Sorgen machen? Ich kann genauso viel ertragen wie jeder von ihnen. Außerdem bin ich nur ein Junge, und alle Jungen sind an jemanden gebunden. Es kann sein, dass mein Elend als Sklave mein Glück nur noch steigert, wenn ich frei bin. Es kommen bessere Tage."

Ich werde nie in der Lage sein, die seelischen Erfahrungen zu beschreiben, die ich während meines Aufenthalts bei Covey durchmachen musste. Ich war völlig zerstört, verändert und verwirrt; zeitweise fast in den Wahnsinn getrieben, und zeitweise musste ich mich mit meinem elenden Zustand abfinden. Alles, was ich in Baltimore an Freundlichkeit erfahren hatte, all meine früheren Hoffnungen und Bestrebungen, in der Welt nützlich zu sein, und die glücklichen Momente, die ich mit religiösen Übungen verbracht hatte, standen im Gegensatz zu meinem jetzigen Schicksal und verstärkten meine Qualen nur noch.

Ich litt sowohl körperlich als auch geistig. Ich hatte weder genügend Zeit zum Essen noch zum Schlafen, außer sonntags. Die Überarbeitung und die brutalen Züchtigungen, denen ich ausgesetzt war, zusammen mit dem ständig nagenden und meine Seele verschlingenden Gedanken – „Ich *bin ein Sklave – ein Sklave fürs Leben – ein Sklave ohne vernünftigen Grund, auf Freiheit zu hoffen*" – machten mich zur Verkörperung geistigen und körperlichen Elends.

KAPITEL XVI.
Ein weiterer Druck des Lasters des Tyrannen

ZUSAMMENFASSUNG DER ERFAHRUNGEN BEI COVEY – DIE ERSTEN SECHS MONATE SCHWERER ALS DIE ZWEITEN – VORBEREITUNGEN FÜR DEN ZUFALL – GRÜNDE FÜR DIE BESCHREIBUNG DER UMSTÄNDE – SZENE IM TREADING YARD – KRANK GEWORDEN – UNGEWÖHNLICHE GRAUSAMKEIT VON COVEY – FLUCHT NACH St. MICHAEL – DIE VERFOLGUNG – LEIDEN IM WALD – WIEDER ZU COVEY ZURÜCKGETRIEBEN – GEBURT VON MASTER THOMAS – DER SKLAVE IST NIE KRANK – ES IST NATÜRLICH, DASS SKLAVEN KRANKHEIT VORTÄUSCHEN – FAULHEIT DER SKLAVENHALTER.

Das vorangegangene Kapitel mit all seinen schrecklichen Vorfällen und schockierenden Momenten kann als angemessene Darstellung der ersten sechs Monate meines Lebens bei Covey angesehen werden. Der Leser muss sich nur einmal pro Woche die Szene im Wald vor Augen führen, wo Covey mich seiner gnadenlosen Peitsche aussetzte, um eine wahre Vorstellung von meiner bitteren Erfahrung dort während der ersten Phase des Zerschlagungsprozesses zu bekommen, durch den mich Mr. Covey führte. Ich habe nicht das Herz, jede einzelne Handlung zu wiederholen, bei der ich Opfer seiner Gewalt und Brutalität wurde. Eine solche Erzählung würde einen viel größeren Band füllen als den vorliegenden. Ich möchte dem Leser nur einen wahrheitsgetreuen Eindruck meines Sklavenlebens vermitteln, ohne ihn unnötig mit grauenhaften Einzelheiten zu belasten.

Da ich an anderer Stelle angedeutet habe, dass meine Härten während der ersten sechs Monate meines Aufenthalts bei Covey viel größer waren als während des restlichen Jahres, und da die Veränderung meiner Lage auf Ursachen zurückzuführen ist, die dem Leser zu einem besseren Verständnis der menschlichen Natur verhelfen können, wenn sie den schrecklichen Extremen der Sklaverei ausgesetzt ist, werde ich die Umstände dieser Veränderung schildern, obwohl es so aussehen mag, als würde ich damit meinen eigenen Mut loben. Sie, lieber Leser, haben gesehen, wie ich gedemütigt, erniedrigt, gebrochen, versklavt und brutalisiert wurde, und Sie wissen, wie das geschah; nun wollen wir uns das Gegenteil von all dem ansehen und wie es zustande kam; und das wird uns durch das Jahr 1834 führen.

An einem der heißesten Tage des Monats August des eben erwähnten Jahres hätte der Leser mich, wenn er durch Coveys Farm gekommen wäre, bei der Arbeit sehen können, in dem, was dort als „Treading Yard" bezeichnet wird

– einem Hof, auf dem Weizen von den Hufen der Pferde aus dem Stroh getreten wird. Ich war dort bei der Arbeit und fütterte den „Fächer", oder besser gesagt, brachte Weizen zum Fächer, während Bill Smith fütterte. Unsere Truppe bestand aus Bill Hughes, Bill Smith und einem Sklaven namens Eli; letzterer war für diesen Anlass angeheuert worden. Die Arbeit war einfach und erforderte mehr Kraft und Aktivität als Geschick oder Intelligenz, und doch war sie für jemanden, der an solche Arbeit überhaupt nicht gewöhnt war, sehr schwer. Die Hitze war intensiv und überwältigend, und es herrschte große Eile, den Weizen, der an diesem Tag ausgetreten war, durch den Fächer zu bringen; denn wenn diese Arbeit eine Stunde vor Sonnenuntergang erledigt wurde, hätten die Arbeiter, einem Versprechen von Covey zufolge, diese Stunde länger als ihre Nachtruhe gehabt. Ich stand keinem von ihnen in dem Wunsch nach, die Arbeit des Tages vor Sonnenuntergang zu beenden, und kämpfte daher mit aller Kraft, um die Arbeit voranzutreiben. Das Versprechen einer Stunde Ruhe an einem Wochentag genügte, um mein Tempo zu beschleunigen und mich zu zusätzlichen Anstrengungen anzuspornen. Außerdem hatten wir alle vorgehabt, angeln zu gehen, und ich wollte dabei natürlich mithelfen. Aber ich wurde enttäuscht, und der Tag erwies sich als einer der bittersten, die ich je erlebt hatte. Gegen drei Uhr, als die Sonne ihre brennenden Strahlen herabströmen ließ und kein Lüftchen wehte, brach ich zusammen; meine Kräfte verließen mich; ich bekam heftige Kopfschmerzen, begleitet von extremem Schwindel und Zittern in allen Gliedern. Als ich ahnte, was auf mich zukam, und fühlte, dass es nie gut wäre, mit der Arbeit aufzuhören, nahm ich meinen Mut zusammen und taumelte weiter, bis ich neben dem Weizenfächer umfiel und das Gefühl hatte, die Erde sei auf mich gefallen. Dies brachte die gesamte Arbeit zum Stillstand. Es gab Arbeit für vier; jeder hatte seine Rolle zu erfüllen, und jede Rolle hing von der anderen ab, so dass, wenn einer aufhörte, alle gezwungen waren, aufzuhören. Covey, der inzwischen zu meinem Schrecken und Peiniger geworden war, war im Haus, etwa hundert Meter von der Stelle entfernt, wo ich fächelte, und als er hörte, dass der Fächler aufhörte, kam er sofort zum Trethof hinunter, um nach dem Grund unseres Aufhörens zu fragen. Bill Smith sagte ihm, ich sei krank und könne dem Fächler kein Weizen mehr bringen.

Ich war inzwischen unter einem Lattenzaun in den Schatten gekrochen und fühlte mich äußerst krank. Die intensive Hitze der Sonne, der schwere Staub, der vom Ventilator aufstieg, das Bücken, um das Weizen vom Hof zu holen, und die Eile, durchzukommen, hatten einen Blutschwall in meinem Kopf verursacht. In diesem Zustand kam Covey, der herausgefunden hatte, wo ich war, zu mir und fragte mich, nachdem er eine Weile über mir gestanden hatte, was los sei. Ich erzählte es ihm, so gut ich konnte, denn ich konnte kaum sprechen. Dann gab er mir einen wilden Tritt in die Seite, der meinen ganzen Körper erschütterte, und befahl mir aufzustehen. Der Mann hatte die völlige Kontrolle über mich erlangt, und wenn er mir befohlen hätte, irgendetwas Mögliches zu tun, hätte ich in meinem damaligen Geisteszustand versucht, nachzugeben. Ich machte einen Versuch aufzustehen, fiel aber bei dem Versuch zurück, bevor ich wieder auf die Beine kam. Das Tier gab mir jetzt einen weiteren heftigen Tritt und befahl mir erneut, aufzustehen. Ich versuchte erneut aufzustehen und schaffte es, wieder auf die Beine zu kommen; doch als ich mich bückte, um die Wanne zu holen, mit der ich den Ventilator fütterte, taumelte ich erneut und fiel zu Boden; und ich wäre wohl auch so gefallen, wenn ich sicher gewesen wäre, dass mich als Folge davon hundert Kugeln durchbohrt hätten. Während ich in diesem traurigen Zustand und vollkommen hilflos am Boden lag, nahm der gnadenlose Negerbrecher die Hickory-Platte, mit der Hughes den Weizen auf eine Höhe mit den Seiten des halben Scheffelmaßes (eine sehr harte Waffe) abgestochen hatte, und versetzte mir mit der scharfen Kante einen heftigen Schlag auf den Kopf, der eine große Wunde hinterließ und das Blut frei fließen ließ, und sagte gleichzeitig: „Wenn *Sie Kopfschmerzen haben, werde ich Sie heilen*.“ Nachdem er dies getan hatte, befahl er mir erneut aufzustehen, doch ich unternahm keinen Versuch, dies zu tun; denn ich war zu dem Schluss gekommen, dass es sinnlos war und dass das herzlose Monster nun sein Schlimmstes tun könnte; er konnte mich nur töten, und das könnte mich von meinem Elend erlösen. Als Covey feststellte, dass ich nicht aufstehen konnte oder vielmehr daran verzweifelte, verließ er mich, um die Arbeit ohne mich fortzusetzen. Ich blutete sehr stark und mein Gesicht war bald mit meinem warmen Blut bedeckt. So grausam und gnadenlos das Motiv für diesen Schlag auch war, lieber Leser, die Wunde war ein Glücksfall für mich. Bluten war nie wirksamer. Der Schmerz in meinem Kopf ließ schnell nach und ich konnte bald aufstehen. Covey hatte mich, wie gesagt, nun meinem Schicksal überlassen; und die Frage war, sollte ich zu meiner Arbeit zurückkehren oder mich nach St. Michael begeben und Captain Auld mit der grausamen Grausamkeit seines Bruders Covey bekannt machen und ihn anflehen, mir einen anderen Meister zu besorgen? Wenn ich mir vor Augen führte, welche Ziele er verfolgte, als er mich unter Coveys Obhut stellte, und außerdem an seine grausame Behandlung meiner armen, verkrüppelten Cousine Henny und seine Gemeinheit bei der Ernährung und Kleidung seiner Sklaven dachte, gab es wenig Grund zur Hoffnung, von Captain Thomas Auld willkommen geheißen zu werden. Trotzdem beschloss ich, direkt zu Captain Auld zu gehen, da ich dachte, dass er, wenn er nicht von menschlichen Motiven geleitet wäre, sich aus selbstsüchtigen Erwägungen dazu bewegen lassen könnte, sich für mich einzusetzen. „Er kann nicht“, dachte ich, „zulassen, dass sein Eigentum so beschädigt und misshandelt, beschädigt und verunstaltet wird, und ich werde zu ihm gehen und ihm die reine Wahrheit über die Angelegenheit sagen.“ Um auf dem günstigsten und direktesten Weg nach St. Michael zu gelangen, musste ich sieben Meilen laufen, und das war in meinem traurigen Zustand kein leichtes Unterfangen. Ich hatte bereits viel Blut verloren, ich war von den Überanstrengungen erschöpft, meine Seiten schmerzten von den schweren Schlägen, die Mr. Covey mit seinen dicken Stiefeln versetzt hatte, und ich befand mich in jeder Hinsicht in einer ungünstigen Lage für die Reise. Ich wartete jedoch auf meine Chance, während der grausame und listige Covey in die entgegengesetzte Richtung blickte, und machte mich auf den Weg über das Feld nach St. Michael. Dies war ein gewagter Schritt; wenn er misslang, würde er Covey nur erzürnen und die Härte meiner Knechtschaft für den Rest meiner Dienstzeit unter ihm erhöhen; aber der Schritt war getan, und ich musste weiter. Ich schaffte es, fast die Hälfte des weiten Feldes in Richtung Wald zurückzulegen, bevor Mr. Covey mich bemerkte. Ich blutete immer noch, und die Anstrengung des Laufens hatte das Blut erneut in Wallung gebracht. *„Komm zurück! Komm zurück!"*, rief Covey und drohte mir, was er tun würde, wenn ich nicht sofort zurückkäme. Aber ich ignorierte seine Rufe und Drohungen und marschierte so schnell weiter in Richtung Wald, wie es mein schwacher Zustand zuließ. Als Covey keine Anzeichen dafür sah, dass ich anhielt, ließ er sein Pferd herausholen und satteln, als ob er vorhätte, mich zu verfolgen. Das Rennen sollte nun ungleich werden, und da ich dachte, er könnte mich überholen, wenn ich auf der Hauptstraße bliebe, ging ich fast die ganze Strecke durch den Wald und hielt mich dabei weit genug von der Straße entfernt, um nicht entdeckt und verfolgt zu werden. Aber ich war noch nicht weit gekommen, als mir meine wenigen Kräfte wieder fehlten und ich mich hinlegte. Das Blut sickerte immer noch aus der Wunde an meinem Kopf, und eine Zeit lang litt ich mehr, als ich beschreiben kann. Da war ich nun, in den tiefen Wäldern, krank und abgemagert, verfolgt von einem Schurken, dessen Ruf als abstoßende Grausamkeit alle Schimpfwörter übersteigt – blutend und fast blutlos. Ich hatte nicht ohne die Angst, zu verbluten. Der Gedanke, ganz allein im Wald zu sterben und von den Geiern in Stücke gerissen zu werden, war durch meine vielen Sorgen und Strapazen noch nicht erträglich geworden, und ich war froh, als der Schatten der Bäume und die kühle Abendbrise zusammen mit meinem verfilzten Haar die Blutung stoppten. Nachdem ich etwa eine Dreiviertelstunde dort gelegen und über das merkwürdige und traurige Schicksal gegrübelt hatte, das mir bestimmt war, und dabei die ganze Skala oder den ganzen Kreis von Glauben und Unglauben durchgegangen war, vom Glauben an die alles beherrschende Vorsehung Gottes bis hin zum finstersten Atheismus, machte ich mich wieder auf den Weg nach St. Michael, müder und trauriger als am Morgen, als ich Thomas Aulds Haus verließ, um zum Haus von Mr. Covey zu gehen. Ich war barfuß und barhäuptig und trug Hemdsärmel. Der Weg führte durch Sümpfe und Dornen, und ich riss mir während der Reise oft die Füße auf. Ich brauchte volle fünf Stunden, um die sieben oder acht Meilen zurückzulegen; teils wegen der Schwierigkeiten des Weges, teils wegen der Schwäche, die mir meine Krankheit, die Prellungen und der Blutverlust beschert hatten. Als ich den Laden meines Herrn erreichte, machte ich einen Eindruck von Elend und Kummer, der jeden außer einem Herzen aus Stein erschüttern konnte. Vom Scheitel bis zur Fußsohle waren Blutspuren. Mein Haar war ganz mit Staub und Blut verklebt, und die Rückseite meines Hemdes war buchstäblich steif davon. Dornen und Dornen hatten meine Füße und Beine vernarbt und zerrissen und blutige Flecken hinterlassen. Wäre ich aus einer Tigerhöhle entkommen, hätte ich nicht schlimmer aussehen können, als ich St. Michael erreichte. In dieser unglücklichen Lage erschien ich vor meinem angeblich *christlichen* Herrn, um demütig seine Macht und Autorität anzuflehen, mich vor weiteren Misshandlungen und Gewalttaten zu schützen. Auf dem letzten Teil meiner langwierigen Reise nach St. Michael hatte ich zu hoffen begonnen, dass Kapitän Auld sich nun in einem edleren Licht zeigen würde, als ich ihn je zuvor gesehen hatte. Ich wurde enttäuscht. Ich war von einem sinkenden Schiff ins Meer gesprungen; ich war vor dem Tiger in etwas Schlimmeres geflohen. Ich erzählte ihm alle Umstände, so gut ich konnte; wie ich mich bemühte, Covey zufriedenzustellen; wie sehr ich mich im gegenwärtigen Fall anstrengte; wie ungern ich in der Hitze, den Mühen und den Schmerzen zusammenbrach; die brutale Art und Weise, wie Covey mich in die Seite getreten hatte; die Wunde in meinem Kopf; mein Zögern, ihn (Capt. Auld) mit Beschwerden zu belästigen; aber jetzt fühlte ich, dass es nicht länger das Beste wäre, die von Covey von Zeit zu Zeit an mir begangenen Gewalttaten vor ihm zu verbergen. Zuerst schien Master Thomas von der Geschichte meiner Untaten etwas betroffen zu sein, aber bald unterdrückte er seine Gefühle und wurde kalt wie Eisen. Es war unmöglich – als ich zuerst vor ihm stand –, dass er gleichgültig wirkte. Ich sah deutlich, wie seine menschliche Natur ihre Überzeugung gegen das Sklavensystem geltend machte, das Fälle wie meinen *möglich machte;* aber wie ich schon sagte, die Menschheit unterlag der systematischen Tyrannei der Sklaverei. Er ging zuerst durch den Raum, anscheinend sehr aufgeregt über meine Geschichte und den traurigen Anblick, den ich bot; aber bald war *er* an der Reihe zu sprechen. Er begann gemäßigt, indem er Entschuldigungen für Covey fand und endete mit einer vollständigen Rechtfertigung für ihn und einer leidenschaftlichen Verurteilung meiner Person. „Er hatte keinen Zweifel daran, dass ich die Prügel verdiente. Er glaubte nicht, dass ich krank war; ich versuchte nur, die Arbeit loszuwerden. Mein Schwindel war Faulheit, und Covey tat richtig daran, mich zu verprügeln, wie er es getan hatte." Nachdem er mich so ziemlich vernichtet und sich durch seine eigene Beredsamkeit aufgerafft hatte, verlangte er grimmig zu wissen, was ich in diesem Fall *von ihm wollte* !

Da er mir all meine Hoffnungen so vollständig zerstört hatte und ich mich seiner Macht völlig unterworfen fühlte, hatte ich kaum den Mut, zu antworten. Ich durfte meine Unschuld an den Vorwürfen, die er gegen mich erhoben hatte, nicht beteuern, denn das wäre unverschämt und würde wahrscheinlich neue Gewalt und Zorn auf mich herabrufen. Die Schuld eines Sklaven wird immer und überall vermutet, und die Unschuld des Sklavenhalters oder Sklavenhalters wird immer behauptet. Das Wort des Sklaven wird im Gegensatz zu dieser Vermutung im Allgemeinen als Unverschämtheit angesehen, die eine Bestrafung verdient. „Willst du mir widersprechen, du Schurke?" ist ein endgültiges Schweigen von Gegenaussagen aus dem Mund eines Sklaven.

Angesichts meines Schweigens und Zögerns – und vielleicht auch aufgrund eines raschen Blickes auf das Bild des Elends, das ich bot – beruhigte er sich ein wenig und fragte erneut: „Was soll er tun?" Nach dieser zweiten Aufforderung sagte ich Master Thomas, ich wolle, dass er mir ein neues Zuhause und einen neuen Meister erlaube; Mr. Covey würde mich umbringen, so sicher ich auch zu ihm (Capt. Auld) zurückkehrte; er würde es mir nie verzeihen, wenn ich mich mit einer Beschwerde über ihn (Covey) bei ihm (Capt. Auld) beschwerte; seit ich bei ihm lebte, habe er mir beinahe den Mut genommen und ich glaube, er würde mich für meinen künftigen Dienst verderben; mein Leben sei in seinen Händen nicht sicher. Master Thomas *(mein Bruder in der Kirche)* hielt dies für „Unsinn". „Es bestand keine Gefahr, dass Mr. Covey mich umbringen würde; er war ein guter, fleißiger und religiöser Mann, und er würde nicht daran denken, mich aus diesem Zuhause zu werfen; außerdem", sagte er, und das war, wie ich feststellte, der beunruhigendste Gedanke für ihn – „wenn Sie Covey jetzt verlassen sollten, da Ihr Jahr erst zur Hälfte abgelaufen ist, würde ich Ihren Lohn für das ganze Jahr verlieren. Sie gehören Mr. Covey für ein Jahr, und Sie *müssen zu ihm zurückkehren* , komme, was wolle. Sie dürfen mich nicht mit weiteren Geschichten über Mr. Covey belästigen, und wenn Sie nicht sofort nach Hause gehen, werde ich Sie persönlich erreichen." Das war genau das, was ich erwartet hatte, als ich feststellte, dass er den Fall gegen mich *im Voraus beurteilt hatte* . „Aber, Sir", sagte ich, „ich bin es leid und müde, und ich kann heute Abend nicht nach Hause kommen." Daraufhin gab er wieder nach und erlaubte mir schließlich, die ganze Nacht in St. Michael zu bleiben; sagte aber, ich müsse am nächsten Morgen früh los, und schloss seine Anweisungen, indem er mich eine große Dosis Bittersalz schlucken ließ – so ungefähr das einzige Medikament, das Sklaven jemals verabreicht wurde.

Es war ganz natürlich, dass Master Thomas annahm, ich würde eine Krankheit vortäuschen, um der Arbeit zu entgehen, denn er dachte wahrscheinlich, dass *er, wenn er* an der Stelle eines Sklaven wäre, der keinen Lohn für seine Arbeit, kein Lob für gute Arbeit und keinen anderen Grund für seine Mühen als die Peitsche bekäme, alles versuchen würde, um der Arbeit zu entgehen. Ich sage, ich habe daran keinen Zweifel; der Grund ist, dass es unter dem ganzen Himmel keine Menschen gibt, die eine so große Angst vor der Arbeit haben wie die Sklavenhalter. Der Vorwurf der Faulheit gegenüber den Sklaven ist ständig auf ihren Lippen und ist die ständige Entschuldigung für jede Art von Grausamkeit und Brutalität. Diese Menschen „binden buchstäblich schwere Lasten, die kaum zu tragen sind, und legen sie den Menschen auf die Schultern; aber sie selbst wollen sie nicht mit einem Finger bewegen."

Meine lieben Leser werden im nächsten Kapitel das finden, was sie vielleicht hier zu finden erwarteten, nämlich einen Bericht über meine teilweise Befreiung von der Tyrannei Coveys und die deutliche Veränderung, die sie mit sich brachte.

Kapitel XVII.
Die letzte Auspeitschung

EINE SCHLAFLOSE NACHT – RÜCKKEHR ZU COVEY – VON COVEY VERFOLGT – DIE JAGD VERNICHTET – RACHE VERSCHOBEN – GEDANKEN IM WALD – DIE ALTERNATIVE – BEDAUERNDES SCHAUSPIEL – NACHT IM WALD – ERWARTETER ANGRIFF – ANSPRACHE VON SANDY, EINEM FREUND, NICHT EINEM JÄGER – SANDYS GASTFREUNDSCHAFT – DAS „ASH CAKE"-ABENDESSEN – DAS INTERVIEW MIT SANDY – SEIN RAT – SANDY, EIN BESCHAUERER UND AUCH EIN CHRIST – DIE MAGISCHE WURZEL – SELTSAME BEGEGNUNG MIT COVEY – SEIN VERHALTEN – COVEYS SONNTAGSGESICHT – MEINE VERTEIDIGUNGSENTSCHLOSSENHEIT – DER KAMPF – DER SIEG UND SEINE ERGEBNISSE.

Der Schlaf selbst ist nicht immer eine Erleichterung für körperlich Erschöpfte und geistig Gebrochene, besonders wenn vergangene Probleme nur zukünftige Katastrophen ankündigen. Die letzte Hoffnung war erloschen. Mein Herr, von dem ich nicht zu hoffen wagte, dass er mich als *Menschen beschützen würde, hatte sich sogar jetzt geweigert, mich als sein Eigentum* zu beschützen , und hatte mich, bedeckt mit Vorwürfen und Verletzungen, in die Hände eines Fremden zurückgeworfen, der nicht die Gnade genossen hatte, die die Seele der Religion war, zu der er sich bekannte. Möge der Leser nie eine solche Nacht wie die, die mir zugeteilt wurde, vor dem Morgen verbringen, der meine Rückkehr in die Höhle des Schreckens einläuten sollte, aus der ich vorübergehend entkommen war.

Ich blieb die ganze Nacht in St. Michael – ich schlief nicht – und brach am Morgen (Samstag) auf, gemäß dem Befehl von Master Thomas, mit dem Gefühl, keinen Freund auf Erden zu haben, und bezweifelte, ob ich im Himmel einen habe. Ich erreichte Covey gegen neun Uhr, und gerade als ich das Feld betrat, noch bevor ich das Haus erreicht hatte, schoss Covey, getreu seiner schlangenhaften Gewohnheit, aus einer Zaunecke auf mich zu, in der er sich versteckt hatte, um mich festzuhalten. Er war reichlich mit einem Kuhfell und einem Seil ausgestattet, und er hatte offensichtlich vor, *mich zu fesseln* und seine Rache an mir in vollem Umfang zu vollziehen. Ich wäre eine leichte Beute gewesen, wenn es ihm gelungen wäre, mich in die Finger zu bekommen, denn ich hatte seit Freitagmittag keine Erfrischung mehr zu mir genommen, und dies hatte zusammen mit dem Beschuss, der Aufregung und dem Blutverlust meine Kräfte geschwächt. Ich rannte jedoch zurück in den Wald, bevor der wilde Hund mich packen konnte, und vergrub mich in einem Dickicht, wo er mich aus den Augen verlor. Das Kornfeld bot mir

Deckung, als ich in den Wald gelangte. Wäre das hohe Korn nicht gewesen, hätte Covey mich eingeholt und gefangen genommen. Er schien sehr verärgert, dass er mich nicht erwischt hatte, und gab die Verfolgung sehr widerstrebend auf; denn ich konnte seine wütenden Bewegungen auf das Haus zu sehen, von dem aus er seinen Beutezug gestartet hatte.

So, nun bin ich fürs Erste frei von Covey und seiner zornigen Peitsche. Ich bin im Wald, begraben in seiner finsteren Düsternis und eingehüllt in sein feierliches Schweigen; verborgen vor allen menschlichen Augen; eingeschlossen in die Natur und ihren Gott und fern von allen menschlichen Machenschaften. Dies war ein guter Ort zum Beten; um um Hilfe und Erlösung zu beten – ein Gebet, das ich schon oft gesprochen hatte. Aber wie konnte ich beten? Covey konnte beten – Captain Auld konnte beten – ich wollte gern beten; aber Zweifel (die teils daher rührten, dass ich die Gnadenmittel vernachlässigte und teils von der überall vorherrschenden Scheinreligion, die in meinem Kopf Zweifel an aller Religion aufkommen ließ und mich zu der Überzeugung brachte, dass Gebete nutzlos und trügerisch seien) hinderten mich daran, diese Gelegenheit als religiöse zu ergreifen. Das Leben an sich war mir beinahe zur Last geworden. Alle meine äußeren Beziehungen waren gegen mich; Ich musste hier bleiben und verhungern (ich war schon hungrig) oder nach Hause zu Covey gehen und mir das Fleisch in Stücke reißen und meine Seele unter Coveys grausamer Peitsche erniedrigen lassen. Das war die schmerzhafte Alternative, die sich mir bot. Der Tag war lang und ermüdend. Mein körperlicher Zustand war beklagenswert. Ich war schwach von den Strapazen des Vortages und vom Mangel an Nahrung und Ruhe; und ich hatte mich so wenig um mein Aussehen gekümmert, dass ich das Blut noch nicht von meiner Kleidung gewaschen hatte. Ich war ein Gegenstand des Grauens, sogar für mich selbst. Das Leben in Baltimore, als es am bedrückendsten war, war im Vergleich dazu ein Paradies. Was hatte ich getan, was hatten meine Eltern getan, dass ich ein solches Leben führen musste? An diesem Tag im Wald hätte ich meine Männlichkeit gegen die Brutalität eines Ochsen eingetauscht.

Die Nacht kam. Ich war noch immer im Wald und wusste nicht, was ich tun sollte. Der Hunger hatte mich noch nicht so sehr gequält, dass ich nach Hause gehen wollte, und ich legte mich ins Laub, um mich auszuruhen; denn ich hatte den ganzen Tag nach Jägern Ausschau gehalten, aber da ich tagsüber nicht belästigt worden war, erwartete ich auch in der Nacht keine Störung. Ich war zu dem Schluss gekommen, dass Covey sich darauf verließ, dass der Hunger mich nach Hause trieb; und damit hatte ich völlig recht – die Fakten zeigten, dass er seit dem Morgen keinen Versuch unternommen hatte, mich zu fangen.

In der Nacht hörte ich die Schritte eines Mannes im Wald. Er kam auf die Stelle zu, an der ich lag. Eine Person, die still liegt, hat tagsüber einen Vorteil gegenüber einer Person, die im Wald umhergeht, und dieser Vorteil ist nachts noch viel größer. Ich war nicht in der Lage, mich körperlich zu wehren, und griff auf die übliche Zuflucht der Schwachen zurück. Ich versteckte mich im Laub, um nicht entdeckt zu werden. Aber als der nächtliche Waldwanderer näher kam, stellte ich fest, dass er ein *Freund* und kein Feind war; es war ein Sklave von Mr. William Groomes aus Easton, ein gutherziger Kerl namens „Sandy". Sandy lebte in diesem Jahr bei Mr. Kemp, etwa vier Meilen von St. Michael entfernt. Er war wie ich für das Jahr vermietet worden, aber im Gegensatz zu mir nicht, um eingespannt zu werden. Sandy war der Ehemann einer freien Frau, die im unteren Teil von *„Potpie Neck" lebte*, und er war jetzt auf dem Weg durch den Wald, um sie zu sehen und den Sabbat mit ihr zu verbringen.

Sobald ich mich vergewissert hatte, dass der Störenfried meiner Einsamkeit kein Feind war, sondern der gutherzige Sandy – ein Mann, der unter den Sklaven der Nachbarschaft für sein gutes Wesen ebenso berühmt war wie für seinen gesunden Menschenverstand –, kam ich aus meinem Versteck hervor und stellte mich ihm vor. Ich erklärte ihm die Umstände der letzten zwei Tage, die mich in die Wälder getrieben hatten, und er hatte tiefes Mitgefühl für meine Not. Es war eine kühne Tat von ihm, mir Unterschlupf zu gewähren, und ich konnte ihn nicht darum bitten; denn wäre ich in seiner Hütte gefunden worden, hätte er die Strafe von neununddreißig Peitschenhieben auf den nackten Rücken erlitten, wenn nicht noch Schlimmeres. Aber Sandy war zu großzügig, um sich aus Angst vor Strafe davon abhalten zu lassen, einen Mitknecht vor Hunger und Ausgesetztheit zu retten; und deshalb begleitete ich ihn auf eigenen Wunsch zu seinem Haus, oder vielmehr zum Haus seiner Frau – denn das Haus und das Grundstück gehörten ihr. Seine Frau wurde herbeigerufen – es war inzwischen fast Mitternacht –, ein Feuer wurde gemacht, etwas Indianermehl wurde mit Salz und Wasser vermischt und in aller Eile ein Aschekuchen gebacken, um meinen Hunger zu stillen. Sandys Frau stand ihm in Sachen Freundlichkeit in nichts nach – beide schienen es als Privileg zu betrachten, mir zu helfen; denn obwohl ich von Covey und meinem Herrn gehasst wurde, wurde ich von den Farbigen geliebt, weil *sie* dachten, ich würde wegen meines Wissens gehasst und verfolgt, weil man mich fürchtete. Ich war *jetzt der einzige* Sklave in dieser Gegend, der lesen und schreiben konnte. Es hatte noch einen anderen Mann gegeben, der Mr. Hugh Hamilton gehörte und lesen konnte (sein Name war „Jim"), aber dieser arme Kerl war kurz nach meiner Ankunft in der Gegend in den äußersten Süden verkauft worden. Ich sah, wie Jim gebügelt auf dem Karren lag, um ihn nach Easton zum Verkauf zu bringen – gefesselt wie ein Jährling für die Schlachtung. Mein Wissen war jetzt der Stolz meiner Sklavenbrüder; und zweifellos empfand Sandy deshalb ein gewisses allgemeines Interesse an mir. Das Abendessen war bald fertig, und obwohl ich seitdem mit Ehrenwerten, Oberbürgermeistern und

Stadträten jenseits des Meeres geschlemmt habe, war mein Abendessen mit
Sandy, bestehend aus Aschekuchen und kaltem Wasser, die Mahlzeit meines
ganzen Lebens, die mir am besten schmeckte und an die ich mich noch heute
am lebhaftesten erinnere.

Nach dem Abendessen diskutierten Sandy und ich darüber, was ich
angesichts der Gefahren und Strapazen, die jetzt meinen Weg
überschatteten, noch *erreichen konnte* . Die Frage war, ob ich nach Covey
zurückkehren oder den Versuch wagen sollte, wegzulaufen. Nach
sorgfältiger Untersuchung stellte sich heraus, dass Letzteres unmöglich war,
denn ich befand mich auf einer schmalen Landzunge, von der aus mich jeder
Weg in Sichtweite von Verfolgern bringen würde. Auf der rechten Seite war
die Chesapeake Bay, auf der linken der „Pot-Pie"-Fluss, und St. Michael und
seine Umgebung bildeten den einzigen Raum, durch den ich mich
zurückziehen konnte.

Ich fand Sandy als einen alten Ratgeber. Er war nicht nur ein religiöser Mann,
sondern er gab vor, an ein System zu glauben, für das ich keinen Namen
habe. Er war ein echter Afrikaner und hatte einige der sogenannten
magischen Kräfte geerbt, die afrikanische und östliche Völker angeblich
besitzen. Er sagte mir, er könne mir helfen; in genau diesen Wäldern gäbe es
ein Kraut, das man am Morgen finden könne und das alle Kräfte besitze, die
zu meinem Schutz erforderlich seien (ich drückte seine Gedanken in meiner
eigenen Sprache aus); und wenn ich seinen Rat befolgte, würde er mir die
Wurzel des Krauts besorgen, von dem er sprach. Er sagte mir weiter, wenn
ich diese Wurzel nehmen und sie auf meiner rechten Seite tragen würde, wäre
es für Covey unmöglich, mir einen Schlag zu versetzen; mit dieser Wurzel an
meinem Körper könne mich kein Weißer schlagen. Er sagte, er habe sie
jahrelang getragen und ihre Vorzüge gründlich getestet. Seitdem er sie trage,
habe er nie einen Schlag von einem Sklavenhalter erhalten; und er rechnete
auch nie damit, einen zu erhalten, denn er habe immer vorgehabt, diese
Wurzel als Schutz bei sich zu tragen. Er kannte Covey gut, denn Mrs. Covey
war die Tochter von Mr. Kemp. Er (Sandy) hatte von der barbarischen
Behandlung gehört, der ich ausgesetzt war, und wollte etwas für mich tun.

Dieses ganze Gerede über die Wurzel erschien mir sehr absurd und
lächerlich, wenn nicht geradezu sündig. Ich lehnte zunächst die Vorstellung
ab, dass ein einfacher Mensch, der eine Wurzel auf seiner rechten Seite trug
(übrigens eine Wurzel, über die ich jedes Mal lief, wenn ich in den Wald
ging), eine solche magische Kraft besitzen könnte, wie er sie ihm zuschrieb,
und ich war daher nicht geneigt, meine Tasche damit zu belasten. Ich hatte
eine entschiedene Abneigung gegen alle, die vorgaben, *„Wahrsagerei" zu
betreiben*. Es war unter meiner Intelligenz, solche Geschäfte mit dem Teufel
zu dulden, wie diese Macht es implizierte. Aber trotz all meiner Bildung – es
war wirklich sehr wenig – war Sandy mir mehr als gewachsen. „Meine

Bücherkenntnis", sagte er, „hat Covey nicht von mir ferngehalten" (ein starkes Argument gerade damals) und er flehte mich mit blitzenden Augen an, es zu versuchen. Wenn es mir nichts nützte, konnte es mir auch nichts schaden, und es würde mich sowieso nichts kosten. Sandy war so ernsthaft und so überzeugt von den guten Eigenschaften dieses Krauts, dass ich es eher nahm, um ihm zu gefallen, als weil ich von seiner Vortrefflichkeit überzeugt war. Er war für mich der barmherzige Samariter gewesen und hatte mich fast durch die Vorsehung gefunden und mir geholfen, als ich mir selbst nicht helfen konnte; woher wusste ich, dass nicht die Hand des Herrn dabei war? Mit solchen Gedanken nahm ich Sandy die Wurzeln ab und steckte sie in meine rechte Tasche.

Es war natürlich Sonntagmorgen. Sandy drängte mich nun, so schnell wie möglich nach Hause zu gehen und tapfer zum Haus zu gehen, als ob nichts geschehen wäre. Ich sah in Sandy und seinem Aberglauben eine zu tiefe Einsicht in die menschliche Natur, um seinen Rat nicht zu respektieren; und vielleicht war auch ein leichter Schimmer oder Schatten seines Aberglaubens auf mich gefallen. Jedenfalls machte ich mich auf den Weg zu Covey, wie Sandy es mir befohlen hatte. Nachdem ich Sandy am Abend zuvor mein Leid geäußert und ihn zu meiner Verteidigung verpflichtet hatte, nachdem ich seine Frau an meinen Sorgen teilhaben ließ und nachdem ich mich durch Schlaf und Essen gestärkt hatte, machte ich mich ganz mutig auf den Weg zu den gefürchteten Coveys. Merkwürdigerweise traf ich ihn und seine Frau, gerade als ich durch sein Hoftor trat, in ihren Sonntagsstaat gekleidet – sie lächelten wie Engel – auf dem Weg zur Kirche. Coveys Benehmen erstaunte mich. In seinem Gesicht lag etwas wirklich Gütevolles. Er sprach mit mir wie nie zuvor; sagte mir, dass die Schweine in den Stall eingedrungen seien und dass ich sie hinaustreiben solle; er erkundigte sich nach meinem Befinden und schien ein veränderter Mensch zu sein. Dieses außergewöhnliche Verhalten von Covey ließ mich wirklich glauben, dass Sandys Kraut mehr Kraft in sich hatte, als ich in meinem Stolz zugeben wollte; und wäre es ein anderer Tag als Sonntag gewesen, hätte ich Coveys verändertes Benehmen allein der magischen Kraft der Wurzel zugeschrieben. Ich vermutete jedoch, dass der *Sabbat* und nicht die *Wurzel* die wahre Erklärung für Coveys Benehmen war. Seine Religion hinderte ihn daran, den Sabbat zu brechen, aber nicht daran, mir die Haut aufzureißen. Er hatte mehr Respekt vor dem *Tag* als vor dem *Menschen* , dem dieser Tag gnädigerweise gegeben worden war; denn während er meinen Körper unter der Woche zerschnitt und zerstückelte, zögerte er nicht, mich am Sonntag den Wert meiner Seele oder den Lebensweg und die Erlösung durch Jesus Christus zu lehren.

Bis Montagmorgen ging es mir gut. Ob dann die Wurzel ihre Wirkung verloren hatte, ob mein Peiniger sich tiefer in die schwarze Kunst vertieft hatte als ich (wie manchmal von ihm gesagt wurde), oder ob er für seine treue Sabbath-Anbetung eine besondere Nachsicht erlangt hatte, muss ich nicht wissen oder dem Leser mitteilen. So viel kann ich aber *sagen : Das fromme und gütige Lächeln, das am Sonntag* Coveys Gesicht zierte , verschwand am *Montag völlig* . Lange vor Tagesanbruch wurde ich gerufen, um die Pferde zu füttern, zu striegeln und zu striegeln. Ich gehorchte dem Ruf und hätte ihm auch gehorcht, wenn er zu einer früheren Stunde erfolgt wäre, denn während ich an diesem Sonntag nachdachte, hatte ich einen festen Entschluss gefasst, nämlich: jedem Befehl, wie unvernünftig er auch sein mochte, nach Möglichkeit Folge zu leisten, und falls Mr. Covey sich dann daran machen sollte, mich zu schlagen, mich nach besten Kräften zu verteidigen und zu schützen. Meine religiösen Ansichten hinsichtlich des Widerstands gegen meinen Herrn waren durch die grausame Verfolgung, der ich ausgesetzt war, ernsthaft erschüttert worden, und meine Hände waren nicht länger durch meine Religion gebunden. Die Gleichgültigkeit von Herrn Thomas hatte das letzte Bindeglied gebildet. Ich war nun in diesem Ausmaß von diesem Punkt des religiösen Glaubens eines Sklaven „abgewichen" und hatte bald Gelegenheit, meinem sonntagsfrommen Bruder Covey meinen gefallenen Zustand bekannt zu machen.

Während ich seinem Befehl gehorchte, die Pferde zu füttern und für das Feld fertig zu machen, und gerade auf den Stallboden stieg, um ein paar Halme hinunterzuwerfen, schlich sich Covey auf seine besondere schlangenartige Art in den Stall, packte mich plötzlich am Bein und zerrte mich auf den Stallboden, wobei er meinem frisch geheilten Körper einen furchtbaren Stoß versetzte. Ich vergaß nun meine Wurzeln und erinnerte mich an mein Gelübde, *zu meiner eigenen Verteidigung aufzustehen* . Das Tier versuchte geschickt, mir eine Laufschleife um die Beine zu legen, bevor ich meine Füße anziehen konnte. Sobald ich merkte, was er vorhatte, sprang ich plötzlich hoch (meine zweitägige Ruhe hatte mir dabei sehr geholfen), und zweifellos konnte er mich auf diese Weise so schwer zu Boden bringen. Sein Plan, mich zu fesseln, scheiterte. Während er am Boden lag, schien er zu glauben, mich sicher in seiner Gewalt zu haben. Er dachte nicht, dass ihm – wie die Rowdys sagen – ein „harter" Kampf bevorstünde; aber so war die Sache. Woher der Mut kam, der nötig war, um mit einem Mann zu ringen, der mich vor achtundvierzig Stunden mit seinem kleinsten Wort wie ein Blatt im Sturm hätte zittern lassen können, weiß ich nicht; jedenfalls *war ich entschlossen zu kämpfen* , und was noch besser war, ich war tatsächlich hart dabei. Der Kampfwahn hatte mich übermannt, und ich fand meine starken Finger fest um die Kehle meines feigen Peinigers gelegt; in diesem Moment so unbekümmert um die Folgen, als stünden wir vor dem Gesetz gleich. Die Farbe des Mannes war vergessen. Ich fühlte mich so geschmeidig wie eine Katze und war jederzeit bereit für das schlangenartige Geschöpf. Jeder seiner Schläge wurde abgewehrt, obwohl ich selbst keine Schläge austeilte. Ich war strikt in der *Defensive* und verhinderte, dass er mich verletzte, anstatt zu versuchen, ihn zu verletzen. Ich warf ihn mehrere Male auf den Boden, als er mich dorthin schleudern wollte. Ich hielt ihn so fest an der Kehle, dass sein Blut meinen Nägeln folgte. Er hielt mich und ich hielt ihn.

Bis hierhin war alles fair und der Kampf war ungefähr ausgeglichen. Mein Widerstand war völlig unerwartet und Covey war völlig verblüfft darüber, denn er zitterte am ganzen Leib. *„Wollen Sie Widerstand leisten*, Sie Schurke?", sagte er. Worauf ich höflich *„Jawohl, Sir"* erwiderte und meinem Fragesteller fest in die Augen blickte, um dem ersten Schlag entgegenzuwirken, den meine Antwort, wie ich erwartete, hervorrufen würde. Doch der Kampf blieb nicht lange so ausgeglichen. Covey schrie bald laut um Hilfe; nicht, dass ich einen erkennbaren Vorteil gegenüber ihm erlangte oder ihm schadete, sondern weil er keinen gegenüber mir hatte und nicht in der Lage war, mich allein zu besiegen. Er rief seinen Cousin Hughs zu Hilfe und nun hatte sich die Szene geändert. Ich war gezwungen, Schläge auszuteilen und sie abzuwehren; und da ich in jedem Fall für meinen Widerstand büßen musste, hatte ich das Gefühl (wie das muffige Sprichwort sagt), dass „ich genauso gut für ein altes Schaf gehängt werden könnte wie für ein Lamm". Ich war gegenüber Covey immer noch *defensiv*, *gegenüber Hughs jedoch aggressiv*; und als dieser sich zum ersten Mal näherte, versetzte ich in meiner Verzweiflung einen Schlag, der meinen jugendlichen Angreifer ziemlich krank machte. Er ging weg, krümmte sich vor Schmerzen und zeigte keinerlei Neigung, wieder in meine Reichweite zu kommen. Der arme Kerl war gerade dabei, meine rechte Hand zu fangen und zu fesseln, und während ich mir schmeichelte, dass es ihm gelungen sei, gab ich ihm den Tritt, der ihn vor Schmerzen taumelnd davonstürmte, während ich Covey mit fester Hand festhielt.

Covey war völlig überrascht und schien seine übliche Kraft und Gelassenheit verloren zu haben. Er war verängstigt und stand keuchend und pustend da, scheinbar unfähig, Worte oder Schläge zu befehlen. Als er sah, dass der arme Hughes halb vor Schmerzen gebeugt dastand – sein Mut war völlig verschwunden – fragte der feige Tyrann, ob ich „meinen Widerstand fortsetzen wollte". Ich sagte ihm: „ *Ich wollte Widerstand leisten, komme was wolle* "; *dass er mich in den letzten sechs Monaten wie ein Tier* behandelt hatte und dass ich das *nicht länger* ertragen würde. Dann schüttelte er mich und versuchte, mich zu einem Holzstück zu ziehen, das direkt vor der Stalltür lag. Er wollte mich damit niederschlagen; aber gerade als er sich vorbeugte, um das Stück zu holen, packte ich ihn mit beiden Händen am Kragen und warf meinen Angreifer mit einem kräftigen und plötzlichen Ruck in voller Länge harmlos auf den *nicht* allzu sauberen Boden – denn wir waren jetzt im Kuhstall. Er hatte den Ort für den Kampf ausgewählt und es war nur richtig, dass er alle Vorteile seiner eigenen Auswahl genießen sollte.

Inzwischen kam Bill, der Knecht, nach Hause. Er war bei Mr. Hemsley gewesen, um den Sonntag mit seiner angeblichen Frau zu verbringen, und würde am Montagmorgen nach Hause kommen, um zur Arbeit zu gehen. Covey und ich hatten uns seit Tagesanbruch bis jetzt, wo die Sonne ihre Strahlen fast über die östlichen Wälder schoss, ins Gefecht gestürzt, und wir waren immer noch dabei. Ich konnte nicht erkennen, wie die Sache enden sollte. Er hatte offensichtlich Angst, mich gehen zu lassen, damit ich nicht wieder in die Wälder abhaue; sonst hätte er wahrscheinlich Waffen aus dem Haus geholt, um mich zu erschrecken. Covey hielt mich fest und rief Bill um Hilfe. Die Szene hatte hier etwas Komisches an sich. „Bill", der *genau wusste*, was Covey von ihm wollte, tat so, als wüsste er nicht, was er tun sollte. „Was soll ich tun, Mr. Covey", sagte Bill. „Halten Sie ihn fest – halten Sie ihn fest!", sagte Covey. Mit einem Kopfschütteln, das Bill eigen war, sagte er: „In der Tat, Mr. Covey, ich möchte zur Arbeit gehen." „*Das ist* Ihre Arbeit", sagte Covey; „halten Sie ihn fest." Bill antwortete mit Elan: „Mein Herr hat mich hier eingestellt, um zu arbeiten und *nicht*, um Ihnen zu helfen, Frederick auszupeitschen." Jetzt war ich an der Reihe zu sprechen. „Bill", sagte ich, „fassen Sie mich nicht an." Worauf er antwortete: „Mein GOTT! Frederick, ich werde Sie nicht bestrafen", und Bill ging weg und überließ es Covey und mir, unsere Angelegenheiten so gut wie möglich zu regeln.

Aber mein gegenwärtiger Vorteil war bedroht, als ich Caroline (die Sklavin von Covey) zum Melken in den Kuhstall kommen sah, denn sie war eine starke Frau und hätte mich, so erschöpft ich jetzt war, sehr leicht überwältigen können. Sobald sie in den Hof kam, versuchte Covey, sie zu seiner Hilfe zu bewegen. Seltsamerweise – und, wie ich hinzufügen darf, glücklicherweise – war Caroline nicht in der Stimmung, sich an einem solchen Spiel zu beteiligen. Wir waren an diesem Morgen alle in offener Rebellion. Caroline antwortete auf den Befehl ihres Herrn, „*mich festzuhalten*", genau so, wie Bill geantwortet hatte, aber bei *ihr* war es gefährlicher, so zu antworten; sie war die Sklavin von Covey, und er konnte mit ihr machen, was er wollte. Bei Bill war das *nicht* so, und Bill wusste das. Samuel Harris, dem Bill gehörte, ließ nicht zu, dass seine Sklaven geschlagen wurden, es sei denn, sie waren eines Verbrechens schuldig, das das Gesetz ahnden würde. Aber die arme Caroline war, wie ich, der Gnade des gnadenlosen Covey ausgeliefert; und sie entging auch nicht den schrecklichen Folgen ihrer Weigerung. Er versetzte ihr mehrere heftige Schläge.

Covey gab schließlich (zwei Stunden waren vergangen) den Kampf auf. Er ließ mich los und sagte – laut pustend – „Jetzt geh an deine Arbeit, du Schurke. Ich hätte dich nicht halb so heftig ausgepeitscht, wenn du dich nicht gewehrt hättest." Tatsächlich hatte *er mich überhaupt nicht ausgepeitscht*. Er hatte mir in der ganzen Rauferei keinen einzigen Blutstropfen abgenommen. Ich hatte ihm Blut abgenommen; und selbst ohne diese Genugtuung hätte ich gewonnen, denn mein Ziel war nicht gewesen, ihn zu verletzen, sondern zu verhindern, dass er mich verletzte.

Während der gesamten sechs Monate, die ich nach dieser Transaktion mit Covey zusammenlebte, legte er nie im Zorn seinen Finger auf mich. Gelegentlich sagte er, er wolle mich nicht noch einmal anfassen müssen – eine Aussage, die ich ohne Schwierigkeiten glauben konnte; und ich hatte ein geheimes Gefühl, das antwortete: „Du brauchst nicht zu wollen, dass du mich noch einmal anfasst, denn du wirst bei einem zweiten Kampf wahrscheinlich schlechter wegkommen als beim ersten."

Nun, mein lieber Leser, dieser Kampf mit Mr. Covey – so würdelos er auch war und wie ich fürchte, meine Schilderung davon auch sein wird – war der Wendepunkt in meinem *„Leben als Sklave"*. Er entzündete in meiner Brust die schwelenden Glut der Freiheit neu, er ließ meine Baltimore-Träume wieder aufleben und erweckte mein Gefühl meiner eigenen Männlichkeit wieder zum Leben. Nach diesem Kampf war ich ein anderer Mensch. Vorher war ich *nichts*; JETZT WAR ICH EIN MANN. Er erweckte meine zerstörte Selbstachtung und mein Selbstvertrauen wieder zum Leben und erfüllte mich mit erneuerter Entschlossenheit, EIN FREIER MANN zu sein. Ein Mann ohne Kraft ist ohne die wesentliche Würde der Menschheit. Die menschliche Natur ist so beschaffen, dass sie einen hilflosen Menschen nicht *ehren kann, obwohl sie ihn bemitleiden kann* ; und selbst das kann sie nicht lange tun, wenn die Zeichen der Macht nicht auftauchen.

Nur er kann die Wirkung dieses Kampfes auf meinen Geist verstehen, der selbst etwas erlitten und riskiert hat, als er die ungerechten und grausamen Angriffe eines Tyrannen abwehrte. Covey war ein Tyrann, und noch dazu ein feiger. Nachdem ich ihm Widerstand geleistet hatte, fühlte ich mich wie nie zuvor. Es war eine Auferstehung aus dem dunklen und pestilenzialischen Grab der Sklaverei in den Himmel relativer Freiheit. Ich war kein unterwürfiger Feigling mehr, der unter dem Stirnrunzeln eines Bruderwurms im Staub zitterte, sondern mein lange eingeschüchterter Geist wurde zu einer Haltung männlicher Unabhängigkeit erweckt. Ich hatte den Punkt erreicht, an dem ich *keine Angst mehr vor dem Tod hatte* . Diese Einstellung machte mich faktisch zu einem freien Mann , *während ich der Form* nach ein Sklave blieb . Wenn ein Sklave nicht ausgepeitscht werden kann, ist er mehr als halb frei. Er muss ein Gebiet verteidigen, das so groß ist wie sein eigenes männliches Herz, und er ist wirklich *„eine Macht auf Erden"*. Obwohl Sklaven ihr Leben mit Auspeitschung dem sofortigen Tod vorziehen, werden sie immer genug Christen wie Covey finden, die dieser Präferenz nachkommen. Von diesem Zeitpunkt an bis zu meiner Flucht aus der Sklaverei wurde ich nie richtig ausgepeitscht. Es wurden mehrere Versuche unternommen, mich zu peitschen, aber sie waren immer erfolglos. Ich habe zwar blaue Flecken bekommen, wie ich dem Leser später mitteilen werde, aber der Fall, den ich beschrieben habe, war das Ende der Brutalität, der ich in der Sklaverei ausgesetzt war.

Der Leser wird sich freuen zu erfahren, warum Mr. Covey mich nicht von den Behörden festnehmen ließ, nachdem ich ihn so schwer beleidigt hatte; warum das Gesetz von Maryland, das Sklaven, die sich ihrem Herrn widersetzen, mit dem Hängen bestraft, nicht gegen mich angewandt wurde; warum ich jedenfalls nicht, wie in solchen Fällen üblich, festgenommen und öffentlich ausgepeitscht wurde, um anderen Sklaven ein Beispiel zu geben und mich davon abzuhalten, das gleiche Vergehen noch einmal zu begehen. Ich gestehe, dass ich lange Zeit überrascht war, wie leicht ich davonkam, und ich kann mir den Grund auch jetzt noch nicht ganz erklären.

Die einzige Erklärung, die ich vorschlagen kann, ist die Tatsache, dass Covey sich wahrscheinlich schämte, dass es bekannt wurde und er zugab, dass er von einem sechzehnjährigen Jungen beherrscht worden war. Mr. Covey genoss den grenzenlosen und sehr wertvollen Ruf, ein erstklassiger Aufseher und *Negerbrecher zu sein*. Dank dieses Rufs konnte er sich dessen Arbeitskräfte für *ein sehr geringes* Entgelt und mit großer Leichtigkeit beschaffen. Sein Interesse und sein Stolz sprachen dafür, dass es klug war, die Angelegenheit stillschweigend zu übergehen. Die Geschichte, dass er versucht hatte, einen Jungen zu schlagen, und auf Widerstand gestoßen war, reichte an sich aus, um ihm zu schaden; denn sein Verhalten sollte in den Augen von Sklavenhaltern von solch imperialer Art sein, dass so etwas *unmöglich wäre*. Aufgrund dieser Umstände schließe ich, dass Covey es für das Beste hielt, mich laufen zu lassen. Es ist vielleicht nicht ganz meinem Naturell zuzuschreiben, dass ich nach diesem Konflikt mit Mr. Covey ihn manchmal absichtlich zu einem Angriff provozieren wollte, indem ich mich weigerte, mit den anderen Soldaten auf dem Schlachtfeld zu bleiben, aber ich konnte ihn nie zu einem weiteren Kampf zwingen. Ich hatte mir vorgenommen, ihm ernsthaften Schaden zuzufügen, wenn er jemals wieder versuchen sollte, mich gewaltsam anzugreifen.

Ihr Erbsklaven, wisst ihr nicht,
dass wer frei sein will, selbst den Schlag führen muss?

KAPITEL XVIII.
Neue Beziehungen und Pflichten

WECHSEL DER HERREN – VORTEILE DES WECHSELS – RUHM DES KAMPFES MIT COVEY – RÜCKSICHTSLOSE SORGE – MEINE ABscheu vor der SKLAVEREI – FÄHIGKEIT, EINE URSACHE FÜR VORURTEILE ZU LESEN – DIE FEIERTAGE – WIE SIE VERBRACHT WERDEN – SCHARFER SCHLAG GEGEN DIE SKLAVEREI – AUSWIRKUNGEN DER FEIERTAGE – EIN INSTRUMENT DER SKLAVEREI – UNTERSCHIED ZWISCHEN COVEY UND FREELAND – EIN UNRELIGIÖSER HERR WIRD EINEM RELIGIÖSEN VORZUZIEHEN – KATALOG DER Prügelstrafbaren Straftaten – DAS HARTE LEBEN BEI COVEY IST NÜTZLICH – AUF VERBESSERTE ZUSTAND FOLGT KEINE ZUFRIEDENHEIT – GENIALE GESELLSCHAFT BEI FREELAND – SABBATSCHULE EINGEFÜHRT – GEHEIMHALTUNG NOTWENDIG – Zärtliches Verhältnis zwischen Lehrer und Schülern – Vertrauen und Freundschaft untereinander SKLAVEN – ICH LEHNE DIE VERÖFFENTLICHUNG VON EINZELNEN GESPRÄCHEN MIT MEINEN FREUNDEN AB – SKLAVEREI FÜHRT ZUR RACHE.

Meine Zeit im Dienst von Mr. Edward Covey endete am Weihnachtstag 1834. Ich verließ den hinterlistigen Covey gern, obwohl er jetzt sanft wie ein Lamm war. Mein Zuhause für das Jahr 1835 war bereits gesichert – mein nächster Herr war bereits ausgewählt. Es gibt immer mehr oder weniger Aufregung bei der Frage des Besitzerwechsels, aber ich war etwas rücksichtslos geworden. Es war mir ziemlich egal, in wessen Hände ich fiel – ich wollte mir meinen Weg freikämpfen. Auch Covey zum Trotz sprach sich das Gerücht herum, dass ich schwer zu schlagen sei; dass ich mich des Zurückschlagens schuldig gemacht habe; dass ich, obwohl im Allgemeinen ein gutmütiger Neger, manchmal „ *den Teufel in mir* " habe. Diese Sprüche waren in Talbot County weit verbreitet und zeichneten mich unter meinen unterwürfigen Brüdern aus. Sklaven kämpfen im Allgemeinen gegeneinander und sterben durch die Hände des anderen; aber es gibt nur wenige, die nicht von einem weißen Mann in Ehrfurcht erfüllt werden. Von der Wiege an dazu erzogen, zu denken und zu fühlen, dass ihre Herren überlegen sind, und mit einer Art Heiligkeit ausgestattet, gibt es nur wenige, die sich dieser Kontrolle, die dieses Gefühl ausübt, entziehen oder sie überwinden können. Ich hatte mich jetzt davon befreit, und die Sache war bekannt. Ein böses Schaf kann eine ganze Herde verderben. Unter den Sklaven war ich ein böses Schaf. Ich hasste Sklaverei, Sklavenhalter und alles, was damit zusammenhing; und ich versäumte es nicht, anderen das gleiche Gefühl einzuflößen, wo und wann immer sich die Gelegenheit bot. Dies machte mich zu einem auffallenden

Jungen unter den Sklaven und zu einem verdächtigen unter den Sklavenhaltern. Das Wissen über meine Lese- und Schreibfähigkeit verbreitete sich ziemlich weit, was sehr gegen mich war.

Die Tage zwischen Weihnachten und Neujahr waren den Sklaven als Feiertage zugestanden. Während dieser Tage ruhte alle reguläre Arbeit und es gab nichts zu tun, außer Feuer zu machen und auf das Vieh aufzupassen. Diese Zeit wurde mit der Gnade unserer Herren als unsere eigene angesehen und wir nutzten oder missbrauchten sie daher, wie es uns gefiel. Von denen, die Familienangehörige in weiter Ferne hatten, wurde nun erwartet, dass sie diese besuchten und die ganze Woche mit ihnen verbrachten. Von den jüngeren Sklaven oder den unverheirateten wurde erwartet, dass sie sich um das Vieh kümmerten und zu Hause nebenbei Aufgaben erledigten. Die Feiertage wurden unterschiedlich verbracht. Die Nüchternen, Denkenden und Fleißigen unter uns beschäftigten sich mit der Herstellung von Kornbesen, Matten, Kummeten und Körben und einige davon waren sehr gut gemacht. Eine andere Klasse verbrachte ihre Zeit mit der Jagd auf Opossums, Waschbären, Kaninchen und anderes Wild. Aber die Mehrheit verbrachte die Feiertage mit Sport, Ballspielen, Ringen, Boxen, Wettrennen, Tanzen und Whiskytrinken; und diese letztere Art, die Zeit zu verbringen, war ihren Herren im Allgemeinen am angenehmsten. Ein Sklave, der während der Feiertage arbeitete, wurde von seinem Herrn als der Feiertage unwürdig angesehen. Ein solcher hatte die Gunst seines Herrn zurückgewiesen. Diese einfache Handlung der fortgesetzten Arbeit war eine Anklage gegen Sklaven; und ein Sklave konnte nicht umhin zu denken, dass er, wenn er während der Feiertage drei Dollar verdiente, im Laufe des Jahres dreihundert verdienen könnte. Während der Feiertage nicht betrunken zu sein, war schändlich; und er wurde als fauler und leichtsinniger Mann angesehen, der es sich nicht leisten konnte, zu Weihnachten Whisky zu trinken.

Das Geigenspiel, Tanzen und „*Jubiläumsschlagen* " war überall zu hören. Letzteres ist eine rein südländische Darbietung. Es ersetzt eine Geige oder andere Musikinstrumente und ist so leicht zu spielen, dass fast jeder Bauernhof seinen „Juba"-Schläger hat. Der Darsteller improvisiert, während er schlägt, und singt seine lustigen Lieder, wobei er die Worte so anordnet, dass sie mit der Bewegung seiner Hände genau richtig fallen. Inmitten einer Masse von Unsinn und wildem Spaß wird ab und zu die Gemeinheit der Sklavenhalter scharf kritisiert. Nehmen wir als Beispiel Folgendes:

Wir bauen Weizen an,
sie geben uns das Korn; wir backen Brot, sie geben uns die Kruste; wir sieben das Mehl,
sie geben uns das Fleisch; wir schälen das Fleisch, sie geben uns die Haut, und so
kommen wir zurecht. Wir schöpfen den Topf ab, sie geben uns den Schnaps und sagen,
das ist gut genug für einen Nigger. Geh rüber! Geh rüber! Nimm Butter und Fett;

Dies ist keine schlechte Zusammenfassung der greifbaren Ungerechtigkeit und des Betrugs der Sklaverei, die den Faulen und Müßiggängern die Annehmlichkeiten bietet, die nach Gottes Willen nur den ehrlichen Arbeitern zuteil werden sollten. Aber zu den Feiertagen.

Aufgrund meiner eigenen Beobachtungen und Erfahrungen bin ich davon überzeugt, dass diese Feiertage zu den wirksamsten Mitteln der Sklavenhalter gehören, um den Geist der Auflehnung unter den Sklaven zu unterdrücken.

Um Menschen erfolgreich und sicher zu versklaven, ist es notwendig, ihre Gedanken mit Gedanken und Bestrebungen zu beschäftigen, die nicht mit der Freiheit mithalten können, der sie beraubt sind. Ein gewisses Maß an erreichbarem Gut muss ihnen vor Augen gehalten werden. Diese Feiertage dienen dem Zweck, die Gedanken der Sklaven mit voraussichtlichen Freuden innerhalb der Grenzen der Sklaverei zu beschäftigen. Der junge Mann kann auf Partnersuche gehen; der verheiratete Mann kann seine Frau besuchen; Vater und Mutter können ihre Kinder sehen; der Fleißige und Geldliebende kann ein paar Dollar verdienen; der große Wrestler kann Lorbeeren gewinnen; die jungen Leute können sich treffen und die Gesellschaft des anderen genießen; der Betrunkene kann viel Whisky bekommen; und der religiöse Mann kann während der Feiertage Gebetsversammlungen abhalten, predigen, beten und ermahnen. Vor den Feiertagen sind dies Freuden in Aussicht; nach den Feiertagen werden sie zu Freuden der Erinnerung und dienen dazu, Gedanken und Wünsche gefährlicherer Art fernzuhalten. Würden Sklavenhalter sofort die Praxis aufgeben, ihren Sklaven diese Freiheiten periodisch zu gewähren und sie das ganze Jahr über eng an den engen Kreis ihrer Häuser zu binden, zweifle ich nicht daran, dass der Süden von Aufständen heimgesucht würde. Diese Feiertage sind Leiter oder Sicherheitsventile, um die explosiven Elemente abzuleiten, die untrennbar mit dem menschlichen Geist verbunden sind, wenn er in den Zustand der Sklaverei versetzt wird. Ohne sie wären die Strapazen der Knechtschaft zu schwer für das Aushalten und der Sklave würde in gefährliche Verzweiflung getrieben. Wehe dem Sklavenhalter, wenn er es unternimmt, die Funktion dieser elektrischen Leiter zu behindern oder zu verhindern. Eine Reihe von Erdbeben wäre weniger zerstörerisch als die Aufstandsfeuer, die in verschiedenen Teilen des Südens aufgrund solcher Störungen mit Sicherheit ausbrechen würden.

So wurden die Feiertage zu einem wesentlichen Bestandteil des groben Betrugs, des Unrechts und der Unmenschlichkeit der Sklaverei. Angeblich sind sie Institutionen der Wohltätigkeit, die die Härten des Sklavenlebens mildern sollen, aber in der Praxis sind sie ein Betrug, der aus menschlicher

Selbstsucht geschaffen wurde, um die Ziele von Ungerechtigkeit und Unterdrückung besser zu erreichen. Das Glück des Sklaven ist nicht das angestrebte Ziel, sondern vielmehr die Sicherheit des Herrn. Diese Arbeitsunterbrechung wird nicht aus großzügiger Gleichgültigkeit gegenüber der Arbeit des Sklaven gestattet, sondern aus umsichtiger Rücksicht auf die Sicherheit des Sklavensystems. Ich werde in dieser Meinung dadurch bestärkt, dass die meisten Sklavenhalter ihre Sklaven die Feiertage gerne so verbringen lassen, dass sie für die Sklaven keinen wirklichen Nutzen haben. Es ist klar, dass alles, was vernünftigen Vergnügen unter den Sklaven gleichkommt, missbilligt wird; nur jene wilden und niederen Sportarten, die halbzivilisierten Menschen eigen sind, werden gefördert. Die ganze erlaubte Zügellosigkeit scheint keinen anderen Zweck zu haben, als die Sklaven mit ihrer vorübergehenden Freiheit anzuekeln und sie ebenso froh zu machen, an ihre Arbeit zurückzukehren, wie sie es getan haben, als sie sie verlassen haben. Indem sie in erschöpfende Tiefen der Trunkenheit und Ausschweifung gestürzt werden, ist dieser Effekt fast sicher. Ich kenne Sklavenhalter, die zu schlauen Tricks greifen, um ihre Sklaven beklagenswert betrunken zu machen. Ein üblicher Plan ist, Wetten auf einen Sklaven abzuschließen, dass er mehr Whisky trinken kann als jeder andere, und so eine Rivalität unter ihnen um die Vorherrschaft in dieser Erniedrigung zu schüren. Die auf diese Weise herbeigeführten Szenen waren oft äußerst skandalös und abscheulich. Man konnte ganze Menschenmengen in brutaler Trunkenheit finden, hilflos und ekelhaft zugleich. Wenn der Sklave also um ein paar Stunden tugendhafter Freiheit bittet, nutzt sein schlauer Herr seine Unwissenheit aus und muntert ihn mit einer Dosis bösartiger und abstoßender Ausschweifung auf, die kunstvoll mit dem Namen FREIHEIT versehen ist. Wir wurden zum Trinken verleitet, ich auch, und als die Feiertage vorbei waren, erhoben wir uns alle aus unserem Dreck und Wälzen, holten tief Luft und gingen zu unseren verschiedenen Arbeitsfeldern; im Großen und Ganzen waren wir ziemlich froh, von dem, was unsere Herren uns kunstvoll als Freiheit vorgaukelten, wieder in die Arme der Sklaverei zurückzukehren. Es war nicht das, was wir darunter verstanden hatten, und auch nicht das, was es hätte sein können, wenn wir es nicht missbraucht hätten. Es war ungefähr so gut, ein Sklave seines *Herrn zu sein*, wie ein Sklave von *Rum* und *Whisky*.

Ich bin umso mehr dazu veranlasst, diese Ansicht über das Feiertagssystem der Sklavenhalter zu vertreten, da ich weiß, wie sie Sklaven in Bezug auf andere Dinge behandeln. Am häufigsten versuchen sie, ihren Sklaven etwas vorzuenthalten, was sie ihnen nicht geben oder nicht genießen lassen wollen. Ein Sklave zum Beispiel mag Melasse; er stiehlt etwas davon; um ihn von der Vorliebe dafür zu heilen, geht sein Herr in vielen Fällen in die Stadt, kauft eine große Menge von minderwertiger Qualität, setzt sie seinem Sklaven vor und zwingt ihn mit der Peitsche in der Hand, sie zu essen, bis dem armen

Kerl schon beim bloßen Gedanken an Melasse schlecht wird. Derselbe Weg wird oft gewählt, um Sklaven von der unangenehmen und unbequemen Angewohnheit zu heilen, nach mehr Essen zu fragen, wenn ihnen ihr Vorrat ausgeht. Derselbe Ekel erregende Prozess funktioniert auch bei anderen Dingen gut, aber ich muss sie nicht aufzählen. Wenn ein Sklave betrunken ist, hat der Sklavenhalter keine Angst, dass er einen Aufstand plant; keine Angst, dass er in den Norden flieht. Es ist der nüchterne, denkende Sklave, der gefährlich ist und die Wachsamkeit seines Herrn braucht, um ein Sklave zu bleiben. Aber fahren wir mit meiner Erzählung fort.

Am 1. Januar 1835 zog ich von St. Michael zu Mr. William Freeland, meinem neuen Zuhause. Mr. Freeland lebte nur drei Meilen von St. Michael entfernt auf einem alten, heruntergekommenen Bauernhof, der mit viel Arbeit wieder so weit wie möglich in einen selbsttragenden Betrieb umgewandelt werden konnte.

Es dauerte nicht lange, bis ich merkte, dass Mr. Freeland ein ganz anderer Mensch war als Mr. Covey. Obwohl er nicht reich war, war Mr. Freeland das, was man einen wohlerzogenen Südstaaten-Gentleman nennen könnte, der sich von Covey so sehr unterschied, wie ein gut ausgebildeter und abgehärteter Negerbrecher sich von den besten Vertretern der ersten Familien des Südens unterschied. Obwohl Freeland Sklavenhalter war und viele der Laster seiner Klasse teilte, schien er ein Gefühl der Ehre zu haben. Er hatte einen gewissen Sinn für Gerechtigkeit und ein gewisses Gefühl für Menschlichkeit. Er war reizbar, impulsiv und leidenschaftlich, aber ich muss ihm die Gerechtigkeit widerfahren lassen, zu sagen, dass er frei von den gemeinen und selbstsüchtigen Eigenschaften war, die das Geschöpf auszeichneten, dem ich jetzt glücklicherweise entkommen war. Er war offen, freimütig, gebieterisch und machte keine Heimlichkeiten, da er es verabscheute, den Spion zu spielen. In all dem war er das Gegenteil des schlauen Covey.

Zu den vielen Vorteilen, die ich durch meinen Wechsel von Covey zu Freeland erlangte – so verblüffend diese Aussage auch sein mag – gehörte die Tatsache, dass dieser Herr kein religiöses Bekenntnis ablegte. Ich behaupte *ohne Zögern* , dass die Religion des Südens – wie ich sie beobachtet und bewiesen habe – nur ein Deckmantel für die schrecklichsten Verbrechen ist; die Rechtfertigung der entsetzlichsten Barbarei; die Heiligung der abscheulichsten Betrügereien und ein sicherer Schutzraum, unter dem die dunkelsten, widerlichsten, gröbsten und teuflischsten Abscheulichkeiten schwären und gedeihen. Würde ich wieder in den Zustand eines Sklaven versetzt werden, würde ich die Tatsache, der Sklave eines religiösen Sklavenhalters zu sein, *als* das Schlimmste betrachten, das mir passieren könnte. Von allen Sklavenhaltern, die ich je getroffen habe, sind religiöse Sklavenhalter die schlimmsten. Ich habe sie fast ausnahmslos als die niederträchtigsten, gemeinsten und gemeinsten ihrer Klasse empfunden. Ausnahmen mag es geben, aber dies trifft auf religiöse Sklavenhalter *als Klasse zu* . Es ist nicht meine Aufgabe, diesen Sachverhalt zu erklären. Das können andere tun; ich stelle es einfach als Tatsache dar und überlasse die Entscheidung der theologischen und psychologischen Fragen, die sich daraus ergeben, anderen, die kompetenter sind als ich. Religiöse Sklavenhalter sind, wie religiöse Verfolger, in ihrer Bosheit und Gewalttätigkeit stets extrem. Ganz in der Nähe meines neuen Zuhauses, auf einer angrenzenden Farm, lebte der Reverend Daniel Weeden, der ganz nach dem wahren Covey-Muster sowohl fromm als auch grausam war. Mr. Weeden war ein örtlicher Prediger protestantisch-methodistischer Konfession und ein äußerst eifriger Verfechter der religiösen Vorschriften im Allgemeinen. Dieser Weeden besaß eine Frau namens „Ceal", die ein beständiger Beweis seiner Erbarmungslosigkeit war. Der Rücken des armen Ceal, der immer spärlich bekleidet war, war von den Peitschenhieben dieses religiösen Mannes und Predigers buchstäblich wund. Der notorischste Bösewicht – so genannt in Abgrenzung zu den Kirchenmitgliedern – konnte leichter Hilfsarbeiter anheuern als dieses Vieh. Wenn ein Sklave auf die Suche nach einem Zuhause geschickt wurde, würde er nie die Tore des Predigers Weeden betreten, während ein sündiger Sünder eine Hilfskraft brauchte. Ob er sich schlecht verhielt oder gut benahm, es war Weedens bekannte Maxime, dass es die Pflicht eines Herrn ist, die Peitsche zu verwenden. Wenn auch aus keinem anderen Grund, behauptete er, dass dies unerlässlich sei, um einen Sklaven an seinen Zustand und die Autorität seines Herrn zu erinnern. Der gute Sklave muss ausgepeitscht werden, um gut zu *bleiben* , und der schlechte Sklave muss ausgepeitscht werden, um gut zu werden . Das war Weedens Theorie und das war seine Praxis. Der Rücken seiner Sklavin wird im Gericht der schnellste Zeuge gegen ihn sein.

Während ich einzelne Fälle nenne, könnte ich ebenso gut einen anderen meiner Nachbarn verewigen, indem ich ihn beim Namen nenne und ihn in gedruckter Form aufschreibe. Er glaubte nicht, dass ein „Chiel" in der Nähe war, der „Notizen machte", und wird zweifellos ziemlich wütend sein, wenn sein Charakter in der schäbigen Art eines Sklaven beschrieben wird. Ich möchte dem Leser Rev. RIGBY HOPKINS vorstellen. Mr. Hopkins wohnt zwischen Easton und St. Michael in Talbot County, Maryland. Die Strenge dieses Mannes machte ihn zu einem absoluten Schrecken für die Sklaven seiner Nachbarschaft. Das besondere Merkmal seiner Regierung war sein System, Sklaven auszupeitschen, wie er sagte, *bevor* sie es verdienten. Er schaffte es immer, am Montagmorgen ein oder zwei Sklaven zum Auspeitschen zu haben, um seine Hände mit der Inspiration einer neuen Zusicherung am Montag an die Arbeit zu schicken, dass seine Predigten über Freundlichkeit, Barmherzigkeit, brüderliche Liebe und dergleichen am Sonntag ihn nicht daran hinderten, seine Autorität durch die Kuhhaut zu etablieren. Er schien sie versichern zu wollen, dass seine Tränen über arme, verlorene und ruinierte Sünder und sein Mitleid mit ihnen nicht die Schwarzen erreichten, die seine Felder bestellten. Dieser heilige Hopkins pflegte zu prahlen, dass er der beste Knecht sei, der einen Neger im Lande verwalten könne. Er bestrafte die kleinsten Vergehen, um die Begehung großer Vergehen zu verhindern.

Der Leser könnte sich vorstellen, dass es schwierig ist, genug Fehler zu finden, um so häufig ausgepeitscht zu werden. Aber das liegt daran, dass Sie keine Ahnung haben, wie leicht es ist, einen Mann zu beleidigen, der auf der Suche nach Vergehen ist. Der Mann, der nicht an Sklavenhaltung gewöhnt ist, wäre erstaunt, wenn er sieht, wie viele *unscheinbare* Vergehen es im Katalog der Verbrechen des Sklavenhalters gibt und wie leicht es ist, eines davon zu begehen, selbst wenn der Sklave es am wenigsten beabsichtigt. Ein Sklavenhalter, der darauf aus ist, Fehler zu finden, wird ein Dutzend pro Tag ausbrüten, wenn er will, und jedes davon wird strafbar sein. Ein bloßer Blick, ein Wort oder eine Bewegung, ein Fehler, ein Unfall oder ein Mangel an Kraft sind alles Dinge, für die ein Sklave jederzeit ausgepeitscht werden kann. Sieht ein Sklave unzufrieden mit seinem Zustand aus? Es heißt, er habe den Teufel in sich und dieser müsse ausgepeitscht werden. Antwortet er *laut* , wenn sein Herr ihn anspricht, mit einem Anflug von Selbstbewusstsein? Muss er dann mit der Peitsche ein Knopfloch tiefer gezogen werden, und zwar gut angelegt? Vergisst er, seinen Hut abzunehmen, wenn er sich einem Weißen nähert? Dann muss oder kann er für seine schlechten Manieren ausgepeitscht werden. Wagt er es jemals, sein Verhalten zu rechtfertigen, wenn er hart und ungerecht beschuldigt wird? Dann ist er der Unverschämtheit schuldig, eines der größten Verbrechen im sozialen Katalog der südlichen Gesellschaft. Einen Sklaven der Strafe entgehen zu lassen, der unverschämt versucht hat, sich von ungerechten Anschuldigungen zu befreien, die ein Weißer gegen ihn erhoben hat, ist eine schwere Pflichtverletzung. Wagt es ein Sklave jemals, eine bessere Vorgehensweise vorzuschlagen, egal was passiert? Er ist insgesamt zu aufdringlich – klüger als es geschrieben steht – und verdient, selbst wenn er keine bekommt, eine Tracht Prügel für seine Anmaßung. Zerbricht er beim Pflügen einen Pflug, beim Hacken eine Hacke oder beim Hacken eine Axt? Ganz gleich, welche Mängel das zerbrochene Werkzeug aufwies oder welche natürlichen Ursachen es hatte, der Sklave konnte für seine Nachlässigkeit ausgepeitscht werden. Der *ehrwürdige* Sklavenhalter konnte immer etwas finden, das ihn dazu rechtfertigte, die Peitsche mehrmals in der Woche zu verwenden. Hopkins wurde – wie Covey und Weeden – von Sklaven gemieden, die das Privileg hatten (wie viele andere auch), am Ende des Jahres ihre eigenen Herren zu finden; und dennoch gab es in diesem ganzen Teil des Landes keinen Mann, der sich lauter zu seiner Religion bekannte als MR. RIGBY HOPKINS.

Aber um den Faden meiner Geschichte fortzusetzen, geht es um meine Erlebnisse bei Mr. William Freeland.

Mein armes, wettergegerbtes Boot erreichte nun ruhigeres Wasser und sanftere Brisen. Mein stürmisches Leben bei Covey war mir von Nutzen gewesen. Die Dinge, die mir sehr hart vorgekommen wären, wenn ich direkt von Master Thomas' Haus zu Mr. Freeland gegangen wäre, waren jetzt (nach den Strapazen bei Covey) „leicht wie Luft". Ich war immer noch ein Feldarbeiter und hatte die harte Arbeit auf dem Feld den kräftezehrenden Pflichten eines Hausdieners vorgezogen. Ich war groß und stark geworden und hatte begonnen, stolz darauf zu sein, dass ich so viel harte Arbeit verrichten konnte wie einige der älteren Männer. Manchmal herrscht unter Sklaven viel Rivalität darüber, wer die meiste Arbeit verrichten kann, und die Herren versuchen im Allgemeinen, eine solche Rivalität zu fördern. Aber einige von uns waren zu klug, um lange gegeneinander anzutreten. Wir erkannten klug genug, dass sich ein solches Wettrennen wahrscheinlich nicht auszahlen würde. Wir hatten unsere Zeiten, um unsere Kräfte zu messen, aber wir wussten zu viel, um den Wettbewerb so lange aufrechtzuerhalten, dass wir eine außergewöhnliche Tagesleistung erbringen mussten. Wir wussten, dass, wenn durch außergewöhnliche Anstrengung eine große Menge Arbeit an einem Tag geleistet wurde, dies dem Meister bekannt werden könnte, ihn dazu veranlassen könnte, jeden Tag die gleiche Menge zu verlangen. Dieser Gedanke reichte aus, um uns in unserer Aufregung wegen des Rennens zum Stillstand zu bringen.

Bei Mr. Freeland verbesserte sich meine Lage in jeder Hinsicht. Ich war nicht mehr der arme Sündenbock, der ich bei Covey war, wo mir alles Unrecht angelastet wurde und wo andere Sklaven über meine Schultern ausgepeitscht wurden. Mr. Freeland war ein zu gerechter Mann, um mir oder irgendjemand anderem so etwas vorzuwerfen.

Es ist ganz normal, einen Sklaven besonders zu misshandeln und ihn oft zu schlagen, um die Wirkung auf andere zu sehen, und nicht in der Erwartung, dass sich der geschlagene Sklave dadurch bessert. Aber der Mann, mit dem ich jetzt zusammen war, konnte sich nicht zu solcher Gemeinheit und Boshaftigkeit herablassen. Jeder Mann hier wurde individuell für sein eigenes Verhalten verantwortlich gemacht.

Dies war eine enorme Verbesserung gegenüber der Regel bei Covey. Dort war ich das allgemeine Packpferd. Bill Smith wurde durch ein ausdrückliches Verbot seines reichen Herrn geschützt, und das Gebot des reichen Sklavenhalters ist für den armen GESETZ; Hughes wurde aufgrund seiner Beziehung zu Covey bevorzugt; und die vorübergehend angeheuerten Arbeiter entgingen der Auspeitschung, außer, weil sie die Prügel über meine armen Schultern bekamen. Natürlich bezieht sich dieser Vergleich auf die Zeit, als Covey mich auspeitschen *konnte* .

Mr. Freeland gab seinen Arbeitern, wie Mr. Covey, genug zu essen, aber im Gegensatz zu Mr. Covey ließ er ihnen Zeit, ihre Mahlzeiten einzunehmen; er ließ uns tagsüber hart arbeiten, gab uns aber die Nacht zum Ausruhen – ein weiterer Vorteil, der dem Sünder gegenüber dem Heiligen zugutekommt. Wir waren selten nach Einbruch der Dunkelheit oder vor Sonnenaufgang auf dem Feld. Unsere landwirtschaftlichen Geräte waren vom allermodernsten Typ und denen von Covey weit überlegen.

Trotz meiner verbesserten Lebensumstände und der vielen Vorteile, die ich durch mein neues Zuhause und meinen neuen Herrn erlangt hatte, war ich immer noch ruhelos und unzufrieden. Ich war für einen Herrn ungefähr so schwer zufriedenzustellen wie für einen Herrn für einen Sklaven. Die Freiheit von körperlicher Folter und unaufhörlicher Arbeit hatte meinem Geist eine gesteigerte Sensibilität verliehen und ihn zu größerer Aktivität verholfen. Ich war noch nicht ganz in den richtigen Verhältnissen. „Wie kann es sein, dass nicht zuerst das Geistige kam, sondern das Natürliche und danach das Geistige." Als ich bei Covey begraben war, eingehüllt in Dunkelheit und körperliches Elend, war zeitliches Wohlergehen das große Desiderat; aber wenn die zeitlichen Bedürfnisse erfüllt sind, erhebt der Geist seine Ansprüche. Schlagen und fesseln Sie Ihren Sklaven, halten Sie ihn hungrig und geistlos, und er wird der Kette seines Herrn wie ein Hund folgen; aber wenn Sie ihn gut ernähren und kleiden – ihn mäßig arbeiten lassen – ihn mit körperlichem Komfort umgeben –, dringen Träume von Freiheit ein. Geben Sie ihm einen *schlechten* Herrn, und er strebt nach einem *guten* Herrn; gib ihm einen guten Herrn, und er möchte sein *eigener* Herr sein. So ist die menschliche Natur. Man kann einen Menschen so tief unter das Niveau seiner Art werfen, dass er alle gerechten Vorstellungen von seiner natürlichen Stellung verliert; aber erhebe ihn ein wenig, und die klare Vorstellung von Rechten erwacht zu Leben und Macht und führt ihn vorwärts. So ein wenig erhoben, begannen bei Freeland die Träume, die dieser gute Mann, Pater Lawson, in Baltimore ins Leben gerufen hatte, mich zu besuchen; und Triebe aus dem Baum der Freiheit begannen zarte Knospen zu treiben, und vage Hoffnungen für die Zukunft begannen zu dämmern.

Ich befand mich in angenehmer Gesellschaft bei Mr. Freeland. Dort waren Henry Harris, John Harris, Handy Caldwell und Sandy Jenkins. 6

Henry und John waren Brüder und gehörten Mr. Freeland. Sie waren beide bemerkenswert klug und intelligent, obwohl keiner von ihnen lesen konnte. Und jetzt kam der Unfug! Ich war noch nicht lange bei Freeland, als ich wieder zu meinen alten Tricks zurückkehrte. Ich begann schon früh, mit meinen Gefährten über das Thema Bildung und die Vorteile von Intelligenz gegenüber Unwissenheit zu sprechen, und versuchte, soweit ich mich traute, zu zeigen, wie Unwissenheit dazu beiträgt, Menschen in Sklaverei zu halten. Websters Buchstabierbuch und der *Columbian Orator* wurden erneut untersucht. Als der Sommer kam und die langen Sabbattage sich über unsere Untätigkeit erstreckten, wurde ich unruhig und wollte eine Sonntagsschule, in der ich meine Gaben ausüben und meinen Sklavenbrüdern die wenigen Buchstabenkenntnisse vermitteln konnte, die ich besaß. Im Sommer war ein Haus kaum notwendig; ich konnte meine Schule im Schatten einer alten Eiche abhalten, wie auch überall sonst. Das Ziel war, die Schüler zu bekommen und sie gründlich mit dem Wunsch zu lernen zu erfüllen. Zwei solcher Jungen, Henry und John, wurden schnell gefunden, und von ihnen aus verbreitete sich die Ansteckung. Es dauerte nicht lange, bis ich zwanzig oder dreißig junge Männer um mich versammelte, die sich gerne in meiner Sonntagsschule einschrieben und bereit waren, mich regelmäßig unter den Bäumen oder anderswo zu treffen, um Lesen zu lernen. Es war überraschend, mit welcher Leichtigkeit sie sich Buchstabierbücher besorgten. Dies waren meist die abgelegten Bücher ihrer jungen Lehrer oder Lehrerinnen. Ich unterrichtete zunächst auf unserer eigenen Farm. Alle waren sich der Notwendigkeit bewusst, die Angelegenheit so geheim wie möglich zu halten, denn das Schicksal des Anschlags in St. Michael war bekannt und allen noch frisch im Gedächtnis. Unsere frommen Lehrer in St. Michael durften nicht wissen, dass einige ihrer dunkelhäutigen Brüder das Wort Gottes lesen lernten, sonst würden sie mit Peitsche und Kette über uns herfallen. Wir hätten uns treffen können, um Whisky zu trinken, zu ringen, zu kämpfen und andere unziemliche Dinge zu tun, ohne Angst vor Unterbrechungen durch die Heiligen oder Sünder von St. Michael haben zu müssen.

Aber sich zu treffen, um den Geist und das Herz zu verbessern, indem man lernte, die Heiligen Schriften zu lesen, wurde als äußerst gefährliches Ärgernis angesehen, das sofort unterbunden werden musste. Die Sklavenhalter von St. Michael sahen ihre Sklaven, wie Sklavenhalter anderswo auch, immer lieber bei entwürdigenden Sportarten, als sie wie moralische und verantwortungsbewusste Wesen handeln zu sehen.

Hätte jemand vor zwanzig Jahren in St. Michael einen religiösen weißen Mann nach den Namen von drei Männern in dieser Stadt gefragt, deren Leben am meisten dem Vorbild unseres Herrn und Meisters Jesus Christus entsprach, wären die ersten drei Namen wie folgt gewesen:

GARRISON WEST, *Klassenleiter*.
WRIGHT FAIRBANKS, *Klassenleiter*.
THOMAS AULD, *Klassenleiter*.

Und doch waren es diese Männer, die wild in meine Sonntagsschule in St. Michael eindrangen, bewaffnet mit mobartigen Geschossen, und ich muss sagen, ich hielt ihn für einen Christen, bis er an der blutigen Peitschenhiebe teilnahm. Dieserselbe Garrison West war mein Klassenführer, und ich muss sagen, ich hielt ihn für einen Christen, bis er an der Auflösung meiner Schule teilnahm. Danach führte er mich nicht mehr. Der Vorwand für diesen Gewaltakt war damals, wie heute und zu allen Zeiten – die Gefahr für die gute Ordnung. Wenn die Sklaven lesen lernten, würden sie etwas anderes lernen, und zwar etwas Schlimmeres. Der Frieden der Sklaverei würde gestört; die Sklavenherrschaft wäre gefährdet. Ich überlasse es dem Leser, ein System zu charakterisieren, das durch solche Ursachen gefährdet ist. Ich bestreite nicht die Stichhaltigkeit der Argumentation. Sie ist vollkommen stichhaltig; und wenn Sklaverei *richtig ist*, sind Sonntagsschulen, in denen Sklaven das Lesen der Bibel gelehrt werden, *falsch* und sollten abgeschafft werden. Diese christlichen Klassenführer waren insofern konsequent. Sie hatten die Frage geklärt, dass Sklaverei *richtig ist*, und entschieden anhand dieses Maßstabs, dass Sonntagsschulen falsch sind. Natürlich waren sie Protestanten und hielten an dem großen protestantischen Recht eines jeden Menschen fest, selbst *„in den Schriften zu forschen"*, aber zu allen allgemeinen Regeln gibt es *Ausnahmen*. Wie praktisch! Welche Verbrechen dürfen nach der Doktrin der letzten Bemerkung nicht begangen werden? Aber meine lieben, klassenführenden methodistischen Brüder ließen sich nicht herab, mir einen Grund für die Auflösung der Sonntagsschule in St. Michael zu nennen; es genügte, dass sie sich zu ihrer Zerstörung entschlossen hatten. Ich schweife jedoch ab.

Nachdem ich die Schule geschickt in Betrieb genommen hatte, indem ich sie das zweite Mal im Wald, hinter der Scheune und im Schatten der Bäume abhielt, gelang es mir, einen freien farbigen Mann, der mehrere Meilen von unserem Haus entfernt lebte, davon zu überzeugen, mir zu erlauben, meine Schule in einem Raum in seinem Haus abzuhalten. Er gewährte mir diese Freiheit sehr freundlich, begab sich dabei aber in große Gefahr, denn die Versammlung war ungesetzlich. Ich werde den Namen dieses Mannes hier nicht nennen, denn er könnte sogar jetzt noch Verfolgung ausgesetzt sein, obwohl die Straftaten vor mehr als zwanzig Jahren begangen wurden. Ich hatte einmal mehr als vierzig Schüler, alle von der richtigen Sorte, und viele von ihnen lernten erfolgreich lesen. Ich habe mehrere Sklaven aus Maryland getroffen, die einst meine Schüler waren, und die ihre Freiheit, da bin ich mir sicher, teilweise aufgrund der Ideen erlangten, die ihnen in dieser Schule vermittelt wurden. Ich hatte in meinem kurzen Leben verschiedene Beschäftigungen, aber auf *keine blicke ich* mit mehr Befriedigung zurück als auf die, die mir meine Sonntagsschule ermöglichte. Zwischen mir und meinen verfolgten Schülern entwickelte sich eine tiefe und dauerhafte Zuneigung, die den Abschied von ihnen zu einem großen Schmerz machte.

Wenn ich daran denke, dass die meisten dieser lieben Seelen noch immer in dieser bitteren Knechtschaft gefangen sind, überwältigt mich die Trauer.

Außer meiner Sonntagsschule widmete ich im Winter drei Abende pro Woche meinen Mitsklaven. Der Leser möge darüber nachdenken, dass sich in diesem christlichen Land Männer und Frauen vor Religionslehrern in Scheunen, Wäldern und auf Feldern verstecken, um die *Bibel lesen zu lernen* . Die lieben Seelen, die zu meiner Sonntagsschule kamen, kamen *nicht* , weil es populär oder anständig war, einen solchen Ort zu besuchen, denn sie wurden mit vierzig Peitschenhieben auf ihren nackten Rücken bestraft. Jeden Augenblick, den sie in meiner Schule verbrachten, waren sie dieser schrecklichen Belastung ausgesetzt, und in dieser Hinsicht hatte ich Anteil an ihnen. Ihre grausamen Herren hatten ihren Geist eingeengt und ausgehungert, das Licht der Bildung war ihnen völlig verwehrt worden, und ihr hart verdienter Verdienst wurde dafür verwendet, die Kinder ihrer Herren zu erziehen. Es machte mir Freude, die Tyrannen zu umgehen und die Opfer ihrer Flüche zu segnen.

Das Jahr bei Mr. Freeland verlief, dem Anschein nach, sehr reibungslos. Ich erhielt während des ganzen Jahres keinen einzigen Schlag. Zu Mr. Freelands Ehre muss man sagen – obwohl er nicht religiös war – dass er der beste Herr war, den ich je hatte, bis ich mein eigener Herr wurde und, wie ich es mit Recht tun durfte, die Verantwortung für mein eigenes Leben und die Ausübung meiner eigenen Kräfte übernahm. Einen Großteil des Glücks — oder der Abwesenheit von Elend –, mit dem ich dieses Jahr mit Mr. Freeland verbrachte, verdanke ich dem freundlichen Gemüt und der glühenden Freundschaft meiner Sklavenbrüder. Sie waren allesamt männlich, großzügig und tapfer, ja; ich sage, sie waren tapfer, und ich möchte hinzufügen, sie sahen gut aus. Es ist selten das Los der Sterblichen, treuere und bessere Freunde zu haben als die Sklaven auf dieser Farm. Es ist nicht ungewöhnlich, Sklaven großen Verrats untereinander vorzuwerfen und zu glauben, sie seien unfähig, sich einander anzuvertrauen; aber ich muss sagen, dass ich nie mehr Männer geliebt, geschätzt oder ihnen mehr vertraut habe als diesen. Sie waren treu wie Stahl, und kein Bruderbund hätte liebevoller sein können. Es wurden keine gemeinen Vorteile aus einander gezogen, wie es manchmal der Fall ist, wenn Sklaven in einer solchen Lage sind wie wir; kein Klatschen; kein gegenseitiges Beschimpfen von Mr. Freeland; und kein Hervorheben eines auf Kosten des anderen. Wir unternahmen nie etwas von Bedeutung, das sich gegenseitig hätte beeinflussen können, ohne uns gegenseitig zu beraten. Wir waren im Allgemeinen eine Einheit und gingen gemeinsam vor. Gedanken und Gefühle wurden zwischen uns ausgetauscht, die man durchaus als sehr aufrührerisch bezeichnen könnte, von Unterdrückern und Tyrannen; und vielleicht ist die Zeit noch nicht gekommen, in der es sicher ist, alle flüchtigen Vorschläge zu enthüllen, die in den Köpfen intelligenter

Sklaven auftauchen. Mehrere meiner Freunde und Brüder sind, falls sie noch leben, immer noch in irgendeinem Teil des Hauses der Knechtschaft; und obwohl zwanzig Jahre vergangen sind, könnte die verdächtige Bosheit der Sklaverei sie dafür bestrafen, dass sie meinen Gedanken überhaupt zugehört haben.

Der Sklavenhalter, ob gütig oder grausam, ist immer noch ein Sklavenhalter – der stündlich die gerechten und unveräußerlichen Menschenrechte verletzt. Deshalb wetzt er stündlich still das Messer der Rache für seine eigene Kehle. Er lispelt nie eine Silbe, um die Väter dieser Republik zu loben, noch verurteilt er einen Versuch der Unterdrückung seiner selbst, ohne das Messer an seine eigene Kehle zu führen und das Recht auf Rebellion für seine eigenen Sklaven geltend zu machen.

Das Jahr ist zu Ende und wir befinden uns nun mitten in den Weihnachtsferien, die in diesem Jahr gemäß der zuvor gegebenen allgemeinen Beschreibung als letzte gefeiert werden.

KAPITEL XIX.
Der Fluchtplan

GEDANKEN UND MEDITATIONEN ZUM NEUEN JAHR – WIEDER VON FREELAND GEKAUFT – KEINE AMBITION, EIN SKLAVE ZU SEIN – FREUNDLICHKEIT, KEINE ENTSCHÄDIGUNG FÜR DIE SKLAVEREI – ERSTE SCHRITTE ZUR FLUCHT – ÜBERLEGUNGEN, DIE DAZU FÜHREN – UNVERSÖHNLICHE FEINDSELIGKEIT GEGENÜBER DER SKLAVEREI – FEIERLICHES GELÜBDE GELEGEN – PLAN DEN SKLAVEN ANGEKÜNDIGT – *Kolumbianischer Redner* – PLAN WIRD TROTZ PRO-SKLAVEREI-PREDIGUNG ANGESEHEN – GEFAHR DER ENTDECKUNG – FÄHIGKEIT DER SKLAVENHALTER, DIE GEDANKEN IHRER SKLAVEN ZU LESEN – MISSBRAUCH UND ZWANG – HYMNEN MIT DOPPELTER BEDEUTUNG – WERT UNSERER GESELLSCHAFT IN DOLLAR – VORBEREITENDE BERATUNG – PASSWORT – KONFLIKTE VON HOFFNUNG UND ANGST – ZU ÜBERWINDENDE SCHWIERIGKEITEN – UNWISSEN ÜBER GEOGRAPHIE – ÜBERSICHT ÜBER EINGEBILDETE SCHWIERIGKEITEN – WIRKUNG AUF UNSEREN GEDANKEN – PATRICK HENRY – SANDY WIRD ZUM TRÄUMER – ROUTE NACH NORDEN VORGESTELLT – EINSPRÜCHE ÜBERLEGT – BETRUG AN FREIEN MÄNNERN VERÜBT – PÄSSE GESCHRIEBEN – ÄNGSTE, ALS DIE ZEIT NAHER RÜCKTE – ANGST VOR DEM SCHEITERN – APPELLE AN KAMERADEN – SELTSAME VORAUSSETZUNG – ZUFALL – DER VERRAT ENTDECKT – DIE ART UND WEISE, WIE WIR VERHAFTET WURDEN – WIDERSTAND VON HENRY HARRIS – SEINE WIRKUNG – DIE EINZIGARTIGE REDE VON FRAU FREELAND – UNSER TRAURIGER ZUG INS GEFÄNGNIS – BRUTALES HOHES GESPOT DURCH DIE MENGE ENTLANG DER STRASSE – PÄSSE GEFRESSEN – DIE VERLEUGNUNG – SANDY ZU SEHR GELIEBT, UM VERDÄCHTIG ZU WERDEN – HINTER PFERDEN GEZIEHT – DAS GEFÄNGNIS EINE ERLÖSUNG – EINE NEUE GRUPPE VON QUELLERN – SKLAVENHÄNDLER – JOHN, CHARLES UND HENRY FREIGELASSEN – ALLEIN IM GEFÄNGNIS – ICH WERDE HERAUSGEHOLT UND NACH BALTIMORE GESENDET.

Ich stehe jetzt am Anfang des Jahres 1836, einer Zeit, die für ernsthafte Gedanken günstig ist. Der Geist beschäftigt sich natürlich mit den Geheimnissen des Lebens in all seinen Phasen – dem Idealen, dem Realen und dem Tatsächlichen. Nüchterne Menschen schauen zu Beginn des Jahres in beide Richtungen, überblicken die Fehler der Vergangenheit und treffen Vorkehrungen gegen mögliche Fehler der Zukunft. Auch ich war so aufgewühlt. Ich hatte wenig Freude daran, zurückzublicken, und die Aussicht war nicht sehr rosig. „Trotz", dachte ich, „der vielen Vorsätze und Gebete, die ich für die Freiheit gesprochen habe, bin ich an diesem ersten Tag des Jahres 1836 immer noch ein Sklave, der immer noch in den Tiefen der geistverzehrenden Knechtschaft umherirrt. Meine körperlichen und seelischen Fähigkeiten und Kräfte gehören nicht mir, sondern sind das Eigentum eines Mitsterblichen, der mir in keiner Weise überlegen ist, außer dass er die physische Macht hat, mich zu zwingen, ihm zu gehören und von ihm kontrolliert zu werden. Durch die vereinte physische Kraft der Gemeinschaft bin ich sein Sklave – ein Sklave fürs Leben." Solche Gedanken verwirrten und ärgerten mich; sie machten mich trübsinnig und trostlos. Die Qualen meines Geistes können nicht niedergeschrieben werden.

Ende 1835 hatte mich Mr. Freeland, mein zeitweiliger Herr, für das Jahr 1836 von Kapitän Thomas Auld gekauft. Seine Schnelligkeit, mit der er meine Dienste in Anspruch nahm, hätte meiner Eitelkeit geschmeichelt, wenn ich den Ehrgeiz gehabt hätte, mir den Ruf eines wertvollen Sklaven zu erwerben. Trotzdem empfand ich angesichts der Umstände ein wenig Selbstzufriedenheit. Es zeigte, dass er mit mir als Sklave ebenso zufrieden war wie ich mit ihm als Herr. Ich habe bereits meine Hochachtung für Mr. Freeland zum Ausdruck gebracht und möchte hier, an Leser aus dem Norden gerichtet – wo es keinen selbstsüchtigen Grund gibt, einen Sklavenhalter zu loben –, sagen, dass Mr. Freeland ein Mann mit vielen hervorragenden Eigenschaften war und für mich jedem Herrn, den ich je hatte, weit vorzuziehen war.

Aber die Güte des Sklavenhalters vergoldet nur die Kette der Sklaverei und mindert weder ihre Bedeutung noch ihre Macht. Der Gedanke, dass Menschen für andere und bessere Zwecke als die Sklaverei geschaffen sind, gedeiht am besten unter der sanften Behandlung eines gütigen Herrn. Aber das grimmige Antlitz der Sklaverei kann kein Lächeln aufsetzen, das den teilweise aufgeklärten Sklaven dazu bringen könnte, seine Knechtschaft oder die Erwünschtheit der Freiheit zu vergessen.

Ich hatte den ersten Monat dieses zweiten Jahres mit dem freundlichen und höflichen Mr. Freeland noch nicht hinter mir, als ich ernsthaft Pläne zur Erlangung dieser Freiheit erwog und beriet, von der ich schon als Kind festgestellt hatte, dass sie das natürliche und angeborene Recht jedes Mitglieds der Menschheitsfamilie ist. Der Wunsch nach dieser Freiheit war betäubt worden, während ich unter der brutalen Herrschaft von Covey stand, und er war durch meine wirklich angenehmen Sonntagsschulbesuche mit meinen Freunden im Jahr 1835 bei Mr. Freeland aufgeschoben und unwirksam gemacht worden. Er war jedoch nie ganz abgeklungen. Ich habe die Sklaverei immer gehasst, und der Wunsch nach Freiheit brauchte nur einen günstigen Windhauch, um ihn jederzeit zu einem Feuer anzufachen. Der Gedanke, nur ein Geschöpf der *Gegenwart* und der *Vergangenheit zu sein*, beunruhigte mich, und ich sehnte mich nach einer *Zukunft* – einer Zukunft mit Hoffnung. Völlig in der Vergangenheit und Gegenwart eingeschlossen zu sein, ist dem menschlichen Geist zuwider; es ist für die Seele – deren Leben und Glück ein unaufhörlicher Fortschritt ist – was das Gefängnis für den Körper ist: eine Plage und ein Schimmel, eine Hölle des Schreckens. Der Anbruch dieses neuen Jahres weckte mich aus meinem vorübergehenden Schlummer und erweckte meine latenten, aber lange gehegten Sehnsüchte nach Freiheit zum Leben. Ich schämte mich jetzt nicht nur, mit der Sklaverei zufrieden zu sein, sondern auch, zufrieden zu *erscheinen*, und in meiner gegenwärtigen günstigen Lage unter der milden Herrschaft von Mr. F. bin ich mir nicht sicher, ob mich ein wohlwollender Leser nicht als zu ehrgeizig und als mir die nötige Demut fehlend verurteilen wird, wenn ich die Wahrheit sage, dass ich jetzt alle Gedanken daran, das Beste aus meinem Los zu machen, von mir verbannte und nur solche Gedanken zuließ, die mich aus dem Haus der Knechtschaft fortführten. Das intensive Verlangen, das ich jetzt verspürte, *frei zu sein*, das durch meine gegenwärtigen günstigen Umstände noch verstärkt wurde, brachte mich zu dem Entschluss, zu handeln, sowie zu denken und zu sprechen. Dementsprechend legte ich zu Beginn dieses Jahres 1836 ein feierliches Gelübde ab, dass das Jahr, das nun angebrochen war, nicht enden sollte, ohne dass ich Zeuge eines ernsthaften Versuchs meinerseits wurde, meine Freiheit zu erlangen. Dieses Gelübde verpflichtete mich nur dazu, meine Flucht allein zu unternehmen; aber das Jahr, das ich mit Mr. Freeland verbracht hatte, hatte mich wie mit „Stahlhaken" an meine Sklavenbrüder gefesselt. Zwischen uns bestand die innigste und vertrauensvollste Freundschaft; und ich hielt es für meine Pflicht, ihnen Gelegenheit zu geben, an meiner tugendhaften Entschlossenheit teilzuhaben, indem ich ihnen meine Pläne und Absichten offenlegte. Henry und John Harris gegenüber empfand ich eine Freundschaft, die so stark ist, wie ein Mann für einen anderen empfinden kann; denn ich hätte mit ihnen und für sie sterben können. Daher begann ich, ihnen mit einem angemessenen Maß an Vorsicht meine Gefühle und Pläne zu offenbaren; indem ich sie auslotete, während ich über das Thema Flucht nachdachte, bot sich mir eine gute Gelegenheit. Ich muss dem Leser wohl kaum sagen, dass ich mein *Bestes tat*, um die Gedanken meiner lieben Freunde mit meinen eigenen Ansichten und Gefühlen zu erfüllen. Jetzt war ich völlig wach und hatte ein klares Gelübde abgelegt, und all meine wenigen Lektüren, die sich mit dem Thema Menschenrechte befassten, wurden in meinen Gesprächen mit meinen Freunden verwendet. Dieses (für mich) Juwel von einem Buch, der *Columbian Orator*, mit seinen beredten Reden und scharfen Dialogen, die Unterdrückung und Sklaverei anprangerten – und davon erzählten, was die Menschen gewagt, getan und erlitten hatten, um das unschätzbare Geschenk der Freiheit zu erlangen – war noch frisch in meiner Erinnerung und wirbelte mit der Geschicklichkeit gut ausgebildeter Soldaten, die ihre Übungen absolvieren, in die Reihen meiner Redner. Tatsächlich begann ich hier mit meiner öffentlichen Rede. Ich sprach mit Henry und John über das Thema Sklaverei und schleuderte das verurteilende Brandmal der ewigen Gerechtigkeit Gottes dagegen, die sie jede Stunde verletzt. Meine Mitknechte waren weder gleichgültig, noch stumpfsinnig, noch unfähig. Unsere Gefühle waren ähnlicher als unsere Meinungen. Alle waren jedoch bereit zu handeln, wenn ein durchführbarer Plan vorgeschlagen wurde. „Zeigen Sie uns, *wie die Sache zu machen ist*", sagten sie, „und alles ist klar."

Wir alle, außer Sandy, waren völlig frei von der sklavenhaltenden Priesterschaft. Vergeblich hatte man uns von der Kanzel in St. Michael die Pflicht des Gehorsams gegenüber unseren Herren gelehrt; Gott als Urheber unserer Versklavung anzuerkennen; Flucht als Vergehen gegen Gott und Menschen gleichermaßen zu betrachten; unsere Versklavung als barmherzige und wohltätige Regelung zu betrachten; unsere Lage in diesem Land als Paradies zu betrachten im Vergleich zu dem, aus dem wir in Afrika entrissen worden waren; unsere harten Hände und unsere dunkle Hautfarbe als Gottes Zeichen des Missfallens zu betrachten und als Zeichen, dass wir die eigentlichen Untertanen der Sklaverei waren; dass die Beziehung zwischen Herrn und Sklave von gegenseitigem Nutzen war; dass unsere Arbeit unseren Herren nicht nützlicher war, als das Denken unserer Herren uns nützlich war. Ich sage, vergeblich hatte man uns von der Kanzel in St. Michael diese plausiblen Lehren ständig eingeschärft. Die Natur lachte sie aus. Ich für meinen Teil war jetzt zu groß für meine Ketten geworden. Pater Lawsons ernste Worte darüber, was ich sein sollte und sein könnte, wenn Gott mich segnete, waren mir noch nicht im Gedächtnis geblieben. Ich näherte mich rasch dem Mannsein, und die Prophezeiungen meiner Kindheit waren noch immer unerfüllt. Der Gedanke, dass Jahr um Jahr vergangen war und meine Entschlüsse, wegzulaufen, gescheitert und verblasst waren – dass ich *immer noch ein Sklave war*, und zwar ein Sklave, dessen Chancen, meine Freiheit zu erlangen, immer geringer wurden und immer geringer wurden – war keine Sache, über die man leicht hinwegsehen konnte; und ich konnte auch nicht leicht darüber hinwegsehen.

Doch hier kam ein neues Problem. Gedanken und Absichten, die so aufrührerisch waren wie die, die ich jetzt hegte, konnten meinen Geist nicht lange aufwühlen, ohne Gefahr zu laufen, sich prüfenden und unfreundlichen Beobachtern zu offenbaren. Ich hatte Grund zu der Befürchtung, dass mein schwarzes Gesicht sich als zu durchsichtig erweisen könnte, um mein gefährliches Vorhaben sicher zu verbergen. Pläne von größerer Tragweite sind durch Steinmauern gesickert und haben ihre Urheber enthüllt. Doch hier gab es keine Steinmauer, um meine Absicht zu verbergen. Ich hätte mein armes, verräterisches Gesicht für die unbewegliche Miene eines Indianers hergegeben, denn es war alles andere als immun gegen die täglichen, forschenden Blicke derer, denen ich begegnete.

Es ist das Interesse und die Aufgabe der Sklavenhalter, die menschliche Natur im Hinblick auf praktische Ergebnisse zu studieren, und viele von ihnen erreichen erstaunliche Fähigkeiten im Erkennen der Gedanken und Gefühle von Sklaven. Sie haben es nicht mit Erde, Holz oder Stein zu tun, sondern mit *Menschen;* und bei aller Rücksicht auf deren Sicherheit und Wohlstand müssen sie das Material, mit dem sie arbeiten, genau kennen lernen. So viel Intellekt, wie der Sklavenhalter um sich hat, muss überwacht werden. Ihre Sicherheit hängt von ihrer Wachsamkeit ab. Im Bewusstsein der Ungerechtigkeit und des Unrechts, das sie stündlich begehen, und wissend, was sie selbst tun würden, wenn sie Opfer solchen Unrechts würden, halten sie nach den ersten Anzeichen der gefürchteten Vergeltung der Gerechtigkeit Ausschau. Sie beobachten daher mit geschulten und geübten Augen und haben gelernt, den Geistes- und Gemützustand der Sklaven anhand ihres schwarzen Gesichts mit großer Genauigkeit zu lesen. Diese unruhigen Sünder fragen schnell nach, wenn es um den Sklaven geht. Ungewöhnliche Nüchternheit, scheinbare Geistesabwesenheit, Verdrossenheit und Gleichgültigkeit – ja, jede Stimmung, die nicht der üblichen entspricht – geben Anlass zu Misstrauen und Nachforschungen. Oft verlassen sie sich auf ihre überlegene Stellung und Weisheit und schikanieren und foltern den Sklaven, bis er ein Geständnis erzwingt, indem sie vorgeben, die Wahrheit ihrer Anschuldigungen zu kennen. „Du hast den Teufel in dir", sagen sie, „und wir werden ihn aus dir herauspeitschen." Ich wurde oft auf bloßen Verdacht hin auf diese Weise gefoltert. Dieses System hat seine Nachteile ebenso wie das Gegenteil. Der Sklave wird manchmal dazu gepeitscht, Straftaten zu gestehen, die er nie begangen hat. Der Leser wird sehen, dass die gute alte Regel – „ein Mann gilt als unschuldig, bis seine Schuld bewiesen ist" – auf der Sklavenplantage nicht gilt. Misstrauen und Folter sind hier die bewährten Methoden, um an die Wahrheit zu gelangen. Daher war es für mich notwendig, auf mein Verhalten zu achten, damit der Feind mich nicht überwältigen konnte.

Aber trotz all unserer Vorsicht und bewussten Zurückhaltung bin ich mir nicht sicher, ob Mr. Freeland nicht den Verdacht hegte, dass mit uns nicht alles in Ordnung war. Es *schien*, als ob er uns genauer beobachtete, nachdem der Fluchtplan ausgearbeitet und unter uns besprochen worden war. Menschen sehen sich selbst selten so, wie andere sie sehen; und während uns alles, was mit unserer geplanten Flucht zusammenhing, verborgen schien, hat Mr. Freeland vielleicht mit der besonderen Voraussicht eines

Sklavenhalters den gewaltigen Gedanken gemeistert, der unseren Frieden in der Sklaverei störte.

Ich bin eher geneigt zu glauben, dass er uns verdächtigte, weil wir, so umsichtig wir auch waren, im Rückblick viele dumme Dinge taten, die sehr darauf angelegt waren, Misstrauen zu erregen. Wir waren manchmal bemerkenswert heiter, sangen Hymnen und stießen freudige Ausrufe aus, die fast so triumphierend klangen, als hätten wir ein Land der Freiheit und Sicherheit erreicht. Ein aufmerksamer Beobachter hätte in unserem wiederholten Singen von

O Kanaan, süßes Kanaan,
ich bin auf dem Weg ins Land Kanaan,

Norden erreichen – und der Norden war unser Kanaan.

Ich dachte, ich hätte sie sagen hören:
„Da waren Löwen im Weg. Ich glaube nicht, dass ich hier noch viel länger bleiben
kann.

Lauf zu Jesus – meide die Gefahr.
Ich glaube nicht, dass ich hier noch viel länger bleiben kann ."

war ein beliebtes Lied und hatte eine doppelte Bedeutung. Im Munde einiger bedeutete es die Erwartung einer baldigen Berufung in eine Welt der Geister; im Munde unserer *Leute jedoch* bedeutete es einfach eine baldige Pilgerfahrt in einen freien Staat und die Befreiung von allen Übeln und Gefahren der Sklaverei.

Es war mir gelungen, eine Gruppe von fünf jungen Männern für meinen (wie Sklavenhalter es nennen würden) Plan zu gewinnen, die Blüte der Gegend, von denen jeder auf dem heimischen Markt tausend Dollar verdient hätte. In New Orleans hätten sie fünfzehnhundert Dollar pro Person und vielleicht noch mehr eingebracht. Die Namen unserer Gruppe waren folgende: Henry Harris, John Harris, Henrys Bruder, Sandy Jenkins, der sich noch gut erinnert, Charles Roberts und Henry Bailey. Ich war der vorletzte Jüngste in der Gruppe. Ich hatte jedoch einen Vorsprung vor ihnen allen, was Erfahrung und Literatur anging. Das gab mir großen Einfluss auf sie. Vielleicht hätte keiner von ihnen, wenn man sie sich selbst überlassen hätte, auch nur im Traum daran gedacht, zu entkommen. Keiner von ihnen war in dieser Angelegenheit eigennützig. Sie wollten alle frei sein, aber der ernsthafte Gedanke, wegzulaufen, war ihnen nicht in den Sinn gekommen, bis ich sie für das Vorhaben gewann. Sie waren alle ziemlich wohlhabend – für Sklaven – und hatten die vage Hoffnung, eines Tages von ihren Herren freigelassen zu werden. Wenn jemand dafür verantwortlich ist, die Ruhe der Sklaven und Sklavenhalter in der Nachbarschaft von St. Michael gestört zu haben, dann *bin ich der Mann* . Ich behaupte, der Anstifter des schweren Verbrechens zu sein (wie die Sklavenhalter es betrachten) und ich habe das Leben darin erhalten, bis das Leben darin nicht mehr erhalten werden konnte.

Bis zu unserem geplanten Auszug aus Ägypten trafen wir uns oft nachts und jeden Sonntag. Bei diesen Treffen besprachen wir die Angelegenheit, sprachen über unsere Hoffnungen und Ängste und die festgestellten oder eingebildeten Schwierigkeiten und berechneten wie vernünftige Menschen die Kosten des Unternehmens, auf das wir uns einließen.

Diese Treffen müssen in ihrem Grundzustand im kleinen Maßstab den Treffen revolutionärer Verschwörer geähnelt haben. Wir planten gegen unsere (sogenannten) rechtmäßigen Herrscher; mit dem Unterschied, dass wir unser eigenes Wohl und nicht das Unheil unserer Feinde im Sinn hatten. Wir wollten sie nicht stürzen, sondern ihnen entkommen. Was Mr. Freeland angeht, wir alle mochten ihn und wären gern bei ihm geblieben, *als freier Mann* . FREIHEIT war unser Ziel; und wir waren inzwischen zu der Überzeugung gelangt, dass wir ein Recht auf Freiheit hatten, trotz aller Hindernisse, selbst wenn es um das Leben unserer Sklaven ging.

Wir hatten mehrere Wörter, die Dinge ausdrückten, die für uns wichtig waren und die wir verstanden, die aber, selbst wenn ein Außenstehender sie deutlich hörte, keine eindeutige Bedeutung vermittelten. Ich habe Gründe, diese *Passwörter zu unterdrücken* , die der Leser leicht erraten wird. Ich hasste die Geheimhaltung; aber wo die Sklaverei mächtig und die Freiheit schwach ist, wird letztere zur Geheimhaltung oder zur Zerstörung getrieben.

Die Aussichten waren nicht immer rosig. Manchmal waren wir fast versucht, das Unternehmen aufzugeben und zu jener relativen Seelenruhe zurückzukehren, die selbst ein Mann am Galgen empfinden könnte, wenn alle Hoffnung auf Flucht verschwunden ist. Ruhige Knechtschaft schien uns besser als die Zweifel, Ängste und Unsicherheiten, die uns jetzt so traurig verwirrten und beunruhigten.

Die Schwächen der Menschheit waren in unserer kleinen Gruppe vertreten. Wir waren zuweilen zuversichtlich, mutig und entschlossen, dann wieder zweifelnd, schüchtern und schwankend und pfiffen wie der Junge auf dem Friedhof, um die Geister fernzuhalten.

Wenn man sich die Karte ansieht und die Nähe von Eastern Shore, Maryland, zu Delaware und Pennsylvania erkennt, mag es dem Leser völlig absurd erscheinen, den geplanten Fluchtversuch als gewaltiges Unterfangen zu betrachten. Aber um das zu *verstehen* , hat jemand gesagt, ein Mann müsse *unter ... stehen* . Die tatsächliche Entfernung war groß genug, aber die eingebildete Entfernung war, unserer Unwissenheit nach, noch größer. Jeder

Sklavenhalter versucht, seinen Sklaven den Glauben an die Grenzenlosigkeit des Sklavengebiets und an seine eigene, fast unbegrenzte Macht einzuprägen. Wir alle hatten vage und undeutliche Vorstellungen von der Geographie des Landes.

Die Entfernung ist jedoch nicht das Hauptproblem. Je näher die Grenzen eines Sklavenstaates und die Grenzen eines freien Staates beieinander liegen, desto größer ist die Gefahr. Diese Grenzen werden von angeheuerten Kidnappern heimgesucht. Außerdem wussten wir, dass uns das bloße Erreichen eines freien Staates nicht befreite; dass wir, wo immer wir gefangen würden, wieder in die Sklaverei zurückkehren könnten. Wir konnten auf dieser Seite des Ozeans keinen Ort sehen, wo wir frei sein konnten. Wir hatten von Kanada, dem wahren Kanaan der amerikanischen Sklaven, nur als einem Land gehört, in das die Wildgans und der Schwan am Ende des Winters zurückkehrten, um der Hitze des Sommers zu entgehen, aber nicht als Heimat des Menschen. Ich wusste etwas von Theologie, aber nichts von Geographie. Ich wusste damals wirklich nicht, dass es einen Staat New York oder einen Staat Massachusetts gab. Ich hatte von Pennsylvania, Delaware und New Jersey und allen Südstaaten gehört, aber ich wusste im Allgemeinen nichts über die freien Staaten. New York City war unsere nördliche Grenze, und dorthin zu gehen und für immer mit der Gefahr konfrontiert zu sein, gejagt und in die Sklaverei zurückgeführt zu werden – mit der Gewissheit, zehnmal schlechter behandelt zu werden als je zuvor – war alles andere als eine erfreuliche Aussicht und könnte uns durchaus zögern lassen, uns auf das Unterfangen einzulassen. Manchmal sah es in unseren aufgeregten Visionen so aus: An jedem Tor, durch das wir gehen mussten, sahen wir einen Wächter; an jeder Fähre einen Wachmann; auf jeder Brücke einen Wachposten und in jedem Wald eine Patrouille oder einen Sklavenjäger. Wir waren von allen Seiten eingekesselt. Das anzustrebende Gute und das zu meidende Böse wurden in die Waagschale geworfen und gegeneinander abgewogen. Auf der einen Seite stand die Sklaverei; eine harte Realität, die uns furchterregend anstarrte, mit dem Blut von Millionen in ihren beschmutzten Röcken – furchtbar anzusehen –, die gierig unsere hart verdienten Einnahmen verschlang und sich von unserem Fleisch nährte. Hier war das Böse, dem wir entfliehen mussten. Auf der anderen Seite, weit weg, in der dunstigen Ferne, wo alle Formen nur Schatten zu sein schienen, unter dem flackernden Licht des Nordsterns – hinter irgendeinem schroffen Hügel oder schneebedeckten Berg – stand eine zweifelhafte Freiheit, halb gefroren, die uns in ihr eisiges Reich lockte. Das war das Gut, das es zu suchen galt. Die Ungleichheit war so groß wie die zwischen Gewissheit und Ungewissheit. Das allein reichte schon aus, um uns zu taumeln; aber als wir den unbetretenen Weg überblickten und die vielen möglichen Schwierigkeiten erahnten, waren wir entsetzt und waren manchmal, wie ich schon sagte, kurz davor, den Kampf ganz aufzugeben.

Der Leser kann sich kaum eine Vorstellung von den Phantomen des Unheils machen, die unter solchen Umständen vor dem ungebildeten Geist des Sklaven herumhuschen. Auf beiden Seiten sahen wir den grimmigen Tod, der die verschiedensten grausigen Formen annahm. Mal war es der Hunger, der uns in einem fremden und freundlosen Land dazu zwang, unser eigenes Fleisch zu essen. Mal kämpften wir mit den Wellen (denn unsere Reise führte teilweise über Wasser) und ertranken. Mal wurden wir von Hunden gejagt und von ihren gnadenlosen Fängen eingeholt und in Stücke gerissen. Mal wurden wir von Skorpionen gestochen – von wilden Tieren gejagt – von Schlangen gebissen; und das Schlimmste war, dass wir, nachdem wir Flüsse durchschwommen hatten, wilden Tieren begegnet waren, in den Wäldern geschlafen hatten, Hunger, Kälte, Hitze und Nacktheit erlitten hatten, dachten, wir würden von angeheuerten Kidnappern überfallen, die im Namen des Gesetzes und für ihre dreimal verfluchte Belohnung vielleicht auf uns schießen würden – einige töten, andere verwunden und alle gefangen nehmen würden. Dieses dunkle Bild, gezeichnet von Unwissenheit und Angst, erschütterte zeitweise unsere Entschlossenheit sehr und veranlasste uns nicht selten,

Wir ertragen lieber die Übel, die wir hatten,
als uns anderen zuzuwenden, von denen wir nichts wissen.

Ich bin nicht geneigt, diesen Umstand aus meiner Erfahrung heraus zu übertreiben, aber ich glaube, dem Leser werde ich so erscheinen. Niemand kann die tiefe Qual beschreiben, die der Sklave empfindet, wenn er kurz davor steht, zu fliehen. Alles, was er hat, steht auf dem Spiel; und sogar das, was er nicht hat, steht auf dem Spiel. Das Leben, das er hat, kann verloren gehen, und die Freiheit, die er sucht, kann er nicht erlangen.

Patrick Henry konnte zu einem Senat, der von seiner magischen Beredsamkeit begeistert war und bereit war, ihm bei seinen kühnsten Fluchten beizustehen, sagen: GEBT MIR FREIHEIT ODER GEBT MIR DEN TOD, und dieser Ausspruch war selbst für einen freien Mann erhaben; doch unvergleichlich erhabener ist dieselbe Meinung, wenn sie von Männern *in die Tat* umgesetzt wird, die an Peitsche und Kette gewöhnt sind – Männer, deren Empfindsamkeit durch ihre Knechtschaft mehr oder weniger abgestumpft sein muss. Wir strebten bestenfalls nach einer *zweifelhaften* Freiheit und, wenn uns dies nicht gelang, nach einem sicheren, langsamen Tod in den Reissümpfen und Zuckerfeldern. Menschen mit gesundem Verstand betrachten das Leben nicht auf die leichte Schulter. Es ist kostbar, für den Armen und den Prinzen gleichermaßen – für den Sklaven und seinen Herrn; und doch glaube ich, dass es unter uns niemanden gab, der nicht lieber erschossen worden wäre, als sein Leben in hoffnungsloser Knechtschaft zu verbringen.

Im Laufe unserer Vorbereitungen wurde Sandy, der Wurzelmann, unruhig. Er begann Träume zu haben, und einige davon waren sehr beunruhigend. Einer davon, der sich an einem Freitagabend ereignete, war für ihn von großer Bedeutung; und ich bin durchaus bereit zu gestehen, dass ich mich selbst dadurch etwas gedämpft fühlte. Er sagte: „Letzte Nacht träumte ich, dass ich durch seltsame Geräusche aus dem Schlaf gerissen wurde, wie die Stimmen eines Schwarms wütender Vögel, die beim Vorbeiflug ein Brüllen verursachten, das an mein Ohr drang wie ein aufziehender Sturm über den Baumwipfeln. Als ich aufblickte, um zu sehen, was das bedeuten könnte", sagte Sandy, „sah ich dich, Frederick, in den Klauen eines riesigen Vogels, umgeben von einer großen Anzahl Vögel aller Farben und Größen. Sie pickten alle nach dir, während du mit deinen Armen scheinbar versuchtest, deine Augen zu schützen. Die Vögel flogen über mich hinweg in südwestlicher Richtung, und ich beobachtete sie, bis sie völlig außer Sicht waren. Jetzt sah ich das so deutlich, wie ich dich jetzt sehe; und außerdem, Liebling, beobachte den Freitagnachttraum. Darin steckt Mut, wenn du geboren bist. Es ist wirklich Mut, Liebling."

Ich muss gestehen, dass mir dieser Traum nicht gefiel; aber ich schob meine Besorgnis darüber beiseite, indem ich ihn der allgemeinen Aufregung und Beunruhigung zuschrieb, die durch unseren geplanten Fluchtplan verursacht wurde. Ich konnte seine Wirkung jedoch nicht sofort abschütteln. Ich spürte, dass er nichts Gutes für mich verhieß. Sandy war ungewöhnlich nachdrücklich und orakelhaft, und sein Verhalten hatte großen Einfluss auf den Eindruck, den er auf mich machte.

Der Fluchtplan, den ich empfahl und dem meine Kameraden zustimmten, bestand darin, ein großes Kanu zu nehmen, das Mr. Hamilton gehörte, und am Samstagabend vor den Osterferien in die Chesapeake Bay hinauszufahren und mit aller Kraft auf die Spitze des Kanus zuzupaddeln – eine Strecke von siebzig Meilen. Als wir diesen Punkt erreichten, wollten wir das Kanu wenden und uns in Richtung Nordstern bewegen, bis wir einen freien Staat erreichten.

Gegen diesen Plan gab es mehrere Einwände. Einer war die Gefahr von Stürmen in der Bucht. Bei rauem Wetter sind die Gewässer der Chesapeake Bay sehr aufgewühlt und es besteht die Gefahr, in einem Kanu von den Wellen überschwemmt zu werden. Ein weiterer Einwand war, dass das Kanu bald vermisst werden würde; die abwesenden Personen würden sofort verdächtigt werden, es gestohlen zu haben; und wir würden von einigen der schnellen Segelboote aus St. Michael verfolgt werden. Wenn wir dann die Spitze der Bucht erreichten und das Kanu abtrieben, könnte es uns als Wegweiser dienen und die Landjäger auf uns aufmerksam machen.

Diese und andere Einwände wurden durch die stärkeren Einwände beiseite geschoben, die gegen jeden anderen Plan vorgebracht werden konnten, der damals vorgeschlagen werden konnte. Auf dem Wasser hatten wir die Chance, als Fischer im Dienste eines Kapitäns angesehen zu werden. Wenn wir andererseits den Landweg durch die an Delaware angrenzenden Grafschaften nahmen, wären wir allen möglichen Störungen und vielen sehr unangenehmen Fragen ausgesetzt, die uns ernsthafte Schwierigkeiten bereiten könnten. Jeder Weiße ist berechtigt, einen Farbigen auf jeder Straße anzuhalten, ihn zu verhören und ihn zu verhaften, wenn er dies wünscht.

Durch diese Regelung kommt es zu vielen Missbräuchen (die sogar von Sklavenhaltern als solche angesehen werden). Es sind Fälle bekannt, in denen freie Männer von einer Bande von Raufbolden aufgefordert wurden, ihre Freilassungspapiere vorzuzeigen – und als die Raufbolde die Papiere vorlegten, zerrissen sie sie, packten ihr Opfer und verkauften es in ein Leben endloser Knechtschaft.

In der Woche vor unserer geplanten Abreise schrieb ich für jeden aus unserer Gruppe einen Pass, der ihnen erlaubte, Baltimore während der Osterferien zu besuchen. Der Pass lautete folgendermaßen:

Hiermit bestätige ich, dass ich, der Unterzeichnete, dem Überbringer, meinem Diener John, die volle Erlaubnis erteilt habe, nach Baltimore zu reisen, um dort die Osterferien zu verbringen.

WH

in der Nähe von St. Michael, Talbot County, Maryland

Obwohl wir nicht nach Baltimore fuhren, sondern östlich von North Point anlegen wollten, in der Richtung, in die ich die Philadelphia-Dampfer hatte fahren sehen, könnten uns diese Passagen im unteren Teil der Bucht nützlich sein, wenn wir nach Baltimore steuerten. Wir durften sie jedoch nicht zeigen, bis alle anderen Antworten den Fragesteller nicht zufriedenstellten. Wir waren uns alle völlig darüber im Klaren, wie wichtig es ist, ruhig und selbstbeherrscht zu bleiben, wenn wir angegriffen werden, falls wir angegriffen werden sollten, und wir haben uns mehr als einmal gegenseitig eingeschärft, wie wir uns in der Stunde der Prüfung verhalten sollten.

Es waren lange, langweilige Tage und Nächte. Die Ungewissheit war äußerst schmerzhaft. Wahrscheinlichkeiten abzuwägen, von deren Ausgang Leben und Freiheit abhängen, erfordert starke Nerven. Ich lechzte nach Taten und war froh, als der Tag, an dessen Ende wir aufbrechen sollten, anbrach. An Schlaf war in der Nacht zuvor nicht zu denken. Ich fühlte wahrscheinlich tiefer als jeder meiner Gefährten, denn ich war der Anstifter der Bewegung. Die Verantwortung für das ganze Unternehmen ruhte auf meinen Schultern. Der Ruhm des Erfolgs und die Schande und Verwirrung des Scheiterns konnten mir nicht gleichgültig sein. Unser Essen war zubereitet, unsere Kleider waren eingepackt, wir waren alle bereit zum Aufbruch und konnten den Samstagmorgen kaum erwarten – da es der letzte Morgen unserer Knechtschaft war.

Ich kann den Sturm und Aufruhr, der an jenem Morgen in meinem Kopf herrschte, nicht beschreiben. Der Leser wird sich bitte daran erinnern, dass in einem Sklavenstaat ein erfolgloser Ausreißer nicht nur grausamer Folter ausgesetzt und in den fernen Süden verkauft wird, sondern auch häufig von den anderen Sklaven verabscheut wird. Ihm wird vorgeworfen, die Lage der anderen Sklaven unerträglich zu machen, indem er sie alle dem Verdacht ihrer Herren aussetzt – sie größerer Wachsamkeit unterwirft und ihre Privilegien stärker einschränkt. Ich fürchtete Gemurmel aus dieser Richtung. Es ist für einen Sklavenherrn auch schwer zu glauben, dass entflohene Sklaven nicht von einem ihrer Mitsklaven bei ihrer Flucht unterstützt wurden. Wenn daher ein Sklave vermisst wird, wird jeder Sklave vor Ort genau auf sein Wissen über das Unternehmen untersucht; und manchmal werden sie sogar gefoltert, um sie dazu zu bringen, zu enthüllen, was sie verdächtigt werden, über eine solche Flucht zu wissen.

Unsere Angst wurde immer größer, je näher der Zeitpunkt unserer geplanten Abreise nach Norden rückte. Wir hatten wirklich das Gefühl, dass es für uns um Leben und Tod ging, und wir hatten fest vor, zu *kämpfen* und *zu fliehen* , wenn es so weit kommen sollte. Aber die Stunde der Prüfung stand noch bevor. Es war leicht, einen Entschluss zu fassen, aber nicht so leicht, zu handeln. Ich erwartete, dass es am Ende zu einem Rückzieher kommen würde. Das war natürlich, deshalb ließ ich in der Zwischenzeit keine Gelegenheit aus, Schwierigkeiten zu erklären, Zweifel auszuräumen, Ängste zu zerstreuen und allen Festigkeit zu vermitteln. Es war zu spät, um zurückzublicken, und *jetzt* war es an der Zeit, vorwärtszugehen. Wie die meisten anderen hatten wir den Teil unserer Arbeit, bei dem wir redeten, lange und gut erledigt, und es war an der Zeit, so zu *handeln* , als ob wir es ernst meinten und in Taten ebenso ehrlich sein wollten wie in Worten. Ich vergaß nicht, an den Stolz meiner Kameraden zu appellieren, indem ich ihnen sagte, wenn sie, nachdem sie feierlich versprochen hatten, zu gehen, es nun nicht versuchten, würden sie sich in der Tat als Feiglinge brandmarken und könnten sich genauso gut hinsetzen, die Arme verschränken und anerkennen, dass sie nur dazu geeignet sind, *Sklaven zu sein* . Diese abscheuliche Rolle wollten alle nicht annehmen. Alle Männer außer Sandy (er zog sich zu unserem großen Bedauern zurück) blieben standhaft; und bei unserem letzten Treffen gelobten wir uns erneut und auf die feierlichste Weise, dass wir zur vereinbarten Zeit sicherlich unsere lange Reise in ein freies Land antreten *würden* . Dieses Treffen fand in der Mitte der Woche statt, an deren Ende wir aufbrechen sollten.

Früh am Morgen gingen wir wie üblich aufs Feld, aber mit schnell und ängstlich schlagenden Herzen. Jeder, der uns gut kannte, hätte vielleicht bemerkt, dass es uns nicht gut ging und dass uns irgendein Ungeheuer im Kopf herumschwirrte. Unsere Arbeit an diesem Morgen war dieselbe wie in den letzten Tagen – wir fuhren Mist aus und verteilten ihn. Während ich damit beschäftigt war, hatte ich eine plötzliche Vorahnung, die mich wie ein Blitz in einer dunklen Nacht durchzuckte und dem einsamen Reisenden den Abgrund vor uns und den Feind hinter uns offenbarte. Ich wandte mich sofort an Sandy Jenkins, der neben mir stand, und sagte zu ihm: *„Sandy, wir sind verraten;* etwas hat mir das gerade gesagt.“ Ich war mir dessen so sicher, als ob die Offiziere in Sichtweite wären. Sandy sagte: „Mann, das ist seltsam; aber ich fühle genau wie Sie.“ Wenn meine Mutter – die damals schon lange im Grab lag – vor mir erschienen wäre und mir gesagt hätte, dass wir verraten worden waren, hätte ich mich in diesem Moment nicht sicherer fühlen können.

Ein paar Minuten später riefen uns die langen, tiefen und fernen Töne des Horns vom Feld zum Frühstück. Ich fühlte mich, wie man sich fühlen muss, wenn man wegen eines schweren Vergehens zur Hinrichtung geführt wird. Ich wollte kein Frühstück, aber der Form halber ging ich mit den anderen Sklaven zum Haus. Ich war nicht beunruhigt, ob ich das Recht hatte, wegzulaufen; in diesem Punkt hatte ich überhaupt keine Probleme. Meine Angst rührte von dem Gefühl her, dass ich die Konsequenzen eines Versagens fürchten müsste.

Dreißig Minuten nach dieser lebhaften Vorahnung kam es zu dem befürchteten Zusammenstoß. Als ich zum Frühstück das Haus erreichte und einen Blick auf das Tor zur Gasse warf, wurde mir sofort das Schlimmste klar. Das Tor zur Gasse vor Mr. Freelands Haus ist fast eine halbe Meile von der Tür entfernt und wird von dem dichten Wald beschattet, der die Hauptstraße säumt. Ich konnte jedoch vier weiße und zwei farbige Männer näher kommen sehen. Die weißen Männer waren zu Pferd, und die farbigen Männer gingen hinter ihnen her und schienen gefesselt zu sein. *„Mit uns ist es vorbei“,* dachte ich, *„wir sind ganz sicher verraten worden.“* Ich beruhigte mich nun, oder zumindest relativ, und wartete ruhig auf das Ergebnis. Ich beobachtete die unheilvolle Truppe, bis ich sie durch das Tor eintreten sah. Eine erfolgreiche Flucht war unmöglich, und ich beschloss, stehen zu bleiben und dem Bösen entgegenzutreten, was auch immer es sein mochte; denn ich hatte die leise Hoffnung, dass die Dinge anders ausgehen könnten, als ich zunächst erwartete. Nach wenigen Augenblicken kam Mr. William Hamilton herein, sehr schnell geritten und offensichtlich sehr aufgeregt. Er hatte die Angewohnheit, sehr langsam zu reiten, und man sah ihn selten im Galopp reiten. Diesmal war sein Pferd fast in Höchstgeschwindigkeit, so dass der Staub hinter ihm dicht aufwirbelte. Mr. Hamilton war zwar einer der entschlossensten Männer in der ganzen Nachbarschaft, aber er sprach nichtsdestotrotz bemerkenswert sanftmütig, und selbst wenn er sehr aufgeregt war, blieb seine Sprache kühl und umsichtig. Er kam zur Tür und fragte, ob Mr. Freeland da sei. Ich sagte ihm, dass Mr. Freeland in der Scheune sei. Der alte Herr ritt mit ungewohnter Geschwindigkeit auf die Scheune zu. Mary, die Köchin, wusste nicht, was los war, und ich gab vor, ihr keine Ahnung zu geben. Ich wusste, sie hätte mich ebenso bereitwillig wie jeder andere verflucht, weil ich Ärger in die Familie gebracht hatte; also schwieg ich und überließ den Dingen ihren Lauf, ohne mein Zutun. Nach wenigen Augenblicken kamen Mr. Hamilton und Mr. Freeland von der Scheune zum Haus herunter; und gerade als sie im Vorgarten erschienen, kamen drei Männer (es handelte sich um Polizisten) hoch zu Pferd in die Gasse gerannt, als ob sie durch ein Zeichen gerufen worden wären, das rasches Handeln verlangte. Nach wenigen Sekunden waren sie im Vorgarten, wo sie hastig abstiegen und ihre Pferde festbanden. Danach gesellten sie sich zu Mr. Freeland und Mr. Hamilton, die in geringer Entfernung von der Küche standen. Es vergingen einige Augenblicke, als würden sie beratschlagen, wie sie weiter vorgehen sollten, und dann ging die ganze Gruppe zur Küchentür. Außer mir und John Harris war jetzt niemand mehr in der Küche. Henry und Sandy waren noch in der Scheune. Mr. Freeland kam durch die Küchentür herein, rief mich mit aufgeregter Stimme beim Namen und sagte mir, ich solle hereinkommen, es seien einige Herren da, die mich sehen wollten. Ich trat an der Tür auf sie zu und fragte, was sie wollten, als die Polizisten mich packten und mir sagten, ich solle mich besser nicht wehren, ich sei in eine Patsche geraten oder soll zumindest in eine geraten sein; dass sie mich nur dorthin bringen würden, wo ich verhört werden könnte; dass sie mich nach St. Michael bringen würden, um mich vor meinen Herrn zu bringen. Sie sagten weiter, dass ich freigesprochen würde, falls die Beweise gegen mich nicht der Wahrheit entsprächen. Ich war nun fest gefesselt und der Gnade meiner Entführer völlig ausgeliefert. Widerstand war nutzlos. Sie waren fünf an der Zahl und bis an die Zähne bewaffnet. Als sie mich festgenommen hatten, wandten sie sich als nächstes John Harris zu und schafften es in wenigen Augenblicken, ihn ebenso fest zu fesseln, wie sie mich bereits gefesselt hatten. Als nächstes wandten sie sich Henry Harris zu, der nun aus der Scheune zurückgekehrt war. „Verschränken Sie Ihre Hände", sagten die Polizisten zu Henry. „Das werde ich nicht", sagte Henry mit einer so festen und klaren Stimme und auf eine so entschlossene Art und Weise, dass für einen Moment alle Vorgänge unterbrochen wurden. „Wollen Sie Ihre Hände nicht verschränken?", sagte Tom Graham, der Polizist. „ *Nein, das werde ich nicht* ", sagte Henry mit zunehmendem Nachdruck. Mr. Hamilton, Mr. Freeland und die Beamten kamen nun näher zu Henry. Zwei der Polizisten zogen ihre blanken Pistolen und schworen bei Gott, er solle die Hände verschränken, sonst würden sie ihn niederschießen. Jeder dieser angeheuerten Raufbolde spannte nun seine Pistole und hielt dem unbewaffneten Sklaven, die Finger offenbar am Abzug, seine tödlichen Waffen an die Brust. Gleichzeitig sagten sie, wenn er die Hände nicht verschränke, würden sie ihm „das verdammte Herz aus dem Leib blasen".

„*Schieß! Erschieß mich!*", sagte Henry. „ *Du kannst mich nur einmal töten* . Schieß! – Schieß! und sei verdammt. *Ich lasse mich nicht fesseln* ." Das sagte der tapfere Kerl mit einer Stimme, die ebenso trotzig und heroisch klang wie die Sprache selbst; und in dem Moment, als er dies sagte, hob er mit den Pistolen auf der Brust schnell die Arme und schlug sie aus den schwachen Händen seiner Mörder, wobei die Waffen in entgegengesetzte Richtungen flogen. Jetzt kam es zum Kampf. Alle Hände stürzten sich jetzt auf den tapferen Kerl, und nachdem sie ihn eine Zeit lang geschlagen hatten, gelang es ihnen, ihn zu überwältigen und zu fesseln. Henry beschämte mich; er kämpfte und kämpfte tapfer. John und ich hatten keinen Widerstand geleistet. Tatsache ist, dass ich nie viel Sinn im Kämpfen sehe, es sei denn, es besteht eine vernünftige Wahrscheinlichkeit, jemanden zu verprügeln. Dennoch lag etwas fast Vorsehunghaftes in dem Widerstand, den der tapfere Henry leistete. Ohne diesen Widerstand wäre jede Seele von uns in den fernen Süden verschleppt worden. Nur einen Moment vor dem Ärger mit Henry sagte Mr. Hamilton *sanft* – und das gab mir den unmissverständlichen Hinweis auf den Grund unserer Verhaftung – „Vielleicht sollten wir jetzt besser nach den Schutzbescheiden suchen, die Frederick, wie wir wissen, für sich und die anderen ausgestellt hat." Wären diese Pässe gefunden worden, wären sie ein eindeutiger Beweis gegen uns gewesen und hätten alle Aussagen unseres Verräters bestätigt. Dank Henrys Widerstand lenkte die durch die Rauferei erzeugte Aufregung alle Aufmerksamkeit in diese Richtung, und es gelang mir, meinen Pass unbemerkt ins Feuer zu werfen. Die mit der Rauferei verbundene Verwirrung und die Befürchtung weiterer Schwierigkeiten veranlassten unsere Entführer vielleicht dazu, vorerst auf die Suche nach „*den Schutzbescheiden*" zu verzichten, *die Frederick angeblich für seine Gefährten ausgestellt hatte* ; so waren wir noch nicht der Fluchtabsicht überführt; und es war offensichtlich, dass es auf Seiten aller Zweifel gab, ob wir uns einer solchen Absicht schuldig gemacht hatten.

Gerade als wir alle völlig gefesselt waren und uns auf den Weg nach St. Michael und von dort ins Gefängnis machen wollten, kam Mrs. Betsey Freeland (Williams Mutter, die – nach südstaatlicher Sitte – Henry und John sehr hing, da sie seit ihrer Kindheit in ihrem Haus aufgewachsen waren) mit den Händen voller Kekse an die Küchentür – denn wir hatten an diesem Morgen keine Zeit gehabt, zu frühstücken – und teilte sie zwischen Henry und John auf. Danach richtete die Dame folgende Abschiedsrede an mich, wobei sie mich ansah und mit ihrem knochigen Finger auf mich zeigte. „Du

Teufel! Du gelber Teufel! Du warst es, der Henry und John auf die Idee gebracht hat, wegzulaufen. Ohne *dich* , du *langbeiniger gelber Teufel* , hätten Henry und John nie daran gedacht, wegzulaufen." Ich warf der Dame einen Blick zu, der einen Schrei aus Wut und Angst auslöste, worauf sie die Küchentür zuschlug und hineinging und mich mit den anderen in Händen zurückließ, die so hart waren wie ihre eigene gebrochene Stimme.

Hätte der geneigte Leser an diesem Morgen ruhig die Hauptstraße nach oder von Easton entlangreiten können, hätte sich seinem Auge ein schmerzlicher Anblick geboten. Er hätte fünf junge Männer gesehen, die sich keines Verbrechens schuldig gemacht hatten, außer dass sie die *Freiheit* einem Leben in *Knechtschaft vorzogen* , die fest aneinandergebunden über die öffentliche Straße gezogen wurden, barfuß und barhäuptig durch Staub und Hitze stapften, an drei starke Pferde gebunden waren, deren Reiter bis an die Zähne mit Pistolen und Dolchen bewaffnet waren, auf dem Weg ins Gefängnis wie Schwerverbrecher und jede erdenkliche Beleidigung durch die Massen fauler, vulgärer Leute erdulden mussten, die sich um sie scharten und ihr Versagen herzlos zum Anlass für allerlei Zoten und Scherze machten. Als ich auf diese Menge niederträchtiger Menschen blickte und sah, wie ich und meine Freunde so angegriffen und verfolgt wurden, konnte ich nicht umhin, die Erfüllung von Sandys Traum zu sehen. Ich war in den Händen moralischer Geier und wurde von ihren scharfen Krallen festgehalten und in südöstlicher Richtung nach Easton gezerrt, unter dem Gejohle neuer Vögel desselben Schlags, durch jedes Viertel, das wir passierten. Es schien mir (und das zeigt das gute Einvernehmen zwischen den Sklavenhaltern und ihren Verbündeten), dass jeder, dem wir begegneten, den Grund unserer Verhaftung kannte und draußen wartete, bis wir vorbeikamen, um ihre rachsüchtigen Augen an unserem Elend zu weiden und sich über unseren Untergang zu freuen. Einige sagten, *ich sollte gehängt werden* , und andere, *ich sollte verbrannt werden* , wieder andere, man sollte mir die „*Haut*" vom Rücken ziehen; während uns niemand ein freundliches Wort oder einen mitfühlenden Blick schenkte, außer den armen Sklaven, die ihre schweren Hacken hoben und uns vorsichtig durch die Lattenzäune ansahen, hinter denen sie arbeiteten. Unsere Leiden an diesem Morgen kann man sich leichter vorstellen als beschreiben. Unsere Hoffnungen wurden mit einem Schlag zerstört. Die grausame Ungerechtigkeit, das siegreiche Verbrechen und die Hilflosigkeit der Unschuld ließen mich in meiner Unwissenheit und Schwäche fragen: „Wo ist jetzt der Gott der Gerechtigkeit und der Barmherzigkeit? Und warum haben diese bösen Männer die Macht, unsere Rechte mit Füßen zu treten und unsere Gefühle zu beleidigen?" Und doch kam mir im nächsten Moment der tröstende Gedanke: „*Der Tag des Unterdrückers wird endlich kommen.* " Über eine Sache konnte ich froh sein – keiner meiner lieben Freunde, denen ich dieses große Unglück durch Worte oder Blicke zugefügt hatte, machte mir Vorwürfe, sie hineingeführt zu haben. Wir waren eine Bruderschaft und einander nie lieber als jetzt. Der Gedanke, der uns am meisten schmerzte, war die wahrscheinliche Trennung, die jetzt stattfinden würde, falls wir, wie es wahrscheinlich war, in den fernen Süden verkauft würden. Während die Polizisten nach vorn schauten, konnten Henry und ich, da wir aneinandergebunden waren, gelegentlich ein Wort wechseln, ohne von den Entführern, die uns in Gewahrsam hielten, bemerkt zu werden. „Was soll ich mit meinem Pass tun?" sagte Henry. „Iss es mit deinem Keks", sagte ich; „es geht nicht, es zu zerreißen." Wir waren jetzt in der Nähe von St. Michael. Die Anweisung bezüglich der Pässe wurde herumgereicht und ausgeführt. *„Besitze nichts!"*, sagte ich. *„Besitze nichts!"* wurde herumgereicht und befohlen und gebilligt. Unser Vertrauen zueinander war unerschütterlich; und wir waren fest entschlossen, gemeinsam Erfolg zu haben oder zu scheitern – nach dem Unglück, das uns widerfahren war, genauso wie vorher.

Als wir St. Michael erreichten, wurden wir im Laden meines Herrn einer Art Verhör unterzogen, und mir war klar, dass Master Thomas die Wahrhaftigkeit der Beweise, auf deren Grundlage sie bei unserer Verhaftung handelten, anzweifelte und dass er die Bestimmtheit, mit der er unsere Schuld behauptete, nur bis zu einem gewissen Grad vortäuschte. Keiner aus unserer Gruppe sagte etwas, das unserer Sache in irgendeiner Weise schaden könnte, und es bestand noch Hoffnung, dass wir in unsere Häuser zurückkehren könnten – wenn auch nur, um den schuldigen Mann oder die schuldige Frau zu finden, die uns verraten hatten.

Zu diesem Zweck bestritten wir alle, dass wir uns der Flucht schuldig gemacht hätten. Master Thomas sagte, die Beweise, die er für unsere Fluchtabsicht hatte, reichten aus, um uns in einem Mordfall aufzuhängen. „Aber", sagte ich, „die Fälle sind nicht gleich. Wenn Mord begangen wurde, muss ihn jemand begangen haben – die Sache ist erledigt! In unserem Fall ist nichts geschehen! Wir sind nicht geflohen. Wo sind die Beweise gegen uns? Wir waren ruhig bei der Arbeit." Ich sprach so mit ungewöhnlicher Freiheit, um die Beweise gegen uns ans Licht zu bringen, denn wir alle wollten vor allem den schuldigen Schurken kennen, der uns verraten hatte, damit wir etwas Greifbares hätten, auf das wir unsere Verwünschungen gießen könnten. Aus etwas, das im Laufe des Gesprächs fiel, ging hervor, dass es nur einen Zeugen gegen uns gab – und dass dieser Zeuge nicht vorgebracht werden konnte. Master Thomas wollte uns nicht sagen, *wer* sein Informant war; aber wir verdächtigten und verdächtigten *nur eine* Person . Mehrere Umstände schienen darauf hinzuweisen, dass SANDY unser Verräter war. Sein vollständiges Wissen über unsere Pläne, seine Beteiligung daran, sein Rückzug von uns, sein Traum und seine gleichzeitige Vorahnung, dass wir betrogen worden waren, dass er uns entführt und ihn verlassen hatte, sollten den Verdacht auf ihn lenken, und doch konnten wir ihn nicht verdächtigen.

Wir alle liebten ihn zu sehr, um es für *möglich zu halten* , dass er uns betrogen haben könnte. Also schoben wir die Schuld auf andere Schultern.

Wir wurden an diesem Morgen buchstäblich fünfzehn Meilen weit hinter Pferden hergeschleift und ins Gefängnis von Easton gebracht. Wir waren froh, das Ende unserer Reise zu erreichen, denn unser Weg war Schauplatz von Beleidigungen und Demütigungen gewesen. Die Macht der öffentlichen Meinung ist so groß, dass es selbst für die Unschuldigen schwer ist, den freudigen Trost der Unschuld zu spüren, wenn sie den Verwünschungen dieser Macht zum Opfer fallen. Wie konnten wir uns im Recht fühlen, wenn alle um uns herum uns als Verbrecher denunzierten und die Macht und die Neigung hatten, uns als solche zu behandeln.

Im Gefängnis wurden wir der Obhut von Mr. Joseph Graham, dem Sheriff des Bezirks, übergeben. Henry, John und ich wurden in einem Raum untergebracht, Henry Baily und Charles Roberts in einem anderen, und zwar für sich allein. Diese Trennung sollte uns den Vorteil der Absprache nehmen und Ärger im Gefängnis verhindern.

Nachdem wir eingesperrt waren, überfiel uns eine neue Truppe von Peinigern. Ein Schwarm Kobolde in Menschengestalt – Sklavenhändler, stellvertretende Sklavenhändler und Agenten von Sklavenhändlern – die sich in jeder Kleinstadt des Staates versammeln und auf eine Gelegenheit lauern, Menschenfleisch zu kaufen (wie Geier Aas fressen) – schwärmten über uns aus, um festzustellen, ob unsere Herren uns ins Gefängnis gesteckt hatten, um uns zu verkaufen. Solch eine Horde verkommener und niederträchtiger Kreaturen habe ich nie zuvor gesehen und hoffe, nie wieder so etwas zu sehen. Ich fühlte mich wie von einer Horde Unholde umzingelt , die gerade dem *Verderben* entronnen sind. Sie lachten, lüstern und grinsten uns an und sagten: „Ah! Jungs, wir haben euch, oder? Ihr wolltet also im Begriff sein zu fliehen? Wo wolltet ihr hin?" Nachdem sie uns verspottet und so lange angestarrt hatten, wie sie wollten, unterzogen sie uns einen nach dem anderen einem Verhör, um unseren Wert festzustellen. Sie betasteten unsere Arme und Beine und schüttelten uns an den Schultern, um zu sehen, ob wir gesund und munter waren. Sie fragten uns unverschämt: „Wie gern hätten wir sie als Herren?" Auf solche Fragen reagierten wir, sehr zu ihrem Ärger, völlig stumm und weigerten uns, sie zu beantworten. Ich verabscheute zum einen die Whisky-aufgedunsenen Spieler in Menschengestalt, und ich glaube, sie verabscheuten mich im Gegenzug ebenso sehr. Einer sagte mir: „Wenn er mich hätte, würde er mir den Teufel ganz schnell austreiben."

Diese schwarzen Käufer sind für die vornehme christliche Öffentlichkeit des Südens sehr anstößig. In der respektablen Gesellschaft Marylands werden sie als notwendige, aber verabscheuungswürdige Charaktere angesehen. Als Klasse sind sie abgebrühte Grobiane, die durch ihre Natur und ihren Beruf dazu gemacht wurden. Ihre Ohren sind mit dem qualvollen Schrei der geschändeten und von Kummer geplagten Menschheit vertraut. Ihre Augen sind immer offen für menschliches Elend. Sie wandeln inmitten entweihter Gefühle, beleidigter Tugend und zerstörter Hoffnungen. Sie sind mit Laster und Blut vertraut geworden; sie weiden sich an den wildesten Beispielen ihres seelenverdammenden und erdverschmutzenden Geschäfts und sind moralische Plagegeister. Ja, sie sind eine legitime Frucht der Sklaverei; und es ist ein Rätsel, einen Fall größerer Niedertracht für sie zu finden als für die Sklavenhalter, die eine solche Klasse *möglich machen* . Sie sind bloße Händler der überschüssigen Sklavenprodukte von Maryland und Virginia, grobe, grausame und großspurige Schläger, deren Atem Gotteslästerung und Blut ist.

Abgesehen von diesen Sklavenkäufern, die das Gefängnis von Zeit zu Zeit heimsuchten, waren unsere Quartiere viel komfortabler, als wir es erwarten durften. Unsere Essensration war klein und dürftig, aber unser Zimmer war das beste im Gefängnis – sauber und geräumig, und nichts daran erinnerte uns zwangsläufig an ein Gefängnis, außer den schweren Schlössern und Riegeln und dem schwarzen Eisengitter an den Fenstern. Wir waren Staatsgefangene, verglichen mit den meisten Sklaven, die in dieses Gefängnis in Easton gesteckt werden. Aber der Ort war nicht gerade ein Ort der Zufriedenheit. Riegel, Gitter und vergitterte Fenster sind für freiheitsliebende Menschen jeglicher Hautfarbe nicht akzeptabel. Auch die Spannung war schmerzhaft. Jeder Schritt auf der Treppe wurde belauscht, in der Hoffnung, dass der Ankömmling einen Lichtstrahl auf unser Schicksal werfen würde. Wir hätten unser Haupthaar für ein halbes Dutzend Worte mit einem der Kellner in Sol. Lowes Hotel hergegeben. Solche Kellner waren im Weg, um am Tisch den wahrscheinlichen Verlauf der Dinge zu erfahren. Wir konnten sie in ihren weißen Jacken vor diesem Hotel umherflattern sehen, konnten aber mit keinem von ihnen sprechen.

Bald nach den Feiertagen kamen entgegen all unseren Erwartungen die Herren Hamilton und Freeland nach Easton; nicht, um mit den „Georgia-Händlern" ein Geschäft abzuschließen oder uns nach Austin Woldfolk zu schicken, wie es bei entlaufenen Sklaven üblich ist, sondern um Charles, Henry Harris, Henry Baily und John Harris aus dem Gefängnis zu befreien, und das auch noch, ohne dass ihnen ein einziger Schlag versetzt wurde. Ich war nun ganz allein im Gefängnis. Die Unschuldigen waren gefangen und die Schuldigen zurückgelassen worden. Meine Freunde waren von mir getrennt, und zwar anscheinend für immer. Dieser Umstand verursachte mir mehr Schmerz als jeder andere Vorfall im Zusammenhang mit unserer Gefangennahme und Inhaftierung. 39 Peitschenhiebe auf meinen nackten und blutenden Rücken hätte ich lieber ertragen als diese Trennung von diesen Freunden meiner Jugend. Und doch konnte ich nicht umhin zu fühlen, dass ich das Opfer von so etwas wie Gerechtigkeit war. Warum sollten diese jungen Männer, die ich zu diesem Komplott verleitet hatte, genauso leiden wie der Anstifter? Ich war froh, dass sie aus dem Gefängnis und der schrecklichen Aussicht auf ein Leben (oder Sterben, würde ich eher sagen) in den Reissümpfen befreit waren. Dem edlen Henry gebührt die Erwähnung, dass er fast ebenso ungern das Gefängnis mit mir darin verließ, wie gefesselt und ins Gefängnis geschleift zu werden. Aber er und die anderen wussten, dass wir im Falle eines Verkaufs aller Wahrscheinlichkeit nach getrennt würden; und da wir nun vollständig in den Händen unserer Besitzer waren, beschlossen wir alle, dass es das Beste wäre, friedlich nach Hause zu gehen.

Erst bei dieser letzten Trennung, lieber Leser, hatte ich jene tieferen Tiefen der Trostlosigkeit berührt, die Sklaven oft zu erreichen haben. Ich war einsam auf der Welt und allein innerhalb der Mauern eines Steingefängnisses, einem Schicksal lebenslangen Elends überlassen. Ich hatte monatelang viel gehofft und erwartet, aber meine Hoffnungen und Erwartungen waren nun verdorrt und zerstört. Das immer gefürchtete Sklavenleben in Georgia, Louisiana und Alabama – aus dem ich jetzt, in meiner Einsamkeit, so gut wie nicht mehr entkommen kann – starrte mir ins Gesicht. Die Möglichkeit, jemals etwas anderes als ein erbärmlicher Sklave zu werden, eine bloße Maschine in den Händen eines Besitzers, war nun verschwunden, und es schien mir, als wäre sie für immer verschwunden. Ein Leben des lebendigen Todes, umgeben von den unzähligen Schrecken des Baumwollfeldes und der Zuckerplantage, schien mein Verhängnis zu sein. Die Unholde, die ins Gefängnis stürmten, als wir dort eingesperrt wurden, besuchten mich weiterhin und bombardierten mich mit Fragen und ihren quälenden Bemerkungen. Ich war beleidigt, aber hilflos; ich war mir der Forderungen nach Gerechtigkeit und Freiheit durchaus bewusst, hatte aber keine Möglichkeit, sie durchzusetzen. Mit diesen Kobolden über Gerechtigkeit und Gnade zu sprechen, wäre ebenso absurd gewesen, wie mit Bären und Tigern zu argumentieren. Blei und Stahl sind die einzigen Argumente, die sie verstehen.

Nachdem ich etwa eine Woche in diesem Leben des Elends und der Verzweiflung verbracht hatte, was mir übrigens wie ein Monat vorkam, kam Master Thomas zu meiner großen Überraschung und großen Erleichterung ins Gefängnis und holte mich heraus, um mich, wie er sagte, mit einem Freund von ihm nach Alabama zu schicken, der mich nach acht Jahren freilassen würde. Ich war froh genug, aus dem Gefängnis zu kommen; aber ich glaubte nicht an die Geschichte, dass dieser Freund von Captain Auld mich nach Ablauf der angegebenen Zeit freilassen würde. Außerdem hatte ich nie gehört, dass er einen Freund in Alabama hatte, und ich betrachtete die Ankündigung einfach als eine einfache und bequeme Methode, mich in den fernen Süden zu verfrachten. Es gab auch einen kleinen Skandal im Zusammenhang mit der Idee, dass ein Christ einen anderen an die Händler in Georgia verkaufte, während es für sie durchaus angemessen war, an andere zu verkaufen. Ich dachte, dieser Freund in Alabama sei eine Erfindung, um dieser Schwierigkeit zu begegnen, denn Master Thomas war ziemlich eifersüchtig auf seinen Ruf als Christ, so gleichgültig er auch über seinen wahren christlichen Charakter sein mochte. Mit diesen Bemerkungen tue ich Master Thomas Auld jedoch möglicherweise Unrecht. Er hat seine Macht in diesem Fall sicherlich nicht an mir erschöpft, sondern handelte im Großen und Ganzen sehr großzügig, wenn man die Art meines Vergehens bedenkt. Er hatte die Macht und die Veranlassung, mich ohne Vorbehalt in die Everglades von Florida zu schicken, wo ich nicht die geringste Hoffnung auf Befreiung hatte; und seine Weigerung, diese Macht auszuüben, muss man ihm zugute halten.

Nachdem ich ein paar Tage in St. Michael herumgehangen war und kein Freund aus Alabama auftauchte, der mich dorthin bringen konnte, beschloss Master Thomas, mich wieder nach Baltimore zurückzuschicken, um bei seinem Bruder Hugh zu leben, mit dem er inzwischen Frieden geschlossen hatte; möglicherweise war er das durch sein Glaubensbekenntnis beim Camp Meeting in der Bay Side. Master Thomas sagte mir, er wolle, dass ich nach Baltimore ginge und ein Handwerk erlerne; und dass er *mich mit 25 Jahren freilassen würde, wenn ich mich anständig verhalte!* Danke für diesen Hoffnungsschimmer für die Zukunft. Das Versprechen hatte nur einen Fehler; es schien zu schön, um wahr zu sein.

KAPITEL XX. Das Lehrlingsleben

Nun, lieber Leser, ich bin, wie Sie vielleicht schon vermutet haben, kein Verlierer der allgemeinen Aufregung, die im vorangegangenen Kapitel beschrieben wurde. Die kleine häusliche Revolution endete trotz der plötzlichen Brüskierung durch den Verrat von jemandem – ich wage nicht zu sagen oder zu denken, wer es war – letztlich nicht so katastrophal, wie ich es mir im eisernen Käfig in Easton vorgestellt hatte. Von diesem Punkt an sahen die Aussichten so düster aus wie keine, die jemals ihre Düsternis über die Vision des ängstlichen, nach außen blickenden menschlichen Geistes geworfen haben. „Ende gut, alles gut." Meine treuen Kameraden Henry und John Harris sind immer noch bei Mr. William Freeland. Charles Roberts und Henry Baily sind sicher in ihren Häusern. Ich habe daher ihretwegen nichts zu bedauern. Ihre Herren haben ihnen gnädig vergeben, wahrscheinlich aus dem Grund, der in der temperamentvollen kleinen Rede von Mrs. Freeland an mich gerichtet war, die sie kurz vor ihrer Abreise ins Gefängnis hielt – nämlich, dass ich sie zu dem bösen Plan verleitet hatte, zu fliehen, und dass sie ohne mich nie an so etwas Schockierendes gedacht hätten! Meine Freunde hatten auch nichts zu bereuen; denn obwohl sie aufgrund des Geschehenen strenger beobachtet wurden, wurden sie zweifellos freundlicher behandelt als zuvor und erhielten erneut die Zusicherung, dass sie eines Tages gesetzlich freigelassen würden, vorausgesetzt, ihr Verhalten würde sie von da an dazu verleiten. Wie ich erfuhr, wurde keinem von ihnen ein Schlag versetzt. Was Master William Freeland anging, ein guter, argloser Mensch, so glaubte er nicht, dass wir überhaupt vorhatten, wegzulaufen. Da er – wie er dachte – seinen Jungen keinen Anlass gegeben hatte, ihn zu verlassen, konnte er es nicht für wahrscheinlich halten, dass sie einen so schwerwiegenden Plan hegten. Dies war jedoch nicht die Ansicht von „Mas'

Billy", wie wir den leise sprechenden, aber listigen und entschlossenen Mr. William Hamilton zu nennen pflegten. Er zweifelte nicht daran, dass das Verbrechen geplant worden war, und da er mich als den Anstifter ansah, sagte er Master Thomas freimütig, dass er mich aus dieser Gegend entfernen müsse, sonst würde er mich niederschießen. Er würde nicht zulassen, dass jemand so Gefährliches wie „Frederick" seine Sklaven belästigte. William Hamilton war kein Mann, dessen Drohung man getrost ignorieren konnte. Ich habe keinen Zweifel, dass er Wort gehalten hätte, wenn die Warnung nicht sofort befolgt worden wäre. Er war wütend bei dem Gedanken an einen so dreisten Diebstahl , da wir im Begriff waren, unsere eigenen Körper und Seelen zu stehlen! Auch die Durchführbarkeit des Plans – hätten die ersten Schritte unternommen werden können – war wunderbar klar. Außerdem war diese Nutzung der Bucht eine *neue* Idee. Sklaven, die bis jetzt geflohen waren, hatten sich in die Wälder geflüchtet; sie hätten nie im Traum daran gedacht, die Gewässer der edlen Chesapeake Bay zu entweihen und zu missbrauchen, indem sie sie zum Weg von der Sklaverei in die Freiheit machten. Hier war eine breite Straße der Zerstörung zur Sklaverei, die früher von den Sklavenhaltern als Sicherheitswall angesehen worden war. Aber Master Billy konnte Mr. Freeland nicht dazu bringen, die Dinge genauso zu sehen wie er, noch konnte er Master Thomas so aufregen, wie er selbst es war. Letzterer – das muss ich ihm zugutehalten – zeigte in seinem Teil der Transaktion viel menschliches Mitgefühl und büßte für vieles, was an seiner früheren Behandlung von mir und anderen hart, grausam und unvernünftig gewesen war. Seine Milde war ganz ungewöhnlich und unerwartet. „Cousin Tom" erzählte mir, dass Master Thomas sehr unglücklich war, während ich im Gefängnis war, und dass er in der Nacht, bevor er hinaufging, um mich freizulassen, fast die ganze Nacht auf und ab gegangen sei und großen Kummer gezeigt habe; dass ihm von den Negerhändlern sehr verlockende Angebote gemacht worden seien, die er aber alle abgelehnt habe, mit der Begründung, *Geld könne ihn nicht dazu bewegen, mich in den fernen Süden zu verkaufen* . All das kann ich leicht glauben, denn er schien ziemlich abgeneigt, mich überhaupt wegzuschicken. Er sagte mir, dass er nur deshalb zugestimmt habe, weil in der Nachbarschaft sehr starke Vorurteile gegen mich vorherrschten und er um meine Sicherheit fürchtete, wenn ich dort bliebe.

So durfte ich nach drei Jahren auf dem Land, in denen ich mich durch die Gegend gequält und alle möglichen Härten erfahren hatte, wieder nach Baltimore zurückkehren, genau an den Ort, an dem ich von allen anderen, abgesehen von einem freien Staat, am liebsten leben wollte. Die drei Jahre auf dem Land hatten mich und den Haushalt von Master Hugh verändert. „Little Tommy" war nicht mehr *Little* Tommy, und ich war nicht mehr der schlanke Junge, der erst drei Jahre zuvor an die Ostküste gegangen war. Die liebevolle Beziehung zwischen mir und Mas' Tommy war zerbrochen. Er war nicht mehr auf meinen Schutz angewiesen, sondern fühlte sich als *Mann* mit anderen und passenderen Gefährten. Als Kind hielt er mich sicherlich kaum für unterlegen, so gut wie jeden anderen Jungen, mit dem er spielte; aber die Zeit war gekommen, in der sein *Freund sein Sklave* werden musste . Also war uns kalt, und wir trennten uns. Es war traurig für mich, dass wir, obwohl wir uns so sehr geliebt hatten, nun getrennte Wege einschlagen mussten. Ihm standen tausend Möglichkeiten offen. Durch die Erziehung hatte er alle Schätze der Welt kennengelernt, und die Freiheit hatte ihm die Tore geöffnet; aber ich, der ich ihn sieben Jahre lang begleitet und mit der Sorgfalt eines großen Bruders über ihn gewacht, seine Kämpfe auf der Straße ausgefochten und ihn vor Schaden bewahrt hatte, so dass seine Mutter sagte: „Oh! Tommy ist immer sicher, wenn er bei Freddy ist", musste auf eine einzige Bedingung beschränkt werden. Er konnte wachsen und ein MANN werden; ich konnte wachsen, obwohl ich *kein* Mann werden konnte, sondern mein ganzes Leben lang ein Minderjähriger bleiben musste – ein bloßer Junge. Thomas Auld Junior erhielt eine Stelle an Bord der Brigg „Tweed" und ging zur See. Ich weiß nicht, was aus ihm geworden ist; ich wünsche ihm auf jeden Fall sein Wohlergehen und seinen Wohlstand. Es gab nur wenige Menschen, denen ich aufrichtiger zugetan war als ihm, und es gibt nur wenige auf der Welt, die ich gern kennenlernen würde.

Sehr bald nachdem ich nach Baltimore gezogen war, gelang es Master Hugh, mich bei Mr. William Gardiner, einem erfahrenen Schiffsbauer in Fell's Point, unterzubringen. Ich sollte hier das Kalfatern lernen, ein Handwerk, das ich mir bereits in Mr. Hugh Aulds Werft angeeignet hatte, als er noch Baumeister war. Gardiners Werft erwies sich jedoch als sehr ungünstiger Ort für die Verwirklichung dieses Ziels. Mr. Gardiner war in dieser Saison damit beschäftigt, zwei große Kriegsschiffe zu bauen, angeblich für die mexikanische Regierung. Diese Schiffe sollten im Juli desselben Jahres vom Stapel laufen, und wenn dies nicht gelang, würde Mr. G. eine beträchtliche Summe Geld einbüßen. Als ich also die Werft betrat, herrschte Eile und Hektik. Es waren etwa hundert Männer in der Werft; von diesen waren etwa siebzig oder achtzig normale Zimmerleute – privilegierte Männer. Über meine Lage hier schrieb ich vor Jahren – und ich habe jetzt keinen Grund, das Bild wie folgt abzuändern:

Es blieb keine Zeit, etwas zu lernen. Jeder musste das tun, was er konnte. Als ich die Werft betrat, erhielt ich von Mr. Gardiner den Befehl, alles zu tun, was die Zimmerleute mir befahlen. Damit war ich auf Geheiß von etwa 75 Männern dienstbar. Ich sollte sie alle als Meister betrachten. Ihr Wort war mein Gesetz. Meine Situation war äußerst schwierig. Manchmal brauchte ich ein Dutzend Paar Hände. Ich wurde innerhalb einer einzigen Minute auf ein Dutzend Arten gerufen. Drei oder vier Stimmen drangen gleichzeitig an mein Ohr. Es hieß: „Fred., komm und hilf mir, dieses Holz hier zu kanten."

„Fred, komm und trag das Holz da drüben." – „Fred, bring die Walze her."
– „Fred, hol eine frische Kanne Wasser." – „Fred, komm und hilf, das Ende
dieses Holzes abzusägen." – „Fred, hol schnell die Brechstange." – „Fred,
halt das Ende dieses Bruchstücks fest." – „Fred, geh zur Schmiede und hol
einen neuen Durchschlag." –

„Hurra, Fred! Lauf und bring mir einen Kaltmeißel." – „Ich sage, Fred, hilf
mit und mach blitzschnell ein Feuer unter dem Dampfkasten." – „Hallo,
Nigger! Komm, dreh diesen Schleifstein." – „Komm, komm! Beweg dich,
beweg dich! Und *beuge* das Holz nach vorne." – „Ich sage, Schwarzer,
verflucht nochmal, warum heizt du nicht etwas Pech auf?" – „Hallo! Hallo!
Hallo!" (Drei Stimmen gleichzeitig.) „Komm her! – Geh dorthin! – Bleib, wo
du bist! Verdammt, wenn du dich bewegst, schlag ich dir das Hirn raus!"

Dies, lieber Leser, ist ein kurzer Blick auf die Schule, die ich während der
ersten acht Monate meines Aufenthalts in Baltimore besuchte. Am Ende der
acht Monate weigerte sich Master Hugh, mich länger bei Mr. Gardiner
bleiben zu lassen. Der Umstand, der dazu führte, dass er mich wegbrachte,
war eine brutale Gewalttat, die die weißen Lehrlinge der Werft an mir
verübten. Der Kampf war verzweifelt und ich ging aufs grausamste
verstümmelt daraus hervor. Ich hatte Schnittwunden und Prellungen an
verschiedenen Stellen und mein linkes Auge war fast aus der Höhle
geschlagen. Die Tatsachen, die zu dieser barbarischen Gewalttat an mir
führten, illustrieren eine Phase der Sklaverei, die ein wichtiges Element beim
Sturz des Sklavensystems werden sollte, und ich kann sie daher hier etwas
genauer schildern. Diese Phase ist diese: *der Konflikt der Sklaverei mit den
Interessen der weißen Handwerker und Arbeiter des Südens*. Auf dem Land ist dieser
Konflikt nicht so offensichtlich; aber in Städten wie Baltimore, Richmond,
New Orleans, Mobile usw. ist er ziemlich deutlich zu sehen. Die
Sklavenhalter schaffen es mit ihrer ihnen eigenen Schlauheit, indem sie die
Feindschaft der armen, arbeitenden Weißen gegen die Schwarzen schüren,
den besagten Weißen fast ebenso sehr zum Sklaven zu machen wie den
schwarzen Sklaven selbst. Der Unterschied zwischen dem weißen und dem
schwarzen Sklaven besteht darin, dass letzterer einem *Sklavenhalter gehört* und
ersterer *allen* Sklavenhaltern gemeinsam. Der weiße Sklave hat ihm auf
indirektem Wege das genommen, was der schwarze Sklave ihm direkt und
ohne Zeremoniell genommen hat. Beide werden ausgeplündert, und zwar
von denselben Plünderern. Der Sklave wird von seinem Herrn all seines
Verdienstes beraubt, der über das hinausgeht, was er für seine bloßen
physischen Bedürfnisse benötigt; und der weiße Mann wird durch das
Sklavensystem der gerechten Ergebnisse seiner Arbeit beraubt, weil er in
Konkurrenz zu einer Klasse von Arbeitern geworfen wird, die ohne Lohn
arbeiten. Die Konkurrenz und ihre schädlichen Folgen werden eines Tages
die nicht sklavenhaltenden Weißen der Sklavenstaaten gegen das

Sklavensystem aufbringen und sie zu den wirksamsten Arbeitern gegen das große Übel machen. Gegenwärtig machen die Sklavenhalter sie blind für diese Konkurrenz, indem sie ihr Vorurteil gegen die Sklaven *als Menschen* – nicht *als Sklaven – aufrecht erhalten* . Sie appellieren an ihren Stolz, indem sie die Emanzipation oft als eine Maßnahme verurteilen, die den weißen Mann den Negern gleichstellt. Auf diese Weise gelingt es ihnen, die armen Weißen von der Tatsache abzulenken, dass sie von den reichen Sklavenhaltern bereits als nur noch einen Katzensprung von der Gleichheit mit den Sklaven entfernt angesehen werden. Es wird geschickt der Eindruck erweckt, dass die Sklaverei die einzige Macht ist, die den arbeitenden weißen Mann davor bewahren kann, auf das gleiche Niveau wie die Armut und Erniedrigung der Sklaven zu sinken. Um diese Feindschaft zwischen dem Sklaven und dem armen weißen Mann zu vertiefen und zu vertiefen, darf letzterer ersteren ungehindert misshandeln und auspeitschen. Aber – wie ich bereits angedeutet habe – dieser Sachverhalt ist *hauptsächlich* auf dem Lande vorherrschend. In der Stadt Baltimore wird nicht selten gemurrt, dass die Ausbildung von Sklaven zu Mechanikern den Sklavenhaltern letzten Endes die Macht verleihen könnte, auf die Dienste der armen weißen Männer ganz zu verzichten. Doch in ihrer typischen Furcht, die Sklavenhalter zu beleidigen, griffen diese armen weißen Mechaniker in Mr. Gardiners Werft – anstatt das natürliche, ehrliche Heilmittel für das befürchtete Übel anzuwenden und sich sofort der Arbeit dort an der Seite von Sklaven zu widersetzen – die freien farbigen Mechaniker feige an, indem sie sagten, *sie* würden das Brot essen, das freie amerikanische Männer essen sollten, und schworen, dass sie nicht mit ihnen arbeiten würden. Man war *in Wirklichkeit* dagegen, dass ihre Arbeit überhaupt in Konkurrenz zu der der Farbigen gebracht wird; aber das war zu viel, um die Interessen der Sklavenhalter direkt anzugreifen; und sie bewiesen damit ihre Unterwürfigkeit und Feigheit, indem sie den armen, farbigen freien Mann schlugen und *ihn* daran hinderten , am Abend seines Lebens selbst den Beruf auszuüben, den er seinem Herrn während des aktiveren Teils seines Lebens gedient hatte. Wäre es ihnen gelungen, die schwarzen freien Männer aus der Werft zu vertreiben, hätten sie auch die Entfernung der schwarzen Sklaven beschlossen. Zu dieser Zeit (1836) herrschte in Baltimore eine sehr verbitterte Stimmung gegenüber allen farbigen Menschen, und sie – Freie und Sklaven – erlitten alle Arten von Beleidigungen und Unrecht.

Bis kurz vor meiner Ankunft arbeiteten weiße und schwarze Schiffszimmerleute Seite an Seite in den Werften von Mr. Gardiner, Mr. Duncan, Mr. Walter Price und Mr. Robb. Niemand schien darin etwas Ungehöriges zu finden. Nach außen hin waren alle Arbeiter sehr zufrieden. Einige der Schwarzen waren erstklassige Arbeiter und bekamen Arbeiten, die höchstes Können erforderten. Doch plötzlich hörten die weißen Zimmerleute auf und schworen, dass sie nicht länger auf derselben Stufe wie freie Schwarze arbeiten würden. Sie nutzten den schweren Vertrag aus, der auf Mr. Gardiner ruhte, um die Kriegsschiffe für Mexiko im Juli startklar zu machen, und die Schwierigkeit, zu dieser Jahreszeit andere Arbeiter zu finden, und schworen, dass sie keinen weiteren Schlag für ihn führen würden, es sei denn, er würde seine freien farbigen Arbeiter entlassen.

formal nicht erreichte, erreichte sie mich *doch tatsächlich*. Sie weckte einen Geist der Bosheit und Bitterkeit gegenüber Farbigen *im Allgemeinen*, und ich litt mit den anderen, und zwar sehr. Meine Mitlehrlinge empfanden es sehr bald als entwürdigend, mit mir zu arbeiten. Sie begannen, hochmütig zu wirken und verächtlich und boshaft über *„die Nigger" zu sprechen;* sie sagten, dass „sie das Land übernehmen würden", dass „sie getötet werden sollten". Ermutigt durch die feigen Arbeiter, die wussten, dass ich ein Sklave war, und Mr. Gardiner gegenüber keine Streitereien über meine Anwesenheit machten, taten diese jungen Männer ihr Möglichstes, um es mir unmöglich zu machen, zu bleiben. Sie riefen mich selten zu etwas, ohne den Ruf mit einem Fluch zu verbinden, und Edward North, der Größte in allem, auch in Schurkerei, wagte es, mich zu schlagen, woraufhin ich ihn hochhob und auf die Anklagebank warf. Wann immer einer von ihnen mich schlug, schlug ich zurück, ohne Rücksicht auf die Folgen. Ich konnte jeden von ihnen *einzeln bewältigen*, und solange ich sie davon abhalten konnte, sich zusammenzutun, war ich sehr erfolgreich. Bei dem Konflikt, der meinen Aufenthalt bei Mr. Gardiner beendete, wurde ich von vier von ihnen gleichzeitig angegriffen – Ned North, Ned Hays, Bill Stewart und Tom Humphreys. Zwei von ihnen waren so groß wie ich und sie hätten mich am helllichten Tag beinahe getötet. Der Angriff erfolgte plötzlich und gleichzeitig. Einer kam von vorne, bewaffnet mit einem Ziegelstein; auf jeder Seite war einer und einer hinter mir, und sie schlossen sich um mich zusammen. Ich wurde von allen Seiten getroffen, und während ich mich um die vor mir befindlichen kümmerte, bekam ich von hinten einen Schlag mit einem schweren Handspieß auf den Kopf. Ich war durch den Schlag völlig betäubt und fiel schwer zwischen den Balken auf den Boden. Sie nutzten meinen Fall aus, stürmten auf mich zu und begannen, mit ihren Fäusten auf mich einzuschlagen. Nachdem ich wieder zu mir gekommen war, ließ ich sie eine Weile liegen, um wieder zu Kräften zu kommen. Bis jetzt haben sie mir wenig Schaden zugefügt. aber schließlich wurde mir dieser Sport zu langweilig, ich machte einen plötzlichen Satz und erhob mich trotz ihres Gewichts auf Hände und Knie. Gerade als ich das tat, versetzte mir einer von ihnen (ich weiß nicht, wer) einen Stiefelschlag ins linke Auge, der mir für eine Weile wie ein Platzen des Augapfels vorkam. Als sie sahen, dass mein Auge völlig geschlossen war, mein Gesicht blutüberströmt und ich unter den betäubenden Schlägen, die sie mir versetzt hatten, taumelte, ließen sie von mir ab. Sobald ich genügend Kraft gesammelt hatte, nahm ich den Handspieß und versuchte, wie verrückt, sie zu verfolgen; aber hier kamen mir die Zimmerleute in die Quere und zwangen mich, meine rasende Verfolgung aufzugeben. Es war unmöglich, so vielen standzuhalten.

Lieber Leser, Sie können diese Aussage kaum glauben, aber sie ist wahr, und deshalb schreibe ich sie auf: Nicht weniger als fünfzig weiße Männer standen dabei und sahen zu, wie diese brutale und schamlose Gewalttat begangen wurde, und kein einziger von ihnen sprach ein einziges Wort der Gnade. Es waren vier gegen einen, und das Gesicht dieses einen wurde auf schrecklichste Weise geschlagen und zerschmettert, und keiner sagte: „Das ist genug", sondern einige schrien: „Tötet ihn – tötet ihn – tötet den verdammten Nigger! Schlagt ihm das Gehirn ein – er hat einen Weißen geschlagen." Ich erwähne diesen unmenschlichen Aufschrei, um den Charakter der Männer und den Zeitgeist auf Gardiners Werft und in Baltimore im Allgemeinen im Jahr 1836 zu zeigen. Wenn ich auf diese Zeit zurückblicke, bin ich fast erstaunt, dass ich auf dieser Werft nicht auf der Stelle ermordet wurde, so mörderisch war der Geist, der dort herrschte. Zweimal, während ich dort war, wäre ich beinahe ums Leben gekommen. Ich war gerade dabei, mit Hays Bolzen durch den Kiel in den Laderaum zu treiben. Dabei verbogen sich die Bolzen. Hays verfluchte mich und sagte, dass mein Schlag die Bolzen verbogen hätte. Ich stritt dies ab und beschuldigte ihn. In einem Wutanfall ergriff er eine Dechsel und stürzte sich auf mich. Ich begegnete ihm mit einem Holzhammer und parierte seinen Schlag, sonst hätte ich mein Leben verloren. Ein Sohn des alten Tom Lanman (dessen Doppelmord ich ihm an anderer Stelle zur Last gelegt habe) griff mich im Geiste seines elenden Vaters an, aber der Schlag mit seinem Holzhammer verfehlte mich. Als North, Stewart, Hays und Humphreys nach dem gemeinsamen Angriff feststellten, dass die Zimmerleute mir gegenüber ebenso verbittert waren wie die Lehrlinge und dass letztere wahrscheinlich von ersteren angegriffen worden waren, sah ich, dass meine einzige Chance zu überleben die Flucht war. Es gelang mir, ohne einen weiteren Schlag zu entkommen. In Gardiners Werft bedeutete nach dem Lynch-Gesetz der Tod, einen Weißen zu schlagen. und auch sonst gab es damals in keinem anderen Teil Marylands Gesetze gegen Farbige. Die Stimmung in Baltimore war insgesamt mörderisch.

Nachdem ich aus der Werft geflohen war, ging ich direkt nach Hause und erzählte Master Hugh Auld die Geschichte der Gewalttat. Er muss sagen, dass sein Verhalten – obwohl er kein religiöser Mensch war – in jeder Hinsicht humaner war als das seines Bruders Thomas, als ich in einer ähnlichen Lage aus den Händen von *„Bruder Edward Covey" zu ihm kam*. Er hörte meiner Schilderung der Umstände, die zu der brutalen Gewalttat geführt hatten, aufmerksam zu und gab viele Beweise für seine starke Empörung über das, was getan wurde. Hugh war ein rauer, aber mannhafter Kerl, und zu diesem Zeitpunkt zeigte sich seine beste Seite.

Das Herz meiner einst fast übergütigen Herrin Sophia schmolz erneut vor Mitleid mit mir dahin. Mein geschwollenes Auge und mein vernarbtes und blutüberströmtes Gesicht rührten die liebe Dame zu Tränen. Sie zog freundlich einen Stuhl an mich heran, nahm mit freundlichen, tröstenden Worten Wasser und wusch mir das Blut aus dem Gesicht. Keine Mutterhand hätte zärtlicher sein können als ihre. Sie bandagierte meinen Kopf und bedeckte mein verletztes Auge mit einem mageren Stück frischem Rindfleisch. Es war beinahe eine Entschädigung für den mörderischen Angriff und mein Leiden, dass es Gelegenheit bot, die ursprünglich charakteristische Güte meiner Herrin erneut zu bekunden. Ihr liebevolles Herz war noch nicht tot, obwohl es durch die Zeit und die Umstände sehr verhärtet war.

Was Master Hugh betrifft, so war er, wie ich bereits sagte, außer sich vor Wut und ließ seiner Wut in den in dieser Gegend üblichen Redensarten freien Lauf. Er überschüttete die gesamte Werft mit Flüchen und schwor, er werde für die Schandtat Genugtuung erlangen. Seine Empörung war wirklich stark und gesund; aber unglücklicherweise resultierte sie mehr aus dem Gedanken, dass seine Eigentumsrechte an mir nicht respektiert worden waren, als aus irgendeinem Gefühl der Schandtat, die an mir *als Mensch begangen* worden war. Das schloss ich daraus, dass er selbst schlagen und verstümmeln konnte, wenn es ihm passte. Um Genugtuung zu erlangen, wie er sagte, brachte mich Master Hugh, sobald ich meine Prellungen ein wenig überwunden hatte, in das Büro von Esquire Watson in der Bond Street, Fell's Point, um die Verhaftung derjenigen zu veranlassen, die mich angegriffen hatten. Er schilderte dem Richter den Vorfall so, wie ich ihn ihm geschildert hatte, und schien zu erwarten, dass sofort ein Haftbefehl gegen die gesetzlosen Schurken erlassen würde.

Mr. Watson hörte sich das alles an, und statt einen Haftbefehl auszustellen, stellte er Nachforschungen an. −

„Mr. Auld, wer hat den Überfall gesehen, von dem Sie sprechen?"

„Dies geschah, Sir, im Beisein einer ganzen Werft voller Arbeiter."

„Sir", sagte Watson, „es tut mir leid, aber ich kann in dieser Angelegenheit nur auf der Grundlage des Eides weißer Zeugen vorgehen."

„Aber hier ist der Junge. Sehen Sie sich seinen Kopf und sein Gesicht an", sagte Master Hugh aufgeregt. „*Da* sieht man , *was* geschehen ist."

Watson bestand jedoch darauf, dass er nicht befugt sei, irgendetwas zu unternehmen, es sei denn, *weiße* Zeugen der Transaktion würden sich melden und aussagen, was geschehen sei. Er könne auf mein Wort keinen Haftbefehl gegen Weiße erlassen; und wenn ich in Gegenwart von tausend *Schwarzen getötet worden wäre* , hätten ihre Aussagen zusammen nicht ausgereicht, um einen einzelnen Mörder festzunehmen. Master Hugh war ausnahmsweise gezwungen zu sagen, dass dieser Zustand *zu schlimm sei;* und er verließ angewidert das Büro des Richters.

Natürlich war es unmöglich, einen Weißen dazu zu bringen, gegen meine Angreifer auszusagen. Die Zimmerleute sahen, was geschah; aber die Täter waren nur die Agenten ihrer Bosheit und taten nur das, was die Zimmerleute billigten. Sie hatten einstimmig gerufen: *„Tötet den Nigger!" „Tötet den Nigger!"* Selbst denen, die mich hätten bemitleiden können, falls es welche unter ihnen gab, fehlte der moralische Mut, zu kommen und ihre Aussage freiwillig abzugeben. Die geringste Äußerung von Sympathie oder Gerechtigkeit gegenüber einer farbigen Person wurde als Abolitionismus angeprangert, und der Name Abolitionist setzte seinen Träger schrecklichen Verpflichtungen aus. „Verdammt *die Abolitionisten"* und „*Tötet die Nigger"* waren die Parolen der vulgären Raufbolde jener Tage. Es wurde nichts unternommen, und wahrscheinlich wäre auch nichts unternommen worden, wenn ich bei der Schlägerei getötet worden wäre. Die Gesetze und die Moral der christlichen Stadt Baltimore boten den schwarzen Bewohnern dieser Stadt keinen Schutz.

Als Master Hugh feststellte, dass er das grausame Unrecht nicht wiedergutmachen konnte, entzog er mich Mr. Gardiners Arbeitsstelle und nahm mich in seine eigene Familie auf. Mrs. Auld kümmerte sich liebevoll um mich und verband meine Wunden, bis sie verheilt waren und ich wieder zur Arbeit gehen konnte.

Während ich an der Ostküste war, hatte Master Hugh Rückschläge erlitten, die sein Geschäft zum Erliegen brachten. Er hatte den Schiffsbau in seiner eigenen Werft am City Block aufgegeben und arbeitete jetzt als Vorarbeiter für Mr. Walter Price. Das Beste, was er jetzt für mich tun konnte, war, mich in Mr. Price' Werft aufzunehmen und mir dort die Möglichkeit zu geben, das Handwerk zu vollenden, das ich bei Gardiner gelernt hatte. Hier wurde ich schnell zum Experten im Umgang mit meinen Kalfaterwerkzeugen und im Laufe eines einzigen Jahres konnte ich den höchsten Lohn verlangen, der an Kalfatergesellen in Baltimore gezahlt wurde.

Der Leser wird bemerken, dass ich für meinen Herrn nun einen gewissen finanziellen Wert hatte. Während der Hochsaison brachte ich ihm sechs bis sieben Dollar pro Woche ein. Manchmal brachte ich ihm sogar neun Dollar pro Woche ein, denn der Lohn betrug anderthalb Dollar pro Tag.

Nachdem ich das Kalfatern gelernt hatte, suchte ich mir eine eigene Anstellung, schloss meine eigenen Verträge ab und verdiente meinen eigenen Verdienst, wobei ich Master Hugh bei keinem Teil der Transaktionen, an denen ich beteiligt war, Schwierigkeiten bereitete.

Sklaven der Ostküste . Ich war jetzt frei von den lästigen Angriffen der Lehrlinge bei Mr. Gardiner und frei von den Gefahren des Plantagenlebens und wieder in einer günstigen Lage, um meinen geringen Bildungsschatz zu erweitern, der seit meiner Vertreibung aus Baltimore auf dem Trockenen lag. Ich war an der Ostküste nur Lehrer gewesen, wenn ich mit anderen Sklaven zusammen war, aber jetzt gab es farbige Menschen, die mich unterrichten konnten. Viele der jungen Kalfaterer konnten lesen, schreiben und rechnen. Einige von ihnen hatten hohe Vorstellungen von geistiger Verbesserung, und die Freien gründeten auf Fell's Point die sogenannte *„East Baltimore Mental Improvement Society"*. Obwohl beabsichtigt war, dass sich nur freie Personen dieser Gesellschaft anschließen sollten, wurde ich aufgenommen und bekam mehrere Male eine wichtige Rolle bei ihren Debatten zugewiesen. Ich verdanke der Gesellschaft dieser jungen Männer viel.

Der Leser weiß bereits genug über die *negativen* Auswirkungen einer guten Behandlung eines Sklaven, um zu ahnen, was jetzt in meinem verbesserten Zustand der Fall war. Es dauerte nicht lange, bis ich Anzeichen von Unbehagen in Bezug auf die Sklaverei zeigte und nach Möglichkeiten suchte, diesem Zustand auf dem kürzesten Weg zu entkommen. Ich lebte unter *freien Menschen* und war ihnen von Natur und Fähigkeiten her in jeder Hinsicht ebenbürtig. *Warum sollte ich ein Sklave sein?* Es gab *keinen* Grund, warum ich der Sklave eines Menschen sein sollte.

Außerdem bekam ich jetzt – wie gesagt – einen Dollar und fünfzig Cent pro Tag. Ich hatte es vertraglich vereinbart, dafür gearbeitet, es verdient, es eingezogen; es wurde mir ausbezahlt und gehörte mir *rechtmäßig* ; und dennoch wurde dieses Geld – mein eigener hart verdienter Verdienst, jeder Cent davon – an jedem Samstagabend von mir verlangt und von Master Hugh weggenommen. Er hatte es nicht verdient; er war nicht daran beteiligt; warum sollte er es dann haben? Ich schuldete ihm nichts. Er hatte mir keine Schulbildung zukommen lassen und ich hatte von ihm nur Nahrung und Kleidung bekommen; und diese sollten von Anfang an durch meine Dienste bezahlt werden. Das Recht, meinen Verdienst zu nehmen, war das Recht des Räubers. Er hatte die Macht, mich zu zwingen, ihm die Früchte meiner Arbeit zu geben, und diese Macht war in diesem Fall sein einziges Recht. Ich wurde mit diesem Zustand der Dinge immer unzufriedener; und indem ich dies tat, lieferte ich lediglich den Beweis für dieselbe menschliche Natur, von der jeder Leser dieses Kapitels meines Lebens – ob Sklavenhalter oder Nicht-Sklavenhalter – weiß, dass er sie besitzt.

Um einen zufriedenen Sklaven zu schaffen, muss man ihn gedankenlos machen. Es ist notwendig, seine moralische und geistige Sicht zu trüben und, soweit möglich, seine Vernunft zu zerstören. Er darf in der Lage sein, keine Widersprüche in der Sklaverei zu erkennen. Der Mann, der seinen Lohn einnimmt, muss ihn davon überzeugen können, dass er das volle Recht dazu hat. Es darf nicht von bloßer Gewalt abhängen; der Sklave darf kein höheres Gesetz kennen als den Willen seines Herrn. Die gesamte Beziehung muss für ihn nicht nur ihre Notwendigkeit, sondern auch ihre absolute Rechtmäßigkeit beweisen. Wenn es einen Spalt gibt, durch den ein einziger Tropfen fallen kann, wird er mit Sicherheit von der Kette des Sklaven rosten.

KAPITEL XXI.
Meine Flucht aus der Sklaverei

ABSCHLIESSENDE EREIGNISSE AUS „MEINEM LEBEN ALS SKLAVE" – GRÜNDE, WARUM KEINE VOLLSTÄNDIGEN ANGABEN ÜBER DIE ART MEINER FLUCHT GEGEBEN WERDEN – SCHLÜSSELIGKEIT UND BÖSARTIGKEIT DER SKLAVENHALTER – VERDACHT, EINEM SKLAVEN BEI DER FLUCHT ZU HELFEN, UNGEFÄHR SO GEFÄHRLICH WIE POSITIVE BEWEISE – MANGEL AN WEISHEIT BEI DER VERÖFFENTLICHUNG VON EINZELHEITEN ÜBER DIE FLUCHT DER FLÜCHTLINGE – VERÖFFENTLICHTE BERICHTE ERREICHEN DIE HERREN, NICHT DIE SKLAVEN – SKLAVENHALTER WERDEN ZU GRÖSSERER WACHSAMKEIT ANGEREGT – MEIN ZUSTAND – UNZUFRIEDENHEIT – VERDACHT DURCH MASTER HUGH'S ART UND WEISE BEIM EMPFANG MEINES LOHNS – SEINE GELEGENTLICHE FREUNDLICHKEIT! – SCHWIERIGKEITEN BEI DER FLUCHT – JEDE ZUGANGSBESTIMMUNG – PLAN, AN GELD ZU KOMMEN – ICH BIN MIR DURCH ERLAUBT, MEINE ZEIT ZU VERPASSEN – EIN HOFFNUNGSSCHEIN – BESUCHT OHNE ERLAUBNIS EIN CAMP-MEETING – DER ZORN VON MASTER HUGH DARÜBER – DAS ERGEBNIS – MEINE FLUCHTPLÄNE WURDEN DADURCH BESCHLEUNIGT – DER TAG MEINER ABREISE FESTGELEGT – VON ZWEIFELN UND ÄNGSTEN GEPeinigt – SCHMERZHAFTE GEDANKEN AN DIE TRENNUNG VON FREUNDEN – DER VERSUCH WURDE GEMACHT – SEIN ERFOLG.

Ich werde den geneigten Leser nun mit den abschließenden Ereignissen meines „Lebens als Sklave" vertraut machen, nachdem ich bereits die Grenze meines „Lebens als freier Mann" erreicht habe. Bevor ich jedoch mit dieser Erzählung fortfahre, ist es vielleicht angebracht, dass ich im Voraus offen meine Absicht erkläre, einen Teil der mit meiner Flucht aus der Sklaverei verbundenen Ereignisse zurückzuhalten. Es gibt Gründe für diese Verschweigung, die der Leser, wie ich hoffe, durchaus für gültig erachten wird. Es ist leicht vorstellbar, dass eine vollständige und vollständige Darstellung aller Fakten im Zusammenhang mit der Flucht eines Sklaven diejenigen belasten und in Verlegenheit bringen könnte, die ihm bewusst oder unbewusst geholfen haben könnten; und niemand kann von mir verlangen, dass ich einen Mann oder eine Frau, die sich mit mir angefreundet haben, in Verlegenheit oder Schwierigkeiten bringe.

Die Fährte des Sklavenhalters ist scharf; wie die Fänge der Klapperschlange behält seine Bosheit ihr Gift lange; und obwohl es nun fast siebzehn Jahre her ist, dass ich entkommen bin, ist es gut, vorsichtig mit den damit verbundenen Umständen umzugehen. Würde ich nur eine schattenhafte Skizze des angewandten Verfahrens mit charakteristischer Begabung geben, könnten die Schlauen und Bösartigen unter den Sklavenhaltern möglicherweise auf die Spur kommen, der ich gefolgt bin, und jemanden in einen Verdacht verwickeln, der in einem Sklavenstaat ungefähr so schlimm ist wie ein eindeutiger Beweis. Der Farbige muss dort nicht nur das Böse meiden, sondern auch den bloßen *Anschein* des Bösen, sonst wird er als Verbrecher verurteilt. Eine Sklavenhaltergemeinschaft hat eine besondere Vorliebe dafür, Verstöße gegen das Sklavensystem aufzuspüren, da die Justiz dort sensibler auf die besonderen Rechte dieses Systems achtet als auf jedes andere Interesse oder jede andere Institution. Durch die Aneinanderreihung einer Reihe von Ereignissen und Umständen, selbst wenn ich nicht sehr deutlich wäre, könnte man die Fluchtmöglichkeiten ermitteln und möglicherweise diese Möglichkeiten danach für die freiheitssuchenden Kinder der Knechtschaft, die ich hinter mir gelassen habe, unzugänglich machen. Kein Sklavereigegner kann von mir erwarten, dass ich irgendetwas tue, das solche Ergebnisse begünstigt, und kein sklavenhaltender Leser hat das Recht, die Vermittlung solcher Informationen zu erwarten.

Obwohl es mir also Vergnügen bereiten und vielleicht das Interesse an meiner Geschichte erheblich steigern würde, wenn ich die Freiheit hätte, eine Neugier zu befriedigen, die, wie ich weiß, in vielen Köpfen vorhanden ist, was die Art meiner Flucht betrifft, muss ich mir dieses Vergnügens und den Neugierigen die Befriedigung nehmen, die eine solche Darstellung der Tatsachen bieten würde. Ich würde mich lieber unter den schlimmsten Anschuldigungen leiden lassen, die böswillige Menschen aufstellen könnten, als mich durch Erklärungen zu entlasten und damit Gefahr laufen, einem leidenden Bruder die geringste Möglichkeit zu versperren, sich von den Ketten und Fesseln der Sklaverei zu befreien.

Die Praxis, jede neue Erfindung zu veröffentlichen, durch die ein Sklave bekanntermaßen der Sklaverei entkommen ist, ist weder klug noch notwendig. Hätten Henry Box Brown und seine Freunde die Sklavenhalter nicht auf die Art seiner Flucht aufmerksam gemacht, hätten wir tausend *Box Browns* pro Jahr. Der außergewöhnlich originelle Plan von William und Ellen Crafts ging gleich bei der ersten Anwendung unter, weil jeder Sklavenhalter im Land davon in Kenntnis gesetzt wurde. Der *Salzwassersklave*, der in den Wachen eines Dampfers hing und drei Tage und drei Nächte – wie ein zweiter Jona – von den Wellen des Meeres gewaschen wurde, hat durch die Publizität des Umstands einen Spion auf die Wachen jedes Dampfers gesetzt, der aus südlichen Häfen ablegte.

Ich habe die sehr öffentliche Art und Weise, in der einige unserer westlichen Freunde das betrieben haben, was *sie* die „*Underground Railroad*" nennen, nie *gebilligt, was aber, wie ich glaube, durch ihre offenen Erklärungen mit aller Deutlichkeit zur „Upper -ground Railroad"* gemacht wurde . Die Stationen sind den Sklavenhaltern weitaus besser bekannt als den Sklaven. Ich ehre diese guten Männer und Frauen für ihre edle Kühnheit, sich freiwillig der Verfolgung auszusetzen, indem sie ihre Beteiligung an der Flucht von Sklaven offen eingestehen; dennoch ist der Nutzen, der aus solchen Geständnissen resultiert, von sehr fragwürdiger Natur. Es kann eine Begeisterung entfachen, die sehr angenehm zu atmen ist; aber das hat weder für sie selbst noch für die fliehenden Sklaven einen praktischen Nutzen. Nichts ist offensichtlicher, als dass solche Enthüllungen für die verbliebenen und zu fliehen versuchenden Sklaven ein echtes Übel sind. Indem er solche Berichte veröffentlicht, wendet sich der Sklavereigegner an den Sklavenhalter, *nicht an den Sklaven;* er spornt ersteren zu größerer Wachsamkeit an und erhöht seine Möglichkeiten, seinen Sklaven zu fangen. Wir schulden den Sklaven südlich der Mason- und Dixon-Linie ebenso etwas wie denen nördlich davon. Und wenn wir unserer Pflicht nachkommen, letzteren auf ihrem Weg in die Freiheit zu helfen, sollten wir darauf achten, nichts zu tun, was ersteren bei ihrer Flucht aus der Sklaverei behindern könnte. Meine Abscheu vor der Sklaverei ist so groß, dass ich den gnadenlosen Sklavenhalter über die Fluchtmöglichkeiten des Sklaven in absoluter Unkenntnis lassen möchte. Er sollte sich vorstellen können, von Myriaden unsichtbarer Peiniger umgeben zu sein, die stets bereit sind, ihre zitternde Beute aus ihrem teuflischen Griff zu reißen. Er sollte sich bei der Verfolgung seines Opfers im Dunkeln vortasten müssen. Schatten der Dunkelheit, die seinem Verbrechen angemessen sind, sollten jeden Lichtstrahl von seinem Weg abhalten. Und er sollte spüren, dass er bei jedem Schritt, den er mit dem höllischen Ziel, einen Mitmenschen in die Sklaverei zu zwingen, unternimmt, das schreckliche Risiko eingeht, dass ihm eine unsichtbare Hand das heiße Gehirn ausschlägt.

Aber genug davon. Ich werde nun mit der Darlegung der Tatsachen fortfahren, die mit meiner Flucht in Zusammenhang stehen, für die ich allein verantwortlich bin und für die niemand außer mir selbst büßen muss.

Mein Zustand im Jahr (1838) meiner Flucht war vergleichsweise unbeschwert und entspannt, zumindest soweit es die Bedürfnisse des physischen Menschen betraf; aber der Leser wird bedenken, dass meine Probleme von Anfang an weniger körperlicher als geistiger Natur waren, und er wird daher nach dem, was in den vorhergehenden Kapiteln erzählt wurde, darauf vorbereitet sein, festzustellen, dass das Sklavenleben für mich nichts mehr an Reiz gewann, als ich älter wurde und es besser kennenlernte. Die Praxis, mich von Woche zu Woche offen meines gesamten Verdienstes zu berauben, hielt mir die Natur und den Charakter der Sklaverei ständig vor Augen. Ich konnte auf *indirekte Weise bestohlen werden* , aber dies war *zu* offen und unverhohlen, um es zu ertragen. Ich sah keinen Grund, warum ich am Ende jeder Woche die Belohnung für meine ehrliche Arbeit in die Börse eines anderen schütten sollte. Der Gedanke selbst ärgerte mich, und die Art und Weise, wie Master Hugh meinen Lohn entgegennahm, ärgerte mich mehr als das ursprüngliche Unrecht. Während er das Geld sorgfältig zählte und es Dollar für Dollar ausrollte, sah er mir ins Gesicht, als ob er sowohl mein Herz als auch meine Tasche durchsuchen wollte, und fragte mich vorwurfsvoll: „ *Ist das alles* ?" – womit er meinte, dass ich vielleicht einen Teil meines Lohns einbehalten hatte; oder, falls nicht, so sollte mir diese Forderung vielleicht zu verstehen geben, dass ich letzten Endes doch ein „unnützer Diener" war. Er nahm mir den letzten Cent meines hart verdienten Geldes ab, aber gelegentlich – wenn ich eine besonders große Summe nach Hause brachte – gab er mir einen Sixpence oder einen Schilling, vielleicht in der Absicht, meine Dankbarkeit zu wecken; aber dieses Vorgehen hatte den gegenteiligen Effekt – es war ein Eingeständnis meines *Anspruchs auf die ganze Summe . Die Tatsache, dass er mir einen Teil meines Lohns gab, war ein Beweis dafür, dass er vermutete, dass ich ein Recht auf den gesamten Betrag* hatte . Ich fühlte mich immer unwohl, nachdem ich auf diese Weise etwas erhalten hatte, denn ich befürchtete, dass er durch die paar Cent, die er mir gab, möglicherweise sein Gewissen beruhigen und sich schließlich doch wie ein ziemlich ehrenhafter Räuber fühlen würde!

Da ich streng zur Rechenschaft gezogen und unter strenger Beobachtung stand – der alte Verdacht, ich könnte weglaufen, war noch nicht ganz ausgeräumt – war es selbst in Baltimore sehr schwierig, der Sklaverei zu entkommen. Für die Eisenbahn von Baltimore nach Philadelphia galten so strenge Vorschriften, dass selbst *freie* farbige Reisende fast ausgeschlossen waren. Sie mussten *Freibriefe haben* ; sie mussten vermessen und sorgfältig untersucht werden, bevor sie die Waggons besteigen durften; selbst bei einer solchen Untersuchung fuhren sie nur tagsüber. Für die Dampfschiffe galten ebenso strenge Vorschriften. Auf allen großen, nach Norden führenden Schnellstraßen wimmelte es von Kidnappern, einer Klasse von Männern, die in den Zeitungen nach Anzeigen für entlaufene Sklaven suchten und ihren Lebensunterhalt mit der verfluchten Belohnung der Sklavenjagd verdienten.

Meine Unzufriedenheit wuchs und ich suchte nach Fluchtmöglichkeiten. Mit Geld hätte ich die Sache leicht in den Griff bekommen können und so kam ich auf den Plan, das Privileg zu erbitten, meine Zeit zu mieten. In Baltimore ist es ganz üblich, Sklaven dieses Privileg zu gewähren, und auch in New Orleans ist es gängige Praxis. Ein Sklave, der als vertrauenswürdig gilt, kann, indem er seinem Herrn regelmäßig am Ende jeder Woche eine bestimmte Summe zahlt, über seine Zeit verfügen, wie es ihm beliebt. Es stellte sich heraus, dass ich keinen sehr guten Ruf hatte und weit davon entfernt war, ein vertrauenswürdiger Sklave zu sein. Trotzdem wartete ich auf meine

Gelegenheit, als Master Thomas im Frühjahr 1838 nach Baltimore kam (denn ich war immer noch sein Eigentum, Hugh fungierte nur als sein Agent), um seinen Frühjahrsvorrat an Waren zu kaufen, und wandte mich direkt an ihn um das begehrte Privileg, meine Zeit zu mieten. Master Thomas lehnte diese Bitte ohne Zögern ab und beschuldigte mich mit einiger Strenge, diese List erfunden zu haben, um zu entkommen. Er sagte mir: „Ich könnte *nirgendwohin gehen* , ohne dass er mich fangen würde; und falls ich weglaufen sollte, könnte ich sicher sein, dass er keine Mühen scheuen würde, um mich wieder einzufangen." Er zählte mit großer Beredsamkeit die vielen guten Taten auf, die er mir erwiesen hatte, und ermahnte mich, zufrieden und gehorsam zu sein. „Machen Sie keine Pläne für die Zukunft", sagte er. „Wenn Sie sich anständig benehmen, werde ich mich um Sie kümmern." So freundlich und rücksichtsvoll dieses Angebot auch war, es konnte mich nicht beruhigen. Trotz Master Thomas und, ich darf sagen, trotz mir selbst dachte ich weiter, und schlimmer noch, fast ausschließlich an die Ungerechtigkeit und Schlechtigkeit der Sklaverei. Keine Anstrengung von mir oder ihm konnte diesen beunruhigenden Gedanken zum Schweigen bringen oder meinen Entschluss, wegzulaufen, ändern.

Ungefähr zwei Monate, nachdem ich Master Thomas um das Privileg gebeten hatte, meine Zeit zu verdingen, wandte ich mich an Master Hugh um dieselbe Freiheit, da ich annahm, er wisse nicht, dass ich mich an Master Thomas mit einem ähnlichen Antrag gewandt hatte und dieser abgelehnt worden war. Meine Kühnheit, diese Bitte zu stellen, überraschte ihn zunächst ziemlich. Er starrte mich erstaunt an. Aber ich hatte viele gute Gründe, auf die Sache zu bestehen, und nachdem er ihnen eine Weile zugehört hatte, lehnte er nicht rundheraus ab, sondern sagte mir, er würde darüber nachdenken. Hier also war ein Hoffnungsschimmer. Als Herr über meine eigene Zeit war ich sicher, dass ich zusätzlich zu meinen Verpflichtungen ihm gegenüber ein oder zwei Dollar pro Woche verdienen könnte. Einige Sklaven haben auf diese Weise genug verdient, um sich ihre Freiheit zu erkaufen. Es ist ein starker Ansporn für die Industrie, und einige der unternehmungslustigsten farbigen Männer in Baltimore verdingen sich auf diese Weise. Nach reiflicher Überlegung – und ich muss annehmen, dass es Master Hugh war – gewährte mir das fragliche Privileg unter folgenden Bedingungen: Ich sollte meine ganze Zeit überlassen bekommen und alle Arbeitsverträge abschließen; mir selbst eine Arbeit zu suchen und meinen Lohn selbst zu kassieren; und als Gegenleistung für diese Freiheit war ich verpflichtet oder gezwungen, ihm am Ende jeder Woche drei Dollar zu zahlen, mich selbst zu verpflegen und zu kleiden und meine eigenen Kalfaterwerkzeuge zu kaufen. Ein Versagen in irgendeiner dieser Einzelheiten würde mein Privileg beenden. Das war ein hartes Geschäft. Der Verschleiß der Kleidung, das Verlieren und Zerbrechen von Werkzeugen und die Kosten für Verpflegung machten es für mich notwendig, mindestens sechs Dollar pro Woche zu verdienen, um mit der Welt mithalten zu können. Alle, die mit dem Kalfatern vertraut sind, wissen, wie unsicher und unregelmäßig diese Beschäftigung ist. Sie kann nur bei trockenem Wetter mit Vorteil ausgeübt werden, denn es ist sinnlos, nasses Werg in eine Naht zu legen. Aber ob es regnet oder die Sonne scheint, ob Arbeit vorhanden ist oder nicht, am Ende jeder Woche muss das Geld da sein.

Master Hugh schien eine Zeitlang mit dieser Vereinbarung sehr zufrieden zu sein, und das konnte er auch sein, denn sie war eindeutig zu seinen Gunsten. Sie befreite ihn von aller Sorge um mich. Sein Geld war sicher. Er hatte meine Liebe zur Freiheit mit einer Peitsche und einem Treiber ausgestattet, die weitaus wirksamer waren als alle, die ich zuvor gekannt hatte, und während er durch diese Vereinbarung alle Vorteile der Sklavenhaltung ohne ihre Nachteile genoss, ertrug ich alle Übel des Sklavendaseins und litt dennoch unter all den Sorgen und Ängsten eines verantwortungsbewussten freien Mannes. „Dennoch", dachte ich, „ist es ein wertvolles Privileg, ein weiterer Schritt auf meiner Karriere in Richtung Freiheit." Es war schon etwas, überhaupt unter den Nachteilen der Freiheit taumeln zu dürfen, und ich war entschlossen, mit allem erforderlichen Fleiß an dem neu gewonnenen Stand festzuhalten. Ich war bereit, sowohl nachts als auch tagsüber zu arbeiten, und da ich mich einer ausgezeichneten Gesundheit erfreute, konnte ich nicht nur meine laufenden Ausgaben decken, sondern auch am Ende jeder Woche eine kleine Summe zurücklegen. So ging es von Mai bis August weiter. Dann wurde mir – aus Gründen, die im weiteren Verlauf deutlich werden – meine hochgeschätzte Freiheit entrissen.

In der Woche vor diesem (für mich) verhängnisvollen Ereignis hatte ich mit einigen jungen Freunden vereinbart, sie am Samstagabend zu einem Zeltlager zu begleiten, das etwa zwölf Meilen von Baltimore entfernt stattfand. Am Abend unserer geplanten Abreise zum Zeltlager passierte in der Werft, wo ich arbeitete, etwas, das mich ungewöhnlich lange aufhielt und mich zwang, entweder meine jungen Freunde zu enttäuschen oder zu vergessen, Master Hugh meine wöchentlichen Beiträge zu bringen. Da ich wusste, dass ich das Geld hatte und es ihm an einem anderen Tag übergeben konnte, beschloss ich, zum Zeltlager zu gehen und ihm bei meiner Rückkehr die drei Dollar für die vergangene Woche zu zahlen. Als ich auf dem Zeltlager ankam, ließ ich mich dazu überreden, einen Tag länger zu bleiben, als ich vorhatte, als ich von zu Hause wegging. Aber sobald ich zurückkam, ging ich direkt zu seinem Haus in der Fell Street, um ihm sein (mein) Geld zu geben. Unglücklicherweise war der fatale Fehler begangen worden. Ich fand ihn äußerst wütend vor. Er zeigte alle Anzeichen von Besorgnis und Zorn, die man von einem Sklavenhalter erwarten würde, wenn ein Lieblingssklave angeblich entwischt. „Du Schurke! Ich hätte große Lust, dir eine gehörige Tracht Prügel zu verpassen. Wie kannst du es wagen, die Stadt zu verlassen, ohne vorher meine Erlaubnis einzuholen?" „Sir", sagte ich, „ich habe meine Zeit gemietet und dir den Preis bezahlt, den du dafür verlangt hast. Ich wusste nicht, dass es Teil der Abmachung war, dich zu fragen, wann oder wohin ich gehen sollte."

„Das hast du nicht gewusst, du Schurke! Du musst dich jeden Samstagabend hier blicken lassen." Nachdem er ein paar Augenblicke nachgedacht hatte, beruhigte er sich etwas; aber offensichtlich sehr beunruhigt sagte er: „Nun, du Schurke! Du hast dich selbst erledigt; du wirst deine Zeit nicht länger verpachten. Das nächste, was ich hören werde, ist, dass du wegläufst. Bring sofort deine Werkzeuge und deine Kleidung nach Hause. Ich werde dir beibringen, wie du auf diese Weise weggehst."

Damit endete meine teilweise Freiheit. Ich konnte meine Zeit nicht länger verpachten und gehorchte sofort den Befehlen meines Herrn. Der kleine Hauch von Freiheit, den ich genossen hatte – obwohl er, wie der Leser gesehen haben wird, alles andere als ungetrübt war – steigerte meine Zufriedenheit mit der Sklaverei keineswegs. Nachdem ich so von Herrn Hugh bestraft worden war, war es nun an mir, ihn zu bestrafen. „Da Sie mich zu einem Sklaven machen *werden* ", dachte ich, „werde ich in allen Dingen auf Ihre Befehle warten", und anstatt am Montagmorgen auf die Suche nach Arbeit zu gehen, wie ich es früher getan hatte, blieb ich die ganze Woche zu Hause, ohne auch nur einen einzigen Arbeitsschritt zu verrichten. Am Samstagabend kam er und er rief mich wie üblich nach meinem Lohn. Ich sagte ihm natürlich, dass ich nicht gearbeitet hatte und keinen Lohn hatte. Hier waren wir kurz davor, uns zu prügeln. Sein Zorn hatte sich während der ganzen Woche angesammelt; denn er sah offensichtlich, dass ich keine Anstrengungen unternahm, Arbeit zu bekommen, sondern in allen Dingen äußerst ärgerlich auf seine Befehle wartete. Wenn ich auf mein Verhalten zurückblicke, weiß ich kaum, was mich geritten hat, so mit denen zu spielen, die eine so unbegrenzte Macht hatten, mich zu segnen oder zu vernichten. Master Hugh tobte und schwor, er sei entschlossen, *„mich zu kriegen"*; aber zu *seiner Weisheit* und zu *meinem Glück* benutzte sein Zorn nur jene sehr harmlosen, ungreifbaren Geschosse, die einer geschmeidigen Zunge entspringen. In meiner Verzweiflung hatte ich mich fest entschlossen, meine Kräfte mit Master Hugh zu messen, für den Fall, dass er seine Drohungen wahr machen sollte. Ich bin froh, dass das nicht nötig war; denn der Widerstand gegen ihn hätte für mich nicht so glücklich enden können wie im Fall von Covey. Er war kein Mann, dem ein Sklave gefahrlos Widerstand leisten konnte; und ich gebe freimütig zu, dass in meinem Verhalten ihm gegenüber in diesem Fall mehr Torheit als Weisheit lag. Master Hugh schloss seine Vorwürfe mit den Worten, ich brauche mir von nun an keine Sorgen mehr darüber zu machen, Arbeit zu bekommen; dass er „selbst dafür sorgen würde, dass ich Arbeit bekomme, und zwar genug davon." Ich gebe zu, dass diese Drohung etwas Schreckliches hatte, und als ich am Sonntag darüber nachdachte, beschloss ich, ihm nicht nur die Mühe zu ersparen, mir Arbeit zu besorgen, sondern am dritten Septembertag auch zu versuchen, aus der Sklaverei zu fliehen. Die Weigerung, mir zu erlauben, meine Zeit zu verpachten, beschleunigte daher die Flucht. Ich hatte nun drei Wochen Zeit, um mich auf meine Reise vorzubereiten.

Nachdem ich mich entschlossen hatte, fühlte ich mich einigermaßen beruhigt, und anstatt am Montag darauf zu warten, dass Master Hugh Arbeit für mich suchte, stand ich bei Tagesanbruch auf und ging zur Werft von Mr. Butler im City Block, in der Nähe der Zugbrücke. Ich war ein Liebling von Mr. B., und so jung ich auch war, hatte ich als sein Vorarbeiter auf der Floatbühne beim Kalfatern gedient. Natürlich fand ich leicht Arbeit, und am Ende der Woche – die übrigens außerordentlich schön war – brachte ich Master Hugh fast neun Dollar. Die Wirkung dieses Zeichens der Vernunft meinerseits war ausgezeichnet. Er war sehr erfreut; er nahm das Geld, lobte mich und sagte mir, ich hätte in der Woche davor dasselbe tun können. Es ist ein Segen, dass der Tyrann nicht immer die Gedanken und Absichten seines Opfers kennt. Master Hugh wusste kaum, was meine Pläne waren. Dass ich ohne seine Erlaubnis zum Camp Meeting gegangen war, die unverschämten Antworten auf seine Vorwürfe, das schmollende Verhalten in der Woche, nachdem ich des Privilegs beraubt worden war, meine Zeit zu opfern, hatten in ihm den Verdacht geweckt, dass ich illoyale Absichten hege. Mein Ziel war es daher, durch meine stetige Arbeit den Verdacht zu zerstreuen, und das gelang mir hervorragend. Er dachte wahrscheinlich, dass ich nie zufriedener mit meiner Lage war als zu der Zeit, als ich meine Flucht plante. Die zweite Woche verging, und wieder brachte ich ihm meinen vollen Wochenlohn – *neun Dollar;* und er war so zufrieden, dass er mir FÜNFUNDZWANZIG CENT gab und „mich bat, es gut zu verwenden!" Ich sagte ihm, dass ich das tun würde, denn eine der Verwendungsmöglichkeiten, für die ich es verwenden wollte, war, meine Fahrt mit der Underground Railroad zu bezahlen.

Draußen ging alles wie immer weiter, aber ich durchlebte dieselbe innere Aufregung und Angst, die ich vor zweieinhalb Jahren empfunden hatte. Der Misserfolg in diesem Moment war nicht dazu geeignet, mein Vertrauen in den Erfolg meines zweiten Versuchs zu stärken, und ich wusste, dass ein zweiter Misserfolg mich nicht dort zurücklassen würde, wo der erste war – ich musste entweder in den *hohen Norden oder in den hohen Süden* geschickt werden . Neben der geistigen Anstrengung durch diesen Sachverhalt hatte ich das schmerzliche Gefühl, mich von einem Kreis ehrlicher und warmherziger Freunde in Baltimore trennen zu müssen. Der Gedanke an eine solche Trennung, bei der die Hoffnung auf ein Wiedersehen ausgeschlossen ist und es keine Korrespondenz geben kann, ist sehr schmerzlich. Ich bin der Meinung, dass Tausende, die jetzt dort bleiben, der Sklaverei entkommen könnten, wenn sie nicht die starken Bande der Zuneigung wären, die sie an ihre Familien, Verwandten und Freunde binden. Die Tochter wird durch die Liebe, die sie ihrer Mutter entgegenbringt, an der Flucht gehindert, und der Vater durch die Liebe, die er seinen Kindern entgegenbringt; und so weiter bis zum Ende des Kapitels. Ich hatte keine Verwandten in Baltimore und sah keine Möglichkeit, jemals in der Nähe von Schwestern und Brüdern zu leben; aber der Gedanke, meine Freunde zu verlassen, war eines der größten Hindernisse für meine Flucht. Die letzten beiden Tage der Woche – Freitag und Samstag – verbrachte ich hauptsächlich damit, meine Sachen für die Reise zusammenzupacken. Nachdem ich in dieser Woche vier Tage für meinen Herrn gearbeitet hatte, gab ich ihm am Samstagabend sechs Dollar. Meine Sonntage verbrachte ich selten zu Hause; und aus Angst, dass etwas in meinem Verhalten entdeckt werden könnte, behielt ich meine Gewohnheit bei und war den ganzen Tag abwesend. Am Montag, dem dritten Tag des Septembers 1838, verabschiedete ich mich gemäß meinem Entschluss von der Stadt Baltimore und von der Sklaverei, die ich seit meiner Kindheit verabscheut hatte.

Wie ich entkommen bin, in welche Richtung ich gereist bin, ob zu Land oder zu Wasser, ob mit oder ohne Hilfe, muss aus den bereits genannten Gründen ungeklärt bleiben.

Das Leben als freier Mensch

Kapitel XXII.
Erlangte Freiheit

Übergang von der Sklaverei zur Freiheit – Ein Wanderer in New York – Gefühle beim Erreichen dieser Stadt – Begegnung mit einem alten Bekannten – Ungünstige Eindrücke – Einsamkeit und Unsicherheit – Entschuldigung für Sklaven, die zu ihren Herren zurückkehren – gezwungen, meinen Zustand zu erzählen – Hilfe von einem Seemann – David Ruggles – die Underground Railroad – Heirat – Gepäck wurde mir weggenommen – Freundlichkeit von Nathan Johnson – meine Namensänderung – dunkle Vorstellungen von der nördlichen Zivilisation – der Kontrast – farbige Menschen in New Bedford – ein Vorfall, der ihren Geist veranschaulicht – ein gewöhnlicher Arbeiter – Arbeit in meinem Beruf verweigert – der erste Winter im Norden – Zurückweisung vor den Türen des KIRCHE – GEHEILIGTER HASS – DER *BEFREIER* UND SEIN HERAUSGEBER.

Es besteht keine Notwendigkeit, ausführlich auf die Ereignisse dieses Teils meines Lebens einzugehen. Abgesehen von meinem Leben als Sklave ist an meiner Karriere als freier Mann nichts besonders Auffälliges oder Besonderes. Die Verbindung zwischen meinen frühen Erfahrungen und dem, was ich jetzt erzählen werde, ist vielleicht meine beste Entschuldigung dafür, diesem Buch ein weiteres Kapitel hinzuzufügen.

Ich verschwinde vor dem wohlgesinnten Leser in einer fliegenden Wolke oder einem Ballon (verzeihen Sie die Figur), vom Wind getrieben, und weiß nicht, wo ich landen würde – ob in Sklaverei oder in Freiheit –, und so ist es angebracht, alle Sorge sofort zu zerstreuen, indem ich freimütig bekannt gebe, wo ich gelandet bin. Die Flucht war gewagt und gefährlich, doch hier bin ich, in der großen Stadt New York, gesund und munter, ohne Blut- oder Knochenverlust. Keine Woche nachdem ich Baltimore verlassen hatte, lief ich inmitten der eilenden Menge und bestaunte die blendenden Wunder des Broadway. Die Träume meiner Kindheit und die Ziele meines Mannesalters waren nun erfüllt. Ein freier Staat um mich herum und freie Erde unter meinen Füßen! Was für ein Augenblick war das für mich! Ein ganzes Jahr war in einen einzigen Tag gepresst. Eine neue Welt brach vor mein aufgewühltes Auge. Wohlgesinnte Freunde, denen ich meine Geschichte erzählt habe, haben mich oft gefragt, wie ich mich fühlte, als ich mich zum ersten Mal außerhalb der Grenzen der Sklaverei befand; und ich muss hier sagen, wie ich es ihnen schon oft gesagt habe, dass es kaum etwas gibt, worauf ich keine befriedigendere Antwort geben könnte. Es war ein Moment freudiger Erregung, den keine Worte beschreiben können. In einem Brief an einen Freund, den ich kurz nach meiner Ankunft in New York schrieb, schrieb ich, ich fühlte mich so, wie man sich fühlen könnte, wenn man aus einer Höhle hungriger Löwen entkommt. Aber in einem Moment wie diesem sind die Gefühle zu intensiv und zu schnell, um sie in Worte zu fassen. Angst und Kummer lassen sich wie Dunkelheit und Regen beschreiben, aber Freude und Fröhlichkeit trotzen wie der Regenbogen der Verheißung gleichermaßen dem Stift und dem Bleistift.

Zehn oder fünfzehn Jahre lang hatte ich eine schwere Kette mitgeschleppt, an der ein riesiger Block befestigt war, der jede meiner Bewegungen behinderte. Ich hatte das Gefühl, dazu verdammt zu sein, diese Kette und diesen Block durchs Leben zu schleppen. Alle früheren Bemühungen, mich von dieser verhassten Last zu lösen, hatten mich nur noch fester daran gefesselt. Zeitweise verwirrt und entmutigt hatte ich mir die Frage gestellt: Könnte dies nicht letzten Endes Gottes Werk sein? Könnte er mich nicht aus klugen Gründen zu diesem Schicksal verdammt haben? In meinem Kopf hatte jahrelang ein Kampf stattgefunden zwischen dem klaren Bewusstsein des Rechts und den plausiblen Irrtümern des Aberglaubens, zwischen der Weisheit des männlichen Mutes und der törichten Schwäche der Ängstlichkeit. Der Kampf war nun beendet; die Kette war durchtrennt; Gott und das Recht waren gerechtfertigt. Ich war EIN FREIER MANN, und die Stimme des Friedens und der Freude erbebte in meinem Herzen.

Doch so frei und fröhlich ich auch war, Freude war nicht das einzige Gefühl, das ich empfand. Es war wie ein schnelles Feuer, zuerst schön, das aber, wenn es nachlässt, das Gebäude verkohlt und trostlos zurücklässt. Bald wurde mir klar, dass ich mich noch immer in Feindesland befand. Ein Gefühl der Einsamkeit und Unsicherheit bedrückte mich traurig. Ich war erst wenige Stunden in New York, als ich auf der Straße von einem entflohenen Sklaven empfangen wurde, den ich gut kannte, und die Informationen, die ich von ihm über New York erhielt, taten nichts, um meine Befürchtung der Gefahr zu verringern. Bei dem Flüchtling handelte es sich um „Allenders Jake" in Baltimore. Er sagte jedoch: „Ich bin „WILLIAM DIXON" in New York!" Ich kannte Jake gut und wusste, wann Tolly Allender und Mr. Price (denn letzterer beschäftigte Master Hugh als Vorarbeiter in seiner Werft in Fell's Point) einen Versuch unternahmen, Jake wieder einzufangen, und scheiterten. Jake erzählte mir alles über seine Umstände und wie er nur knapp der Rückführung in die Sklaverei entgangen war. dass die Stadt jetzt voller Südstaatler sei, die von den Quellen zurückkehrten; dass man den Schwarzen in New York nicht trauen könne; dass es angeheuerte Männer gäbe, die nach Flüchtlingen aus der Sklaverei Ausschau hielten und die mich für ein paar Dollar den Sklavenfängern überlassen würden; dass ich niemandem mein Geheimnis anvertrauen dürfe; dass ich nicht daran denken dürfe, entweder auf den Kais zu arbeiten oder in einer Pension zu wohnen; und schlimmer noch, dieserselbe Jake sagte mir, dass er mir nicht helfen könne. Er schien, während er mich warnte, zu befürchten, dass ich schließlich doch an einem zweiten Versuch beteiligt sein könnte, ihn wieder einzufangen. Ich nehme an, dass er von diesem Gedanken inspiriert war, und ließ mir bald seinen Tünchepinsel in der Hand – wie er sagte, für seine Arbeit. Er war bald in der Menge außer Sicht, und ich war wieder allein, eine leichte Beute für die Entführer, falls mir welche auf die Spur kommen sollten.

New York war vor siebzehn Jahren für einen entlaufenen Sklaven weniger ein sicherer Ort als heute, und alle wissen, wie unsicher es jetzt ist, seit dem neuen Gesetz über entflohene Sklaven. Ich war sehr beunruhigt. Ich hatte sehr wenig Geld, genug, um mir ein paar Brote zu kaufen, aber nicht genug, um außerhalb eines Holzlagerplatzes Verpflegung zu bezahlen. Ich erkannte, dass es klug war, sich von den Werften fernzuhalten, denn wenn Master Hugh mich verfolgte, würde er natürlich erwarten, mich bei den Kalfatern auf Arbeitssuche zu finden. Eine Zeit lang schien jede Tür vor mir verschlossen. Ein Gefühl meiner Einsamkeit und Hilflosigkeit überkam mich und überkam mich mit etwas, das an Verzweiflung grenzte. Inmitten von Tausenden meiner Mitmenschen und doch ein völlig Fremder! Inmitten menschlicher Brüder und doch hatte ich mehr Angst vor ihnen als vor hungrigen Wölfen! Ich war ohne Zuhause, ohne Freunde, ohne Arbeit, ohne Geld und ohne genaue Kenntnis, welchen Weg ich einschlagen oder wo ich Hilfe suchen sollte.

Man kann leicht eine Entschuldigung für die wenigen Sklaven finden, die nach ihrer Flucht wieder in die Sklaverei zurückgekehrt sind und die tatsächliche Herrschaft ihrer Herren dem Leben in Einsamkeit, Angst, Hunger und Sorge vorgezogen haben, das sie bei ihrer ersten Ankunft in einem freien Staat erwartet. Es ist für einen freien Mann schwierig, sich in die Gefühle solcher Flüchtlinge hineinzuversetzen. Er kann die Dinge nicht im selben Licht sehen wie der Sklave, weil er nicht aus derselben Perspektive schaut und es auch nicht kann wie der Sklave. „Warum zitterst du", sagt er zum Sklaven, „du bist in einem freien Staat", aber die Schwierigkeit besteht darin, dass der Sklave, wenn er erkennt, dass er in einem freien Staat ist, antworten könnte. Ein freier Mann kann nicht verstehen, warum der Schatten des Sklavenherrn für den Sklaven größer ist als die Macht und Majestät eines freien Staates; aber wenn er bedenkt, dass der Sklave mehr über die Sklaverei seines Herrn weiß als er über die Macht und Majestät des freien Staates, hat er die Erklärung. Der Sklave hat sein ganzes Leben lang die Macht seines Herrn kennengelernt – er wurde dazu erzogen, seine Annäherung zu fürchten – und nur wenige Stunden lang die Macht des Staates. Der Herr ist für ihn eine strenge und steinharte Realität, aber der Staat ist kaum mehr als ein Traum. Er war daran gewöhnt, jeden Weißen als

Freund seines Herrn zu betrachten und jeden Farbigen als mehr oder weniger unter der Kontrolle der Freunde seines Herrn – der Weißen – stehend. Es braucht starke Nerven, um in solchen Umständen standzuhalten. Ein Mann ohne Obdach, Obdach, Brot, Freunde und Geld ist nicht in der Lage, einen sehr stolzen oder freudigen Ton anzuschlagen; und genau in dieser Lage befand ich mich, als ich durch die Straßen von New York City wanderte und mindestens eine Nacht zwischen den Fässern auf einem ihrer Kais übernachtete. Ich war nicht nur frei von der Sklaverei, sondern auch frei von zu Hause. Der Leser wird leicht erkennen, dass ich in dieser Notlage mehr als nur die bloße Tatsache der Freiheit zum Nachdenken hatte.

Ich behielt mein Geheimnis so lange wie möglich für mich und war schließlich gezwungen, mich auf die Suche nach einem ehrlichen Mann zu machen – einem Mann, der *menschlich genug war*, um mich nicht in die Hände von Sklavenfängern zu verraten. Ich war kein schlechter Leser des menschlichen Gesichts und brauchte auch nicht lange, um den richtigen Mann auszuwählen, als ich einmal gezwungen war, jemandem die Einzelheiten meiner Lage mitzuteilen.

Ich fand meinen Mann in der Person eines Mannes, der sich Stewart nannte. Er war ein Seemann, warmherzig und großzügig, und er hörte sich meine Geschichte mit brüderlichem Interesse an. Ich erzählte ihm, dass ich um meine Freiheit rannte – nicht wusste, wohin ich gehen sollte – das Geld fast aufgebraucht war – hungrig war – es für zu gefährlich hielt, auf den Werften zu arbeiten, und einen Freund brauchte. Stewart half mir sofort, aus meiner Patsche zu kommen. Er nahm mich mit zu sich nach Hause und machte sich auf die Suche nach dem verstorbenen David Ruggles, der damals Sekretär des New York Vigilance Committee und ein sehr aktiver Mann in allen Anti-Sklaverei-Arbeiten war. In den Händen von Mr. Ruggles war ich relativ sicher. Ich versteckte mich mehrere Tage bei Mr. Ruggles. In der Zwischenzeit kam meine zukünftige Frau Anna aus Baltimore an – der ich geschrieben hatte, um sie über meine sichere Ankunft in New York zu informieren – und in Anwesenheit von Mrs. Mitchell und Mr. Ruggles wurden wir von Rev. James WC Pennington getraut.

Mr. Ruggles 7 war der erste Offizier der Underground Railroad, den ich traf, als ich den Norden erreichte, und tatsächlich der erste, von dem ich je etwas hörte. Als er erfuhr, dass ich von Beruf Kalfaterer war, entschied er sofort, dass New Bedford der richtige Ort für mich sei. „Viele Schiffe", sagte er, „sind dort für den Walfang ausgerüstet, und Sie können dort Arbeit in Ihrem Beruf finden und gut leben." So war ich innerhalb von zwei Wochen nach meiner Flucht aus Maryland sicher in New Bedford und nahm dort die üblichen Rechte, Pflichten und Pflichten eines freien Bürgers wahr.

Ich möchte noch einen kleinen Umstand erwähnen, der mich bei meiner Ankunft in New Bedford ärgerte. Ich hatte keinen Cent Geld und mir fehlten zwei Dollar, um unsere Fahrt von Newport zu bezahlen. Unser Gepäck war nicht sehr teuer und wurde vom Postkutschenfahrer abgeholt und festgehalten, bis ich das Geld aufbringen konnte, um es einzulösen. Diese Schwierigkeit war bald überwunden. Mr. Nathan Johnson, mit dem wir eine Verbindung von Mr. Ruggles hatten, empfing uns nicht nur freundlich und gastfreundlich, sondern lieh mir, als er von unserem Gepäck erfuhr, sofort zwei Dollar, mit denen ich mein kleines Vermögen einlösen konnte. Ich werde Mr. und Mrs. Nathan Johnson für das lebhafte Interesse, das sie mir in dieser Stunde meiner äußersten Not entgegenbrachten, immer zutiefst dankbar sein. Sie gaben mir und meiner Frau nicht nur Brot und Obdach, sondern lehrten uns auch, wie wir diese Vorteile für uns selbst erlangen konnten. Mögen sie lange leben und möge ihnen in diesem und dem kommenden Leben Segen zuteil werden!

Nachdem ich in das neue Leben in Freiheit eingeweiht war und Mr. Johnson mir versichert hatte, dass New Bedford ein sicherer Ort sei, kam die verhältnismäßig unwichtige Frage auf, wie ich heißen sollte. Ich musste bei meinen neuen Verwandten einen Namen haben. Der Name, den mir meine geliebte Mutter gegeben hatte, war nicht weniger anmaßend als „Frederick Augustus Washington Bailey". Bevor ich Maryland verließ, hatte ich allerdings auf *Augustus Washington verzichtet und den Namen Frederick Bailey* behalten . Zwischen Baltimore und New Bedford hatte ich jedoch mehrere verschiedene Namen, um zu vermeiden, dass mich die Jäger überholten, von denen ich guten Grund zu der Annahme hatte, dass sie mir auf die Spur kommen würden. Unter ehrlichen Menschen kann sich ein ehrlicher Mann wohl mit einem Namen zufrieden geben und ihn immer und überall anerkennen; aber gegenüber Flüchtlingen sind die Amerikaner nicht ehrlich. Als ich in New Bedford ankam, hieß ich Johnson; und da ich feststellte, dass die Familie Johnson in New Bedford bereits recht zahlreich war – so zahlreich, dass es bei dem Versuch, sie voneinander zu unterscheiden, zu Verwirrung kam –, gab es einen weiteren Grund, meinen Namen erneut zu ändern. Tatsächlich hatte fast jeder Sklave, der aus Maryland in New Bedford angekommen war, den Namen „Johnson" angenommen, und dies sehr zum Ärger der ursprünglichen „Johnsons" (von denen es viele gab) an diesem Ort. Mein Gastgeber, der nicht gewillt war, einen weiteren Namen seines eigenen Namens auf diese unerlaubte Weise in die Gemeinschaft aufzunehmen, gab mir, nachdem ich eine Nacht und einen Tag in seinem Haus verbracht hatte, meinen jetzigen Namen. Er hatte „Lady of the Lake" gelesen und war erfreut, mich als geeignete Person zu betrachten, um diesen, einen der vielen berühmten Namen Schottlands, zu tragen. In Anbetracht der edlen Gastfreundschaft und des männlichen Charakters von Nathan Johnson hatte ich das Gefühl, dass er die Tugenden des großen schottischen

Häuptlings besser veranschaulichte als ich. Ich bin sicher, dass sich ein Sklavenfänger, der sein Domizil betreten hätte, um einen seiner Haushaltsmitglieder zu belästigen, als derjenige erwiesen hätte, der „tapfere Hand" hatte.

Der Leser wird sich über meine Unwissenheit amüsieren, wenn ich meine Vorstellungen vom Zustand des Reichtums, Unternehmergeists und der Zivilisation im Norden beschreibe. Ich nahm an, dass es im Norden weder Reichtum noch Kultiviertheit gab. Mein „ *Columbian Orator*", der fast mein einziges Buch war, hatte nicht viel dazu beigetragen, mich über die Gesellschaft des Nordens aufzuklären. Die Eindrücke, die ich erhalten hatte, waren alle weit von der Wahrheit entfernt. Vor allem New Bedford überraschte mich mit seinem massiven Reichtum und seiner Pracht. Meine Vorstellungen über die sozialen Bedingungen der freien Staaten hatten sich durch das gebildet, was ich von freien, weißen, nicht sklavenhaltenden Menschen in den Sklavenstaaten gesehen und erfahren hatte. Da Sklaverei die Grundlage des Reichtums war, bildete ich mir ein, dass niemand ohne Sklaverei sehr reich werden könnte. Ich hatte gekannt, dass ein freier weißer Mann, der auf dem Land keine Sklaven hielt, der unwissendste und ärmste aller Menschen war und sogar für die Sklaven selbst zum Gespött wurde – von ihnen im Allgemeinen spöttisch *„armer weißer Abschaum* " genannt. Wie die Nichtsklavenhalter im Süden, die keine Sklaven halten, so mögen es die Menschen im Norden, nehme ich an, auch in Armut und Erniedrigung. Beurteilen Sie also mein Erstaunen und meine Freude, als ich feststellte – und das tat ich –, dass die sehr fleißige Bevölkerung von New Bedford in besseren Häusern lebte, eleganter eingerichtet war – umgeben von mehr Komfort und Vornehmheit – als die Mehrheit der Sklavenhalter an der Ostküste von Maryland. Da war mein Freund, Mr. Johnson, selbst ein Farbiger (der im Süden als eine marktfähige Ware angesehen worden wäre), der in einem besseren Haus lebte – an einem reichhaltigeren Tisch speiste – mehr Bücher besaß – mehr Zeitungen las – mit den politischen und sozialen Verhältnissen dieser Nation und der Welt besser vertraut war – als neun Zehntel aller Sklavenhalter von Talbot County, Maryland. Doch Mr. Johnson war ein Arbeiter und seine Hände waren durch ehrliche Arbeit abgehärtet. Das war also etwas, das man beobachten und studieren konnte. Woher der Unterschied? Die Erklärung war bald gegeben: die Überlegenheit des Geistes gegenüber einfacher roher Gewalt. Der Kontrast und die Erklärung seiner Ursachen könnten viele Seiten umfassen. Aber ein oder zwei Vorfälle werden genügen, um dem Leser zu zeigen, wie das Geheimnis allmählich vor meinen Augen verschwand.

Meinen ersten Nachmittag nach meiner Ankunft in New Bedford verbrachte ich damit, die Kais zu besuchen und mir die Schiffe anzusehen. Der Anblick der breiten Krempe und der schlichten Quäkerkleidung, die mir auf Schritt und Tritt begegnete, verstärkte mein Gefühl von Freiheit und Sicherheit enorm. „Ich bin unter den Quäkern", dachte ich, „und bin sicher." An den Kais lagen und trieben auf dem Strom vollgetakelte Schiffe der besten Bauart, bereit, zu Walfangreisen aufzubrechen. Rechts und links war ich von großen Lagerhäusern mit Granitfassaden umgeben, die mit den guten Dingen dieser Welt vollgestopft waren. Auf den Kais sah ich Industrie ohne Hektik, Arbeit ohne Lärm und schwere Arbeit ohne Peitsche. Es gab kein lautes Singen wie in südlichen Häfen, wo Schiffe be- oder entladen werden – kein lautes Fluchen oder Schimpfen –, sondern alles lief so reibungslos ab wie die Arbeit einer gut eingestellten Maschine. Wie anders war das alles als die laute, wilde und plumpe, absurde Art des Arbeitslebens in Baltimore und St. Michael! Einer der ersten Vorfälle, der die geistige Überlegenheit der Arbeiter im Norden gegenüber denen im Süden veranschaulichte, war die Art und Weise, wie eine Schiffsladung Öl entladen wurde. In einem Hafen im Süden waren zwanzig oder dreißig Arbeiter damit beschäftigt, das zu tun, was hier fünf oder sechs taten, mit Hilfe eines einzigen Ochsen, der an einem Seil befestigt war. Die größte Stärke, ohne Hilfe von Geschick, ist die Arbeitsmethode der Sklaven. Ein alter Ochse im Wert von achtzig Dollar tat in New Bedford das, wofür in einem Hafen im Süden menschliche Knochen und Muskeln im Wert von fünfzehntausend Dollar nötig gewesen wären. Ich stellte fest, dass hier alles mit peinlicher Rücksicht auf Sparsamkeit erledigt wurde, sowohl in Bezug auf Menschen und Dinge, Zeit und Kraft. Anstatt mindestens ein Zehntel ihrer Zeit damit zu verbringen, Wasser zu holen und zu tragen, wie in Baltimore, hatte die Dienstmagd die Pumpe neben sich. Das Holz war trocken und für den Winter gut aufgeschichtet. Holzhäuser, Innenpumpen, Spülbecken, Abflüsse, selbstschließende Tore, Waschmaschinen, Stampffässer – das alles waren neue Dinge und zeigten mir, dass ich mich unter nachdenklichen und vernünftigen Menschen befand. Ich ging zum Schiffsreparaturdock und sah dieselbe weise Besonnenheit. Die Zimmerleute schlugen, wohin sie zielten, und die Kalfaterer verschwendeten keine Schläge mit müßigen Schnörkeln des Hammers. Ich erfuhr, dass Männer von New Bedford nach Baltimore gingen, alte Schiffe kauften und sie hierher brachten, um sie zu reparieren und sie besser und wertvoller zu machen, als sie es je zuvor waren. Die Männer hier sprachen gelassener davon, auf eine vierjährige Reise zum Walfang zu gehen, *als* die Seeleute dort, wo ich herkam, davon sprachen, eine viermonatige *Reise zu unternehmen* .

Ich stelle jetzt fest, dass ich in keinem Teil der Vereinigten Staaten hätte landen können, wo ich einen auffälligeren und erfreulicheren Kontrast zu den Lebensbedingungen der freien farbigen Menschen in Baltimore vorgefunden hätte, als ich ihn hier in New Bedford vorfand. In einem Sklavenhalterstaat ist kein farbiger Mann wirklich frei. Er trägt das Zeichen der Knechtschaft, während er dem Namen nach frei ist, und ist oft Härten ausgesetzt, die für Sklaven fremd sind; doch hier in New Bedford hatte ich das Glück, zu erleben, dass die farbigen Menschen der Freiheit ziemlich nahe kamen. Ich war völlig verblüfft, als Mr. Johnson – der keine Zeit verlor, mich mit dieser Tatsache vertraut zu machen – mir sagte, dass es in der Verfassung von Massachusetts nichts gibt, was einen farbigen Mann daran hindert, irgendein Amt im Staat zu bekleiden. Dort, in New Bedford, gingen die Kinder der Schwarzen – obwohl die Sklavereigegner damals alles andere als populär waren – Seite an Seite mit den weißen Kindern zur Schule, und anscheinend ohne Einwände von irgendeiner Seite. Um mir das Gefühl zu geben, zu Hause zu sein, versicherte mir Mr. Johnson, dass kein Sklavenhalter einen Sklaven aus New Bedford mitnehmen dürfe; dass es dort Männer gab, die ihr Leben lassen würden, bevor ein solcher Gräuel verübt werden konnte. Die Farbigen selbst waren aus bestem Metall und würden bis zum Tod für die Freiheit kämpfen.

Bald nach meiner Ankunft in New Bedford wurde mir die folgende Geschichte erzählt, die angeblich den Geist der farbigen Menschen in dieser schönen Stadt illustrierte: Ein farbiger Mann und ein entflohener Sklave hatten zufällig einen kleinen Streit, und der erstere drohte dem letzteren, er solle seinem Herrn seinen Aufenthaltsort mitteilen. Sobald diese Drohung bekannt wurde, wurde vom Schreibtisch der damals einzigen farbigen Kirche des Ortes eine Nachricht verlesen, in der stand, dass wichtige Geschäfte an Ort und Stelle abgewickelt werden sollten. Es waren besondere Maßnahmen ergriffen worden, um die Anwesenheit des Möchtegern-Judas sicherzustellen, und dies hatte sich als erfolgreich erwiesen. Dementsprechend kamen die Leute zur festgesetzten Stunde und auch der Verräter. Alle üblichen Formalitäten öffentlicher Versammlungen wurden gewissenhaft eingehalten, sogar das Gebet um göttliche Führung bei den Pflichten des Anlasses. Der Präsident selbst führte diesen Teil der Zeremonie durch, und mir wurde gesagt, dass er ungewöhnlich eifrig war. Doch am Ende seines Gebets erhob sich der alte Mann (einer aus der zahlreichen Familie Johnson) von seinen Knien, musterte seine Zuhörerschaft mit Bedacht und sagte dann in einem Ton feierlicher Entschlossenheit: *„Nun, Freunde, wir haben ihn hier, und ich würde jetzt empfehlen, dass ihr jungen Männer ihn einfach vor die Tür bringt und tötet."* Daraufhin stürzte sich ein großer Teil der Gemeinde, der genau wusste, was sie hier zu tun hatten, auf den Schurken und hätte ihn zweifellos getötet, wenn er nicht einen offenen Schärpe genutzt und sich die Flucht gegönnt hätte. Seit dieser Zeit hat er sich nie wieder in New Bedford blicken lassen. Dieser kleine Vorfall ist vollkommen charakteristisch für den Geist der farbigen Menschen in New Bedford. Vor siebzehn Jahren konnte man keinen Sklaven aus dieser Stadt verschleppen, genauso wenig wie man ihn heute verschleppen könnte. Der Grund dafür ist, dass die farbigen Menschen in dieser Stadt so erzogen sind, dass sie für ihre Freiheit kämpfen und sich auch dafür einsetzen können.

Nachdem ich mich in New Bedford meiner Sicherheit versichert hatte, zog ich die Kleidung eines einfachen Arbeiters an und ging auf den Kai, um Arbeit zu suchen. Ich hatte nicht die Absicht, von der ehrlichen und großzügigen Anteilnahme meines farbigen Bruders Johnson oder der der Abolitionisten zu leben. Mein Schrei war wie der von Hoods Arbeiter: „Oh! Gebt mir nur Arbeit." Glücklicherweise brauchte ich nicht lange mit der Suche. Am dritten Tag nach meiner Ankunft in New Bedford fand ich eine Anstellung beim Beladen einer Schaluppe mit einer Ladung Öl für den New Yorker Markt. Es war eine neue, harte und schmutzige Arbeit, selbst für einen Kalfaterer, aber ich ging mit frohem Herzen und williger Hand daran. Ich war nun mein eigener Herr – eine enorme Tatsache – und die verzückte Aufregung, mit der ich die Stelle ergriff, kann nur jemand mit ähnlicher Erfahrung wie ich leicht verstehen. Die Gedanken – „Ich kann arbeiten! Ich kann arbeiten, um meinen Lebensunterhalt zu verdienen; ich habe keine Angst vor Arbeit; Ich habe keinen Master Hugh, der mir mein Einkommen raubt" – versetzte mich in einen Zustand der Unabhängigkeit, jenseits der Suche nach Freundschaft oder Unterstützung von irgendjemandem. Die Arbeit dieses Tages betrachtete ich als den wahren Ausgangspunkt einer Art neuer Existenz. Nachdem ich diese Arbeit beendet und meinen Lohn dafür erhalten hatte, machte ich mich als nächstes auf die Suche nach einem Job als Kalfaterer. Es traf sich, dass Mr. Rodney French, der ehemalige Bürgermeister der Stadt New Bedford, ein Schiff für die See ausrüsten ließ, an dem eine große Kalfater- und Kupferarbeit zu erledigen war. Ich bewarb mich bei diesem edelmütigen Mann um eine Anstellung, und er sagte mir sofort, ich solle zur Arbeit gehen; aber als ich zu diesem Zweck auf die Festmacherbühne ging, wurde mir mitgeteilt, dass jeder Weiße das Schiff verlassen würde, wenn ich einen Schlag darauf ausführen würde. „So, so", dachte ich, „das ist eine Härte, aber dennoch keine sehr ernste für mich." Der Unterschied zwischen dem Lohn eines Kalfaterers und dem eines gewöhnlichen Tagelöhners war hundertprozentig zugunsten des ersteren; aber dann war ich frei und frei zu arbeiten, wenn auch nicht in meinem Beruf. Ich bereitete mich nun darauf vor, alles zu tun, was mir in die Hände fiel, um ehrlich Geld zu verdienen: Holz sägte – Keller grub – Kohle schaufelte – Schornsteine fegte mit Onkel Lucas Deputy – rollte Ölfässer auf den Kais – half beim Be- und Entladen von Schiffen – arbeitete in Ricketsons Kerzenfabrik, in Richmonds Messinggießerei und anderswo; und so ernährte ich mich und meine Familie drei Jahre lang.

Der erste Winter war aufgrund der hohen Lebensmittelpreise ungewöhnlich streng, aber selbst in diesem Winter litten wir wahrscheinlich weniger als viele, die ihr ganzes Leben lang frei gewesen waren. Während des härtesten

Winters verdingte ich mich für neun Dollar im Monat und mietete davon zwei Zimmer für neun Dollar pro Quartal und versorgte meine Frau – die nicht arbeiten konnte – mit Lebensmitteln und einigen notwendigen Möbelstücken. Wir waren sehr bemüht, unsere Bedürfnisse im Rahmen unserer Möglichkeiten zu decken, aber das Gefängnis stand uns gegenüber und ich hatte eine gesunde Angst vor den Folgen von Schulden. Dieser Winter verging und ich war auf der Höhe der Zeit – bekam viel Arbeit – wurde gut dafür bezahlt – und hatte das Gefühl, dass es keine Dummheit von mir war, Master Hugh und Master Thomas zu verlassen. Ich lebte jetzt in einer neuen Welt und war mir ihrer Vorteile vollkommen bewusst. Ich begann schon früh, die Versammlungen der farbigen Bevölkerung von New Bedford zu besuchen und mich an ihnen zu beteiligen. Ich war ziemlich erstaunt, als ich sah, wie farbige Männer Resolutionen verfassten und sie zur Prüfung vorlegten. Mehrere farbige junge Männer aus New Bedford versprachen damals große Nützlichkeit. Sie waren gebildet und besaßen, wie ich damals dachte, sehr große Talente. Einige von ihnen sind gestorben, andere sind in andere Teile der Welt gezogen, und manche sind noch heute dort und bestätigen mit ihrer gegenwärtigen Tätigkeit meine ersten Eindrücke von ihnen.

Zu meinen ersten Anliegen, als ich in New Bedford ankam, gehörte es, mich der Kirche anzuschließen, denn ich hatte meinen religiösen Glauben nie wirklich aufgegeben. Ich war lauwarm geworden und in einem rückfälligen Zustand, aber ich war immer noch davon überzeugt, dass es meine Pflicht war, der Methodistenkirche beizutreten. Ich war mir damals des starken Einflusses dieser religiösen Körperschaft zugunsten der Versklavung meiner Rasse nicht bewusst, noch sah ich, wie die nördlichen Kirchen für das Verhalten der südlichen Kirchen verantwortlich sein konnten; auch verstand ich nicht ganz, wie es meine Pflicht sein konnte, mich von der Kirche fernzuhalten, weil schlechte Menschen mit ihr in Verbindung standen. Die Sklavenhalterkirche mit ihren Coveys, Weedens, Aulds und Hopkins durchschaute ich sofort, aber ich konnte nicht verstehen, wie die Elm Street-Kirche in New Bedford als Billigung des Christentums dieser Charaktere in der Kirche von St. Michael angesehen werden konnte. Ich beschloss daher, der Methodistenkirche in New Bedford beizutreten und den spirituellen Vorteil des öffentlichen Gottesdienstes zu genießen. Der Pfarrer der Elm Street Methodistenkirche war der Reverend Mr. Bonney; und obwohl mir kein Sitz im Haus zugestanden wurde und ich wegen meiner Hautfarbe geächtet wurde, war ich bereit, mich ächten zu lassen, da ich diese Ächtung lediglich als Zugeständnis an die unverhüllte Gemeinde betrachtete, die noch nicht für Christus und seine Brüderschaft gewonnen worden war, damit die Sünder nicht von der rettenden Kraft des Evangeliums abgebracht würden. Sobald ich bekehrt war, dachte ich, würden sie mich bestimmt wie einen Mann und Bruder behandeln. „Sicherlich", dachte ich, „haben diese Christen nichts gegen die Hautfarbe. Sie haben zumindest dieses unheilige Gefühl aufgegeben." Beurteilen Sie also, lieber Leser, mein Erstaunen und meine Demütigung, als ich, so schnell ich es fand, feststellte, dass all meine wohltätigen Annahmen falsch waren.

Bald bot sich mir die Gelegenheit, die genaue Haltung der Elm Street-Kirche zu diesem Thema herauszufinden. Ich hatte Gelegenheit, den religiösen Teil der Gemeinde allein zu sehen. Und obwohl sie ihre schwarzen Brüder und Schwestern vor der Welt verleugneten, dachte ich doch, dass sie uns, wo nur die Heiligen zusammenkamen und die Bösen nicht beleidigt und das Evangelium nicht „verleumdet" werden konnte, sicherlich als Kinder desselben Vaters und Erben derselben Erlösung anerkennen würden, auf gleicher Augenhöhe mit ihnen.

Der Anlass, auf den ich mich beziehe, war das Abendmahl, das heiligste und feierlichste aller Rituale der christlichen Kirche. Herr Bonney hatte eine sehr feierliche und tiefgründige Predigt gehalten, die wirklich bewies, dass er mit den innersten Geheimnissen des menschlichen Herzens vertraut war. Am Ende seiner Rede wurde die Gemeinde entlassen und die Kirche blieb, um am Abendmahl teilzunehmen. Ich blieb, um zu sehen, wie dieses heilige Abendmahl, wie ich dachte, im Geiste seines großen Gründers gefeiert wurde.

Zu dieser Zeit gehörten der Elm Street-Kirche nur etwa ein halbes Dutzend farbige Mitglieder an. Nachdem die Gemeinde entlassen worden war, stiegen diese von der Galerie herab und setzten sich an die Wand, die am weitesten vom Altar entfernt war. Bruder Bonney war sehr lebhaft und sang sehr süß „Salvation 'tis a joyful sound" (Erlösung ist ein freudiger Klang) und begann bald, das Abendmahl zu spenden. Ich war gespannt darauf, das Verhalten der farbigen Mitglieder zu beobachten, und das Ergebnis war höchst demütigend. Während der gesamten Zeremonie sahen sie aus wie Schafe ohne Hirten. Die weißen Mitglieder gingen in voller Bänke zum Altar; und als es offensichtlich war, dass alle Weißen mit Brot und Wein bedient worden waren, erhob Bruder Bonney – der fromme Bruder Bonney – nach einer langen Pause, als ob er fragen würde, ob alle weißen Mitglieder bedient worden waren, und sich dieses wichtigen Punktes völlig sicher war, seine Stimme zu einer unnatürlichen Tonlage, blickte in die Ecke, in der seine schwarzen Schafe eingepfercht schienen, winkte mit der Hand und rief: „Kommt vor, farbige Freunde! Kommt vor!" Auch Sie haben Anteil am Blut Christi. Gott nimmt keine Rücksicht auf die Person. Kommen Sie nach vorne und nehmen Sie dieses heilige Abendmahl zu Ihrem Trost zu sich." Die farbigen Mitglieder – arme, sklavische Seelen – kamen wie eingeladen nach vorne. Ich ging hinaus und war seitdem nie mehr in dieser Kirche, obwohl ich ehrlich mit der Absicht dorthin gegangen war, dieser Körperschaft beizutreten. Ich fand es unmöglich, das religiöse Bekenntnis von irgendjemandem zu respektieren, der unter der Herrschaft dieses bösen Vorurteils stand, und ich konnte daher nicht das Gefühl haben, dass ich, wenn ich ihnen beitrat, überhaupt einer christlichen Kirche beitrat. Ich versuchte es mit anderen Kirchen in New Bedford, mit demselben Ergebnis, und schloss mich schließlich einer kleinen Gruppe farbiger Methodisten an, die als Zion Methodists bekannt waren. Da ich mit der Zuneigung und dem Vertrauen der Mitglieder dieser bescheidenen Gemeinschaft gesegnet war, wurde ich bald zu einem Klassenleiter und örtlichen Prediger unter ihnen ernannt. Ich habe unter ihnen viele Zeiten des Friedens und der Freude erlebt und die Erinnerung daran ist mir noch immer kostbar, obwohl ich es nicht als meine Pflicht ansah, bei diesem Körper zu bleiben, als ich feststellte, dass er demselben Geist zustimmte, der meine Brüder in Ketten hielt.

Vier oder fünf Monate nach meiner Ankunft in New Bedford kam ein junger Mann mit einem Exemplar des *Liberator zu mir*, der von WILLIAM LLOYD GARRISON herausgegebenen und von ISAAC KNAPP veröffentlichten Zeitung, und bat mich, sie zu abonnieren. Ich sagte ihm, ich sei gerade erst aus der Sklaverei entkommen und natürlich sehr arm, und bemerkte weiter, dass ich mir die Zeitung derzeit nicht leisten könne. Der Agent nahm mich jedoch sehr gern als Abonnenten auf und schien sehr erfreut darüber zu sein, meinen Namen auf seine Liste zu setzen. Von diesem Zeitpunkt an kam ich mit dem Geist von William Lloyd Garrison in Kontakt. Seine Zeitung nahm neben mir ihren Platz neben der Bibel ein.

Der *Liberator* war eine Zeitung ganz nach meinem Geschmack. Sie verabscheute die Sklaverei, deckte Heuchelei und Bosheit in hohen Positionen auf – schloss keinen Waffenstillstand mit den Menschenhändlern, die mit Körpern und Seelen von Menschen handelten; sie predigte menschliche Brüderlichkeit, verurteilte Unterdrückung und forderte mit der ganzen Ernsthaftigkeit des Wortes Gottes die vollständige Emanzipation meiner Rasse. Ich mochte diese Zeitung und ihren Herausgeber nicht nur – ich liebte *sie* . Er schien allen Gegnern der Emanzipation gewachsen zu sein, ob sie nun im Namen des Gesetzes oder des Evangeliums sprachen. Er sprach nur wenige Worte, war voller heiligem Feuer und kam direkt auf den Punkt. Als ich ihn durch seine Zeitung lieben lernte, war ich bereit, mich über seine Anwesenheit zu freuen. Er war von Natur aus so etwas wie ein Heldenverehrer, und auf den ersten Blick erregte er meine Liebe und Ehrfurcht.

Vor siebzehn Jahren besaßen nur wenige Menschen ein himmlischeres Antlitz als William Lloyd Garrison, und nur wenige Menschen legten eine echtere oder erhabenere Frömmigkeit an den Tag. Die Bibel war sein Lehrbuch – heilig als das Wort des Ewigen Vaters – sündlose Vollkommenheit – völlige Unterwerfung unter Beleidigungen und Verletzungen – buchstäblicher Gehorsam gegenüber der Vorschrift, sich auch bei Schlagen auf die eine Seite zu wenden. Nicht nur war der Sonntag ein Sabbat, sondern alle Tage waren Sabbate und mussten heilig gehalten werden. Alles Sektierertum war falsch und schädlich – die Wiedergeborenen auf der ganzen Welt Glieder eines Leibes und des OBERHAUPTS Christus Jesus. Vorurteile gegen die Hautfarbe waren Aufruhr gegen Gott. Von allen Menschen unter dem Himmel waren ihm die Sklaven am nächsten und liebsten, weil sie am meisten vernachlässigt und verachtet wurden. Diejenigen Geistlichen, die die Sklaverei auf der Grundlage der Bibel verteidigten, stammten von ihrem „Vater, dem Teufel"; und jene Kirchen, die Sklavenhalter als Christen anerkannten, waren Synagogen des Satans, und unsere Nation war eine Nation der Lügner. Niemals laut oder lärmend – ruhig und heiter wie ein Sommerhimmel und so rein. „Du bist der Mann, der Moses, der von Gott erweckt wurde, um sein modernes Israel aus der Knechtschaft zu befreien", war das spontane Gefühl meines Herzens, als ich weit hinten im Saal saß und seinen mächtigen Worten lauschte; mächtig in der Wahrheit – mächtig in ihrer einfachen Ernsthaftigkeit.

Ich war noch nicht lange Leser des *Liberator* und Zuhörer seines Herausgebers, als ich schon ein klares Verständnis für die Grundsätze der Anti-Sklaverei-Bewegung hatte. Ich kannte den Geist der Bewegung bereits und musste nur noch ihre Grundsätze und Maßnahmen verstehen. Diese erfuhr ich vom *Liberator* und von denen, die an diese Zeitung glaubten. Meine Bekanntschaft mit der Bewegung weckte in mir die Hoffnung auf die endgültige Freiheit meiner Rasse, und ich schloss mich ihr aus Freude und Pflichtgefühl an.

Jede Woche erschien der *Liberator*, und jede Woche machte ich mich mit seinem Inhalt vertraut. Ich nahm sofort an allen Anti-Sklaverei-Versammlungen in New Bedford teil, und mein Herz brannte bei jeder wahren Äußerung gegen das Sklavensystem und jeder Rüge seiner Freunde und Unterstützer. So vergingen die ersten drei Jahre meines Aufenthalts in New Bedford. Ich hätte damals nicht davon geträumt, dass ich ein öffentlicher Fürsprecher der Sache werden könnte, die so tief in meinem Herzen verwurzelt war. Es genügte mir, zuzuhören – die großen Worte anderer aufzunehmen und zu bejubeln und nur im Privaten, unter den weißen Arbeitern auf den Kais und anderswo, die Wahrheiten zu flüstern, die in meiner Brust brannten.

KAPITEL XXIII.
Einführung in die Abolitionisten

ERSTE REDE AUF NANTUCKET – VIEL AUFMERKSAMKEIT – AUSSERGEWÖHNLICHE REDE VON MR. GARRISON – AUTOR WIRD ÖFFENTLICHER DOZENT – VIERZEHN JAHRE ERFAHRUNG – JUGENDLICHE BEGEISTERUNG – EINE GANZ NEUE TATSACHE – GEGENSTAND DER REDE MEINES AUTORS – KONNTE DEM PROGRAMM NICHT FOLGEN – ZWEIFEL AN DER FLÜCHTIGEN SKLAVEREI – UM ALLE ZWEIFEL AUSZURÄUMEN, SCHREIBE ICH ÜBER MEINE ERFAHRUNGEN MIT DER SKLAVEREI – GEFAHR DER RÜCKGEFANGENHEIT ERHÖHT.

Im Sommer 1841 fand in Nantucket unter der Schirmherrschaft von Mr. Garrison und seinen Freunden ein großer Kongress gegen die Sklaverei statt. Seit meiner Flucht aus der Sklaverei hatte ich keinen Urlaub mehr gemacht. Da ich in jenem Frühjahr und Sommer in Richmonds Messinggießerei sehr hart gearbeitet hatte – manchmal die ganze Nacht und nicht nur den ganzen Tag – und ein oder zwei Tage Ruhe brauchte, nahm ich an diesem Kongress teil, ohne zu erwarten, dass ich an den Vorgängen teilnehmen würde. Tatsächlich war mir nicht einmal bewusst, dass irgendjemand, der mit dem Kongress zu tun hatte, auch nur meinen Namen kannte. Ich hatte mich jedoch völlig geirrt. Mr. William C. Coffin, ein prominenter Abolitionist in jenen Tagen der Prüfung, hatte mich in dem kleinen Schulhaus in der Second Street in New Bedford, wo wir beteten, zu meinen farbigen Freunden sprechen hören. Er suchte mich in der Menge auf und lud mich ein, ein paar Worte an die Versammlung zu richten. So aufgesucht und eingeladen, wurde ich dazu gebracht, die Gefühle, die der Anlass in mir weckte, und die frischen Erinnerungen an die Szenen, die ich als Sklave erlebt hatte, auszusprechen. Meine Rede bei dieser Gelegenheit ist so ziemlich die einzige, die ich je gehalten habe, und ich erinnere mich nicht an einen einzigen zusammenhängenden Satz. Ich konnte nur mit äußerster Mühe aufrecht stehen oder zwei Worte ohne Zögern und Stottern hervorbringen. Ich zitterte an allen Gliedern. Ich bin mir nicht sicher, ob meine Verlegenheit nicht der wirkungsvollste Teil meiner Rede war, wenn man das überhaupt so nennen kann. Jedenfalls ist dies so ziemlich der einzige Teil meiner Darbietung, an den ich mich jetzt noch deutlich erinnere. Aber so aufgeregt und verstört ich auch war, das Publikum, das zuvor bemerkenswert ruhig gewesen war, wurde genauso aufgeregt wie ich. Mr. Garrison folgte mir und nahm mich als seinen Text; und ob ich nun eine beredte Rede für die Freiheit gehalten hatte oder nicht, seine war eine, die die Zuhörer nie vergessen würden. Diejenigen, die Mr. Garrison am häufigsten gehört und ihn am längsten gekannt hatten, waren erstaunt. Es war eine Anstrengung von beispielloser Kraft, die wie ein Tornado jede Barriere, egal ob aus Gefühlen oder Meinungen, niederfegte. Für einen Moment besaß er jene fast sagenhafte Inspiration, von der oft gesprochen, die aber selten erreicht wird, bei der eine öffentliche Versammlung sozusagen in eine einzige Individualität verwandelt wird – der Redner, der tausend Köpfe und Herzen gleichzeitig beherrscht und durch die schlichte Majestät seines alles beherrschenden Gedankens seine Zuhörer in das genaue Abbild seiner eigenen Seele verwandelt. An diesem Abend waren mindestens tausend Garrisonianer in Nantucket! Am Ende dieser großen Versammlung wurde ich von Mr. John A. Collins – damals Generalagent der Anti-Sklaverei-Gesellschaft von Massachusetts – gebührend bedient und dringend gebeten, Agent dieser Gesellschaft zu werden und ihre Anti-Sklaverei-Prinzipien öffentlich zu vertreten. Ich zögerte, die angebotene Position anzunehmen. Ich war noch nicht ganz drei Jahre von der Sklaverei entfernt und zweifelte ehrlich an meinen Fähigkeiten. Ich wollte entschuldigt werden. Durch die Publizität war ich der Gefahr ausgesetzt, von meinem Herrn entdeckt und verhaftet zu werden. Außerdem kamen noch andere Einwände vor, aber Mr. Collins ließ sich nicht abwimmeln und ich willigte schließlich ein, für drei Monate wegzugehen, denn ich nahm an, dass ich in dieser Zeitspanne das Ende meiner Geschichte und meiner Nützlichkeit erreicht hätte.

Hier eröffnete sich mir ein neues Leben, ein Leben, auf das ich nicht vorbereitet war. Ich war „Absolvent einer besonderen Institution", pflegte Mr. Collins bei meiner Vorstellung zu sagen, *„mit meinem Diplom auf dem Rücken!"* Die drei Jahre meiner Freiheit hatte ich in der harten Schule der Not verbracht. Meine Hände waren von der Natur mit etwas wie einem festen Lederüberzug ausgestattet, und ich hatte mir tapfer ein Leben voller harter Arbeit ausgesucht, das der Härte meiner Hände entsprach, um meinen Lebensunterhalt zu verdienen und meine Kinder großzuziehen.

Was soll ich nun über diese vierzehn Jahre Erfahrung als öffentlicher Fürsprecher der Sache meiner versklavten Brüder und Schwestern sagen? Die Zeit ist nur ein winziger Augenblick, aber groß genug, um eine Pause für einen Rückblick zu rechtfertigen – und eine Pause muss es nur sein.

Jung, leidenschaftlich und voller Hoffnung begann ich dieses neue Leben in vollem Schwall ahnungsloser Begeisterung. Die Sache war gut; die Männer, die sich dafür einsetzten, waren gut; die Mittel, um ihren Triumph zu erreichen, waren gut; der Segen des Himmels musste allen beistehen, und den Millionen, die in unbarmherziger Knechtschaft schmachten, musste bald die Freiheit gegeben werden. Mein ganzes Herz war auf der Seite der heiligen Sache, und ich betete unentwegt inbrünstig zum allmächtigen Lenker der Herzen der Menschen, um ihren baldigen Triumph. „Wer oder was", dachte ich, „kann einer so guten, so heiligen, so unbeschreiblich glorreichen Sache widerstehen? Der Gott Israels ist mit uns. Die Macht des Ewigen ist auf unserer Seite. Jetzt muss nur die Wahrheit ausgesprochen werden, und eine Nation wird auf den Klang hin aufbrechen!" In diesem enthusiastischen Geist schloss ich mich den Reihen der Freunde der Freiheit an und zog in die Schlacht. Eine Zeit lang vergaß ich, dass meine Haut dunkel und mein Haar kraus war. Eine Zeitlang bedauerte ich, dass ich nicht die Strapazen und Gefahren ertragen konnte, die die früheren Arbeiter bei der Befreiung der Sklaven erduldeten. Bald jedoch stellte ich fest, dass mein Enthusiasmus übertrieben gewesen war; dass die Strapazen und Gefahren noch nicht vorüber waren; und dass das Leben, das jetzt vor mir lag, sowohl Schatten als auch Sonnenstrahlen hatte.

Zu den ersten Aufgaben, die mir nach meinem Eintritt in die Reihen zugewiesen wurden, gehörte es, in Begleitung von Mr. George Foster zu reisen, um Abonnenten für den *Anti-Slavery Standard* und den *Liberator zu gewinnen* . Mit ihm reiste ich durch die östlichen Counties von Massachusetts und hielt Vorträge. Das Interesse war groß – große Versammlungen fanden statt. Viele kamen zweifellos aus Neugier, um zu hören, was ein Schwarzer für seine eigene Sache sagen konnte. Ich wurde im Allgemeinen als *„beweglicher Besitz" vorgestellt* – als *„Ding"* – *als Stück „Eigentum"* des Südens – und der Vorsitzende versicherte dem Publikum, dass *es* zu Wort kommen könne. Entflohene Sklaven gab es damals nicht so viele wie heute, und als Vortragender über entflohene Sklaven hatte ich den Vorteil, eine *„völlig neue Tatsache" zu sein* – ich war der Erste, der herauskam. Bis zu dieser Zeit galt ein Farbiger als Narr, der sich als entlaufener Sklave gestand, nicht nur wegen der Gefahr, wieder eingefangen zu werden, der er sich damit aussetzte, sondern weil es ein Geständnis sehr *niederer* Herkunft war! Einige meiner farbigen Freunde in New Bedford hielten meine Weisheit, mich so bloßzustellen und zu erniedrigen, für sehr gering. Die einzige Vorsichtsmaßnahme, die ich zu Beginn traf, um zu verhindern, dass Master Thomas erfuhr, wo ich war und was ich vorhatte, war, meinen früheren Namen, den Namen meines Masters und den Namen des Staates und des Bezirks, aus dem ich kam, nicht zu nennen. Während der ersten drei oder vier Monate bestanden meine Reden fast ausschließlich aus Erzählungen meiner eigenen persönlichen Erfahrungen als Sklave. „Lassen Sie uns die Fakten wissen", sagten die Leute. Das sagte auch Freund George Foster, der mich immer auf meine einfache Erzählung festnageln wollte. „Geben Sie uns die Fakten", sagte Collins, „wir kümmern uns um die Philosophie." Genau hier entstand eine gewisse Verlegenheit. Es war mir unmöglich, Monat für Monat dieselbe alte Geschichte zu erzählen und mein Interesse daran aufrechtzuerhalten. Für die Leute war sie zwar neu, aber für mich war sie eine alte Geschichte; und sie Nacht für Nacht durchzugehen, war eine für meine Natur viel zu mechanische Aufgabe. „Erzähl deine Geschichte, Frederick", flüsterte mein damals verehrter Freund William Lloyd Garrison, wenn ich das Podium betrat. Ich konnte nicht immer gehorchen, denn ich las und dachte nach. Neue Ansichten zu diesem Thema wurden mir präsentiert. Es befriedigte mich nicht ganz, Unrecht *aufzuzählen* ; ich hatte das Gefühl, es *anprangern zu müssen* . Ich konnte meine moralische Empörung über die Täter der Sklavenhalter-Schandtaten nicht immer lange genug zügeln, um die Fakten ausführlich darzulegen, von denen ich glaubte, dass fast jeder sie kennen musste. Außerdem wuchs ich und brauchte Platz. „Die Leute werden nicht glauben, dass du jemals ein Sklave warst, Frederick, wenn du so weitermachst", sagte Freund Foster. „Sei du selbst", sagte Collins, „und erzähl deine Geschichte." Man sagte mir: „Besser ein *bisschen* von der Plantagen-Sprache als nicht; es ist nicht besser, wenn du zu gelehrt wirkst." Diese ausgezeichneten Freunde wurden von den besten Motiven angetrieben und lagen mit ihrem Rat nicht ganz falsch; und dennoch musste ich genau das Wort sprechen, das *mir als das Wort erschien, das ich* sprechen sollte .

Endlich kam der befürchtete Ärger. Die Leute bezweifelten, dass ich jemals ein Sklave gewesen war. Sie sagten, ich würde nicht wie ein Sklave reden, nicht wie ein Sklave aussehen und mich auch nicht wie ein Sklave benehmen und dass sie glaubten, ich sei nie südlich der Linie von Mason und Dixon gewesen. „Er erzählt uns nicht, woher er kam – wie sein Herr hieß – wie er entkam – noch seine Erlebnisse. Außerdem ist er gebildet und widerspricht damit allen Fakten, die wir über die Unwissenheit der Sklaven haben." Ich war also auf einem ziemlich guten Weg, als Betrüger angeprangert zu werden. Das Komitee der Anti-Sklaverei-Gesellschaft von Massachusetts kannte alle Fakten in meinem Fall und stimmte mit mir darin überein, dass es klug sei, sie geheim zu halten. Sie zweifelten daher nie daran, dass ich ein echter Flüchtling war; doch als ich durch die Gänge der Kirchen ging, in denen ich sprach, und die freimütigen Yankees immer wieder sagen hörte: „*Er ist nie ein Sklave gewesen, das wette ich* ", beschloss ich, in nicht allzu ferner Zukunft alle Zweifel durch die Enthüllung von Tatsachen zu zerstreuen, wie sie nur ein echter Flüchtling machen konnte.

In etwas weniger als vier Jahren, nachdem ich öffentlich als Dozent tätig war, wurde ich dazu gebracht, die wichtigsten Fakten über meine Erfahrungen als Sklave niederzuschreiben und dabei Personennamen, Orte und Daten anzugeben. So konnte jeder, der daran zweifelte, die Wahrheit oder Unwahrheit meiner Geschichte, ein entflohener Sklave gewesen zu sein, feststellen. Diese Aussage wurde bald in Maryland bekannt und ich hatte Grund zu der Annahme, dass man versuchen würde, mich wieder einzufangen.

Es ist unwahrscheinlich, dass ein offener Versuch, mich als Sklaven zu gewinnen, über die Erlangung des Geldwertes meiner Knochen und Sehnen durch meinen Herrn hinaus erfolgreich gewesen wäre. Glücklicherweise hatte ich in den vier Jahren meiner Arbeit für die Abschaffung der Sklaverei viele Freunde gewonnen, die sich fast jede Belastung gefallen ließen, um mich aus der Sklaverei zu retten. Man hatte das Gefühl, ich hätte das doppelte Vergehen begangen, indem ich weggelaufen war und die Geheimnisse und Verbrechen der Sklaverei und der Sklavenhalter aufgedeckt hatte. Es gab ein doppeltes Motiv für den Versuch, mich wieder zu versklaven – Habgier und Rache; und obwohl, wie ich bereits sagte, die Wahrscheinlichkeit einer erfolgreichen Wiederergreifung gering war, wenn es ein offener Versuch war, war ich ständig in Gefahr, in einem Moment weggelockt zu werden, in dem meine Freunde mir nicht helfen konnten. Wenn ich von Ort zu Ort reiste – oft allein – war ich solchen Angriffen sehr ausgesetzt. Jeder, der den Plan hegte, mich zu verraten, konnte dies leicht tun, indem er einfach meinen Aufenthaltsort durch die Anti-Sklaverei-Zeitschriften verfolgte, denn meine Treffen und Bewegungen wurden umgehend im Voraus bekannt gegeben. Meine wahren Freunde, Mr. Garrison und Mr. Phillips, hatten kein Vertrauen in die Macht von Massachusetts, mein Recht auf Freiheit zu schützen. Die öffentliche Meinung und das Gesetz würden mich ihrer Meinung nach den Peinigern ausliefern. Besonders Mr. Phillips sah mich in Gefahr und sagte, als ich ihm das Manuskript meiner Geschichte zeigte, würde er es an meiner Stelle ins Feuer werfen. Der Leser wird also feststellen, dass die Lösung einer Schwierigkeit nur den Weg für eine andere ebnete; und obwohl ich einen freien Staat erreicht und eine Position erlangt hatte, die für die Öffentlichkeit von Nutzen war, wurde ich immer noch von der Gefahr gequält, meine Freiheit zu verlieren. Wie diese Gefahr gebannt wurde, wird zusammen mit anderen Vorfällen im nächsten Kapitel berichtet.

KAPITEL XXIV.
Einundzwanzig Monate in Großbritannien

GUTES, DAS AUS UNGÜNSTIGEN EREIGNISSEN ENTSTEHT –
KABINENREISEN VERWEIGERT – VERBOTEN, DAS SICH
GUTEN NUTZEN WURDE – DIE FAMILIE HUTCHINSON – DER
MOB AN BORD DER „CAMBRIA" – SCHÖNE EINFÜHRUNG IN
DIE BRITISCHE ÖFFENTLICHKEIT – BRIEF AN WILLIAM LLOYD
GARRISON – ZEIT UND ARBEIT IM AUSLAND – ERWORBENE
FREIHEIT – FRAU HENRY RICHARDSON – KOSTENLOSE
ZEITUNGEN – ABOLITIONISTEN UNZUFRIEDEN MIT DEM
LÖSEGELD – WIE MEINE ENERGIEN GELEITET WURDEN –
EMPFANGSREDE IN LONDON – CHARAKTER DER
VERTEIDIGTEN REDE – ERKLÄRUNG DER UMSTÄNDE –
URSACHEN, DIE ZUM ERFOLG MEINER MISSION BEITRAGEN –
FREIE KIRCHE VON SCHOTTLAND – ZEUGNIS.

Die Zuteilungen der Vorsehung, verbunden mit Kummer und Sorgen, verbergen oft vor dem begrenzten Blick die Weisheit und Güte, mit der sie uns gesandt werden; und häufig verwandelt sich das, was wie eine harte und unheilvolle Fügung schien, durch spätere Erfahrung in eine glückliche und wohltuende Regelung. So erwies sich die schmerzliche Gefahr, wieder in die Sklaverei zurückkehren zu müssen, die mich tagsüber verfolgte und nachts meine Träume quälte, als notwendiger Schritt auf dem Weg zu Wissen und Nutzen. Das Schreiben meiner Broschüre im Frühjahr 1845 gefährdete meine Freiheit und veranlasste mich, im monarchischen England Zuflucht vor der republikanischen Sklaverei zu suchen. Ein roher, unkultivierter entflohener Sklave wurde aus harter Notwendigkeit in jenes Land getrieben, in das junge amerikanische Gentlemen gehen, um ihren Wissensschatz zu erweitern, Vergnügen zu suchen und ihre rauen, demokratischen Manieren durch den Kontakt mit englischer aristokratischer Verfeinerung zu mildern. Als ich mich um eine Überfahrt nach England an Bord der „Cambria" der Cunard Line bewarb, wurde meinem Freund James N. Buffum aus Lynn, Massachusetts, mitgeteilt, dass ich nicht als Kabinenpassagier an Bord aufgenommen werden könne. Das amerikanische Vorurteil gegen die Hautfarbe triumphierte über die britische Liberalität und Zivilisation und führte einen Farbtest und eine Bedingung für die Überfahrt in der Kabine eines britischen Schiffes ein. Meine weißen Freunde empfanden die Beleidigung als schmerzlich, aber für mich war sie normal und zu erwarten und daher ohne große Bedeutung, ob ich in der Kabine oder im Zwischendeck saß. Außerdem war ich der Meinung, dass Passagiere der ersten Kabine, wenn ich nicht in die erste Kabine durfte, in die zweite Kabine kommen konnten, und das Ergebnis rechtfertigte meine Erwartungen in vollem Umfang. Tatsächlich wurde ich bald zum Gegenstand größeren allgemeinen Interesses, als ich es mir gewünscht hatte; und weit davon entfernt, durch die Unterbringung in der zweiten Kabine erniedrigt zu werden, wurde dieser Teil des Schiffes während der Reise zum Schauplatz ebenso großer Freude und Verfeinerung wie die Kabine selbst. Die Familie Hutchinson, berühmte Sänger – Mitpassagiere – kamen oft auf mein schlichtes Vordeck und sangen ihre schönsten Lieder, wodurch sie den Ort während der Reise mit beredter Musik und lebhafter Unterhaltung belebten. Zwei Tage nach der Abfahrt aus Boston war ein Teil des Schiffes für mich ungefähr so frei wie ein anderer. Meine Mitpassagiere besuchten mich nicht nur, sondern luden mich ein, sie auf dem Salondeck zu besuchen. Meine Besuche dort waren jedoch nur selten. Ich zog es vor, im Rahmen meiner Privilegien zu leben und auf meinem eigenen Grundstück zu bleiben. Ich fand, dass dies ebenso sehr einer guten Politik entsprach wie meinen eigenen Gefühlen. Die Folge war, dass bei der Mehrheit der Passagiere alle Hautfarbenunterschiede in den Wind geschlagen wurden und ich vom Anfang bis zum Ende der Reise mit jedem Zeichen des Respekts behandelt wurde, außer in einem einzigen Fall; und dabei wurde ich beinahe bedrängt, weil ich einer Einladung der Passagiere und des Kapitäns der „Cambria" nachkam, einen Vortrag über die Sklaverei zu halten. Unsere Passagiere aus New Orleans und Georgia betrachteten meinen Vortrag als Beleidigung und schworen, ich solle nicht sprechen. Sie gingen sogar so weit, mir zu drohen, mich über Bord zu werfen, und ohne die Entschlossenheit von Kapitän Judkins hätten sie wahrscheinlich (unter dem Einfluss von *Sklaverei* und *Brandy*) versucht, ihre Drohungen in die Tat umzusetzen. Mir fehlt der Platz, um diese Szene zu beschreiben, obwohl ihre tragischen und komischen Eigenheiten durchaus der Beschreibung wert sind. Das Handgemenge wurde beendet , als der Kapitän die Schiffsbesatzung aufforderte, die Salzwasser-Mobokraten in Ketten zu legen. Auf diesen entschiedenen Befehl hin rannten die Herren der Peitsche davon und verhielten sich für den Rest der Reise sehr anständig.

Dieser Zwischenfall auf der Reise, zwei Tage nach meiner Landung in Liverpool, brachte mich sofort vor die britische Öffentlichkeit, und das ohne mein Zutun. Die Herren, die in ihrer geplanten Gewalttätigkeit so schnell den Kürzeren zogen, eilten zur Presse, um ihr Verhalten zu rechtfertigen und mich als wertlosen und unverschämten Neger zu brandmarken. Dieses Vorgehen war noch weniger klug als das Verhalten, das es unterstützen sollte; denn es weckte nicht nur so etwas wie ein nationales Interesse an mir und sicherte mir eine Audienz, sondern brachte auch Gegenargumente hervor und schob die Schuld auf sich, die sie mir und dem tapferen Kapitän des Schiffes in die Schuhe schieben wollten.

Der folgende Auszug aus einem von mehreren Briefen, die ich an Mr. Garrison schrieb und die im Liberator veröffentlicht wurden , *gibt vielleicht eine Vorstellung davon, wie sich meine Gefühle und Umstände im Ausland veränderten* . Er wurde am 1. Januar 1846 geschrieben:

MEIN LIEBER FREUND GARRISON: Bis jetzt habe ich die Ansichten, Gefühle und Meinungen, die ich mir über den Charakter und die Lage der Menschen dieses Landes gebildet habe, nicht direkt zum Ausdruck gebracht. Ich habe mich absichtlich zurückgehalten. Ich möchte mit Bedacht sprechen, und um dies zu tun, habe ich gewartet, bis die Erfahrung, so hoffe ich, meine Meinungen zu einer intelligenten Reife gebracht hat. Ich bin so vorsichtig gewesen, nicht weil ich denke, dass das, was ich sage, großen Einfluss auf die Meinungsbildung der Welt haben wird, sondern weil ich möchte, dass mein Einfluss, egal ob klein oder groß, in die richtige Richtung geht und der Wahrheit entspricht. Ich muss wohl kaum sagen, dass ich, wenn ich über Irland spreche, nicht von Vorurteilen zugunsten Amerikas beeinflusst werde. Ich denke, meine Umstände verbieten das alle. Ich habe kein Ziel, dem ich dienen muss, keinen Glauben, den ich verteidigen muss, keine Regierung, die ich verteidigen muss; und was die Nation betrifft, so gehöre ich keiner an. Ich habe weder zu Hause noch im Ausland Schutz. Das Land meiner Geburt heißt mich an seinen Küsten nur als Sklaven willkommen und weist die Vorstellung, mich anders zu behandeln, mit Verachtung zurück. So bin ich ein Ausgestoßener aus der Gesellschaft meiner Kindheit und ein Gesetzloser in meinem Geburtsland. „Ich bin ein Fremder bei dir und ein Gast, wie alle meine Väter." Dass Männer patriotisch sein sollten, ist für mich völlig natürlich, und als philosophische Tatsache kann ich dies intellektuell anerkennen . Aber weiter kann ich nicht gehen. Wenn ich jemals Patriotismus oder die Fähigkeit zu diesem Gefühl hatte, wurde er mir vor langer Zeit durch die Peitsche der amerikanischen Seelentreiber ausgetrieben.

Wenn ich an Amerika denke, bewundere ich manchmal seinen strahlend blauen Himmel, seine großartigen alten Wälder, seine fruchtbaren Felder, seine schönen Flüsse, seine mächtigen Seen und sternenübersäten Berge. Aber meine Begeisterung wird bald gedämpft, meine Freude verwandelt sich bald in Trauer. Wenn ich daran denke, dass alles mit dem teuflischen Geist der Sklavenhaltung, des Raubes und des Unrechts verflucht ist; wenn ich daran denke, dass mit den Wassern seiner edelsten Flüsse die Tränen meiner Brüder ins Meer getragen werden, unbeachtet und vergessen, und dass seine fruchtbarsten Felder täglich vom warmen Blut meiner geschändeten Schwestern trinken, erfüllt mich unsagbarer Abscheu und ich mache mir Vorwürfe, dass mir überhaupt etwas über die Lippen kommen kann, das ein solches Land lobt. Amerika wird seinen Kindern nicht erlauben, es zu lieben. Es scheint darauf aus zu sein, diejenigen, die seine wärmsten Freunde sein würden, zu seinen schlimmsten Feinden zu machen. Möge Gott ihm Reue schenken, bevor es zu spät ist, ist das inbrünstige Gebet meines Herzens. Ich werde weiterhin beten, arbeiten und warten, im Glauben daran, dass sie nicht immer unempfindlich gegenüber den Forderungen der Gerechtigkeit oder taub gegenüber der Stimme der Menschlichkeit sein kann.

Ich hatte sehr viele Gelegenheiten, den Charakter und die Lebensumstände der Menschen dieses Landes kennenzulernen. Ich bin fast vom Hill of Howth zum Giant's Causeway und vom Giant's Causway nach Cape Clear gereist. Auf diesen Reisen habe ich am Charakter und den Lebensumständen der Menschen viel Gutes und viel Verurteilendes erfahren; vieles, was mir Freude bereitet hat, und vieles, was mich mit Schmerz erfüllt hat. In diesem Brief versuche ich, die Szenen zu beschreiben, die mir Schmerz bereitet haben. Dies werde ich im Folgenden tun. Ich habe genug von den positiven Seiten der Situation erfahren, und zwar mehr, als Ihre Abonnenten auf einmal lesen möchten. Ich kann wahrhaftig sagen, dass ich seit meiner Ankunft in diesem Land einige der glücklichsten Momente meines Lebens verbracht habe. Ich scheine eine Verwandlung durchgemacht zu haben. Ich lebe ein neues Leben. Die herzliche und großzügige Zusammenarbeit, die mir die Freunde meiner verachteten Rasse entgegengebracht haben; die prompte und großzügige Art, mit der die Presse mir geholfen hat; die wunderbare Begeisterung, mit der Tausende herbeiströmten, um die Schilderung des grausamen Unrechts meiner unterdrückten und lange versklavten Landsleute zu hören; das tiefe Mitgefühl für die Sklaven und die starke Abscheu gegenüber den Sklavenhaltern, die überall zum Ausdruck kamen; die Herzlichkeit, mit der mich Mitglieder und Geistliche verschiedener Religionsgemeinschaften und verschiedener Schattierungen religiöser Anschauungen aufnahmen und mir ihre Hilfe anboten; die Art von Gastfreundschaft, die mir ständig von Personen des höchsten gesellschaftlichen Rangs entgegengebracht wurde; der Geist der Freiheit, der alle zu beseelen scheint, mit denen ich in Kontakt komme und das völlige Fehlen von allem, was wie Vorurteile gegen mich aufgrund meiner Hautfarbe aussah – all dies steht in so starkem Kontrast zu meiner langen und bitteren Erfahrung in den Vereinigten Staaten, dass ich mit Verwunderung und Erstaunen auf diesen Übergang blicke. Im Süden der Vereinigten Staaten war ich ein Sklave und wurde wie Eigentum angesehen und bezeichnet; in der Sprache des GESETZES: „ *gehalten, genommen, angesehen und als bewegliches Eigentum in den Händen meiner Eigentümer und Besitzer und ihrer Testamentsvollstrecker, Verwalter und Rechtsnachfolger beurteilt, in jeder Hinsicht, Auslegung und zu jedem Zweck* .“ (Brev. Digest, 224). In den Nordstaaten ist ein entflohener Sklave, der jederzeit wie ein Verbrecher gejagt und in die schrecklichen Klauen der Sklaverei geworfen werden kann – durch ein tief verwurzeltes Vorurteil gegen die Hautfarbe zu Beleidigungen und Empörung von jeder Seite verdammt (Massachusetts kommt nicht in Frage)

– ihm werden die Privilegien und Höflichkeiten verweigert, die anderen bei der Benutzung der bescheidensten Transportmittel gemein sind – ihm wird der Zugang zu den Kabinen auf Dampfschiffen verwehrt – ihm wird der Zutritt zu anständigen Hotels verweigert – er wird von jedem (egal wie schwarz sein Herz ist) karikiert, verachtet, verspottet, verhöhnt und ungestraft misshandelt – also hat er eine weiße Haut. Aber nun seht die Veränderung! Elfeinhalb Tage sind vergangen und ich habe 3.000 Meilen der gefährlichen Tiefe zurückgelegt. Statt einer demokratischen Regierung stehe ich unter einer monarchischen Regierung. Statt des strahlend blauen Himmels Amerikas bin ich mit dem weichen grauen Nebel der Grünen Insel bedeckt. Ich atme und siehe da! Das Vieh wird zum Menschen. Ich halte vergeblich Ausschau nach jemandem, der meine Menschlichkeit in Frage stellt, mich als seinen Sklaven beansprucht oder mich beleidigt. Ich nehme ein Taxi – ich sitze neben Weißen – ich komme zum Hotel – ich gehe durch dieselbe Tür – ich werde in dasselbe Wohnzimmer geführt – ich esse am selben Tisch und niemand ist beleidigt. Keine zarte Nase verformt sich in meiner Gegenwart. Ich habe hier keine Schwierigkeiten, in irgendeinen Ort der Anbetung, des Unterrichts oder der Unterhaltung eingelassen zu werden, auf gleicher Augenhöhe mit Menschen, die so weiß sind wie alle, die ich jemals in den Vereinigten Staaten gesehen habe. Ich treffe nichts, was mich an meine Hautfarbe erinnert. Ich werde überall mit der Freundlichkeit und Ehrerbietung angesehen und behandelt, die weißen Menschen entgegengebracht wird. Wenn ich in die Kirche gehe, begegnet mir niemand mit hochgezogener Nase und verächtlicher Lippe, der mir sagt: „ *Wir lassen hier keine Nigger rein* !“

Ich erinnere mich, dass es vor etwa zwei Jahren in Boston, nahe der südwestlichen Ecke des Boston Common, eine Menagerie gab. Ich hatte mir schon lange gewünscht, eine solche Sammlung zu sehen, wie sie, wie ich hörte, dort ausgestellt war. Da ich als Sklave nie die Gelegenheit dazu hatte, beschloss ich, diese erste seit meiner Flucht zu nutzen. Ich ging hin, und als ich mich dem Eingang näherte, um eingelassen zu werden, wurde ich vom Türsteher empfangen, der mir in barstem und verächtlichem Ton sagte: „ *Wir lassen hier keine Nigger rein* .“ Ich erinnere mich auch an eine Erweckungsversammlung im Versammlungshaus von Reverend Henry Jackson in New Bedford. Als ich den breiten Gang hinaufging, um einen Sitzplatz zu finden, wurde ich von einem guten Diakon empfangen, der mir in frommem Ton sagte: „ *Wir lassen hier keine Nigger rein* !“ Bald nach meiner Ankunft in New Bedford aus dem Süden verspürte ich den starken Wunsch, das Lyceum zu besuchen, aber mir wurde gesagt: „ *Sie lassen hier keine Nigger rein* !“ Als ich am Abend des 9. Dezember 1843 auf dem Dampfer Massachusetts von New York nach Boston fuhr, war ich fast völlig durchgefroren und ging in die Kabine, um mich ein wenig aufzuwärmen. Bald berührte man mich an der Schulter und sagte mir: „ *Wir lassen hier keine*

Nigger rein !" Als ich von einer Anti-Sklaverei-Tour in Boston ankam, ging ich hungrig und müde in ein Restaurant in der Nähe des Hauses meines Freundes Mr. Campbell, um mir etwas zu erfrischen. Dort empfing mich ein Junge in einer weißen Schürze: „ *Wir lassen hier keine Nigger rein* !" Eine oder zwei Wochen vor meiner Abreise aus den Vereinigten Staaten war ich zu einem Treffen in Weymouth verabredet, der Heimat jener glorreichen Gruppe wahrer Abolitionisten, der Familie Weston und anderer. Als ich versuchte, im Omnibus dorthin Platz zu nehmen, sagte mir der Fahrer (und ich werde seinen teuflischen Hass nie vergessen): „ *Ich lasse hier keine Nigger rein* !" Dem Himmel sei Dank für die Ruhe, die ich jetzt genießen kann! Ich war erst ein paar Tage in Dublin, als ein Gentleman von großer Ehrwürdigkeit mir freundlicherweise anbot, mich durch alle öffentlichen Gebäude dieser schönen Stadt zu führen. Und kurz darauf saß ich beim Oberbürgermeister von Dublin. Wie schade, dass kein amerikanischer demokratischer Christ an der Tür seines prächtigen Hauses stand, der mir bei meiner Annäherung zurief: „ *Sie lassen hier keine Nigger rein* !" Die Wahrheit ist, dass die Leute hier nichts von dem republikanischen Hass auf die Neger wissen, der in unserem herrlichen Land vorherrscht. Sie messen und schätzen Menschen nach ihrem moralischen und intellektuellen Wert und nicht nach ihrer Hautfarbe. Was auch immer man über die Aristokratie hier sagen mag, keine basiert auf der Hautfarbe eines Menschen. Diese Art von Aristokratie gehört in erster Linie in „das Land der Freien und die Heimat der Tapferen". Ich habe sie im Ausland nie gefunden, außer bei Amerikanern. Sie klebt ihnen an, wohin sie auch gehen. Sie finden es fast so schwer, sie loszuwerden, wie ihre Haut loszuwerden.

Am zweiten Tag nach meiner Ankunft in Liverpool ging ich in Begleitung meines Freundes Buffum und mehrerer anderer Freunde nach Eaton Hall, der Residenz des Marquis von Westminster, einem der prächtigsten Gebäude Englands. Als ich mich der Tür näherte, sah ich mehrere unserer amerikanischen Passagiere, die mit uns im „Cambria" ausgestiegen waren und auf Einlass warteten, da immer nur eine Gruppe gleichzeitig in das Haus gelassen wurde. Wir mussten alle warten, bis die Gäste herauskamen. Und unter all den Gesichtern, die Kummer ausdrückten, waren die der Amerikaner die Ersten. Sie sahen so sauer wie Essig und so bitter wie Galle aus, als sie erfuhren, dass ich auf gleicher Augenhöhe mit ihnen eingelassen wurde. Als die Tür geöffnet wurde, trat ich auf gleicher Augenhöhe mit meinen weißen Mitbürgern ein , und soweit ich sehen konnte, schenkten mir die Diener, die uns durch das Haus führten, ebenso viel Aufmerksamkeit wie jedem anderen mit blasserer Haut. Als ich durch das Gebäude ging, fielen keine Statuen um, keine Bilder sprangen von ihren Plätzen, keine Türen ließen sich öffnen und keine Bediensteten sagten: „ *Wir lassen hier keine Nigger rein* !"

Ein frohes neues Jahr für Sie und alle Freunde der Freiheit.

Während meiner Auslandsreisen verbrachte ich meine Zeit und Arbeit in England, Irland, Schottland und Wales. Allein über diese Erfahrungen könnte ich ein doppelt so dickes Buch schreiben wie dieses: „ *Meine Knechtschaft und meine Freiheit"* . Ich besuchte fast alle großen Städte im Vereinigten Königreich und hielt dort Vorträge, und ich hatte viele günstige Gelegenheiten zur Beobachtung und Information. Doch es gibt Unmengen an Büchern über England, und die Öffentlichkeit braucht daher nicht zu befürchten, ich wolle ihnen in dieser Hinsicht erneut etwas antun. Obwohl ich ehrlich gesagt sehr gern ein Buch über diese Länder schreiben würde, und sei es nur, um meiner vielen lieben Freunde dankbar zu danken, deren wohlwollende Taten mir gegenüber sich unauslöschlich in mein Gedächtnis eingeprägt haben und die ich wärmstens im Herzen bewahre. Diesen Freunden verdanke ich meine Freiheit in den Vereinigten Staaten. Auf eigene Initiative und ohne meine Aufforderung (Mrs. Henry Richardson, eine kluge Dame, die sich durch ihre Hingabe an jede gute Tat auszeichnet, übernahm die Führung) sammelten sie einen ausreichenden Fonds, um meine Freiheit zu erkaufen, und zahlten ihn tatsächlich aus und legten mir die Papiere 8 meiner Freilassung in die Hand, bevor sie den Gedanken duldeten, dass ich in mein Heimatland zurückkehren würde. Diesem Handelsgeschäft verdanke ich meine Befreiung von der demokratischen Wirkung des Fugitive Slave Bill von 1850. Ohne diese könnte ich jederzeit Opfer dieses grausamsten und skandalösesten Gesetzes werden und dazu verdammt sein, mein Leben so zu beenden, wie ich es begonnen habe, nämlich als Sklave. Die Summe, die für meine Freiheit gezahlt wurde, betrug einhundertfünfzig Pfund Sterling.

Einige meiner kompromisslosen Sklavereigegner in diesem Land erkannten die Weisheit dieser Vereinbarung nicht und waren nicht erfreut, dass ich ihr zustimmte, selbst durch mein Schweigen. Sie hielten es für einen Verstoß gegen die Prinzipien der Sklavereigegner – das Zugeständnis eines Eigentumsrechts an den Menschen – und für eine Geldverschwendung. Andererseits konnte ich, wenn ich es einfach als Lösegeld oder als von einem Räuber erpresstes Geld betrachtete und meine Freiheit mehr als einhundertfünfzig Pfund Sterling wert war, in der Transaktion weder einen Verstoß gegen die Gesetze der Moral noch gegen die der Wirtschaftlichkeit erkennen.

Es stimmt, ich war nicht im Besitz meiner Anspruchsteller und hätte leicht in England bleiben können, denn dieselben Freunde, die meine Freiheit so großzügig erkauft hatten, hätten mir geholfen, mich in diesem Land niederzulassen. Dem konnte ich jedoch nicht zustimmen. Ich fühlte, dass ich eine Pflicht zu erfüllen hatte – und die bestand darin, mit den Unterdrückten in meinem Heimatland zu arbeiten und zu leiden. Unter Berücksichtigung aller Umstände – einschließlich des Gesetzes über entflohene Sklaven –

denke ich daher, dass es das Beste war, Master Hugh die hundertfünfzig Pfund Sterling zu überlassen und mir die Freiheit zu lassen, in mein angemessenes Arbeitsfeld zurückzukehren. Wäre ich eine Privatperson gewesen und hätte keine anderen Beziehungen oder Pflichten als die persönlicher und familiärer Natur gehabt, hätte ich niemals zugestimmt, eine so große Summe für das Privileg zu zahlen, sicher unter unserer glorreichen republikanischen Regierungsform zu leben. Ich hätte in England bleiben oder in ein anderes Land gehen können; und vielleicht hätte ich dort sogar unbemerkt leben können. Aber dem konnte ich nicht zustimmen. Ich war bereits ziemlich berüchtigt geworden und dabei ebenso unbeliebt wie berüchtigt; und ich war deshalb der Gefahr einer Verhaftung und erneuten Ergreifung stark ausgesetzt.

Das Hauptziel meiner Arbeit in Großbritannien war die Konzentration der moralischen und religiösen Gefühle der Bevölkerung gegen die amerikanische Sklaverei. England wird oft vorgeworfen, die Sklaverei in den Vereinigten Staaten eingeführt zu haben, und wenn es keine andere Rechtfertigung dafür gäbe, an die Bevölkerung des Landes zu appellieren, ihre moralische Unterstützung für die Abschaffung der Sklaverei zu leisten, wäre ich im Recht. Meine Reden in Großbritannien waren völlig improvisiert, und ich war in meinen Äußerungen vielleicht nicht immer so zurückhaltend, wie ich es sonst gewesen wäre. Ich war damals zehn Jahre jünger als heute und nur sieben Jahre von der Sklaverei entfernt. Ich kann dem Leser keine bessere Vorstellung von der Art meiner Reden geben, als indem ich eine davon wiederveröffentliche, die ich in der Finsbury Chapel in London vor einem Publikum von etwa zweitausend Personen hielt und die damals im *London Universe veröffentlicht wurde.* 9

Diejenigen in den Vereinigten Staaten, die diese Rede als hart im Geiste und ungerecht in ihren Aussagen ansehen, weil sie vor einem Publikum gehalten wurde, dessen Prinzipien und Gefühle als antirepublikanisch gelten, werden die Sache vielleicht anders sehen, wenn sie erfahren, dass der vermeintliche Fall nicht existiert. Es stellte sich heraus, dass die große Masse der Menschen in England, die meine Anti-Sklaverei-Versammlungen besuchten und unterstützten, in Wahrheit ungefähr so gute Republikaner waren wie die Masse der Amerikaner, und mit diesem entscheidenden Vorteil gegenüber letzteren – sie sind Liebhaber des Republikanismus für alle Menschen, für Schwarze ebenso wie für Weiße. Sie sind die Menschen, die mit Louis Kossuth und Mazzini sympathisieren, und mit den Unterdrückten und Versklavten jeder Hautfarbe und Nation auf der ganzen Welt. Sie bilden das demokratische Element in der britischen Politik und sind ebenso gegen die Vereinigung von Kirche und Staat wie wir in Amerika gegen eine solche Vereinigung. Bei der Versammlung, bei der diese Rede gehalten wurde, leitete Joseph Sturge – ein weltweiter Philanthrop und Mitglied der

Gesellschaft der Freunde – die Versammlung und hielt eine Rede. George William Alexander, ein weiterer Freund, der mehr als ein amerikanisches Vermögen ausgegeben hat, um die Anti-Sklaverei-Bewegung in verschiedenen Teilen der Welt zu fördern, war auf dem Podium; und auch Dr. Campbell (jetzt vom *British Banner*), der die ganze menschliche Zärtlichkeit Melanchthons mit der Direktheit und Kühnheit Luthers verbindet. Er steht in den vordersten Reihen der Nonkonformisten und blickt nicht mit unfreundlichem Blick auf Amerika. Auch George Thompson war dort; und Amerika wird noch zugeben, dass er die Arbeit eines wahren Mannes geleistet hat, indem er das schnell erlöschende Feuer des wahren Republikanismus im amerikanischen Herzen wieder entfacht hat, und sich schämen für die Behandlung, die er von seinen Händen erfuhr. Kommende Generationen in diesem Land werden dem Geist dieses viel gescholtenen republikanischen Freiheitsfreundes Beifall zollen. Es gab noch andere namhafte Leute auf dem Podium, die gerne alles, was in den Institutionen Amerikas rein republikanisch ist, in die englischen Institutionen einpflanzen würden. Es ist daher nichts gegen diese Rede einzuwenden, dass sie in Anwesenheit von Menschen gehalten wurde, die die vielen Vorzüge unseres Regierungssystems nicht zu schätzen wissen, und mit der Absicht, Vorurteile gegen republikanische Institutionen zu schüren.

Und man sollte auch nicht vergessen – denn das ist die schlichte Wahrheit – , dass ich weder in dieser noch in irgendeiner anderen Rede, die ich in England hielt, jemals Engländer als Gegner von Amerikanern ansprach. Ich vertrat die Überlegenheit der menschlichen Brüderlichkeit und sprach zu Engländern als Menschen, im Namen der Menschen. Sklaverei ist ein Verbrechen, nicht gegen Engländer, sondern gegen Gott und alle Mitglieder der Menschheitsfamilie; und es ist die Aufgabe der gesamten Menschheitsfamilie, ihre Abschaffung anzustreben. In einem Brief an Mr. Greeley von der New York Tribune, den ich im Ausland schrieb, schrieb ich:

Ich bin mir jedoch bewusst, dass die Weisheit, die Sünden einer Nation einer anderen vor den Ohren zu schreien, von guten und klarsichtigen Menschen sowohl auf dieser als auch auf Ihrer Seite des Atlantiks ernsthaft in Frage gestellt wurde. Und dieser Gedanke ist für mich nicht ohne Gewicht. Ich bin überzeugt, dass es viele Übel gibt, die am besten beseitigt werden können, wenn wir unsere Bemühungen auf die unmittelbare Umgebung beschränken, in der solche Übel existieren. Dies ist jedoch beim System der Sklaverei keineswegs der Fall. Es ist eine so riesige Sünde – eine so monströse Ansammlung von Ungerechtigkeit – die das menschliche Herz so verhärtet – das moralische Empfinden so zerstört und so gut geeignet ist, in jedem in seiner Umgebung einen Charakter zu erzeugen, der seinem Fortbestand förderlich ist – dass ich mich nicht nur frei, sondern auch völlig berechtigt fühle, die ganze Welt aufzurufen, bei seiner Beseitigung mitzuhelfen.

Aber selbst wenn ich – wie mir oft vorgeworfen wurde – versucht hätte, amerikanische Institutionen allgemein in Verruf zu bringen, und meine Arbeit nicht streng auf die Grenzen der Menschlichkeit und Moral beschränkt hätte, hätte es mir nicht an berühmten Vorbildern gefehlt, die mich unterstützt hätten. Obwohl ich durch bürgerliche und barbarische Gesetze und ein System, an das man nicht ohne Schauder denken kann, ins Halbexil getrieben wurde, war ich völlig berechtigt, wenn möglich das Blatt des moralischen Universums gegen diesen himmelschreienden Frevel zu wenden.

Vier Umstände halfen mir sehr dabei, die Frage der amerikanischen Sklaverei vor die britische Öffentlichkeit zu bringen. Erstens der bereits erwähnte Mob an Bord der „Cambria", der eine Art nationale Ankündigung meiner Ankunft in England darstellte. Zweitens das höchst verwerfliche Verhalten der Free Church of Scotland, die Geld für ihren Unterhaltsfonds zur Unterstützung des Evangeliums in Schottland erbete, erhielt und einbehielt, was offensichtlich der unrechtmäßige Gewinn von Sklavenhaltern und Sklavenhändlern war. Drittens steigerte die große Evangelische Allianz – oder vielmehr der Versuch, eine solche Allianz zu bilden, die Sklavenhalter einer bestimmten Art einschließen sollte – das Interesse an der Sklavenfrage enorm. Etwa zur gleichen Zeit fand die World's Temperance Convention statt, bei der ich das Unglück hatte, mit verschiedenen amerikanischen Theologiedoktoren – darunter Dr. Cox – zusammenzustoßen, mit denen ich eine kleine Auseinandersetzung hatte.

Es ist mir – wie den meisten anderen Männern, die sich für eine gute Sache einsetzen – oft passiert, dass ich den Erfolg meiner Arbeit mehr meinen Feinden zu verdanken hatte als meinem eigenen Können oder der Hilfe meiner Freunde. Während meines Aufenthalts in Großbritannien drückten amerikanische Zeitungen im Norden und Süden große Überraschung darüber aus, dass eine so ungebildete und unbedeutende Person wie ich in England ein so ausgeprägtes Interesse wecken konnte. Diese Zeitungen waren nicht die einzigen, die überrascht waren. Ich selbst stand ihnen in ihrer Überraschung nicht nach. Aber gerade die Verachtung und der Spott, die systematische und übertriebene Herabwürdigung, deren Ziel ich war, dienten vielleicht dazu, meine wenigen Verdienste zu vergrößern und mir eine gewisse Bedeutung zu verleihen, ob ich sie nun verdiente oder nicht. Ein Mann wird manchmal durch die Größe der Beschimpfungen groß, die ein Teil der Menschheit für angebracht hält, über ihn auszuschütten. Ob ich nun so wichtig war, wie die englischen Zeitungen mich darstellten, oder nicht, in England war leicht zu erkennen, dass ich nicht das unwissende und wertlose Geschöpf sein konnte, das einige der amerikanischen Zeitungen in mir sehen wollten. Menschen mit Verstand nehmen keine Bowiemesser, um Moskitos zu töten, und keine Pistolen, um Fliegen zu erschießen. Und die amerikanischen Passagiere, die es für angebracht hielten, an Bord der „Cambria" einen Pöbel zusammenzutrommeln, um mich zum Schweigen zu bringen, wählten die wirksamste Methode, um der britischen Öffentlichkeit mitzuteilen, dass ich etwas zu sagen hatte.

Doch nun zum zweiten Umstand, nämlich der Stellung der Free Church of Scotland mit den großen Doktoren Chalmers, Cunningham und Candlish an ihrer Spitze. Diese Kirche mit ihren Führern machte es dem schottischen Volk unmöglich, die alte Frage zu stellen, die wir im Norden oft auf die bösartigste Weise gestellt haben: „*Was haben wir mit Sklaverei zu tun ?*" Diese Kirche hatte den Blutpreis in ihre Schatzkammer aufgenommen, um damit Freikirchen zu bauen *und* Freikirchengeistliche für die Predigt des Evangeliums zu *bezahlen* ; und noch schlimmer, als der ehrliche John Murray aus Bowlien Bay – der jetzt seine Belohnung im Himmel findet – zusammen mit William Smeal, Andrew Paton, Frederick Card und anderen ehrenwerten Sklavereigegnern in Glasgow die Transaktion als schändlich und schockierend für das religiöse Empfinden Schottlands anprangerte, machte diese Kirche durch ihre führenden Geistlichen, anstatt zu bereuen und zu versuchen, den Fehler, den sie begangen hatte, wieder gutzumachen, eine eklatante Sünde daraus, indem sie im Namen Gottes und der Bibel das Prinzip zu verteidigen begann, nicht nur das Geld der Sklavenhändler zum Bau von Kirchen zu nehmen, sondern auch Gemeinschaft mit den Sklavenhaltern und -händlern in Menschenfleisch zu halten. Dies, wie der Leser sehen wird, brachte die ganze Frage der Sklaverei zur Sprache und öffnete den Weg zu ihrer umfassenden Diskussion, ohne dass ich etwas dafür getan hätte. Ich habe noch nie ein Volk gesehen, das in dieser Frage so tief bewegt war wie das schottische Volk. Eine öffentliche Versammlung folgte der anderen. Rede um Rede, Pamphlet um Pamphlet, Leitartikel um Leitartikel, Predigt um Predigt versetzten das gewissenhafte schottische Volk bald in einen regelrechten *Aufruhr* . „SCHICKT DAS GELD ZURÜCK!", wurde empört von Greenock bis Edinburgh und von Edinburgh bis Aberdeen gerufen. George Thompson aus London, Henry C. Wright aus den Vereinigten Staaten, James N. Buffum aus Lynn, Massachusetts und ich waren auf der Seite der Sklavereigegner und die Doktoren Chalmers, Cunningham und Candlish auf der anderen. In einem Konflikt, in dem letztere sogar den Anschein von Recht hätten erwecken können, musste die Wahrheit, die wir gegen sie in den Händen hielten, in die Enge getrieben werden; und obwohl wir meiner Meinung nach das Gewissen des Landes gegen das Vorgehen der Freikirche gewinnen konnten, war der Kampf, das muss man zugeben, hart. Fähigere Verteidiger der Lehre von der Gemeinschaft der Sklavenhalter mit den Christen sind nicht angetroffen worden. Um diese Lehre zu verteidigen, musste man leugnen, dass Sklaverei eine Sünde ist. Wenn sie von dieser Position vertrieben wurden, waren sie gezwungen zu leugnen, dass die Sklavenhalter für diese Sünde verantwortlich waren; und wenn sie von beiden Positionen vertrieben werden, müssen sie leugnen, dass es in einem solchen Sinne eine Sünde ist und dass Sklavenhalter in einem solchen Sinne Sünder sind, dass es unter den gegebenen Umständen falsch ist, sie als Christen anzuerkennen. Dr. Cunningham war der überzeugendste Debattierer auf der Sklavereiseite der Frage; Mr. Thompson war der fähigste auf der Seite der Sklavereigegner. Zwischen diesen beiden Männern kam es zu einer Szene, einer Parallele, die ich, glaube ich, nie zuvor erlebt habe und die ich seitdem auch nie mehr erlebt habe. Die Szene wurde durch einen einzigen Ausruf von Mr. Thompson ausgelöst.

Die Generalversammlung der Free Church fand in Cannon Mills, Edinburgh, statt. Das Gebäude fasste etwa zweitausendfünfhundert Personen und war diesmal dicht gedrängt, da angekündigt worden war, dass die Doktoren Cunningham und Candlish an diesem Tag zur Verteidigung der Beziehungen der Free Church of Scotland zur Sklaverei in Amerika sprechen würden. Die Herren Thompson, Buffum, ich und einige Freunde, die gegen die Sklaverei sind, nahmen teil, saßen aber in solcher Entfernung und an einer solchen Position, dass wir von der Bühne aus vielleicht nicht bemerkt wurden. Die Aufregung war groß, da sie noch durch eine Reihe von Versammlungen, die die Herren Thompson, Wright, Buffum und ich direkt vor den Versammlungen der Generalversammlung in dem prächtigsten Saal dieser schönsten Stadt abgehalten hatten, erheblich gesteigert worden war. „Schickt das Geld zurück!" schallte es uns von jeder Straßenecke entgegen; „Schickt das Geld zurück!" zierten in großen Großbuchstaben die breiten Pflastersteine; „Schickt das Geld zurück!" war der Refrain der beliebten Straßenlieder; „Schickt das Geld zurück!" war die Überschrift der Leitartikel in den Tageszeitungen. An diesem Tag sollten die großen Lehrer der Kirche in Cannon Mills eine Antwort auf diese laute und strenge Forderung geben. Männer aller Parteien und Sekten wollten es unbedingt hören. Es wurde etwas Großes erwartet. Der Anlass war groß, die Männer groß und man erwartete große Reden von ihnen.

Zusätzlich zu dem Druck von außen auf die Doktoren Cunningham und Candlish gab es auch in ihren eigenen Reihen Schwankungen. Das Gewissen der Kirche selbst war nicht ruhig. Eine Unzufriedenheit mit der Haltung der Kirche in Bezug auf die Sklaverei war unter den Mitgliedern deutlich spürbar, und es musste etwas getan werden, um diesem ungünstigen Einfluss entgegenzuwirken. Der große Dr. Chalmers war zu dieser Zeit bei schwacher Gesundheit. Seine mächtigsten Redner konnten jetzt nicht mehr wie früher nach Cannon Mills gerufen werden. Er, dessen Stimme in der Lage war, die Granitmauern der Staatskirche von Schottland zu zerreißen und niederzureißen und eine Schar in feierlicher Prozession von dort wegzuführen, als ob sie aus einer verdammten Stadt herauskäme, war jetzt alt und geschwächt. Außerdem hatte er zu genau dieser Frage sein Wort gesagt; und sein Wort hatte weder den Lärm von außen verstummen lassen, noch das ängstliche Aufbegehren im Inneren beruhigt. Der Anlass war bedeutsam und wurde auch so empfunden. Die Kirche befand sich in einem gefährlichen Zustand. Irgendeine Änderung musste in ihrem Zustand stattfinden, sonst musste sie zusammenbrechen. Dort zu bleiben, wo sie war, war unmöglich. Die ganze Last der Sache lastete auf Cunningham und Candlish. Keine Schultern in der Kirche waren breiter als ihre, und ich muss sagen, so sehr ich die von ihnen aufgestellten und verteidigten Prinzipien auch verabscheue, ich war gezwungen, die enorme geistige Begabung dieser Männer anzuerkennen. Cunningham erhob sich, und sein Aufstehen war das Signal für fast stürmischen Applaus. Sie werden sagen, dies sei kaum mit der Feierlichkeit des Anlasses vereinbar, aber für mich steigerte es seine Erhabenheit und Ernsthaftigkeit. Der Applaus war zwar stürmisch, aber nicht freudig. Als er aus dem riesigen Publikum donnerte, kam er mir vor wie der Fall eines gewaltigen Pfeils, der von Schultern geschleudert wird, die schon von seiner erdrückenden Last wundgescheuert waren. Es war, als ob er sagen wollte: „Doktor, wir haben diese Last lange genug getragen und laden sie nun freiwillig auf Sie auf." Da du es warst, der es über uns gebracht hat, nimm es jetzt und mach damit, was du willst, denn wir sind zu müde, um es zu ertragen. [„kein Ende"].

Doktor Cunningham fuhr mit seiner Rede fort, die vor Logik, Gelehrsamkeit und Beredsamkeit strotzte und anscheinend allen Widerspruch niederschlug; aber in dem Moment – dem verhängnisvollen Moment – als er gerade alle seine Argumente auf den Punkt brachte, und dieser Punkt war, dass weder Jesus Christus noch seine heiligen Apostel Sklavenhaltung als Sünde betrachteten, unterbrach George Thompson mit klarer, klangvoller, aber tadelnder Stimme die tiefe Stille des Publikums und rief: „HÖRT! HÖRT! HÖRT!" Die Wirkung dieses einfachen und gewöhnlichen Ausrufs ist fast unglaublich. Es war, als ob plötzlich eine Granitwand gegen die vorrückende Strömung eines mächtigen Flusses geworfen worden wäre. Für einen Moment herrschte zwischen Sprecher und Publikum Totenstille. Sowohl der Doktor als auch seine Zuhörer schienen entsetzt über die Dreistigkeit sowie über die Angemessenheit des Tadels. Schließlich erhob sich ein Schrei, der zu dem Ruf „ *Schiebt ihn raus* !" wurde. Glücklicherweise versuchte niemand, diesen feigen Befehl auszuführen, und der Doktor fuhr mit seiner Rede fort. Der gelehrte Doktor fuhr jedoch nicht wie zuvor fort. Thompsons Ausruf muss ihm während seiner restlichen Rede tausendmal im Gedächtnis widergehallt sein, denn der Doktor erholte sich nie von dem Schlag.

Die Tat war jedoch geschehen; die Säulen der Kirche – *der stolzen Free Church of Scotland* – waren gebrochen und die Demut der Reue fehlte. Die Free Church hielt an dem blutbefleckten Geld fest und rechtfertigte weiterhin ihre Position – und entschuldigte sich natürlich für die Sklaverei – und tut dies bis heute. Sie verlor eine glorreiche Gelegenheit, ihre Stimme, ihre Wahl und ihr Beispiel der Sache der Menschheit zu widmen; und heute taumelt sie unter dem Fluch der Versklavten, deren Blut an ihren Röcken klebt. Die Menschen in Schottland sind bis heute zutiefst betrübt über den Kurs der Free Church und würden es als Erleichterung von einer tiefen und vernichtenden Schande begrüßen, wenn das Geld an die Sklavenhalter zurückgeschickt würde, von denen es gesammelt wurde.

Das Verhalten der Free Church hatte ein gutes Ergebnis: Es bot die Gelegenheit, die Menschen in Schottland gründlich mit dem Wesen der Sklaverei vertraut zu machen und die moralischen und religiösen Gefühle dieses Landes gegen das System aufzubringen. Obwohl es uns also nicht gelang, das spezifische Ziel unserer Mission zu erreichen, nämlich die Rückerstattung des Geldes zu erwirken, waren wir durch das Gute, das unsere Arbeit tatsächlich bewirkte, durchaus gerechtfertigt.

Als nächstes kommt die Evangelische Allianz. Dies war ein Versuch, eine Vereinigung aller evangelischen Christen auf der ganzen Welt zu bilden. Sechzig oder siebzig amerikanische Geistliche nahmen teil, und einige von ihnen waren nur dorthin gegangen, um ein weltweites Gewand zu weben, mit dem evangelische Sklavenhalter bekleidet werden sollten. Der führende unter diesen Geistlichen war der Reverend Samuel Hanson Cox, Moderator der Generalversammlung der New School Presbyterian. Er und seine Freunde scheuten keine Mühen, um eine Plattform zu schaffen, die breit genug war, um amerikanische Sklavenhalter aufzunehmen, und dies gelang ihnen teilweise. Aber die Frage der Sklaverei ist eine zu große Frage, als dass sie endgültig geklärt werden könnte, nicht einmal von der Evangelischen Allianz. Wir appellierten an das Urteil der Allianz und an das Urteil des britischen Volkes, und das mit dem erfreulichsten Ergebnis. Diese Kontroverse mit der Allianz könnte Gegenstand ausführlicher Bemerkungen sein, aber ich muss darauf verzichten, außer zu sagen, dass dieser Versuch, den christlichen Charakter der Sklavenhalter zu schützen, sehr dazu beitrug, den Briten eine Möglichkeit für eine Diskussion gegen die Sklaverei zu eröffnen, und dass diese Diskussion gut ausgebaut wurde.

Der vierte und letzte Umstand, der mir half, vor die britische Öffentlichkeit zu treten, war der Versuch gewisser Theologiedozenten, mich auf der Plattform des Weltkonvents für Mäßigkeit zum Schweigen zu bringen. Dabei geriet ich in direkte Konfrontation mit Reverend Dr. Cox, der mich nicht nur zum Gegenstand bitterer Bemerkungen auf dem Kongress machte, sondern auch einen langen anklagenden Brief im New York Evangelist und anderen amerikanischen Zeitungen veröffentlichte. Ich antwortete dem Doktor, so gut ich konnte, und es gelang mir, vor der britischen Öffentlichkeit, die von Natur aus und in der Praxis leidenschaftliche

Liebhaber des Fairplays ist, insbesondere in einem Konflikt zwischen den Schwachen und den Starken, respektvoll Gehör zu finden.

So begünstigten mich die Umstände und begünstigten die Sache, deren Fürsprecher ich zu sein versuchte. Nach solch einer hervorragenden Beachtung war die Öffentlichkeit in beiden Ländern gezwungen, meinen Arbeiten eine gewisse Bedeutung beizumessen. Durch die sehr schlechte Behandlung, die ich von Dr. Cox und seiner Partei, vom Pöbel an Bord der „Cambria", von den Angriffen in den amerikanischen Zeitungen und von den Verleumdungen durch die Organe der Free Church of Scotland erfuhr, wurde ich zu einem jener Männer, denen, zumindest für den Moment, „Größe aufgezwungen wird". Die Leute waren umso begieriger, selbst zu hören und sich ein Urteil über die Wahrheit zu bilden, die ich zu enthüllen hatte. Während es für einen Fremden also keineswegs leicht ist, vor der britischen Öffentlichkeit aufzutreten, war es mein Schicksal, dies auf die leichteste Art und Weise zu erreichen.

Nachdem ich fast zwei Jahre in Großbritannien und Irland verbracht hatte und im Begriff war, nach Amerika zurückzukehren – nicht als Sklave, wie ich es verlassen hatte, sondern als freier Mann –, ließen führende Freunde der Sache der Emanzipation in diesem Land durchblicken, dass sie beabsichtigen, mich zu einem Bekenntnis abzulegen, nicht nur aus persönlicher Rücksicht auf mich, sondern auch im Hinblick auf die Sache, der sie sich so leidenschaftlich verschrieben. Inwieweit dies erfolgreich gewesen wäre, weiß ich nicht; aber viele Gründe führten dazu, dass ich es vorzog, dass meine Freunde mir einfach die Mittel zur Verfügung stellten, um eine Druckerpresse und Druckmaterialien zu beschaffen, damit ich eine Zeitung gründen konnte, die sich den Interessen meines versklavten und unterdrückten Volkes widmete. Ich sagte ihnen, dass das vielleicht größte Hindernis für die Annahme der Abschaffungsprinzipien durch die Bevölkerung der Vereinigten Staaten die geringe Wertschätzung war, die überall in diesem Land dem Neger als Mensch entgegengebracht wurde; dass sich die Menschen aufgrund seiner angenommenen natürlichen Unterlegenheit mit seiner Versklavung und Unterdrückung als unvermeidlich, wenn nicht gar wünschenswert abfanden. Das Große, was getan werden musste, war daher, die Wertschätzung der farbigen Bevölkerung der Vereinigten Staaten zu ändern; die Vorurteile zu beseitigen, die sie herabwürdigten und unterdrückten; zu beweisen, dass sie einer höheren Wertschätzung würdig waren; ihre angebliche Unterlegenheit zu widerlegen und ihre Fähigkeit zu einer erhabeneren Zivilisation zu demonstrieren, als sie Sklaverei und Vorurteile ihnen zugestanden hatten. Ich erklärte ferner, dass meiner Ansicht nach eine einigermaßen gut geführte Presse in den Händen von Angehörigen der verachteten Rasse, die die geistigen Energien der Rasse selbst weckt, sie mit ihren eigenen verborgenen

Kräften vertraut macht, in ihnen die Hoffnung entfacht, dass es für sie eine Zukunft gibt, ihre moralische Kraft entwickelt und ihre Talente bündelt und widerspiegelt, ein äußerst wirksames Mittel wäre, Vorurteile zu beseitigen und Interesse für sie zu wecken. Ich teilte ihnen ferner mit – und zu diesem Zeitpunkt stimmte diese Aussage –, dass es in den Vereinigten Staaten keine einzige Zeitung gab, die regelmäßig von der farbigen Bevölkerung herausgegeben wurde; dass viele Versuche unternommen worden waren, solche Zeitungen zu gründen; aber bis dahin waren sie alle gescheitert. Diese Ansichten legte ich meinen Freunden vor. Das Ergebnis war, dass schnell fast zweitausendfünfhundert Dollar gesammelt wurden, um meine Zeitung zu gründen. Für diese prompte und großzügige Unterstützung, die auf meine bloße Anregung hin und ohne persönliche Anstrengung meinerseits geleistet wurde, werde ich immer zutiefst dankbar sein; und der Gedanke, die edlen Erwartungen der lieben Freunde zu erfüllen, die mir diesen Beweis ihres Vertrauens gaben, wird immer ein Motiv für anhaltende Anstrengungen sein.

Als ich im Frühjahr 1847 vorhatte, England zu verlassen und mich Amerika zuzuwenden, begegnete mir an der Schwelle etwas, das mich schmerzlich an das Leben erinnerte, das mich in meinem Heimatland erwartete. Zum ersten Mal in den vielen Monaten, die ich im Ausland verbracht hatte, wurde ich aufgrund meiner Hautfarbe geächtet. Einige Wochen vor meiner Abreise aus England achtete ich in London darauf, mir eine Fahrkarte zu kaufen und mir für meine Rückreise eine Koje auf der „Cambria" zu sichern – dem Dampfer, mit dem ich die Vereinigten Staaten verließ – und bezahlte dafür die runde Summe von vierzig Pfund und neunzehn Schilling Sterling. Das war der Fahrpreis für die erste Kabine. Als ich jedoch an Bord der Cambria ging, erfuhr ich, dass der Liverpooler Agent angeordnet hatte, meine Koje an jemand anderen zu vergeben, und mir den Zutritt zum Salon verboten hatte! Dieses verachtenswerte Verhalten wurde von der britischen Presse streng gerügt. Denn als ich England verlassen wollte, nutzte ich die Gelegenheit, diese abscheuliche Tyrannei in den Spalten der Londoner *Times anzuprangern* . Diese Zeitschrift und andere führende Zeitungen im gesamten Vereinigten Königreich verurteilten den Skandal aufs Schärfste. Eine so gute Gelegenheit, die britische Meinung zu diesem Thema in vollem Umfang zum Ausdruck zu bringen, hatte es zuvor noch nie gegeben, und sie wurde uneingeschränkt genutzt. Das Ergebnis war, dass sich Mr. Cunard in einem Brief an die öffentlichen Zeitungen meldete, in dem er sein Bedauern über den Skandal zum Ausdruck brachte und versprach, dass sich so etwas an Bord seiner Dampfer nie wieder ereignen werde; und wir glauben, dass sich so etwas seitdem an Bord der Dampfschiffe der Cunard-Linie nie wieder ereignet hat.

Es ist nicht sehr angenehm, Gegenstand solcher Beleidigungen zu sein; aber wenn alle derartigen Beleidigungen zwangsläufig so enden würden wie diese, würde ich sehr gerne geduldig noch viel mehr Beleidigungen dieser Art ertragen, als ich ertragen habe. Allerdings ist die Peitsche der Ächtung für einen Mann, der wie ich, selbst für eine gewisse Zeit an eine gleiche gesellschaftliche Stellung gewöhnt war, ein kaum weniger schwerer Stich für die Seele als der, der ins Fleisch beißt und das Blut aus dem Rücken eines Plantagensklaven zieht. Nachdem ich in England fast zwei Jahre lang gleiche gesellschaftliche Privilegien genossen und oft mit Herren von großer literarischer, gesellschaftlicher, politischer und religiöser Bedeutung zu Abend gegessen hatte und während der ganzen Zeit nie ein einziges Wort, einen Blick oder eine Geste gehört hatte, die mir den geringsten Grund gab, zu glauben, meine Hautfarbe sei für irgendjemanden eine Beleidigung – jetzt im Heck der „Cambria" eingesperrt zu sein und das Recht zu verwehren, den Salon zu betreten, damit meine dunkle Anwesenheit nicht als Beleidigung für einige meiner demokratischen Mitreisenden aufgefasst werden könnte. Der Leser kann sich leicht vorstellen, was ich gefühlt haben muss.

KAPITEL XXV.
Verschiedene Vorfälle

ZEITUNGSUNTERNEHMEN – UNERWARTETER WIDERSTAND – DIE EINSPRÜCHE GEGENÜBER – IHRE PLAUSIBILITÄT ZUGEGEBEN – MOTIVE FÜR DIE KOMMEN NACH ROCHESTER – SCHÜLER VON MR. GARRISON – MEINUNGSÄNDERUNG – URSACHEN, DIE DAZU FÜHREN – DIE FOLGEN DER ÄNDERUNG – VORURTEILE GEGENÜBER FARBSTÄRKE – AMUSTIERE HERABLASSUNG – „JIM-CROW-WAGEN" – ZUSAMMENSTOSSE MIT SCHAFFERN UND BREMSER – ZÜGE DÜRFEN NICHT IN LYNN HALTEN – AMUSTIERE HÄUSLICHE SZENE – GETRENNTE TISCHE FÜR HERR UND KNECHT – UNNATÜRLICHE VORURTEILE – ILLUSTRATIONEN – IN HOHER GESELLSCHAFT – ERHÖHUNG DES FREIEN VOLKES MIT FARBSTÄRKE – VERSPRECHEN FÜR DIE ZUKUNFT.

Ich habe dem Leser nun eine unvollständige Skizze meiner neunjährigen Erfahrung in Freiheit gegeben – drei Jahre als einfacher Arbeiter auf den Kais von New Bedford, vier Jahre als Dozent in Neuengland und zwei Jahre im Halbexil in Großbritannien und Irland. Es bleibt nur noch ein einziger Lichtstrahl, der auf mein Leben während der letzten acht Jahre geworfen wird, und meine Geschichte ist zu Ende.

Bei meiner Rückkehr von England in die Vereinigten Staaten erwartete mich eine Prüfung, auf die ich nur sehr unzureichend vorbereitet war. Meine Pläne für meine damalige zukünftige Nützlichkeit als Anti-Sklaverei-Aktivist waren alle fest. Meine Freunde in England hatten beschlossen, eine bestimmte Summe aufzubringen, um für mich eine Druckerpresse und Druckmaterialien zu kaufen; und ich sah mich bereits meine Feder und meine Stimme bei der großen Aufgabe einsetzen, die öffentliche Meinung zu erneuern und eine öffentliche Stimmung aufzubauen, die zumindest Sklaverei und Unterdrückung ins Grab schicken und den Menschen, mit denen ich sowohl als Sklave als auch als freier Mann gelitten hatte, „Freiheit und das Streben nach Glück" zurückgeben sollte. Meine Freunde in Boston hatten schon vor meiner Ankunft eine Andeutung von meinen Absichten erhalten, und ich war darauf vorbereitet, dass sie meinem so geschätzten Vorhaben gegenüber positiv eingestellt waren. Darin täuschte ich mich. Ich fand sie sehr ernsthaft gegen die Idee, dass ich eine Zeitung gründen sollte, und zwar aus mehreren Gründen. Erstens wurde die Zeitung nicht benötigt; zweitens würde sie meine Nützlichkeit als Dozent beeinträchtigen; drittens war ich besser zum Reden als zum Schreiben geeignet; viertens konnte die Zeitung keinen Erfolg haben. Dieser Widerstand aus einer so hochgeschätzten Richtung, von der ich gewohnt war, Rat und Führung zu erwarten, ließ mich nicht nur zögern, sondern veranlasste mich auch, das Unternehmen aufzugeben. Da alle früheren Versuche, eine solche Zeitschrift zu gründen, gescheitert waren, hatte ich das Gefühl, dass ich wahrscheinlich nur einen weiteren zur Liste der Misserfolge hinzufügen und so einen weiteren Beweis für die geistigen und moralischen Mängel meiner Rasse liefern würde. Vieles von dem, was man mir in Bezug auf meine unvollkommenen literarischen Fähigkeiten sagte, empfand ich als schmerzlich wahr. Die erfolglosen Projektoren aller früheren farbigen Zeitungen waren mir in Bezug auf die Ausbildung überlegen, und wenn sie scheiterten, wie konnte ich dann auf Erfolg hoffen? Doch ich hoffte auf Erfolg und beharrte auf dem Vorhaben. Einige meiner englischen Freunde ermutigten mich sehr, weiterzumachen, und ich werde nie aufhören, für ihre aufmunternden Worte und großzügigen Taten dankbar zu sein.

Angesichts meiner Hartnäckigkeit bei diesem Unterfangen kann ich denen, die mich als ehrgeizig und anmaßend bezeichnet haben, leicht verzeihen. Ich war nur neun Jahre von der Sklaverei entfernt. In Bezug auf geistige Erfahrung war ich erst neun Jahre alt. Dass jemand unter solchen Umständen danach strebt, unter gebildeten Menschen eine Druckerei zu gründen, kann man wohl als, wenn nicht ehrgeizig, so doch als ziemlich albern bezeichnen. Meine amerikanischen Freunde sahen mich erstaunt an! „Ein Holzsäger", der sich der Öffentlichkeit als Redakteur anbot! Ein Sklave, der in tiefster Unwissenheit aufgewachsen war, der vorgab, die hochzivilisierten Menschen des Nordens in den Grundsätzen von Freiheit, Gerechtigkeit und Menschlichkeit zu unterrichten! Das erschien absurd. Trotzdem hielt ich durch. Ich fühlte, dass der Mangel an Bildung, so groß er auch war, durch Studium überwunden werden konnte und dass Wissen durch Erfahrung und darüber hinaus (was vielleicht die wichtigste Überlegung war) kommen würde. Ich dachte, dass ein intelligentes Publikum, das meine frühe Geschichte kannte, einen großen Teil der Mängel, die meine Arbeit mit Sicherheit aufweisen würde, leicht verzeihen würde. Am schlimmsten war jedoch die Beleidigung, die ich meinen Bostoner Freunden zufügen wollte, indem ich ihren weisen Rat, wie es ihnen schien, rücksichtslos missachtete. Ich bin mir nicht sicher, ob ich nicht unter dem Einfluss einer Art sklavischer Verehrung meiner Bostoner Freunde stand, und ich bemühte mich sehr, sie von der Weisheit meines Vorhabens zu überzeugen, aber ohne Erfolg. Tatsächlich erwarte ich nie, dass ich Erfolg haben werde, obwohl die Zeit alle ihre ursprünglichen Einwände entkräftet hat. Die Zeitung war erfolgreich. Sie ist ein großes Blatt, kostet 80 Dollar pro Woche, hat 3.000 Abonnenten, erscheint seit fast acht Jahren regelmäßig und hat gute Aussichten, noch acht Jahre zu bestehen. Auf jeden Fall sind die kommenden acht Jahre genauso vielversprechend wie die vergangenen acht.

Es lässt sich jedoch nicht verbergen, dass die Führung einer solchen Zeitschrift unter diesen Umständen eine sehr schwierige Arbeit war; und hätte man all die damit verbundene Verwirrung, Angst und Mühe klar vorhersehen können, wäre ich vor dem Vorhaben vielleicht zurückgeschreckt. So wie es ist, freue ich mich, dieses Unternehmen begonnen zu haben, und betrachte es als Freude, in vielerlei Hinsicht für seinen Erfolg und für den Erfolg der Sache, der es treu gewidmet wurde, leiden zu können. Ich betrachte die dafür aufgewendete Zeit, das Geld und die Arbeit als reichlich belohnt, durch die Entwicklung meiner eigenen geistigen und moralischen Kräfte und durch die entsprechende Entwicklung meines schwer verletzten und unterdrückten Volkes.

Aus Friedensgründen brachte ich meine Zeitung nicht in Boston unter meinen Freunden aus Neuengland heraus, sondern ging nach Rochester im Westen des Staates New York, unter Fremde, wo die Verbreitung meiner Zeitung die lokale Verbreitung des *Liberator* und des *Standard nicht beeinträchtigen konnte*. Denn zu dieser Zeit war ich in der Anti-Sklaverei-Frage ein treuer Anhänger von William Lloyd Garrison und voll und ganz seiner Doktrin verpflichtet, die den sklavereifeindlichen Charakter der Verfassung der Vereinigten Staaten und das *Prinzip der Nichtwahl betraf*, dessen bekannter und angesehener Verfechter er ist. Wie Mr. Garrison hielt ich es für die oberste Pflicht der Staaten ohne Sklaven, die Union mit den Sklaven haltenden Staaten aufzulösen, und daher lautete mein Ruf wie seiner: „Keine Union mit Sklavenhaltern." Mit diesen Ansichten kam ich nach West-New York, und während der ersten vier Jahre meiner Arbeit hier vertrat ich sie nach bestem Wissen und Gewissen mit Wort und Schrift.

Als ich vor etwa vier Jahren die ganze Angelegenheit noch einmal überdachte, gelangte ich zu der Überzeugung, dass es nicht notwendig war, die „Union zwischen den Nord- und Südstaaten" aufzulösen; dass es nicht zu meinen Pflichten als Abolitionist gehörte, diese Auflösung anzustreben; dass eine Stimmenthaltung die Weigerung bedeutete, ein legitimes und wirksames Mittel zur Abschaffung der Sklaverei einzusetzen; und dass die Verfassung der Vereinigten Staaten nicht nur keine Garantien zugunsten der Sklaverei enthielt, sondern im Gegenteil ihrem Wortlaut und Geist nach ein Instrument gegen die Sklaverei ist, das die Abschaffung der Sklaverei als Voraussetzung ihrer eigenen Existenz, als oberstes Gesetz des Landes fordert.

Hier kam es zu einer radikalen Änderung meiner Ansichten und der daraus logisch resultierenden Handlung. Ich war jetzt im Widerspruch zu denen, mit denen ich bisher einer Meinung und Sympathie gewesen war. Was sie für eine große und wichtige Wahrheit hielten, betrachtete ich jetzt als gefährlichen Irrtum. Jetzt geschah etwas sehr Schmerzliches und doch sehr Natürliches. Diejenigen, die wie ich keine ehrlichen Gründe für eine

Änderung ihrer Ansichten sahen, konnten auch nicht leicht solche Gründe für meine Änderung sehen, und ich wurde mit der üblichen Strafe für Abtrünnige bestraft.

Die zuerst vertretenen Meinungen waren natürlich und ehrlich, und ich vertraue darauf, dass meine gegenwärtigen Meinungen den gleichen Respekt verdienen. Als ich aus der Sklaverei entkam, kam ich direkt mit einer Gruppe von Abolitionisten in Kontakt, die die Verfassung als Instrument der Sklavenhaltung betrachteten, und fand ihre Ansichten durch die einheitliche und vollständige Geschichte aller Regierungsabteilungen unterstützt. Es ist nicht verwunderlich, dass ich davon ausging, dass die Verfassung genau das ist, was ihre Interpretation daraus machte. Ich war nicht nur aufgrund ihres überlegenen Wissens verpflichtet, ihre Meinungen in Bezug auf das Thema als die wahren zu betrachten, sondern auch, weil ich keine Möglichkeit hatte, ihre Unzulänglichkeit zu beweisen. Ohne die Verantwortung, eine öffentliche Zeitschrift zu führen, und die mir auferlegte Notwendigkeit, in diesem Staat auf gegensätzliche Ansichten von Abolitionisten zu stoßen, wäre ich aller Wahrscheinlichkeit nach genauso fest an meinen Ansichten zur Abschaffung der Sklaverei festgehalten wie jeder andere Schüler von William Lloyd Garrison.

Meine neuen Umstände zwangen mich, das ganze Thema neu zu überdenken und nicht nur die gerechten und angemessenen Regeln der Rechtsauslegung, sondern auch den Ursprung, die Absicht, die Natur, die Rechte, Befugnisse und Pflichten der Zivilregierung sowie die Beziehungen, die die Menschen zu ihr pflegen, mit einiger Sorgfalt zu studieren. Durch diese Art des Denkens und Lesens gelangte ich zu dem Schluss, dass die Verfassung der Vereinigten Staaten – die eingeführt wurde, „um eine vollkommenere Union zu bilden, Gerechtigkeit zu etablieren, innere Ruhe zu gewährleisten, für die Landesverteidigung zu sorgen, das allgemeine Wohlergehen zu fördern und das Segen der Freiheit zu sichern" – nicht gleichzeitig dazu bestimmt sein konnte, ein System der Plünderung und des Mordes wie die Sklaverei aufrechtzuerhalten und zu verewigen; insbesondere, da in der Verfassung kein einziges Wort zu finden ist, das einen solchen Glauben rechtfertigt. Wenn andererseits die erklärten Zwecke eines Dokuments die Bedeutung aller seiner Teile und Einzelheiten bestimmen sollen, wie es eindeutig sein sollte, ist die Verfassung unseres Landes unsere Garantie für die Abschaffung der Sklaverei in jedem Staat der amerikanischen Union. Ich möchte jedoch nicht argumentieren, sondern lediglich meine Ansichten darlegen. Es würde sehr viele Seiten eines Bandes wie diesem erfordern, die Argumente darzulegen, die die Verfassungswidrigkeit und die völlige Illegalität der Sklaverei in unserem Land belegen. Da jedoch meine Erfahrungen, nicht aber meine Argumente in den Rahmen und die

Betrachtung dieses Bandes fallen, überspringe ich Letztere und fahre mit Ersteren fort.

Ich möchte den freundlichen Leser nun bitten, in meiner Geschichte ein wenig zurückzugehen und dabei einen roten Faden wieder aufzugreifen, den ich der Einfachheit halber ausgelassen habe, der aber, so klein er auch ist, nicht ganz weggelassen werden kann. Dieser rote Faden betrifft das amerikanische Vorurteil gegenüber der Hautfarbe und seine vielfältigen Veranschaulichungen in meiner eigenen Erfahrung.

Als ich zum ersten Mal zu den Abolitionisten in Neuengland kam und zu reisen begann, fand ich dieses Vorurteil sehr stark und sehr ärgerlich. Die Abolitionisten selbst waren nicht ganz frei davon, und ich konnte sehen, dass sie edel dagegen kämpften. In ihrem Eifer, manchmal ihre Verachtung für das Gefühl zu zeigen, bewiesen sie, dass sie sich noch nicht ganz davon erholt hatten; oft illustrierten sie durch ihr Verhalten das Sprichwort, dass ein Mann „so aufrecht stehen kann, dass er sich nach hinten lehnt". Als man zu mir sagte: „Mr. Douglass, ich werde zu Fuß zu Ihrem Treffen gehen; ich habe keine Angst vor einem Schwarzen", musste ich unweigerlich denken – da ich nichts sehr Furchterregendes an meinem Aussehen sah – „Und warum sollten Sie sich fürchten?" Die Kinder im Norden waren alle dazu erzogen worden, zu glauben, dass, wenn sie böse waren, der alte *Schwarze* – nicht der alte *Teufel* – sie kriegen würde; und es zeugte von einigem Mut, wenn jemand, der so erzogen wurde, seine Ängste überwand.

Der Brauch, separate Waggons für farbige Reisende bereitzustellen, wurde vor zwölf Jahren bei fast allen Eisenbahnen Neuenglands eingeführt. Da ich diesen Brauch als förderlich für den Kastengeist betrachtete, machte ich es mir zur Regel, in den Waggons zu sitzen, die für Passagiere bestimmt waren. Wenn ich so saß, wurde ich mit Sicherheit aufgefordert, mich in den „*Jim Crow- Waggon*" zu begeben. Da ich mich weigerte zu gehorchen, wurde ich oft von Schaffnern und Bremsern aus meinem Sitz gezerrt, geschlagen und schwer verletzt. Als ich eines Tages mit der Eastern Railroad von Lynn nach Newburyport aufbrechen wollte, bestieg ich, wie es meine Gewohnheit war, einen der besten Eisenbahnwaggons der Strecke. Die Sitze waren sehr luxuriös und schön. Bald wurde ich vom Schaffner bedient und aufgefordert auszusteigen; woraufhin ich nach dem Grund für meinen gehässigen Ausstieg fragte. Nach langem Verhandeln sagte man mir, es läge daran, dass ich schwarz sei. Ich bestritt dies und appellierte an die Gesellschaft, mein Leugnen zu unterstützen; aber sie wollten sich offensichtlich nicht auf einen so heiklen Punkt festlegen, der so viel Urteilsvermögen erforderte, denn sie blieben stumm wie der Tod. Bald wurde ich von einem halben Dutzend Kerlen der niederen Sorte bedient (genau wie solche, die sich freiwillig bereit erklären würden, einen Bulldoggen während des öffentlichen Gottesdienstes aus einem Versammlungshaus zu holen) und ihnen wurde gesagt, ich müsse von diesem Sitz aufstehen, und wenn ich das nicht täte, würden sie mich hinauszerren. Ich weigerte mich, mich zu bewegen, und sie packten mich an Kopf, Hals und Schultern. Aber in Erwartung der Streckung, der ich ausgesetzt werden würde, hatte ich mich zwischen den Sitzen verheddert. Das Herauszerren muss die Gesellschaft bei dieser Gelegenheit 25 oder 30 Dollar gekostet haben, denn ich zerriss Sitze und alles. Die Aufregung in Lynn war so groß, dass der Superintendent, Mr. Stephen A. Chase, befahl, die Züge sollten ohne Halt durch Lynn fahren, während ich in dieser Stadt blieb; und diese lächerliche Farce wurde aufgeführt. Mehrere Tage lang brausten die Züge ohne Halt durch Lynn. Während sie einen freien Farbigen aus ihren Waggons ausschlossen, erlaubte dieselbe Gesellschaft Sklaven, in Begleitung ihrer Herren und Herrinnen, unbehelligt mitzufahren.

Nach vielen Kämpfen mit den Eisenbahnschaffnern und nicht wenigen Fällen grober Behandlung wurde die Ächtung schließlich aufgehoben; und der „Jim Crow-Waggon" – der zur Erniedrigung der Farbigen geschaffen wurde – ist in Neuengland nirgendwo mehr zu finden. Dieses Ergebnis wäre nicht ohne das Eingreifen der Bevölkerung und die angedrohte Verabschiedung eines Gesetzes zustande gekommen, das die Eisenbahngesellschaften dazu zwingt, die Rechte der Reisenden zu respektieren. Der ehrenwerte Charles Francis Adams leistete in der Legislative von Massachusetts bedeutende Dienste bei der Herbeiführung dieser Reform; und ihm sind die farbigen Bürger dieses Staates zu großem Dank verpflichtet.

Obwohl mich dieses Vorurteil gegen die Farbe oft ärgert und manchmal empört, verdanke ich ihm doch viele Passagen stiller Belustigung. Ein halb geheilter Patient gerät manchmal in Verlegenheit, besonders wenn er zufällig ein echtes Exemplar dieser Rasse in sein Haus bekommt.

Im Sommer 1843 reiste ich in Begleitung von William A. White, Esq., durch den Staat Indiana und hielt Vorlesungen. Zu dieser Zeit gab es in Indiana nicht viele Sklavereigegner und auch Betten waren nicht zahlreicher als Freunde. Wir schliefen oft im Freien, anstatt in den Häusern zu schlafen. Am Ende eines unserer Treffen wurden wir von einem freundlich gesinnten alten Bauern nach Hause eingeladen, der in der großzügigen Begeisterung des Augenblicks anscheinend vergessen hatte, dass er nur ein freies Bett hatte und dass seine Gäste ein schlecht zusammenpassendes Paar waren. Alles lief ziemlich gut, bis es fast Schlafenszeit war, als sich bei den unkultivierten Söhnen und Töchtern Anzeichen von Unbehagen zeigten. White sieht bemerkenswert gut aus und ist ganz offensichtlich ein geborener Gentleman; die Vorstellung, uns in dasselbe Bett zu stecken, war kaum zu ertragen; und doch waren wir da und hatten nur ein Bett für uns, und das befand sich übrigens im selben Zimmer, in dem auch die anderen Mitglieder der Familie wohnten. White und ich erkannten die Schwierigkeit, denn dort schliefen die

Alten, dort die Söhne und ein wenig weiter die Töchter; und nur ein weiteres Bett war noch übrig. Wer dieses Bett haben sollte, war die rätselhafte Frage. Es gab etwas Geflüster unter den Alten, einige verwirrte Blicke unter den Jungen, als die Zeit zum Zubettgehen näher rückte. Nachdem ich der Verwirrung so lange zugesehen hatte, wie ich wollte, beruhigte ich die gut gesinnte Familie, indem ich scherzhaft sagte: „Freund White, da ich mein Vorurteil gegen die Hautfarbe völlig abgelegt habe, denke ich, als Beweis dafür, dass ich Ihnen erlauben muss, heute Nacht bei mir zu schlafen." White hielt den Scherz aufrecht, indem er vorgab, sich als die bevorzugte Partei zu betrachten, und so war die Schwierigkeit beseitigt. Wenn wir in ein Hotel gingen und zum Abendessen kamen, deckte der Wirt immer einen Tisch für White und einen anderen für mich, wobei er ihn immer als Herrn und mich als Diener betrachtete. Große Augen wurden normalerweise gemacht, wenn der Befehl gegeben wurde, das Geschirr von meinem Tisch auf den von White zu stellen. Damals fand man es merkwürdig, dass ein Weißer und ein Farbiger friedlich am selben Tisch speisten, und in manchen Gegenden ist dieser Anblick noch immer merkwürdig.

Manche Leute behaupten, dass es in der Brust der Weißen eine natürliche, angeborene und unüberwindliche Abneigung gegen dunkelhäutige Menschen gibt; und einige sehr intelligente farbige Männer glauben, dass ihre Ächtung ausschließlich auf die Farbe zurückzuführen ist, die ihnen die Natur gegeben hat. Sie sind der Meinung, dass sie nach ihrer Farbe eingestuft werden und dass es für Weiße unmöglich ist, Menschen dunkler Rassen oder Menschen afrikanischer Herkunft mit anderen Gefühlen als Abneigung anzuschauen. Meine Erfahrung, sowohl ernste als auch heitere, widerspricht dieser Schlussfolgerung. Lassen wir für einen Moment die ernsten Tatsachen außer Acht und werde an dieser Stelle ein oder zwei nennen, die einen sehr interessanten Zug des amerikanischen Charakters sowie des amerikanischen Vorurteils veranschaulichen. Als ich vor ein paar Jahren von Boston nach Albany fuhr, befand ich mich in einem großen Wagen, der gut mit Passagieren gefüllt war. Der Sitz neben mir war so ziemlich der einzige freie. An jeder Haltestelle nahmen wir neue Passagiere auf, die alle, als sie den Sitz neben mir erreichten, einen verächtlichen Blick darauf warfen und in einen anderen Wagen umstiegen, sodass ich mich in den vollen Genuss eines leeren Wagens begeben konnte. Eine Zeitlang war mir nicht klar, dass meine Fahrt dorthin den Interessen der Eisenbahngesellschaft schaden würde. Dann kam jedoch ein Umstand, der mir sofort eine höhere Position verschaffte. Unter den Passagieren dieses Zuges befand sich Gouverneur George N. Briggs. Ich kannte ihn nicht und hatte keine Ahnung, dass er mich kannte, aber das war der Fall, denn als er mich bemerkte, verließ der Gouverneur seinen Platz, kam auf mich zu und bat respektvoll um das Privileg, neben mir sitzen zu dürfen. Nachdem er sich vorgestellt hatte, begannen wir ein sehr angenehmes und für mich lehrreiches Gespräch. Der verachtete Platz wurde nun zu einem Ehrenplatz. Seine Exzellenz hatte alle Vorurteile gegen das Sitzen neben einem Neger beseitigt, und als er den Platz verließ und Pittsfield erreichte, gab es mindestens ein Dutzend Bewerber für den Platz. Der Gouverneur hatte, ohne meine Hautfarbe auch nur um einen einzigen Farbton zu verändern, den Platz, der vorher verachtenswert war, respektabel gemacht.

Ein ähnlicher Vorfall ereignete sich einmal bei der Boston and New Bedford Railroad, deren Hauptbeteiligter inzwischen Gouverneur des Staates Massachusetts ist. Ich beziehe mich auf Col. John Henry Clifford. Damit der Leser nicht den Eindruck bekommt, ich wolle mich selbst überheben, indem ich behaupte, zu vertraut mit großen Männern zu sein, muss ich sagen, dass ich Col. Clifford nur kannte, als ich sein Angestellter war , im ersten Winter meiner Flucht aus der Sklaverei. Ich schulde ihm die Aussage, dass ich ihn in dieser Beziehung immer freundlich und höflich fand. Aber nun zu dem Vorfall. Ich bestieg in Boston einen Wagen nach New Bedford, der bis auf einen einzigen Sitzplatz besetzt war, und musste diesen während der Fahrt einnehmen oder stehen. Da ich keine Lust dazu hatte, trat ich an den Mann heran, der den nächsten Sitzplatz hatte und ein paar Pakete auf dem Sitz hatte, und bat ihn höflich, neben ihm Platz nehmen zu dürfen. Mein Mitreisender warf mir einen Blick zu, der aus Vorwurf und Empörung bestand, und fragte mich, warum ich ausgerechnet auf diesem Sitzplatz Platz nehmen sollte. Ich versicherte ihm auf die freundlichste Art und Weise, dass dies der richtige Platz für mich sei. Als er merkte, dass ich mich tatsächlich hinsetzen wollte, rief er laut: „O! Halt, halt! Und lass mich aussteigen!" Der aufgeregte Mann ließ seiner Tat Tat folgen, stand auf, schlenderte zum anderen Ende des Wagens und musste danach fast den ganzen Weg stehen. Auf halbem Weg nach New Bedford oder noch weiter verließ Col. Clifford, der mich erkannte, seinen Platz, und da er mich nicht mehr gesehen hatte, seit ich aufgehört hatte, ihm zu dienen (mit allem außer harten Argumenten gegen seine pro-Sklaverei-Haltung), zeigte er, anscheinend seinen Rang vergessend, bei meiner Begrüßung etwas von den Gefühlen eines alten Freundes. Diese Demonstration blieb dem Gentleman nicht verborgen, dessen Würde ich eine Stunde zuvor aufs Schwerste verletzt hatte. Col. Clifford galt als der aristokratischste Gentleman in Bristol County; und man dachte offensichtlich, ich müsse jemand sein, sonst wäre ich von einer so angesehenen Person nicht so wahrgenommen worden. Und tatsächlich war ich, nachdem Col. Clifford mich verlassen hatte, von Freunden umgeben. Unter ihnen stand mein beleidigter Freund am nächsten und entschuldigte sich für seine Unhöflichkeit, was ich nicht unterdrücken konnte, obwohl es eine der lahmsten war, die ich je ausgesprochen habe. Angesichts solcher Tatsachen – und ich habe viele davon – neige ich zu der Annahme, dass Stolz und Mode viel mit der Behandlung zu tun haben, die farbigen Menschen in den Vereinigten Staaten üblicherweise zuteil wird. Ich hörte einmal einen sehr schlichten Mann sagen (und er schiel und war in anderer Hinsicht unbeholfen), dass er ein gutaussehender Mann sein würde, wenn sich die öffentliche Meinung ändern würde.

Seitdem ich eine Zeitschrift herausgebe und veröffentliche, die sich der Sache der Freiheit und des Fortschritts widmet, habe ich meine Aufmerksamkeit mehr auf die Lage und die Umstände der freien farbigen Menschen gerichtet als damals, als ich der Vertreter einer Abschaffungsgesellschaft war. Das Ergebnis war eine entsprechende Veränderung in der Einteilung meiner Zeit und Arbeit. Ich habe es als Teil meiner Mission empfunden – unter einer gnädigen Vorsehung – meinen schwarzen Brüdern in diesem Land die Überzeugung einzuprägen, dass trotz der zehntausend Entmutigungen und der mächtigen Hindernisse, die ihr Leben in diesem Land bedrängen – trotz der blutgeschriebenen Geschichte Afrikas und seiner Kinder, von denen wir abstammen, oder der Wolken und der Dunkelheit (deren Stille und Düsterkeit durch zornigen Donner und Blitz nur noch schrecklicher wird), die sie jetzt überschatten – Fortschritt noch möglich ist und strahlende Himmel ihren Weg noch erhellen werden; und dass „Äthiopien noch seine Hand nach Gott ausstrecken wird."

Da ich davon überzeugt bin, dass eines der besten Mittel zur Emanzipation der Sklaven des Südens die Verbesserung und Hebung des Charakters der freien farbigen Bevölkerung des Nordens ist, werde ich mich in Zukunft, wie ich es in der Vergangenheit getan habe, für die moralische, soziale, religiöse und intellektuelle Erhebung der freien farbigen Bevölkerung einsetzen. Ich werde dabei niemals meine eigene bescheidene Herkunft vergessen und mich auch nicht weigern, – solange der Himmel es mir ermöglicht – meine Stimme, meine Feder oder meine Wahl zu nutzen, um für das große und grundlegende Werk der universellen und bedingungslosen Emanzipation meiner gesamten Rasse einzutreten.

EMPFANGSREDE 10. In der Finsbury Chapel, Moorfields, England, 12. Mai

1846

Unter lautem Beifall erhob sich Mr. Douglass und sagte: Ich freue mich außerordentlich über die Gelegenheit, die mir jetzt geboten wird, die Ansprüche meiner in den Vereinigten Staaten in Gefangenschaft lebenden Brüder den vielen Menschen in London und aus verschiedenen Teilen Großbritanniens, die sich zu diesem Anlass hier versammelt haben, vorzutragen. Ich habe nichts, was mich in Bezug auf Gelehrsamkeit Ihrer Aufmerksamkeit wert wäre, nichts, was mich in Bezug auf Bildung zu Ihrer Aufmerksamkeit berechtigt; und Sie wissen, dass die Sklaverei eine sehr schlechte Schule ist, um Lehrer für Moral und Religion heranzuziehen. Einundzwanzig Jahre meines Lebens habe ich in Sklaverei verbracht – in persönlicher Sklaverei –, umgeben von entwürdigenden Einflüssen, wie sie nirgendwo außerhalb der Sklaverei existieren können; und es wird nicht verwunderlich sein, wenn ich unter solchen Umständen in dem, was ich Ihnen zu sagen habe, einen Mangel an jener Kultiviertheit erkennen lassen sollte, die selten oder nie zu finden ist, außer bei Personen, die größere Vorteile erfahren haben als ich. Ich gehe jedoch davon aus, dass Sie etwas über die erniedrigenden Auswirkungen der Sklaverei wissen und dass Sie heute Abend keine großen Dinge von mir erwarten, sondern lediglich solche Fakten, die ich im Zusammenhang mit meinen eigenen Erfahrungen mit der Sklaverei unmittelbar vorbringen kann.

Was ist nun dieses System der Sklaverei? Dies ist das Thema meines heutigen Vortrags – was ist der Charakter dieser Institution? Ich werde die Frage beantworten: Was ist amerikanische Sklaverei? Ich tue dies umso bereitwilliger, da ich in diesem Land auf Personen gestoßen bin, die den Begriff Sklaverei mit etwas identifiziert haben, was er meiner Meinung nach nicht ist, und in einigen Fällen, fürchtete ich, haben sie dadurch (unabsichtlich, ich weiß) den Schrecken, mit dem der Begriff Sklaverei betrachtet wird, eher verringert. In diesem Land ist es üblich, alles Schlechte mit dem Namen Sklaverei zu bezeichnen. Maßlosigkeit ist Sklaverei; des Wahlrechts beraubt zu sein ist Sklaverei, sagt einer; hart arbeiten zu müssen ist Sklaverei, sagt ein anderer; und ich weiß nicht, ob sie, wenn wir sie weitermachen ließen, nicht sagen würden, dass Essen, wenn wir hungrig sind, Gehen, wenn wir uns bewegen wollen, oder unsere Bedürfnisse zu befriedigen oder überhaupt Bedürfnisse zu haben, Sklaverei ist. Ich möchte nicht einen Augenblick lang den Schrecken schmälern, mit dem das Übel der Maßlosigkeit betrachtet wird – ganz und gar nicht; noch möchte ich der politischen Freiheit, die irgendeine Klasse von Menschen in diesem Land erlangen möchte, das geringste Hindernis in den Weg legen. Aber ich möchte hier sagen, dass ich denke, dass der Begriff Sklaverei manchmal missbraucht wird, indem er mit etwas gleichgesetzt wird, was er nicht ist. Sklaverei in den Vereinigten Staaten ist die Gewährung jener Macht, durch die ein Mensch ein Eigentumsrecht am Körper und der Seele eines anderen ausübt und durchsetzt. Der Zustand eines Sklaven ist einfach der eines wilden Tieres. Er ist ein Stück Eigentum – eine marktfähige Ware, in der Sprache des Gesetzes, die nach dem Willen und der Laune des Herrn, der ihn als sein Eigentum beansprucht, gekauft oder verkauft werden kann; er wird als Eigentum bezeichnet, betrachtet und behandelt. Sein eigenes Wohl, sein Gewissen, sein Verstand, seine Gefühle werden alle vom Herrn beiseite geschoben. Der Wille und die Wünsche des Herrn sind das Gesetz des Sklaven. Er ist ebenso ein Stück Eigentum wie ein Pferd. Wenn er ernährt wird, wird er ernährt, weil er Eigentum ist. Wenn er gekleidet wird, geschieht dies im Hinblick auf die Steigerung seines Eigentumswertes. Jeder Komfort, den er für Körper oder Seele braucht und der nicht mit seiner Eigenschaft als Eigentum vereinbar ist, wird ihm sorgfältig abgerungen, nicht nur von der öffentlichen Meinung, sondern auch vom Gesetz des Landes. Ihm wird sorgfältig alles vorenthalten, was auch nur im geringsten dazu neigt, seinen Eigentumswert zu schmälern. Er wird der Bildung beraubt. Gott hat ihm einen Intellekt gegeben; der Sklavenhalter erklärt, er solle ihn nicht kultivieren. Wenn seine moralische Wahrnehmung ihn auf einen Weg führt, der seinem Eigentumswert zuwiderläuft, erklärt der Sklavenhalter, er dürfe ihn nicht nutzen. Die Institution der Ehe kann unter Sklaven nicht existieren, und einem Sechstel der Bevölkerung des demokratischen Amerikas werden ihre Privilegien durch das Gesetz des Landes verwehrt. Was soll man von einer Nation halten, die sich ihrer Freiheit rühmt, ihrer Menschlichkeit, ihres Christentums, ihrer Liebe zu Gerechtigkeit und Reinheit, und die dennoch innerhalb ihrer Grenzen drei Millionen Menschen hat, denen das Recht auf Eheschließung gesetzlich verwehrt ist? Wie muss die Lage dieses Volkes sein? Ich brauche den Schleier nicht zu lüften, indem ich Ihnen meine eigenen Erfahrungen schildere. Jeder, der zwei Ideen miteinander verbinden kann, muss die furchtbarsten Folgen eines Zustands erkennen, wie ich ihn gerade beschrieben habe. Wenn sich einige dieser drei Millionen Gefährten finden und sich gegenseitig als ehrliche, aufrechte und tugendhafte Personen erweisen, so leben die Tugendhaften in diesen Fällen – so selten sie auch sein mögen, ich muss gestehen, dass sie es sind – in ständiger Angst, von den gnadenlosen Menschendieben, die sie als ihr Eigentum beanspruchen, auseinandergerissen zu werden. Das ist amerikanische Sklaverei; keine Ehe – keine Bildung – das Licht des Evangeliums wird aus dem dunklen Geist des Sklaven verbannt – und ihm wird gesetzlich verboten, lesen zu lernen. Wenn eine Mutter ihren Kindern das Lesen beibringt, kann sie laut Gesetz in Louisiana gehängt werden. Wenn der Vater versucht, seinem Sohn das Lesen beizubringen, kann er je nach Ermessen des Gerichts in einem Fall mit der Peitsche bestraft und in einem anderen Fall getötet werden. Drei Millionen Menschen werden vom Licht des Wissens ausgeschlossen! Man kann sich leicht vorstellen, welches Übel aus einem solchen Zustand resultieren muss.

Ich komme nun zu den physischen Übeln der Sklaverei. Ich möchte nicht zu lange darauf eingehen, aber es scheint mir richtig, darüber zu sprechen, nicht so sehr, um Ihre Meinung zu dieser Frage zu beeinflussen, sondern um die Sklavenhalter Amerikas wissen zu lassen, dass der Vorhang, der ihre Verbrechen verbirgt, im Ausland gelüftet wird; dass wir die dunkle Zelle öffnen und die Menschen in die schrecklichen Tiefen dessen führen, was sie gern ihre häusliche Institution nennen. Wir möchten, dass sie wissen, dass ihre Auspeitschungen, ihre Geißelungen, ihre Brandmarkungen, ihre Fesselungen nicht auf ihre Plantagen beschränkt sind, sondern dass sich einige ihrer Neger von ihren Ketten befreit haben – die dunkle Kruste der Sklaverei durchbrochen haben und nun ihre Taten der tiefen Verdammnis den Blicken des christlichen Volkes Englands aussetzen.

Die Sklavenhalter greifen zu allen Arten von Grausamkeiten. Wenn ich wollte, hätte ich genug Stoff, um Sie mit dieser Frage fünf oder sechs Abende lang zu beschäftigen, aber ich will mich nicht näher mit diesen Grausamkeiten befassen. Es genügt zu sagen, dass alle besonderen Foltermethoden, die auf den Westindischen Inseln angewandt wurden, in den Vereinigten Staaten von Amerika, glaube ich, sogar noch häufiger angewandt werden. Hunger, die blutige Peitsche, die Kette, der Knebel, die Daumenschraube, das Schleppen, die neunschwänzige Katze, der Kerker, der Bluthund – all das ist in den Vereinigten Staaten vorgeschrieben, um den Sklaven in seinem Zustand als Sklave zu halten. Falls jemand diesbezüglich Zweifel hat, möchte ich ihn bitten, das Kapitel über die Sklaverei in Dickens' *Notes on America zu lesen* . Falls jemand Zweifel daran hat, habe ich hier die „Aussage von tausend Zeugen", die ich ausführlich wiedergeben kann und die allesamt die Wahrheit meiner Aussage beweisen. In den Vereinigten Staaten wird regelmäßig der Bluthund trainiert, und in den Zeitungen der Union im Süden finden sich Anzeigen von Personen, die sich als Bluthundtrainer ausgeben und anbieten, Sklaven für 15 Dollar pro Stück zu jagen. Sie empfehlen ihre Hunde als die flinksten in der Gegend, die noch nie versagt hätten. Von Zeit zu Zeit werden Anzeigen geschaltet, in denen es heißt, Sklaven seien mit eisernen Halsbändern um den Hals, mit Eisenbändern um die Füße, mit Peitschenhieben, mit glühenden Eisen gebrandmarkt und mit den Initialen des Namens ihres Herrn in ihr Fleisch gebrannt geflohen. Und die Herren machen die Tatsache, dass sie so gebrandmarkt wurden, mit ihrer eigenen Unterschrift bekannt und beweisen damit der Welt, dass solche Praktiken, so verdammend sie für Nicht-Sklavenhalter auch erscheinen mögen, unter den Sklavenhaltern selbst nicht als schändlich gelten. Ich glaube, wenn jemand in diesem Land sein Pferd brandmarken würde – die Initialen seines Namens in sein Vieh einbrennen und die grausame Tat hier veröffentlichen würde –, dann würde der gemeinsame Fluch der Christen in Großbritannien über ihn hereinbrechen. Doch in den Vereinigten Staaten werden Menschen auf diese Weise gebrandmarkt. Wie Whittier sagt:

... Unsere Landsleute in Ketten,
die Peitsche auf dem schrumpfenden Fleisch der Frauen, unser Boden ist noch immer rot von den Flecken, die sie sich durch ihre warmen und frischen Geißelhiebe zugezogen hat.

Der Sklavenhändler veröffentlicht dreist seine schändlichen Taten in der ganzen Welt. Von allen Dingen, die über die Sklaverei gesagt wurden und gegen die Sklavenhalter Einspruch erhoben haben, steht dieser Vorwurf der Grausamkeit am stärksten hervor, und doch gibt es keinen Vorwurf, der klarer bewiesen werden könnte als der der barbarischsten Unmenschlichkeit der Sklavenhalter gegenüber ihren Sklaven. Und all das ist notwendig. Es ist notwendig, zu diesen Grausamkeiten zu greifen, um *den Sklaven zu einem Sklaven zu machen* und *ihn als Sklaven zu behalten* . Meine ganze Erfahrung beweist die Wahrheit dessen, was Sie einen wunderbaren Satz nennen werden, nämlich dass je besser man einen Sklaven behandelt, desto mehr zerstört man seinen Wert *als Sklave* und erhöht die Wahrscheinlichkeit, dass er sich dem Zugriff des Sklavenhalters entzieht. Je freundlicher man ihn behandelt, desto elender macht man ihn, während man ihn in seinem Zustand als Sklaven hält. Meine Erfahrung, sage ich, bestätigt die Wahrheit dieses Satzes. Als ich überaus schlecht behandelt wurde, als mein Rücken täglich gepeitscht wurde; als ich fast zu Tode gepeitscht wurde – war *das Leben* alles, was mir wichtig war. „Verschone mein Leben", war mein ständiges Gebet. Als ich den Schlag erwartete, der mir gleich auf den Kopf versetzt werden würde, dachte ich nicht an meine Freiheit; es ging um mein Leben. Aber sobald der Schlag nicht mehr zu fürchten war, kam die Sehnsucht nach Freiheit. Wenn ein Sklave einen schlechten Herrn hat, ist es sein Ehrgeiz, einen besseren zu bekommen; wenn er einen besseren bekommt, strebt er danach, das Beste zu haben; und wenn er das Beste bekommt, strebt er danach, sein eigener Herr zu sein. Aber der Sklave muss brutal behandelt werden, um ihn als Sklaven zu behalten. Der Sklavenhalter spürt diese Notwendigkeit. Ich gebe diese Notwendigkeit zu. Wenn es überhaupt richtig ist, Sklaven zu halten, dann ist es richtig, sie auf die einzige Art und Weise zu halten, wie sie gehalten werden können; und dies kann nur erreicht werden, indem man das Licht der Bildung aus ihren Köpfen ausschließt und ihre Personen brutal behandelt. Die Peitsche, die Kette, der

Knebel, die Daumenschraube, der Bluthund, der Pranger und all die anderen blutigen Utensilien des Sklavensystems sind für die Beziehung zwischen Herr und Sklave unverzichtbar. Der Sklave muss diesen Utensilien unterworfen werden, sonst hört er auf, ein Sklave zu sein. Lassen Sie ihn wissen, dass die Peitsche verbrannt ist; dass die Fesseln zu einer nützlichen und gewinnbringenden Verwendung umfunktioniert wurden; dass die Kette nicht mehr für seine Gliedmaßen da ist; dass der Bluthund nicht mehr auf seine Fährte gesetzt werden darf; dass die Autorität seines Herrn über ihn nicht mehr durch Tötung durchgesetzt werden darf – und sofort verlässt er das Haus der Knechtschaft und behauptet seine Freiheit als Mensch. Der Sklavenhalter findet es notwendig, diese Utensilien zu haben, um den Sklaven in Knechtschaft zu halten; findet es notwendig, sagen zu können: „Wenn du nicht dies und das tust; wenn du nicht tust, was ich dir befehle – dann werde ich dir das Leben nehmen!"

Einige der schrecklichsten Grausamkeiten spielen sich ständig in den Mittelstaaten der Union ab. In diesen Staaten gibt es die sogenannten Sklavenzuchtstaaten. Lassen Sie mich offen sprechen. Obwohl es Ihre Gefühle erschüttert, ist es notwendig, die Fakten des Falles darzulegen. In den Vereinigten Staaten gibt es Sklavenzuchtstaaten. Der Staat, aus dem der Pfarrer von unserem Hof zu Ihrem kommt, ist einer dieser Staaten – Maryland, wo Männer, Frauen und Kinder für den Markt gezüchtet werden, genau wie Pferde, Schafe und Schweine für den Markt gezüchtet werden. Die Sklavenzucht wird dort als legitimes Gewerbe angesehen; das Gesetz billigt sie, die öffentliche Meinung unterstützt sie, die Kirche verurteilt sie nicht. Sie geht in all ihren blutigen Schrecken weiter, unterstützt durch den Auktionsblock. Wenn Sie die Grausamkeiten dieses Systems sehen möchten, hören Sie die folgende Erzählung. Vor nicht allzu langer Zeit ereignete sich die folgende Szene. Eine Sklavin und ein Sklave hatten sich als Mann und Frau vereinigt, ohne dass es ein Gesetz gab, das sie als Mann und Frau schützte. Sie hatten mit Erlaubnis, nicht mit Recht, ihres Herrn zusammengelebt und eine Familie großgezogen. Der Herr hielt es für zweckmäßig und in seinem Interesse, sie zu verkaufen. Er fragte sie überhaupt nicht nach ihren Wünschen in dieser Angelegenheit; sie wurden nicht konsultiert. Der Mann und die Frau wurden unter dem Klang des Hammers zum Auktionsblock gebracht. Der Ruf erklang: „Los geht's; wer bietet bar?" Stellen Sie sich das vor – ein Mann und eine Frau, die verkauft werden sollen! Die Frau wurde auf den Auktionsblock gelegt; ihre Glieder wurden, wie es üblich ist, den Käufern brutal preisgegeben, die sie mit der gleichen Freiheit untersuchten, mit der sie ein Pferd untersuchen würden. Da stand der Ehemann, machtlos; kein Recht auf seine Frau; das Recht des Herrn hatte Vorrang. Sie wurde verkauft. Er wurde als nächstes zum Auktionsblock gebracht. Seine Augen folgten seiner Frau in die Ferne; und er blickte flehend und flehentlich zu dem Mann, der seine Frau gekauft hatte, um ihn auch zu kaufen. Aber schließlich wurde er an eine andere Person verkauft. Er war im Begriff, für immer von der Frau, die er liebte, getrennt zu werden. Kein Wort und keine Tat konnte ihn vor dieser Trennung bewahren. Er bat seinen neuen Herrn um Erlaubnis, zum Abschied seiner Frau die Hand reichen zu dürfen. Sie wurde ihm verweigert. In seelischer Qual eilte er von dem Mann weg, der ihn gerade gekauft hatte, um sich von seiner Frau zu verabschieden; aber ihm wurde der Weg versperrt, er bekam einen Schlag mit einer scharfen Peitsche auf den Kopf und wurde einen Moment festgehalten; doch seine Qual war zu groß. Als man ihn losließ, fiel er als Leiche seinem Herrn zu Füßen. Ihm war das Herz gebrochen. Solche Szenen sind die alltäglichen Früchte der amerikanischen Sklaverei. Vor etwa zwei Jahren erzählte mir der ehrenwerte Seth M. Gates, ein Sklavereigegner aus dem Staat New York und Abgeordneter im Kongress der Vereinigten Staaten, dass er mit eigenen Augen die folgenden Umstände gesehen habe. Im District of Columbia, über dem ständig das Sternenbanner weht und wo Redner ständig über amerikanische Freiheit, amerikanische Demokratie und amerikanischen Republikanismus philosophieren, gibt es zwei Sklavengefängnisse. Als er über eine Brücke ging, die zu einem dieser Gefängnisse führte, sah er eine junge Frau herauslaufen, barfuß und barhäuptig und nur sehr spärlich bekleidet. Sie rannte mit aller Geschwindigkeit auf die Brücke zu, der er sich näherte. Sein Blick war auf sie gerichtet und er blieb stehen, um zu sehen, was los war. Er hatte noch nicht lange angehalten, als er drei Männer hinter ihr herlaufen sah. Jetzt wusste er, was los war: eine Sklavin, die sich aus ihren Ketten befreite – eine junge Frau, eine Schwester –, die sich aus der Knechtschaft befreite, in der sie gefangen gehalten worden war. Sie machte sich auf den Weg zur Brücke, war aber noch nicht angekommen, als von der Virginia-Seite zwei Sklavenhalter kamen. Sobald sie sie sahen, riefen ihre Verfolger: „Haltet sie auf!" Getreu ihrem virginischen Instinkt kamen sie ihren Entführerbrüdern über die Brücke zu Hilfe. Das arme Mädchen sah nun, dass es für sie keine Chance gab. Es waren schwere Zeiten. Sie wusste, wenn sie zurückginge, würde sie für immer eine Sklavin bleiben – sie würde zu den Orten der Entweihung hinabgezerrt werden, die die Sklavenhalter den meisten armen, verkommenen, elenden jungen Frauen, die sie ihr Eigentum nennen, ständig bieten. Sie fasste ihren Entschluss, und gerade als diejenigen, die sie mitnehmen wollten, sie ergreifen und zurückzerren wollten, sprang sie über das Brückengeländer und fiel hinab, um nie wieder aufzustehen. Sie wählte den Tod, anstatt in die Hände jener christlichen Sklavenhalter zurückzukehren, denen sie entkommen war.

Kann es möglich sein, dass solche Dinge in den Vereinigten Staaten vorkommen? Sind das nicht die Ausnahmen? Sind solche Szenen allgemein üblich? Werden solche Taten nicht vom Gesetz verurteilt und von der öffentlichen Meinung angeprangert? Lassen Sie mich Ihnen einige Gesetze der Sklavenhalterstaaten Amerikas vorlesen. Ich glaube, es gibt keine bessere Enthüllung der Sklaverei als die Gesetze der Staaten, in denen Sklaverei existiert. Ich lese lieber die Gesetze, als eine Aussage zur Bestätigung dessen zu machen, was ich selbst gesagt habe; denn die Sklavenhalter können dieser Aussage nichts anhaben, da sie die Ruhe, die kühle, die überlegte Entscheidung ihrer weisesten Köpfe, ihrer klarsichtigsten, ihrer eigenen eingesetzten Vertreter ist. „Wenn mehr als sieben Sklaven zusammen auf einer Straße ohne einen Weißen angetroffen werden, bekommt jeder zwanzig Peitschenhiebe; für den Besuch einer Plantage ohne schriftlichen Pass zehn Peitschenhiebe; für das Loslassen eines Bootes von der Stelle, an der es festgemacht ist, neununddreißig Peitschenhiebe für das erste Vergehen; und für das zweite wird ihm ein Ohr vom Kopf abgeschnitten; für den Besitz oder das Tragen einer Keule neununddreißig Peitschenhiebe; für den Verkauf irgendeines Artikels ohne Fahrkarte seines Herrn zehn Peitschenhiebe; für das Reisen auf einer anderen als der üblichsten und vertrautesten Straße, wenn man allein irgendwohin geht, vierzig Peitschenhiebe; für das Reisen in der Nacht ohne Pass vierzig Peitschenhiebe." Ich fürchte, Sie verstehen die Furchtbarkeit dieser Peitschenhiebe nicht. Sie müssen sich das vor Augen führen. Ein völlig nackter Mensch, an Händen und Füßen an einen Pfahl gefesselt, und dahinter steht ein starker Mann mit einer schweren, am Ende geknoteten Peitsche, wobei jeder Schlag ins Fleisch schneidet und das warme Blut an die Füße tropft; und für diese Kleinigkeiten. „Für das Antreffen im Negerquartier einer anderen Person vierzig Peitschenhiebe; für die Jagd mit Hunden im Wald dreißig Peitschenhiebe; für das Reiten ohne schriftliche Erlaubnis seines Herrn fünfundzwanzig Peitschenhiebe; wenn ein Sklave ohne Erlaubnis reitet oder in der Nacht ins Ausland geht oder tagsüber auf Pferden reitet, kann er ausgepeitscht, mit der Peitsche geschlagen oder mit dem Buchstaben R in die Wange gebrandmarkt werden oder auf andere Weise bestraft werden, wobei diese Strafe jedoch nicht lebenslänglich ist oder ihn arbeitsunfähig macht." Die genannten Gesetze finden Sie in *Brevard's Digest, Haywood's Manual, Virginia Revised Code, Prince's Digest, Missouri Laws und Mississippi Revised Code* . Wenn ein Mann ohne Erlaubnis seines Herrn seine Brüder besuchen geht – und in vielen Fällen hat er diese Erlaubnis vielleicht nicht; sein Herr ist vielleicht aus Laune oder anderen Gründen nicht bereit, sie zu gewähren – kann er auf dem Weg gefasst, zu einem Posten geschleift, das Brandeisen erhitzt und der Name seines Herrn oder der Buchstabe R in seine Wange oder auf seine Stirn gebrannt werden. Sie behandeln Sklaven so, nach dem Grundsatz, dass sie für leichte Vergehen bestrafen müssen, um die Begehung schwererer zu verhindern. Ich möchte Sie darauf hinweisen, dass es allein im Bundesstaat Virginia 71 Verbrechen gibt, für die ein Farbiger hingerichtet werden kann; während es nur drei dieser Verbrechen gibt, die, wenn sie von einem Weißen begangen werden, ihn dieser Strafe unterwerfen. Es gibt viele dieser Verbrechen, die der Weiße, wenn er sie nicht begehen würde, als Schurke und Feigling betrachten würde. Im Bundesstaat Maryland gibt es ein Gesetz in dieser Hinsicht: Wenn ein Sklave seinen Herrn schlägt, kann er gehängt, sein Kopf vom Körper abgetrennt, sein Körper geviertelt und sein Kopf und sein Quartier an den auffälligsten Orten in der Nachbarschaft aufgestellt werden. Wenn eine farbige Frau sich zur Verteidigung ihrer eigenen Tugend, zur Verteidigung ihrer eigenen Person vor den brutalen Angriffen ihres tyrannischen Herrn schützt oder den geringsten Widerstand leistet, kann sie auf der Stelle getötet werden. Kein Gesetz wird den Schuldigen für das Verbrechen vor Gericht bringen.

Aber Sie werden mich fragen, können solche Dinge in einem Land möglich sein, das sich zum Christentum bekennt? Ja, das sind sie; und das ist nicht das Schlimmste. Nein; es muss noch ein dunklerer Aspekt ans Licht gebracht werden als die bloße Existenz dieser Tatsachen. Ich muss Sie darüber informieren, dass die Religion der Südstaaten derzeit der große Unterstützer und Billiger der blutigen Gräueltaten ist, auf die ich hingewiesen habe. Während Amerika Traktate und Bibeln druckt, Missionare ins Ausland schickt, um die Heiden zu bekehren, und sein Geld auf verschiedene Weise für die Verbreitung des Evangeliums in fremden Ländern ausgibt, liegt der Sklave nicht nur vergessen und unbeachtet herum, sondern wird von den Kirchen des Landes selbst mit Füßen getreten. Was haben wir in Amerika? Nun, wir haben die Sklaverei zu einem Teil der Religion des Landes gemacht. Ja, die Kanzel dort erhebt sich als großer Verteidiger dieser verfluchten *Institution*, wie sie genannt wird. Geistliche treten vor und foltern die heiligen Seiten inspirierter Weisheit, um die blutige Tat zu billigen. Sie treten als die vordersten und stärksten Verteidiger dieser „Institution" auf. Als Beweis dafür brauche ich nicht mehr zu tun, als die allgemeine Tatsache zu erwähnen, dass die Sklaverei seit zweihundert Jahren unter dem Kot des Heiligtums des Südens existiert und es keinen Krieg zwischen der *Religion* und der *Sklaverei* des Südens gegeben hat. Peitschen, Ketten, Knebel und Daumenschrauben lagen alle unter dem Kot des Heiligtums, und anstatt von den Gliedern der Sklaven zu rosten, diente dieser Kot dazu, sie in ihrer ganzen Stärke zu erhalten. Anstatt das Evangelium gegen diese Tyrannei, diese Zurechtweisung und dieses Unrecht zu predigen, haben die Geistlichen mit allen Mitteln versucht, alles in den Hintergrund zu rücken, was in der Bibel als Opposition gegen die Sklaverei ausgelegt werden konnte, und das, was sie unter Folter ausdrücken konnten, als Unterstützung für die Sklaverei vorzubringen. Dies ist meiner Ansicht nach das dunkelste Merkmal der Sklaverei und am schwierigsten anzugreifen, weil es mit der Religion identifiziert wird und diejenigen, die es anprangern, dem Vorwurf der Untreue aussetzt. Ja, diejenigen, mit denen ich zusammengearbeitet habe, nämlich die alte Organisation der Anti-Sklaverei-Gesellschaft Amerikas, wurden immer wieder als Ungläubige gebrandmarkt, und aus welchem Grund? Einzig und allein aufgrund der Konsequenz ihrer Angriffe auf die Sklavenhalterreligion der Südstaaten und die mit ihr sympathisierende Religion des Nordens. Ich habe festgestellt, dass es schwierig ist, über dieses Thema zu sprechen, ohne dass Leute auf mich zukommen und sagen: „Douglass, haben Sie keine Angst, der Sache Christi zu schaden? Wir wissen, dass Sie das nicht wollen; aber untergraben Sie nicht die Religion?" Das wurde mir immer wieder gesagt, sogar seit ich in dieses Land gekommen bin, aber ich kann nicht dazu gebracht werden, diese Enthüllungen wegzulassen. Ich liebe die Religion unseres gesegneten Erlösers. Ich liebe die Religion, die von oben kommt, in der „Weisheit Gottes", die zuerst rein, dann friedfertig, sanft und leicht zu erbitten ist, voller Gnade und guter Früchte, ohne Parteilichkeit und ohne Heuchelei. Ich liebe die Religion, die ihre Anhänger aussendet, um die Wunden derer zu verbinden, die unter die Räuber gefallen sind. Ich liebe die Religion, die es ihren Jüngern zur Pflicht macht, den Vater und die Witwe in ihrer Not zu besuchen. Ich liebe die Religion, die auf dem herrlichen Prinzip der Liebe zu Gott und der Liebe zum Menschen beruht; die ihre Anhänger dazu bringt, anderen das anzutun, was sie selbst von ihnen möchten. Wenn Sie Freiheit für sich selbst fordern, heißt es, gewähren Sie sie Ihren Nachbarn. Wenn Sie das Recht beanspruchen, für sich selbst zu denken, heißt es, gewähren Sie Ihren Nachbarn dasselbe Recht. Wenn Sie behaupten, für sich selbst zu handeln, heißt es, gewähren Sie Ihren Nachbarn dasselbe Recht. Weil ich diese Religion liebe, hasse ich die sklavenhaltende, frauenpeitschende, geistverdunkelnde und seelenzerstörende Religion, die in den Südstaaten Amerikas existiert. Weil ich die eine als gut, rein und heilig betrachte, kann ich die andere nur als schlecht, verdorben und böse betrachte. Wenn ich die eine liebe, muss ich die andere hassen; wenn ich an der einen festhalte, muss ich die andere ablehnen.

Man könnte mich fragen, warum ich so sehr darauf bedacht bin, dieses Thema der britischen Öffentlichkeit vorzulegen – warum ich meine Bemühungen nicht auf die Vereinigten Staaten beschränke? Meine Antwort ist zunächst, dass die Sklaverei der gemeinsame Feind der Menschheit ist und die ganze Menschheit mit ihrem abscheulichen Charakter vertraut gemacht werden sollte. Meine nächste Antwort ist, dass der Sklave ein Mensch ist und als solcher Ihr Mitgefühl als Bruder verdient. Er hat alle Gefühle, alle Empfindsamkeiten, alle Fähigkeiten, die Sie haben. Er ist ein Teil der Menschheitsfamilie. Er ist seit dreihundert Jahren die Beute – die gemeinsame Beute – der Christenheit, und es ist nur richtig, es ist nur gerecht, es ist nur angemessen, dass seine Ungerechtigkeiten auf der ganzen Welt bekannt werden. Ich habe noch einen weiteren Grund, diese Angelegenheit vor die britische Öffentlichkeit zu bringen, und zwar diesen: Die Sklaverei ist ein System des Unrechts, das alle umgibt, das Herz so verhärtet, die Moral so verdirbt, die Religion so verheerend und alle

Grundsätze der Gerechtigkeit in seiner unmittelbaren Umgebung so untergräbt, dass der Gemeinschaft in ihrer Umgebung die moralische Kraft fehlt, die für ihre Beseitigung erforderlich ist. Es ist ein System von solch gigantischem Übel, so stark, so überwältigend in seiner Macht, dass keine Nation seiner Beseitigung gewachsen ist. Es bedarf der Menschlichkeit des Christentums, der Moral der Welt, um es zu beseitigen. Daher fordere ich die Menschen in Großbritannien auf, sich mit dieser Angelegenheit zu befassen und den Einfluss geltend zu machen, den sie besitzen, wie ich gleich zeigen werde, um die Sklaverei in Amerika abzuschaffen. Ich kann sie, durch ihre Achtung gegenüber den Sklavenhaltern wie gegenüber den Sklaven, dazu aufrufen, sich für diese Sache einzusetzen. Ich bin hier, weil Sie einen Einfluss auf Amerika haben, den keine andere Nation haben kann. Sie wurden durch die Kraft des Dampfes in einem erstaunlichen Ausmaß zusammengeführt; Die Entfernung zwischen London und Boston ist jetzt auf etwa zwölf oder vierzehn Tage verkürzt, so dass die Verurteilungen der Sklaverei, die diese Woche in London ausgesprochen wurden, in vierzehn Tagen in den Straßen von Boston zu hören sein und in den Hügeln von Massachusetts widerhallen können. Es wird hier nichts gegen die Sklaverei gesagt, was nicht in den Vereinigten Staaten aufgezeichnet werden würde. Ich bin auch hier, weil die Sklavenhalter nicht wollen, dass ich hier bin; sie hätten es lieber, ich wäre nicht hier. Ich habe eine von Napoleon aufgestellte Maxime übernommen, niemals Boden zu besetzen, den der Feind von mir besetzen lassen möchte. Die Sklavenhalter hätten es viel lieber, wenn ich, wenn ich die Sklaverei anprangere, sie in den Nordstaaten anprangere, wo ihre Freunde und Unterstützer sind, die bereitstehen und mich bedrängen werden, wenn ich sie anprangere. Sie fühlen etwas, was der Mann fühlte, als er sein Gebet sprach, in dem er ein äußerst schreckliches Argument für sich selbst vorbrachte, und einer seiner Nachbarn ihn berührte und sagte: „Mein Freund, ich hatte immer die Meinung von Ihnen, die Sie jetzt für sich selbst zum Ausdruck gebracht haben – dass Sie ein sehr großer Sünder sind." Von ihm selbst kam es, war das alles ganz gut, aber von einem Fremden kam es ziemlich verletzend. Die Sklavenhalter waren der Meinung, dass es nicht so schlimm sei, wenn die Sklaverei untereinander angeprangert würde; aber wenn einer der Sklaven loskäme, die Leute von Großbritannien zusammenrufe und ihnen das Verhalten der Sklavenhalter gegenüber ihren Sklaven bekannt mache, dann trifft es sie zutiefst und erzeugt eine Sensation, wie sie sonst nichts hervorgerufen hätte. Die Macht, die ich jetzt ausübe, ist ungefähr so groß wie die Macht, die der Mann am Ende des Hebels ausübt; mein Einfluss ist jetzt genau proportional zu der Entfernung, die ich von den Vereinigten Staaten entfernt bin. Meine Enthüllung der Sklaverei im Ausland wird die Herzen und das Gewissen der Sklavenhalter stärker beeinflussen, als wenn ich sie in Amerika angreifen würde; denn fast jede Zeitung, die ich jetzt aus den Vereinigten Staaten erhalte, wimmelt von

Aussagen über diesen flüchtigen Neger, die ihn einen „zungenfertigen Schurken" nennen und behaupten, er laufe gegen die Institutionen und das Volk Amerikas vor. Ich weise den Vorwurf zurück, ich würde ein Wort gegen die Institutionen Amerikas oder das Volk als solches sagen. Was ich zu sagen habe, ist gegen die Sklaverei und die Sklavenhalter. Ich fühle mich frei, zu diesem Thema zu sprechen. Ich trage die Spuren der Peitsche auf meinem Rücken; ich habe vier Schwestern und einen Bruder, die jetzt unter der quälenden Kette liegen. Ich empfinde es als meine Pflicht, laut zu schreien und nicht zu schonen. Ich bin nicht abgeneigt, die gute Meinung meiner Mitgeschöpfe zu haben. Ich bin nicht abgeneigt, von allen Menschen freundlich angesehen zu werden; aber ich bin verpflichtet, selbst auf die Gefahr hin, dass eine große Gruppe von Religionsanhängern in diesem Land mich hasst, sich mir widersetzt und mich verleumdet, wie sie es getan haben – ich bin verpflichtet durch die Gebete, Tränen und Bitten von drei Millionen knienden Leibeigenen, keine Kompromisse mit Menschen einzugehen, die in irgendeiner Form mit den Sklavenhaltern Amerikas verbunden sind. Ich stelle die Sklaverei in diesem Land bloß, weil sie zu entlarven bedeutet, sie zu töten. Die Sklaverei ist eines jener Monster der Dunkelheit, für die das Licht der Wahrheit der Tod ist. Entlarven Sie die Sklaverei, und sie stirbt. Licht ist für die Sklaverei, was die Hitze der Sonne für die Wurzel eines Baumes ist; sie muss darunter sterben. Alles, was der Sklavenhalter von mir verlangt, ist Schweigen. Er verlangt von mir nicht, ins Ausland zu gehen und *für* die Sklaverei zu predigen; das verlangt er von niemandem. Er würde nicht sagen, dass Sklaverei eine gute Sache ist, sondern das Beste unter den gegebenen Umständen. Die Sklavenhalter wollen völlige Dunkelheit in dieser Angelegenheit. Sie wollen, dass die Luke geschlossen wird, damit das Monster in seine Höhle der Dunkelheit kriechen kann, menschliche Hoffnungen und Glück zerschmettert, den Sklaven nach Belieben zerstört und niemanden hat, der ihn tadelt oder tadelt. Die Sklaverei schreckt vor dem Licht zurück; sie hasst das Licht und kommt nicht zum Licht, damit ihre Taten nicht getadelt werden. Die Maske von diesem abscheulichen System zu reißen, es dem Licht des Himmels auszusetzen, ja, der Hitze der Sonne, damit es verbrennt und aus der Existenz ausdörrt, ist mein Ziel, wenn ich in dieses Land komme. Ich möchte, dass der Sklavenhalter von einer Mauer aus Anti-Sklaverei-Feuer umgeben ist, damit er die Verurteilung seiner selbst und seines Systems in leuchtenden Buchstaben auf sich herabstrahlen sieht. Ich möchte, dass er spürt, dass er in England, Schottland oder Irland kein Mitgefühl hat; dass er in Kanada keins hat, keins in Mexiko, keins unter den armen wilden Indianern; dass die Stimme der zivilisierten, ja, wilden Welt gegen ihn ist. Ich möchte, dass die Verurteilung von allen Seiten auf ihn niederbrennt, bis er, betäubt und überwältigt von Scham und Verwirrung, gezwungen ist, den Griff, den er um

die Personen seiner Opfer hält, zu lösen und ihnen ihre lange verlorenen
Rechte zurückzugeben.

Dr. Campbells Antwort

Aus der brillanten Antwort von Rev. Dr. Campbell entnehmen wir Folgendes: FREDERICK DOUGLASS, „das Lasttier", der Anteil an „Gütern und Hab und Gut", der Vertreter von drei Millionen Menschen, wurde auferweckt! Soll ich den *Mann sagen?* Wenn es einen Mann auf der Erde gibt, dann ist er ein Mann. Mein Blut kochte in mir, als ich heute Abend seine Ansprache hörte und daran dachte, dass er drei Millionen solcher Männer zurückgelassen hatte.

Wir müssen mehr von diesem Mann sehen; wir müssen mehr von diesem Mann haben. Vor etwa vierzig Jahren hätte man eine Reise um die Welt unternehmen müssen – besonders seit der Einführung der Dampfmaschine –, um eine solche Enthüllung der Sklaverei aus dem Mund eines Sklaven zu hören. Es wird eine Ära in der individuellen Geschichte der gegenwärtigen Versammlung sein. Unsere Kinder – unsere Jungen und Mädchen – ich habe heute Abend die entzückende Sympathie ihrer Herzen gesehen, die sich in ihren wogenden Brüsten widerspiegelte, während ihre Augen vor Staunen und Bewunderung funkelten, dass dieser schwarze Mann – dieser Sklave – so viel Logik, so viel Witz, so viel Fantasie, so viel Beredsamkeit hatte. Er war mehr als ein Mann, nach ihren kleinen Vorstellungen. Dann, sage ich, müssen wir ihn wieder hören. Wir haben ein Ziel zu erreichen. Er hat an die Kanzel Englands appelliert. Die englische Kanzel ist auf seiner Seite. Er hat an die Presse Englands appelliert; die Presse Englands wird von englischen Herzen geleitet, und diese Presse wird ihm gerecht werden. In etwa zehn Tagen wird sein zweiter Herr, der „solches Stück Gutes" durchaus zu schätzen wissen dürfte, das Vergnügen haben, seine glühenden Worte zu lesen, und sein erster Herr wird froh sein, ihn losgeworden zu sein. Wir müssen die öffentliche Meinung schaffen, oder besser gesagt, nicht schaffen, denn sie ist bereits geschaffen; aber wir müssen sie fördern; und als ich heute Abend diese großartigen Worte hörte – die Worte Currans, die mein Herz seit meiner Kindheit oft tief bewegt haben –, freute ich mich bei dem Gedanken, dass sie den Instinkt eines Engländers verkörpern. Ich hörte mit unaussprechlicher Freude, wie sie auf diese gewaltige Masse der Bürger der Metropole einwirkten.

Großbritannien hat jetzt keine Sklaven mehr; wir können daher jetzt mit den anderen Nationen reden, wie wir es vor zwölf Jahren nicht hätten tun können. Ich möchte, dass das gesamte Londoner Ministerium Douglass trifft. Denn da sein Appell an England und ganz England gerichtet ist, würde ich mich über die Idee freuen, dass Kirchenmänner und Dissidenten alle regionalen Unterschiede in dieser Sache verschmelzen. Lasst uns ein öffentliches Frühstück abhalten. Lasst die Minister ihn treffen; lasst sie ihn anhören; lasst sie seine Hand ergreifen; und lasst ihn ihre Sympathien für den

Sklaven gewinnen. Lasst ihn ihnen Abscheu vor dem Menschendieb – dem Sklavenhalter – einflößen. Kein sklavenhaltender Amerikaner wird jemals meine Tür durchqueren. Kein sklavenhaltender oder die Sklaverei unterstützender Minister wird jemals meine Kanzel beschmutzen. Solange ich eine Zunge zum Sprechen oder eine Hand zum Schreiben habe, werde ich mich diesen Sklavenhaltern mit aller Kraft widersetzen. Wir müssen Douglass unter uns haben, um die öffentliche Meinung zu fördern.

Der große Konflikt mit der Sklaverei muss jetzt in Amerika stattfinden; und während andere Sklavenstaaten in die Union aufgenommen werden, ist es unsere Aufgabe, vorzutreten und den dortigen Abolitionisten zu helfen. Es ist ein erfreulicher Umstand, dass sich eine solche Gruppe von Männern in Amerika erhoben hat, und während wir unsere Donner gegen ihre Sklavenhalter schleudern, sollten wir zwischen denen unterscheiden, die die Sklaverei befürworten, und denen, die sie ablehnen. George Thompson war dort. Dieser Mann, Frederick Douglass, war dort und musste fliehen. Ich wünschte, er hätte, als er zum ersten Mal unseren Fuß auf unsere Küste setzte, ein feierliches Gelübde abgelegt und gesagt: „Jetzt, da ich frei bin und im Heiligtum der Freiheit lebe, werde ich nie zurückkehren, bis ich die Emanzipation meines Landes vollendet gesehen habe." Er möchte diese Männer, die Sklavenhalter, mit einer Feuerwand umgeben; und er selbst kann viel dazu beitragen, diese zu entfachen. Lassen Sie ihn über die Insel reisen – nach Osten, Westen, Norden und Süden – und überall Wissen verbreiten und Prinzipien wecken, bis die ganze Nation zu einer Gruppe von Bittstellern an Amerika wird. Er wird, er muss es tun. Er muss England für eine Weile zu seiner Heimat machen. Er muss seine Frau nachholen lassen. Er muss seine Kinder nachholen lassen. Ich möchte die Söhne und Töchter eines solchen Vaters sehen. Auch wir müssen etwas für ihn und sie tun, das des englischen Namens würdig ist. Mir gefällt die Vorstellung nicht, dass ein Mann von solch geistiger Größe, solchem moralischen Mut und nahezu unvergleichlichem Talent seine eigenen kleinen Bedürfnisse hat und die einer weit entfernten Frau und Kinder, die durch die mageren Gewinne aus seiner Veröffentlichung, der Skizze seines Lebens, gedeckt werden. Lassen Sie die Broschüre zu Zehntausenden gekauft werden. Aber wir werden noch mehr für ihn tun, nicht wahr?

Es bleibt nur noch, dass wir eine Resolution zum Dank an Frederick Douglass verabschieden, den ehemaligen Sklaven und heutigen Menschen! Er, der in Ketten lag und nun mit Ruhm bedeckt wird, und den wir als Gentleman zurückschicken werden.

BRIEF AN SEINEN ALTEN MEISTER. 11. An meinen alten Meister, Thomas Auld

SIR – Die lange und vertraute, wenn auch keineswegs freundschaftliche Beziehung, die unglücklicherweise zwischen Ihnen und mir bestand, lässt mich hoffen, dass Sie die große Freiheit, die ich mir jetzt nehme, indem ich Sie in dieser offenen und öffentlichen Weise anspreche, leicht erklären können. Die gleiche Tatsache kann jede unangenehme Überraschung vermeiden, die Sie erleben könnten, wenn Sie Ihren Namen wieder in Verbindung mit meinem finden, und zwar auf andere Weise als in einer Anzeige, die meine Person genau beschreibt und eine hohe Summe für meine Verhaftung bietet. Indem ich Sie auf diese Weise wieder vor die Öffentlichkeit zerre, bin ich mir bewusst, dass ich mich nicht unerheblicher Kritik aussetzen werde. Man wird mir wahrscheinlich eine ungerechtfertigte, wenn nicht gar mutwillige und rücksichtslose Missachtung der Rechte und Eigenschaften des Privatlebens vorwerfen. Es gibt im Norden wie im Süden Menschen, die einen viel höheren Respekt vor rein konventionellen Rechten haben als vor persönlichen und wesentlichen Rechten. Es gibt in unserem Land nicht wenige, die zwar keine Skrupel haben, den Arbeiter der hart erarbeiteten Ergebnisse seiner geduldigen Arbeit zu berauben, aber über die äußerst unfeine Art und Weise, wie Ihr Name in die Öffentlichkeit gebracht wird, schockiert sein werden. Da ich davon ausgehe und jedem vernünftigen oder plausiblen Einwand gegen mein Verhalten begegnen möchte, werde ich offen darlegen, auf welcher Grundlage ich mich in diesem Fall sowie bei früheren Gelegenheiten, als ich es für angebracht hielt, Ihren Namen öffentlich zu erwähnen, rechtfertige. Alle werden zustimmen, dass ein Mann, der des Diebstahls, Raubes oder Mordes schuldig ist, das Recht auf Geheimhaltung und Privatleben verwirkt hat; dass die Gemeinschaft das Recht hat, solche Personen der vollständigsten Enthüllung auszusetzen. So sehr sie sich auch zurückziehen und sich und ihre Bewegungen vor den Blicken der Öffentlichkeit verbergen möchten, die Öffentlichkeit hat das Recht, sie aufzuspüren und ihr Verhalten vor die zuständigen Gerichte des Landes zur Untersuchung zu bringen. Sir, Sie werden diese allgemein anerkannten Grundsätze zweifellos richtig anwenden und leicht erkennen, in welchem Licht ich Sie sehe; Ich werde daher keine schlechte Laune zeigen, indem ich Sie mit harten Schimpfwörtern bezeichne. Ich weiß, dass Sie ein ziemlich intelligenter Mann sind, und kann mir leicht ein genaues Bild von Ihrem Charakter machen. Ich kann mir daher eine Sprache erlauben, die anderen indirekt und zweideutig erscheinen mag, und die Sie dennoch ganz gut verstehen.

Ich habe diesen Tag gewählt, um an Sie zu sprechen, weil es der Jahrestag meiner Emanzipation ist. Da ich keinen besseren Weg kenne, habe ich mich für diesen entschieden, weil er die beste Art ist, diese wahrhaft wichtigen Ereignisse zu feiern. Vor gerade einmal zehn Jahren, an diesem schönen Septembermorgen, sah mich dort die helle Sonne als Sklaven – als armes, erniedrigtes Wesen –, wie ich beim Klang Ihrer Stimme zitterte, beklagte, dass ich ein Mensch war, und mir wünschte, ein Tier zu sein. Die Hoffnungen, die ich wochenlang gehegt hatte, um sicher und erfolgreich aus Ihrem Griff zu entkommen, wurden in dieser letzten Stunde von dunklen Wolken des Zweifels und der Angst gewaltsam überwältigt, die meinen Körper erzittern und meine Brust im schweren Kampf zwischen Hoffnung und Angst beben ließen. Mir fehlen die Worte, um Ihnen die tiefe Seelenqual zu beschreiben, die ich an diesem unvergesslichen Morgen empfand – denn ich ging bei Tageslicht. Ich machte einen Sprung in die Dunkelheit. Die Wahrscheinlichkeiten, soweit ich sie mit Verstand bestimmen konnte, sprachen entschieden gegen dieses Unterfangen. Die Vorbereitungen und Vorsichtsmaßnahmen, die ich zuvor getroffen hatte, funktionierten alle schlecht. Ich war wie jemand, der ohne Waffen in den Krieg zieht – zehnmal so hoch wie die Chance auf eine Niederlage wie auf einen Sieg. Jemand, dem ich vertraut hatte und der mir Hilfe versprochen hatte, verließ mich in der Stunde der Prüfung aus Angst und überließ mir so die Verantwortung für Erfolg oder Misserfolg allein. Sie, Sir, können meine Gefühle nie verstehen. Wenn ich daran zurückdenke, kann ich kaum begreifen, dass ich eine so anstrengende Situation durchgemacht habe. Aber so anstrengend sie auch waren und so düster die Aussichten auch waren, dem Allerhöchsten sei Dank, der immer der Gott der Unterdrückten ist, in dem Moment, der meine gesamte irdische Laufbahn bestimmen sollte, genügte seine Gnade; mein Entschluss stand fest. Ich ergriff die goldene Gelegenheit, nahm die Morgenflut bei der Flut und das Ergebnis ist ein freier Mann, jung, aktiv und stark.

Ich habe oft gedacht, dass ich Ihnen die Gründe erklären möchte, mit denen ich meine Flucht vor Ihnen gerechtfertigt habe. Ich schäme mich jetzt fast, dies zu tun, denn Sie haben sie inzwischen vielleicht selbst entdeckt. Ich werde jedoch einen Blick darauf werfen. Als ich noch ein Kind von etwa sechs Jahren war, fasste ich den Entschluss, wegzulaufen. Die allererste geistige Anstrengung meinerseits, an die ich mich jetzt erinnere, war der Versuch, das Rätsel zu lösen: Warum bin ich ein Sklave? Und diese Frage beschäftigte meinen jugendlichen Geist viele Tage lang und bedrückte mich manchmal stärker als sonst. Als ich sah, wie der Sklaventreiber eine Sklavin auspeitschte, ihr das Blut aus dem Hals schnitt und ihre mitleiderregenden Schreie hörte, ging ich in die Ecke des Zauns, weinte und grübelte über das Rätsel nach. Ich hatte durch ein Medium, ich weiß nicht welches, eine Vorstellung von Gott bekommen, dem Schöpfer der gesamten Menschheit, der Schwarzen und der Weißen, und dass er die Schwarzen dazu gebracht hatte, den Weißen als Sklaven zu dienen. Wie er dies tun und dabei *gut sein konnte*, konnte ich nicht sagen. Ich war mit dieser Theorie, die Gott für die Sklaverei verantwortlich machte, nicht zufrieden, denn sie schmerzte mich sehr, und ich habe lange und oft darüber geweint. Einmal hörte mich Ihre erste Frau, Mrs. Lucretia, seufzen und sah, wie ich Tränen vergoss, und fragte mich nach der Sache, aber ich hatte Angst, es ihr zu erzählen. Diese Frage verwirrte mich, bis ich eines Nachts, als ich in der Küche saß, einige der alten Sklaven reden hörte, ihre Eltern seien von weißen Männern aus Afrika geraubt und hierher als Sklaven verkauft worden. Das ganze Rätsel war sofort gelöst. Sehr bald danach liefen meine Tante Jinny und mein Onkel Noah weg, und der große Lärm, den Ihr Schwiegervater darüber machte, machte mich zum ersten Mal mit der Tatsache vertraut, dass es freie Staaten sowie Sklavenstaaten gab. Von da an beschloss ich, eines Tages wegzulaufen. Die Moral der Tat beurteile ich wie folgt: Ich bin ich selbst; Sie sind Sie selbst; wir sind zwei verschiedene Personen, gleichberechtigte Personen. Was Sie sind, bin ich. Du bist ein Mensch, und ich auch. Gott hat beide erschaffen und uns zu getrennten Wesen gemacht. Ich bin von Natur aus nicht an dich gebunden und du nicht an mich. Die Natur macht deine Existenz nicht von mir abhängig und meine nicht von deiner. Ich kann nicht auf deinen Beinen laufen und du nicht auf meinen. Ich kann nicht für dich atmen und du nicht für mich; ich muss für mich atmen und du für dich. Wir sind unterschiedliche Personen und sind alle gleichermaßen mit den Fähigkeiten ausgestattet, die für unsere individuelle Existenz notwendig sind. Als ich dich verließ, nahm ich nichts mit, außer was mir gehörte und schmälerte in keiner Weise deine Mittel, deinen Lebensunterhalt zu verdienen. Deine Fähigkeiten blieben deine und meine wurden ihrem *rechtmäßigen* Besitzer nützlich. Ich sehe daher in keinem Teil der Transaktion etwas Falsches. Es ist wahr, ich ging heimlich weg; aber das war eher deine Schuld als meine. Hätte ich dich in das Geheimnis eingeweiht, hättest du das Unternehmen völlig vereitelt; ohne diese hätte ich dich wirklich gern über meine Absichten, wegzugehen, informiert.

Sie möchten vielleicht wissen, wie mir meine gegenwärtige Lage gefällt. Ich kann mit Fug und Recht sagen, dass sie der von Maryland bei weitem vorzuziehen ist. Ich bin jedoch keineswegs gegen den Staat als solchen voreingenommen. Seine Geographie, sein Klima, seine Fruchtbarkeit und seine Produkte machen ihn zu einem sehr wünschenswerten Wohnort für jeden Menschen; und wenn es dort keine Sklaverei gäbe, wäre es nicht unmöglich, dass ich meinen Wohnsitz wieder in diesem Staat aufschlagen würde. Es ist nicht so, dass ich Maryland weniger liebe, aber die Freiheit mehr. Sie werden überrascht sein zu erfahren, dass die Menschen im Norden der seltsamen Wahnvorstellung unterliegen, dass die Sklaven im Süden in Scharen in den Norden strömen würden, wenn sie befreit würden. Dies ist jedoch keineswegs der Fall, denn in diesem Fall würden Sie viele alte und vertraute Gesichter wieder im Süden sehen. Tatsächlich gibt es hier nur wenige, die im Falle einer Befreiung nicht in den Süden zurückkehren würden. Wir wollen im Land unserer Geburt leben und unsere Gebeine an der Seite unserer Väter begraben; und nichts weniger als eine intensive Liebe zur persönlichen Freiheit hält uns vom Süden fern. Aus diesem Grund würden die meisten von uns von einer Brotkruste und einer Tasse kaltem Wasser leben.

Seit ich euch verlassen habe, habe ich eine Menge Erfahrungen gemacht. Ich habe Stationen bekleidet, von denen ich als Sklave nie geträumt hätte. Drei der zehn Jahre seit ich euch verlassen habe, verbrachte ich als einfacher Arbeiter auf den Kais von New Bedford, Massachusetts. Dort verdiente ich meinen ersten freien Dollar. Er gehörte mir. Ich konnte ihn ausgeben, wie es mir gefiel. Ich konnte Schinken oder Heringe damit kaufen, ohne irgendjemanden um etwas zu bitten. Das war ein kostbarer Dollar für mich. Erinnerst du dich, als ich in Baltimore sieben, acht oder sogar neun Dollar die Woche verdiente, nahmst du mir jeden Samstagabend jeden Cent davon ab und sagtest, ich gehöre dir, und mein Verdienst auch. Mir hat dieses Verhalten deinerseits nie gefallen – gelinde gesagt, ich fand es ein wenig gemein. Ich hätte dir nie so gedient. Aber lassen wir das beiseite. Als ich zum ersten Mal in New Bedford landete, war ich ein wenig ungeschickt dabei, Geld auf neuenglische Art zu zählen. Mehrmals war ich nahe daran, mich selbst zu verraten. Ich ertappte mich dabei, phip für vier Pence zu sagen; und einmal beschuldigte mich ein Mann tatsächlich, ein Ausreißer zu sein, woraufhin ich dumm genug war, selbst einer zu werden, indem ich vor ihm davonlief, denn ich hatte große Angst, er könnte Maßnahmen ergreifen, um mich wieder in die Sklaverei zu bringen, ein Zustand, den ich damals mehr fürchtete als den Tod.

Ich lernte jedoch bald, Geld zu zählen und es zu verdienen, und kam prima zurecht. Ich heiratete bald, nachdem ich Sie verlassen hatte; tatsächlich war ich verlobt, bevor ich Sie verließ; und anstatt meine Gefährtin als Last zu empfinden, war sie eine echte Gehilfin. Sie ging in den Dienst und ich arbeitete auf dem Kai, und obwohl wir im ersten Winter hart arbeiteten, lebten wir nie glücklicher. Nachdem ich drei Jahre in New Bedford geblieben war, traf ich William Lloyd Garrison, eine Person, von der Sie *möglicherweise* gehört haben, da er unter Sklavenhaltern ziemlich allgemein bekannt ist. Er legte mir in den Kopf, dass ich mich der Sache der Sklaven nützlich machen könnte, indem ich einen Teil meiner Zeit darauf verwenden könnte, meine eigenen Sorgen und die anderer Sklaven zu erzählen, die mir aufgefallen waren. Dies war der Beginn eines höheren Daseinszustands, als ich je angestrebt hatte. Ich wurde in die reinste, aufgeklärteste und wohlwollendste Gesellschaft eingeführt, die das Land zu bieten hat. Unter diesen habe ich

Sie nie vergessen, sondern Sie immer zum Gesprächsthema gemacht – und Ihnen so so viel Bekanntheit verschafft, wie ich nur konnte. Ich muss Ihnen nicht sagen, dass die Meinung, die man sich in diesen Kreisen über Sie bildet, alles andere als positiv ist. Sie haben wenig Respekt für Ihre Ehrlichkeit und noch weniger für Ihre Religion.

Aber ich wollte Ihnen nun etwas von meiner interessanten Erfahrung erzählen. Ich hatte die ausgezeichnete Gesellschaft, von der ich gesprochen habe, noch nicht lange genossen, als das Licht ihrer Vortrefflichkeit einen wohltuenden Einfluss auf meinen Geist und mein Herz ausübte. Ein Großteil meiner anfänglichen Abneigung gegen Weiße war verschwunden, und ihre Sitten, Gewohnheiten und Bräuche, die so ganz anders waren als das, was ich in den Küchenquartieren auf den Plantagen des Südens gewohnt war, bezauberten mich geradezu und ließen mich die groben und erniedrigenden Bräuche meines früheren Standes sehr verabscheuen. Ich bemühte mich daher, meinen Geist und mein Benehmen so zu verbessern, dass ich einigermaßen zu der Stellung passte, zu der ich fast von der Vorsehung berufen zu sein schien. Der Übergang von der Erniedrigung zur Ehrbarkeit war in der Tat groß, und von einer zur anderen zu gelangen, ohne einige Spuren des früheren Standes mit sich zu tragen, ist wahrlich eine schwierige Angelegenheit. Ich möchte nicht, dass Sie denken, ich sei jetzt völlig frei von allen Eigenheiten der Plantage, aber meine Freunde hier, die ihnen gegenüber die größte Abneigung hegen, begegnen mir mit jener Güte, zu der mich mein bisheriges Leben gewissermaßen berechtigt, so dass meine Lage in dieser Hinsicht außerordentlich angenehm ist. Was meine häuslichen Angelegenheiten betrifft, kann ich mich einer ebenso komfortablen Wohnung wie Ihrer rühmen. Ich habe eine fleißige und gepflegte Gesellschafterin und vier liebe Kinder – das älteste ein neunjähriges Mädchen und drei nette Jungen, der älteste acht, die nächsten sechs und der jüngste vier Jahre alt. Die drei ältesten gehen jetzt regelmäßig zur Schule – zwei können lesen und schreiben und der andere kann zweisilbige Wörter mit einigermaßener Genauigkeit buchstabieren. Meine lieben Freunde! Sie liegen alle in bequemen Betten und schlafen tief und fest, vollkommen sicher unter meinem eigenen Dach. Es gibt hier keine Sklavenhalter, die mir das Herz zerreißen, indem sie sie aus meinen Armen reißen, oder die die liebsten Hoffnungen einer Mutter zerstören, indem sie sie aus ihrer Brust reißen. Diese lieben Kinder sind unsere – nicht um sie zu Reis, Zucker und Tabak zu verarbeiten, sondern um über sie zu wachen, sie zu achten und sie zu beschützen und sie mit der Erziehung und Ermahnung des Evangeliums aufzuziehen – um sie auf den Pfaden der Weisheit und Tugend zu erziehen und sie, soweit wir können, für die Welt und für sich selbst nützlich zu machen. Oh, Sir, ein Sklavenhalter erscheint mir nie so sehr als ein Agent der Hölle, wie wenn ich an meine lieben Kinder denke und sie anschaue. Dann geraten meine Gefühle außer Kontrolle. Ich wollte mehr über mein eigenes Wohlergehen und Glück sagen, aber die Gedanken und Gefühle, die durch diese Erzählung in mir geweckt wurden, ermöglichen es mir nicht, in dieser Richtung weiterzugehen. Die grimmigen Schrecken der Sklaverei erheben sich in all ihrer grausigen Angst vor mir; das Wehklagen von Millionen durchbohrt mir das Herz und lässt mir das Blut in den Adern gefrieren. Ich erinnere mich an die Kette, den Knebel, die blutige Peitsche; die todesgleiche Düsternis, die den gebrochenen Geist des gefesselten Sklaven überschattet; die entsetzliche Bürde, dass er von Frau und Kindern weggerissen und wie ein Tier auf dem Markt verkauft wurde. Sagen Sie nicht, dass dies ein Hirngespinst ist. Sie wissen genau, dass ich Striemen auf meinem Rücken trage, die mir auf Ihr Geheiß zugefügt wurden; und dass Sie, als wir Brüder in derselben Kirche waren, dafür sorgten, dass diese rechte Hand, mit der ich jetzt diesen Brief schreibe, eng an meine linke gebunden wurde, und dass ich an der Mündung der Pistole fünfzehn Meilen weit von der Bay Side nach Easton geschleift wurde, um wie ein Tier auf dem Markt verkauft zu werden, für das angebliche Verbrechen, dass ich versucht hatte, aus Ihrem Besitz zu entkommen. All dies und mehr erinnern Sie sich und wissen, dass es nicht nur auf Sie selbst, sondern auf fast alle Sklavenhalter in Ihrer Umgebung zutrifft.

In diesem Moment sind Sie wahrscheinlich der schuldige Besitzer von mindestens drei meiner eigenen lieben Schwestern und meines einzigen Bruders in Knechtschaft. Sie betrachten diese als Ihr Eigentum. Sie sind in Ihrem Hauptbuch verzeichnet oder wurden vielleicht an Menschenfleischhändler verkauft, um unsere eigene, immer hungrige Kasse zu füllen. Sir, ich möchte wissen, wie und wo diese lieben Schwestern sind. Haben Sie sie verkauft? Oder sind sie noch in Ihrem Besitz? Was ist aus ihnen geworden? Leben sie oder sind sie tot? Und meine liebe alte Großmutter, die Sie wie ein altes Pferd zum Sterben in den Wäldern hinausgeworfen haben – lebt sie noch? Schreiben Sie und lassen Sie mich alles über sie wissen. Wenn meine Großmutter noch lebt, ist sie für Sie nicht mehr von Nutzen, denn inzwischen muss sie fast achtzig Jahre alt sein – zu alt, um von jemandem gepflegt zu werden, dem sie nicht mehr von Nutzen ist; schicken Sie sie zu mir nach Rochester oder bringen Sie sie nach Philadelphia, und es wird die Krönung meines Lebens sein, mich in ihrem Alter um sie zu kümmern. Oh! Sie war für mich eine Mutter und ein Vater, soweit harte Arbeit für mein Wohlbefinden sie dazu machen konnte. Schicken Sie mir meine Großmutter! damit ich sie im Alter beschütze und pflegen kann. Und meine Schwestern – lassen Sie mich alles über sie wissen. Ich würde ihnen schreiben und alles über sie erfahren, was ich wissen möchte, ohne Sie in irgendeiner Weise zu stören, aber durch Ihr ungerechtes Verhalten sind sie völlig der Fähigkeit beraubt worden, zu lesen und zu schreiben. Sie haben sie in völliger Unwissenheit gehalten und ihnen daher die süßen Freuden des Schreibens oder Empfangens von Briefen abwesender Freunde und Verwandter genommen. Ihre Bosheit und Grausamkeit, die Sie in dieser Hinsicht an Ihren Mitgeschöpfen begangen haben, sind größer als alle Schläge, die Sie mir oder ihnen auf den Rücken gelegt haben. Es ist ein Angriff auf die Seele, ein Krieg gegen den unsterblichen Geist und einer, für den Sie sich vor dem Gericht unseres gemeinsamen Vaters und Schöpfers verantworten müssen.

Die Verantwortung, die Sie in dieser Hinsicht übernommen haben, ist wahrhaftig schrecklich, und es ist unglaublich, wie Sie all die Jahre darunter wanken konnten. Ihr Verstand muss sich verfinstern, Ihr Herz verhärtet, Ihr Gewissen gebrandmarkt und versteinert sein, sonst hätten Sie die verfluchte Last längst abgeworfen und Erleichterung bei einem sündenvergebenden Gott gesucht. Wie, lassen Sie mich fragen, würden Sie mich ansehen, wenn ich in einer dunklen Nacht in Begleitung einer Bande hartgesottener Schurken in Ihr elegantes Anwesen eindringe und Ihre eigene reizende Tochter Amanda entführe und sie von Ihrer Familie, Ihren Freunden und allen geliebten Menschen ihrer Jugend entführe – sie zu meiner Sklavin mache – sie zur Arbeit zwinge und ihren Lohn nehme – ihren Namen in mein Hauptbuch als Eigentum eintrage – ihre persönlichen Rechte missachte – die Kräfte ihrer unsterblichen Seele fessele, indem ich ihr das Recht und Privileg verweigere, Lesen und Schreiben zu lernen – sie grob ernähre – sie spärlich kleide und ihr gelegentlich auf den nackten Rücken peitsche; mehr und noch schrecklicher, sie schutzlos zurücklassen – ein erniedrigtes Opfer der brutalen Lust teuflischer Aufseher, die ihre schöne Seele beschmutzen, verderben und vernichten – ihr alle Würde rauben – ihre Tugend zerstören und in ihrer Person alle Vorzüge vernichten würden, die den Charakter einer tugendhaften Frau schmücken? Ich frage, wie würden Sie mich betrachten, wenn ich mich so verhielte? Oh! Der Wortschatz der Verdammten würde kein Wort hergeben, das teuflisch genug wäre, um Ihre Vorstellung von meiner gottesfürchtigen Schlechtigkeit auszudrücken. Doch, Sir, Ihre Behandlung meiner geliebten Schwestern ist in allen wesentlichen Punkten genau wie der Fall, den ich jetzt angenommen habe. So verdammend eine solche Tat meinerseits auch wäre, sie wäre nicht verdammender als das, was Sie an mir und meinen Schwestern begangen haben.

Ich werde diesen Brief nun beenden; Sie werden nichts mehr von mir hören, es sei denn, Sie lassen mich von sich hören. Ich beabsichtige, Sie als Waffe einzusetzen, um das System der Sklaverei anzugreifen – als Mittel, um die öffentliche Aufmerksamkeit auf das System zu lenken und den Schrecken des Handels mit Seelen und Körpern von Menschen zu vertiefen. Ich werde Sie einsetzen, um den Charakter der amerikanischen Kirche und des Klerus aufzudecken – und als Mittel, um diese schuldige Nation, zusammen mit Ihnen, zur Reue zu bringen. Dabei hege ich keinen Groll gegen Sie persönlich. Es gibt kein Dach, unter dem Sie sicherer wären als unter meinem, und es gibt nichts in meinem Haus, was Sie für Ihren Komfort benötigen könnten, was ich Ihnen nicht bereitwillig gewähren würde. Tatsächlich würde ich es als Privileg betrachten, Ihnen ein Beispiel dafür zu geben, wie die Menschheit einander behandeln sollte.

Ich bin dein Mitmensch, aber nicht dein Sklave.

DIE NATUR DER SKLAVEREI.
Auszug aus einer Vorlesung über Sklaverei in Rochester,

1. Dezember 1850

Mehr als zwanzig Jahre meines Lebens verbrachte ich in Sklaverei. Meine Kindheit war von den verhängnisvollen Besonderheiten des Sklavensystems geprägt. Ich wuchs in Gegenwart dieses vielköpfigen Monsters zum Mann heran – nicht als Herr, nicht als müßiger Zuschauer, nicht als Gast des Sklavenhalters, sondern als SKLAVE, der das Brot aß und den Kelch der Sklaverei mit den erniedrigsten meiner Sklavenbrüder trank und mit ihnen alle schmerzhaften Bedingungen ihres elenden Schicksals teilte. In Anbetracht dieser Tatsachen fühle ich, dass ich das Recht habe, zu sprechen, und zwar mit Nachdruck . Doch, meine Freunde, ich fühle mich verpflichtet, die Wahrheit zu sagen.

So aufreibend die Grausamkeiten waren, denen ich ausgesetzt war, so bitter die Prüfungen, die ich durchmachen musste, so aufreibend die Demütigungen, die meiner Männlichkeit zugefügt wurden und noch immer werden, so sehe ich darin doch keine Entschuldigung für die geringste Abweichung von der Wahrheit in der Behandlung irgendeines Teils dieses Themas.

Zunächst werde ich, so gut ich kann, die rechtlichen und sozialen Beziehungen zwischen Herr und Sklave darlegen. Ein Herr ist jemand – um es im Vokabular der Südstaaten auszudrücken – der ein Eigentumsrecht an der Person eines Mitmenschen beansprucht und ausübt. Dies tut er mit der Kraft des Gesetzes und der Sanktion der Religion des Südens. Das Gesetz gibt dem Herrn absolute Macht über den Sklaven. Er darf ihn arbeiten lassen, auspeitschen, vermieten, verkaufen und in bestimmten Fällen *töten* , ohne dafür bestraft zu werden. Der Sklave ist ein Mensch, der aller Rechte beraubt ist – er wird auf die Ebene eines Tieres herabgesetzt – ein bloßer „Besitz" in den Augen des Gesetzes – er wird aus dem Kreis der menschlichen Brüderschaft ausgeschlossen – er wird von seiner Art abgeschnitten – sein Name, den der „schreibende Engel" im Himmel unter die Gesegneten eingetragen haben mag, wird gottlos in das *Hauptbuch eines Herrn eingetragen* , zusammen mit Pferden, Schafen und Schweinen. Vor dem Gesetz hat der Sklave keine Frau, keine Kinder, kein Land und kein Zuhause. Er kann nichts besitzen, nichts besitzen, nichts erwerben, außer was einem anderen gehören muss. Die Früchte seiner eigenen Arbeit zu essen, sich mit der Arbeit seiner eigenen Hände zu bekleiden, gilt als Diebstahl. Er schuftet, damit ein anderer die Früchte ernten kann; er ist fleißig, damit ein anderer müßig leben kann; er isst ungeschältes Mehl, damit ein anderer Brot aus feinem Mehl essen kann; er schuftet zu Hause in Ketten unter der brennenden Sonne und beißenden Peitschenhieben, damit ein anderer bequem und prächtig im Ausland reiten kann; er lebt in Unwissenheit, damit ein anderer erzogen werden kann; er wird misshandelt, damit ein anderer erhoben werden kann; er legt seine von der Arbeit gezeichneten Glieder auf den kalten, feuchten Boden, damit ein anderer auf dem weichsten Kissen ruhen kann; er ist in grobe und zerfetzte Gewänder gekleidet, damit ein anderer in Purpur und feines Leinen gekleidet sein kann; er wird nur durch die elende Hütte geschützt, damit ein Herr in einem prächtigen Herrenhaus wohnen kann; und an diesen Zustand ist er wie durch einen eisernen Arm gebunden.

Aus dieser monströsen Beziehung entspringt ein unaufhörlicher Strom abstoßender Grausamkeiten. Die Begleiterscheinungen des Sklavensystems selbst kennzeichnen es als Abkömmling der Hölle. Um gutes Benehmen zu gewährleisten, verlässt sich der Sklavenhalter auf die Peitsche; um angemessene Demut zu erzeugen, verlässt er sich auf die Peitsche; um das zu tadeln, was er gern als Unverschämtheit bezeichnet, verlässt er sich auf die Peitsche; um den Lohn als Anreiz zur Arbeit zu ersetzen, verlässt er sich auf die Peitsche; um den Geist des Sklaven zu bändigen, seine Männlichkeit zu verrohen und zu zerstören, verlässt er sich auf die Peitsche, die Kette, den Knebel, die Daumenschraube, den Pranger, das Bowiemesser, die Pistole und den Bluthund. Dies sind die notwendigen und unveränderlichen Begleiterscheinungen des Systems. Wo immer Sklaverei zu finden ist, findet man auch diese schrecklichen Instrumente. Ob an der Küste Afrikas unter den wilden Stämmen oder in South Carolina unter den kultivierten und zivilisierten Menschen, die Sklaverei ist dieselbe und ihre Begleiterscheinungen sind dieselben. Es macht keinen Unterschied, ob der Sklavenhalter den Gott der Christen anbetet oder ein Anhänger Mohammeds ist, er ist der Diener derselben Grausamkeit und der Urheber desselben Elends. *Sklaverei* ist immer *Sklaverei;* immer dieselbe widerliche, abscheuliche und verdammende Plage, ob in der östlichen oder in der westlichen Hemisphäre.

Dieses Bild kann noch tiefer gefasst werden. Die physischen Grausamkeiten sind in der Tat quälend und abstoßend genug, aber verglichen mit dem gewaltigen Unrecht, das sie der geistigen, moralischen und religiösen Natur ihrer hilflosen Opfer zufügen, sind sie wie ein paar Sandkörner am Meeresufer oder ein paar Wassertropfen im großen Ozean. Nur wenn wir den Sklaven als moralisches und intellektuelles Wesen betrachten, können wir die beispiellose Ungeheuerlichkeit der Sklaverei und die enorme Kriminalität des Sklavenhalters angemessen begreifen. Ich habe gesagt, dass der Sklave ein Mensch war. „Was für ein Meisterwerk ist der Mensch! Wie edel in seiner Vernunft! Wie unendlich in seinen Fähigkeiten! Wie ausdrucksvoll und bewundernswert in Form und Bewegung! Wie engelsgleich in seiner Handlung! Wie gottgleich in seiner Auffassung! Die Schönheit der Welt! Das Musterbeispiel aller Tiere!"

Der Sklave ist ein Mensch, „das Ebenbild Gottes", doch „ein wenig niedriger als die Engel". Er besitzt eine ewige und unzerstörbare Seele, die zu endlosem Glück oder unermesslichem Leid fähig ist, ein Geschöpf voller Hoffnungen und Ängste, voller Zuneigungen und Leidenschaften, voller Freuden und Sorgen. Er ist mit jenen geheimnisvollen Kräften ausgestattet, mit denen der Mensch über die Dinge der Zeit und der Sinne erhaben ist und mit unsterblicher Hartnäckigkeit die erhebende und erhaben herrliche Idee eines Gottes erfasst. Genau *solche* Wesen werden geschlagen und vernichtet. Das erste Werk der Sklaverei besteht darin, jene Eigenschaften ihrer Opfer zu beschädigen und zu verunstalten, die *Menschen* von *Dingen* und *Personen* von *Eigentum unterscheiden* . Ihr erstes Ziel besteht darin, jegliches Gefühl hoher moralischer und religiöser Verantwortung zu zerstören. Sie reduziert den Menschen zu einer bloßen Maschine. Es trennt ihn von seinem Schöpfer, verbirgt die Gesetze Gottes vor ihm und lässt ihn von Zeit zu Ewigkeit im Dunkeln tappen, unter der willkürlichen und despotischen Kontrolle eines schwachen, verdorbenen und sündigen Mitmenschen. So wie der Schlangenbeschwörer Indiens gezwungen ist, seiner giftigen Beute die tödlichen Zähne zu ziehen, bevor er sie ungestraft angreifen kann, so muss der Sklavenhalter das Gewissen des Sklaven zerstören, bevor er die völlige Herrschaft über sein Opfer erlangen kann.

Die erste Aufgabe des Menschenversklavers ist es also, das zentrale Prinzip menschlicher Verantwortung abzustumpfen, abzutöten und zu zerstören. Das Gewissen ist für die Seele des Einzelnen und für die Gesellschaft das, was das Gravitationsgesetz für das Universum ist. Es hält die Gesellschaft zusammen; es ist die Grundlage allen Vertrauens und aller Zuversicht; es ist die Säule aller moralischen Rechtschaffenheit. Ohne es würde Misstrauen den Platz des Vertrauens einnehmen; das Laster wäre der Tugend mehr als gewachsen; die Menschen würden einander wie die wilden Tiere der Wüste nachstellen und die Erde würde zur Hölle *werden* .

Auch ist Sklaverei nicht schädlicher für das Gewissen als für den Verstand. Dies wird durch die Tatsache belegt, dass es in jedem Bundesstaat der amerikanischen Union, in dem Sklaverei existiert, mit Ausnahme des Bundesstaates Kentucky, Gesetze gibt, die die Bildung von Sklaven strikt verbieten. Das Verbrechen, einem Sklaven das Lesen beizubringen, wird mit hohen Geld- und Gefängnisstrafen und in einigen Fällen sogar mit dem *Tod bestraft* .

Auch die Gesetze zu diesem Thema sind keine toten Buchstaben. Es mag Fälle geben, in denen sie missachtet werden, und es mag einige Beispiele geben, in denen Sklaven lesen gelernt haben; aber das sind Einzelfälle und bestätigen nur die Regel. Die große Masse der Sklavenhalter betrachtet die Bildung der Sklaven als absolut subversiv gegenüber dem Sklavensystem. Ich erinnere mich noch gut daran, als meine Herrin meinem Herrn zum ersten Mal mitteilte, dass sie entdeckt hatte, dass ich lesen konnte. Sein Gesicht errötete sofort vor Überraschung und Kummer. Er sagte: „Ich war ruiniert und mein Wert als Sklave zerstört; ein Sklave sollte nichts anderes wissen, als seinem Herrn zu gehorchen; einem Neger einen Zoll zu geben würde dazu führen, dass er eine Elle nimmt; nachdem ich lesen gelernt hatte, würde ich bald schreiben lernen wollen; und bald würde ich davonlaufen." Ich denke, mein Publikum wird die Richtigkeit dieser Philosophie und die buchstäbliche Erfüllung dieser Prophezeiung bezeugen.

Im Süden ist man sich vollkommen darüber im Klaren, dass die Erziehung eines Sklaven bedeutet, ihn mit der Sklaverei unzufrieden zu machen und ihm eine Macht zu verleihen, die ihm die Schätze der Freiheit öffnet. Und da es das Ziel des Sklavenhalters ist, die vollständige Autorität über seinen Sklaven aufrechtzuerhalten, übt er ständige Wachsamkeit aus, um alles zu verhindern, was die Stabilität seiner Autorität beeinträchtigt oder gefährdet. Da Bildung zu den bedrohlichen Einflüssen gehört und vielleicht der gefährlichste ist, wird sie daher am vorsichtigsten vermieden.

Es stimmt, dass wir nicht oft von der Durchsetzung des Gesetzes hören, das das Unterrichten von Sklaven im Lesen als Verbrechen bestraft, aber das liegt nicht daran, dass es an Bereitschaft mangelt, es durchzusetzen. Der wahre Grund oder die wahre Erklärung für die Sache ist folgender: Unter der weißen Bevölkerung im Süden herrscht die größte Einigkeit in der Meinung, die Sklaven in Unwissenheit zu halten. Es gibt vielleicht noch einen anderen Grund, warum das Gesetz gegen Bildung so selten verletzt wird. Der Sklave ist zu arm, um einen weißen Mann dazu zu verleiten, es zu verletzen; und es ist nicht anzunehmen, dass in einer Gemeinschaft, in der die moralische und religiöse Einstellung für die Sklaverei ist, viele Märtyrer gefunden werden, die ihre Freiheit und ihr Leben opfern, indem sie diese Verbotsverordnungen verletzen.

In der Regel herrscht also Dunkelheit über den Wohnstätten der Versklavten, und „wie groß ist diese Dunkelheit!"

Manchmal wird uns von der Zufriedenheit der Sklaven erzählt und wir werden mit lebhaften Bildern ihres Glücks unterhalten. Uns wird erzählt, dass sie oft tanzen und singen; dass ihre Herren ihnen häufig Dinge geben, mit denen sie sich amüsieren können; kurz gesagt, dass sie wenig zu beklagen haben. Ich gebe zu, dass der Sklave manchmal singt, tanzt und fröhlich zu sein scheint. Aber was beweist das? Es beweist meiner Meinung nach nur, dass die Sklaverei, obwohl sie mit tausend Stacheln bewaffnet ist, den elastischen Geist des Sklaven nicht völlig töten kann. Dieser Geist wird sich erheben und umherziehen, trotz Peitschen und Ketten, und gelegentlich Tropfen der Freude und Fröhlichkeit aus dem Kelch der Natur ziehen. Es ist weder dem Sklavenhalter noch der Sklaverei zu verdanken, dass der lebhafte Gefangene manchmal in seinen Ketten tanzt; seine Fröhlichkeit in solchen Situationen steht vor Gott als anklagender Engel gegen seinen Sklavenhalter.

Die Gegner der Anti-Sklaverei-Bewegung sagen oft, die Lage des irischen Volkes sei beklagenswerter als die der amerikanischen Sklaven. Es liegt mir fern, die Leiden des irischen Volkes zu unterschätzen. Es wurde lange Zeit unterdrückt, und dasselbe Herz, das mich dazu bewegt, die Sache der amerikanischen Leibeigenen zu vertreten, macht es mir unmöglich, kein Mitgefühl für die Unterdrückten aller Länder zu haben. Dennoch muss ich sagen, dass es zwischen den beiden Fällen keine Analogie gibt. Der Ire ist arm, aber er ist kein Sklave. Er mag in Lumpen sein, aber er ist kein Sklave. Er ist immer noch Herr seines eigenen Körpers und kann mit dem Dichter sagen: „Die Hand von Douglass gehört ihm." „Die Welt liegt vor ihm, er kann wählen." Und so gering meine Meinung über das britische Parlament auch sein mag, ich kann nicht glauben, dass es jemals so tief in Niedertracht sinken wird, dass es ein Gesetz zur Wiederergreifung flüchtiger Iren verabschiedet! Die Schande und der Skandal der Entführung werden noch lange Zeit ausschließlich vom amerikanischen Kongress monopolisiert werden. Der Ire hat nicht nur die Freiheit, aus seinem Land auszuwandern, sondern er hat auch die Freiheit, in seiner Heimat zu leben. Er kann schreiben, sprechen und sich für die Durchsetzung seiner Rechte und die Wiedergutmachung seines Unrechts einsetzen.

Die Massen können sich auf allen grünen Hügeln und fruchtbaren Ebenen der Grünen Insel versammeln; sie können ihre Beschwerden vorbringen und ihre Wünsche ungehindert verkünden; und die Presse, dieser „schnell geflügelte Bote", kann die Kunde von ihrem Tun bis an die äußersten Enden der zivilisierten Welt tragen. Sie haben ihren „Versöhnungssaal" an den Ufern des Liffey, ihre Reformclubs und ihre Zeitungen; sie verabschieden Resolutionen, senden Ansprachen und genießen das Petitionsrecht. Aber wie steht es mit dem amerikanischen Sklaven? Wo darf er sich versammeln? Wo ist sein Versöhnungssaal? Wo sind seine Zeitungen? Wo ist sein Petitionsrecht? Wo ist seine Redefreiheit? Seine Pressefreiheit? Und sein Recht auf Freizügigkeit? Er gilt als glücklich; glückliche Menschen dürfen sprechen. Aber fragen Sie den Sklaven, wie es ihm geht – wie sein Geisteszustand ist – was er von der Versklavung hält? Und Sie könnten Ihre Fragen ebenso gut an die *stummen Toten richten*. Von den Versklavten kommt keine *Stimme* . Es bleibt uns nichts anderes übrig, als uns seine Gefühle vorzustellen, indem wir uns vorstellen, wie unsere Gefühle wären, wenn unsere Seele an seiner Stelle wäre.

Selbst wenn es keine andere Tatsache gäbe, die die Sklaverei beschreibt, als die Tatsache, dass der Sklave dumm ist, würde dies allein schon ausreichen, um das Sklavensystem als eine Ansammlung menschlicher Schrecken zu kennzeichnen.

Die meisten Anwesenden werden bemerkt haben, dass führende Männer dieses Landes ihr Können eingesetzt haben, um der Nation Ruhe zu verschaffen. Vor einigen Monaten wurde im Kongress ein Maßnahmenpaket zur Förderung dieses Ziels verabschiedet. Das Ergebnis dieser Maßnahmen ist bekannt. Statt Ruhe haben sie Alarm ausgelöst; statt Frieden haben sie uns Krieg gebracht; und so muss es immer sein.

Solange diese Nation schuldig ist, drei Millionen unschuldige Männer und Frauen versklavt zu haben, ist es ebenso müßig, an einen gesunden und dauerhaften Frieden zu denken, wie anzunehmen, dass es keinen Gott gibt, der die Angelegenheiten der Menschen wahrnimmt. Solange die Sklaverei im Land fortbesteht, kann es keinen Frieden für die Bösen geben. Sie wird verurteilt werden, und solange sie verurteilt wird, wird es Unruhen geben. Die Natur muss aufhören, Natur zu sein; die Menschen müssen zu Monstern werden; die Menschheit muss verwandelt werden; das Christentum muss ausgerottet werden; alle Vorstellungen von Gerechtigkeit und die Gesetze der ewigen Güte müssen aus der menschlichen Seele ausgelöscht werden – bevor ein so widerwärtiges und höllisches System der Verurteilung entgehen kann oder diese schuldige Republik einen gesunden, dauerhaften Frieden haben kann.

UNMENSCHLICHKEIT DER SKLAVEREI.
Auszug aus einer Vorlesung über Sklaverei in Rochester,

8. Dezember 1850

Die Beziehung zwischen Herr und Sklave wird als patriarchalisch bezeichnet und steht in Güte und Zärtlichkeit nur hinter der zwischen Eltern und Kind. Diese Darstellung wird zweifellos von vielen Menschen im Norden geglaubt; und dies mag zum Teil das mangelnde Interesse erklären, das wir bei Personen finden, von denen wir glauben müssen, dass sie ehrlich und menschlich sind. Was sind also die Fakten? Ich werde hier nicht meine eigenen Erfahrungen mit der Sklaverei zitieren; denn das könnte man als einseitiges Zeugnis bezeichnen. Ich werde nicht die Erklärungen der Abolitionisten zitieren; denn das könnte man als Übertreibung bezeichnen. Ich werde mich nicht auf aus Zeitungen ausgeschnittene Anzeigen stützen; denn das könnte man als Einzelfälle bezeichnen. Aber ich werde Sie auf die Gesetze verweisen, die von den gesetzgebenden Körperschaften der Sklavenstaaten verabschiedet wurden. Ich gebe Ihnen solche Beweise, weil sie weder widerlegt noch geleugnet werden können. Ich halte verschiedene Auszüge aus den Sklavengesetzen unseres Landes in der Hand, aus denen ich zitieren werde. * * *

Wenn das Vorgenannte ein Zeichen von Güte ist, *was ist dann Grausamkeit?* Wenn es elterliche Zuneigung ist, *was ist dann bittere Boshaftigkeit?* Eine grausamere und blutrünstigere Reihe von Gesetzen kann man sich kaum vorstellen. Und doch muss ich sagen, dass sie nicht ausreichen, um die schrecklichen Grausamkeiten zu beschreiben, die in den Sklavenstaaten ständig praktiziert werden.

Ich gebe zu, dass es einzelne Sklavenhalter gibt, die weniger grausam und barbarisch sind, als das Gesetz erlaubt; aber diese bilden die Ausnahme. Die Mehrheit der Sklavenhalter hält es für notwendig, manchmal die äußerste Härte des Gesetzes auszunutzen, um Gehorsam zu gewährleisten, und viele gehen sogar darüber hinaus. Wenn Güte die Regel wäre, würden wir nicht in fast jeder Zeitung im Süden Anzeigen sehen, die hohe Belohnungen für entflohene Sklaven aussetzen und sie als mit Eisen gebrandmarkt, mit Ketten beladen und von der Peitsche gezeichnet beschreiben. Eines der überzeugendsten Zeugnisse gegen die vorgebliche Güte der Sklavenhalter ist die Tatsache, dass unzählige Flüchtlinge jetzt im Dismal Swamp leben und die ungezähmte Wildnis ihrer kultivierten Heimat vorziehen – sie ziehen es vor, Hunger und Durst zu erleiden und mit den wilden Tieren des Waldes umherzustreifen und sich der Gefahr auszusetzen, gejagt und erschossen zu werden, als sich der Autorität gütiger *Herren zu unterwerfen*.

Ich sage euch, meine Freunde, die Menschheit wird niemals zu einem so unnatürlichen Lebensweg getrieben, ohne großes Unrecht zu begehen. Der Sklave findet mehr von der Milch menschlicher Güte in der Brust des wilden Indianers als im Herzen seines *christlichen* Herrn. Er verlässt den Mann der *Bibel* und sucht Zuflucht bei dem Mann des *Tomahawk* . Er rennt vor dem betenden Sklavenhalter in die Pfoten des Bären. Er verlässt die Häuser der Menschen und begibt sich in die Schlupfwinkel der Wölfe. Er zieht es vor, ein Leben voller Prüfungen zu führen , wie bitter diese auch sein mögen, oder den Tod, wie schrecklich er auch sein mag, anstatt sein Leben unter der Herrschaft dieser *gütigen* Herren zu fristen .

Die Verteidiger der Sklaverei sprechen oft von den Missbräuchen der Sklaverei und sagen uns, dass sie diese Missbräuche genauso ablehnen wie wir und dass sie genauso weit gehen würden, diese Missbräuche zu korrigieren und die Lage der Sklaven zu verbessern wie jeder andere. Die Antwort auf diese Ansicht ist, dass die Sklaverei selbst ein Missbrauch ist; dass sie vom Missbrauch lebt und durch die Abwesenheit von Missbrauch stirbt. Nehmen wir an, dass Sklaverei richtig ist; nehmen wir an, dass die Beziehungen zwischen Herr und Sklave unschuldig bestehen können; und es gibt keinen einzigen Verbrechen, das jemals gegen den Sklaven begangen wurde, das nicht durch die Notwendigkeit des Falles entschuldigt werden könnte. Wie wir von einem Sklavenhalter (Reverend AG Few) auf der Methodistenkonferenz sagten: „Wenn die Beziehung richtig ist, sind auch die Mittel, sie aufrechtzuerhalten, richtig“, denn ohne diese Mittel könnte die Sklaverei nicht existieren. Beseitigen Sie die schreckliche Plage – den geflochtenen Riemen – die quälende Fessel – die verfluchte Kette – und lassen Sie den Sklavenhalter sich allein auf moralische und religiöse Macht verlassen, um Gehorsam gegenüber seinen Befehlen zu erzwingen. Wie lange, glauben Sie, würde ein Sklave dann auf seiner Plantage bleiben? Der Fall muss nur dargelegt werden; er bringt seine eigene Widerlegung mit sich.

Ein Mensch kann niemals absolute und willkürliche Macht über den Körper und die Seele eines anderen Menschen ausüben, ohne dies mit brutaler Züchtigung und enormer Grausamkeit zu tun zu haben.

Freundlichkeit zu sprechen, wenn man eine Beziehung eingeht, in der einem Partner Frau, Kinder, sein hart verdientes Geld, sein Heim, Freunde, Gesellschaft, Wissen und all das, was das Leben lebenswert macht, genommen wird.

Ich habe gezeigt, dass die Sklaverei böse ist – böse, weil sie das große Gesetz der Freiheit verletzt, das in jedes menschliche Herz eingeschrieben ist – böse, weil sie das erste Gebot der Zehn Gebote verletzt – böse, weil sie die abscheulichste Zügellosigkeit fördert – böse, weil sie das Bild Gottes durch grausame und barbarische Gewalt beschädigt und verunstaltet – böse, weil sie den Gesetzen der ewigen Gerechtigkeit zuwiderläuft und alle humanen und himmlischen Gebote des Neuen Testaments in den Staub tritt.

Die Übel, die aus diesem gewaltigen System der Ungerechtigkeit resultieren, sind nicht auf die Staaten südlich der Mason- und Dixon-Linie beschränkt. Sein schädlicher Einfluss lässt sich problemlos über unsere gesamten nördlichen Grenzen verfolgen. Er reicht sogar bis in den Norden des Staates New York. Spuren davon sind sogar in Rochester zu sehen; und Reisende haben mir erzählt, dass er seine düsteren Schatten über den See wirft und sich den Ufern der Herrschaftsgebiete von Königin Victoria nähert.

Die Existenz der Sklaverei kann durch die mobokratische Gewalt erklärt werden, die vor kurzem New York und noch vor kurzem Boston in Schande gebracht hat. Diese gewalttätigen Demonstrationen, diese empörenden Eingriffe in die Menschenrechte deuten schwach auf die Existenz und Macht der Sklaverei hier hin. Es ist eine bedeutsame Tatsache, dass in der Stadt Boston zwar Versammlungen zu fast jedem beliebigen Zweck ungestört abgehalten werden können, in derselben Stadt jedoch keine friedliche Versammlung abgehalten werden kann, um die Doktrin der amerikanischen Unabhängigkeitserklärung zu predigen, „dass alle Menschen gleich geschaffen sind". Der pestilenzialische Atem der Sklaverei verdirbt die gesamte moralische Atmosphäre des Nordens und entnervt die moralischen Energien des gesamten Volkes.

Sobald ein Ausländer unseren Boden betritt und eine natürliche Abneigung gegen Unterdrückung äußert, wird ihm klar, dass es in diesem Land wenig Sympathie für ihn gibt. Wurde er vorher mit einem Lächeln begrüßt, begegnet ihm jetzt ein Stirnrunzeln; und es wird ihm gut gehen, wenn er nicht dieser besonders strafenden Methode ausgesetzt ist, der Sklaverei die Treue zu beweisen, nämlich den Angriffen eines Mobs.

Will mir nun jemand erzählen, dass ein solcher Zustand natürlich sei und dass ein solches Verhalten der Menschen im Norden einem Bewusstsein der Rechtschaffenheit entspringe? Nein! Jede Faser des menschlichen Herzens verabscheut die Tyrannei, und nur wenn der menschliche Geist mit der Sklaverei vertraut geworden ist, sich an ihre Ungerechtigkeit gewöhnt hat und durch ihre Selbstsucht verdorben ist, bringt er seine Abscheu vor der Sklaverei nicht zum Ausdruck und frohlockt nicht über die Triumphe der Freiheit.

Die Menschen im Norden sind seit langem mit der Sklaverei verbunden; sie sind mit einem verwesenden Leichnam verbunden, der ihre moralische Gesundheit zerstört hat. Die Einheit der Regierung, die Einheit des Nordens und des Südens in den politischen Parteien, die Einheit in den religiösen Organisationen des Landes haben alle dazu beigetragen, das moralische Empfinden der Menschen im Norden abzutöten und sie mit Gefühlen und

Ideen zu durchdringen, die für immer im Widerspruch zu dem stehen, was wir als Nation als *Genialität der amerikanischen Institutionen* bezeichnen. Richtig betrachtet ist dies eine alarmierende Tatsache und sollte alles Reine, Gerechte und Heilige in einer entschlossenen Anstrengung vereinen, um das Monster der Korruption zu vernichten und „seine schuldigen Profite" in alle Winde zu streuen. In einem hohen moralischen und nationalen Sinne ist das gesamte amerikanische Volk für die Sklaverei verantwortlich und muss seine Schuld und Schande mit den hartnäckigsten Menschendieben des Südens teilen.

Solange die Sklaverei existiert und die Union dieser Staaten fortbesteht, muss jeder amerikanische Bürger den Kummer ertragen, zu hören, wie sein Land vor der Welt als eine Nation von Lügnern und Heuchlern gebrandmarkt wird; und zu sehen, wie auf seine geliebte Flagge mit äußerster Verachtung und Hohn gezeigt wird. Selbst jetzt wird ein Amerikaner *im Ausland* in der Menge als jemand bezeichnet, der aus einem Land kommt, in dem die Menschen ihr Vermögen mit „dem Blut der Seelen" verdienen, aus einem Land der Sklavenmärkte, der Bluthunde und Sklavenjäger; und in manchen Kreisen wird ein solcher Mann als moralische Plage gänzlich gemieden. Ist es dann nicht an der Zeit, dass jeder Amerikaner aufwacht und sich seiner Pflicht in Bezug auf dieses Thema bewusst wird?

Wendell Phillips, der eloquente Redner aus Neuengland, sagte nach seiner Rückkehr aus Europa im Jahr 1842: „Als ich an der Küste Genuas stand und das wunderschöne amerikanische Kriegsschiff Ohio mit seinen sich spitz zulaufenden Masten auf den ruhigen Gewässern des Mittelmeers treiben sah, während die Sonne im Osten ihre edle Form auf dem glitzernden Wasser reflektierte und die Blicke der Menge auf sich zog, war mein erster Impuls der Stolz, mich für einen Amerikaner zu halten. Aber als ich daran dachte, dass dieses galante Schiff das erste Mal sein prächtiges Gewand anlegen und seine schlafenden Donner unter den Seiten erwecken würde, um den afrikanischen Sklavenhandel zu verteidigen, errötete ich vor *Scham* für mein Land."

Lassen Sie es mich noch einmal sagen: *Die Sklaverei ist sowohl die Sünde als auch die Schande des amerikanischen Volkes.* Sie ist ein Schandfleck für den amerikanischen Namen und die einzige nationale Schande, die einen Amerikaner angesichts einer monarchischen Regierung beschämt den Kopf hängen lassen muss.

Angesichts dieses gigantischen Übels im Land wird uns ständig gesagt, wir sollten *nach Hause schauen.* Wenn wir etwas gegen gekrönte Häupter sagen, wird auf unsere Millionen versklavter Menschen verwiesen. Wenn wir davon sprechen, Missionare und Bibeln ins Ausland zu schicken, wird auf die drei Millionen verwiesen, die jetzt in einer schlimmeren als heidnischen Finsternis liegen. Wenn wir ein Wort des Mitgefühls für Kossuth und seine ungarischen entflohenen Brüder aussprechen, wird auf jenes schreckliche und höllisch schwarze Gesetz verwiesen, das „Gesetz über entflohene Sklaven".

Die Sklaverei schwächt die Schärfe all unserer Kritik an der Tyrannei im Ausland – die Kritik, die wir an anderen Nationen üben, ruft nur Spott, Verachtung und Hohn hervor. Kurz gesagt, wir werden zu einem Vorwurf und einem Gespött einer spöttischen Erde gemacht, und das muss auch so bleiben, solange die Sklaverei unseren Boden weiterhin verschmutzt.

Wir haben in letzter Zeit viel von der Tugend des Patriotismus, der Vaterlandsliebe usw. gehört, und dieses so natürliche und starke Gefühl wurde von allen Kräften menschlicher Selbstsucht pietätlos ausgenutzt, um die Viper zu hegen, die unser nationales Leben auslöscht. In ihrem Namen wurden wir aufgefordert, unsere Schande vor der Welt zu vertiefen, die Fesseln fester um die Glieder der Versklavten zu legen und völlig unempfindlich gegenüber der Stimme menschlichen Leids zu werden, die uns mit jedem Südwind entgegenweht. In ihrem Namen wurden wir aufgefordert, unser ganzes Land durch die Fußstapfen von Sklavenjägern zu entweihen und uns sogar in das schreckliche Geschäft der Entführung zu verwickeln.

Auch ich möchte den Geist des Patriotismus anrufen, aber nicht in einem engen und beschränkten Sinn, sondern, so hoffe ich, in einer breiten und männlichen Bedeutung. Nicht, um unsere nationalen Sünden zu vertuschen, sondern um uns zu aufrichtiger Reue zu inspirieren. Nicht, um unsere Schande vor den Blicken der Welt zu verbergen, sondern um die Ursache dieser Schande restlos zu beseitigen. Nicht, um unsere eklatanten Widersprüche als Nation zu erklären, sondern um die hasserfüllten, widersprüchlichen und unpassenden Elemente aus dem Land zu entfernen. Nicht, um ein ungeheuerliches Unrecht zu tolerieren, sondern um all unsere Energien in dem großen Bemühen zu vereinen, dieses Unrecht wiedergutzumachen.

Ich möchte den Geist des Patriotismus im Namen des Gesetzes des lebendigen Gottes, des natürlichen und offenbarten, beschwören und im vollen Glauben daran, dass „Gerechtigkeit eine Nation erhöht, während Sünde eine Schande für jedes Volk ist." „Wer gerecht wandelt und aufrichtig spricht, wer den Gewinn aus Unterdrückung verachtet und seine Hände davor hütet, Bestechungsgelder anzunehmen, der wird in der Höhe wohnen, sein Schutzort werden die Felsen sein, Brot wird ihm gegeben, sein Wasser wird ihm sicher sein."

Wir haben in letzter Zeit nicht nur viel von Patriotismus gehört und davon, dass seine Hilfe auf Seiten der Sklaverei und Ungerechtigkeit in Anspruch genommen wird, sondern der Wohlstand dieses Volkes selbst wurde herangezogen, um es für die Stimme der Pflicht taub zu machen und es weiter auf den Pfad der Sünde zu führen. So wurde der Segen Gottes in einen Fluch verwandelt. Im Geiste echten Patriotismus warne ich das amerikanische Volk bei allem, was gerecht und ehrenhaft ist: VORSICHTIG!

Ich warne sie, dass, so stark, stolz und wohlhabend wir auch sein mögen, es eine Macht über uns gibt, die „hohe Blicke herabziehen kann; durch deren Atem unser Reichtum Flügel bekommt; und vor der sich jedes Knie beugen wird"; und wer kann sagen, wie bald der rächende Engel über unser Land hinwegziehen wird und die schwarzen Sklaven, die jetzt in Ketten liegen, zu den Werkzeugen der Züchtigung unserer Nation werden könnten! Ohne an ein höheres Gefühl zu appellieren, möchte ich das amerikanische Volk und die amerikanische Regierung warnen, in ihrer Zeit und Generation weise zu sein. Ich ermahne sie, sich an die Geschichte anderer Nationen zu erinnern; und ich erinnere sie daran, dass Amerika nicht immer „als Königin" in Frieden und Ruhe sitzen kann; dass stolzere und stärkere Regierungen als diese durch die Blitze eines gerechten Gottes zerschmettert wurden; dass die Zeit kommen kann, in der diejenigen, die sie jetzt verachten und hassen, gebraucht werden; in der diejenigen, die sie jetzt durch Unterdrückung zu Feinden zwingen, als Freunde gebraucht werden könnten. Was war, kann wieder sein. Es gibt einen Punkt, über den menschliche Ausdauer nicht hinausgehen kann. Der zerquetschte Wurm kann sich noch unter der Ferse des Unterdrückers wenden. Ich warne sie daher mit aller Ernsthaftigkeit und im Namen der strafenden Gerechtigkeit, *auf ihre Wege zu achten;* denn in einer bösen Stunde können diese schwarzen Waffen, die in den letzten zwei Jahrhunderten damit beschäftigt waren, die schönen Felder unseres Landes zu kultivieren und zu schmücken, noch immer zu Instrumenten des Terrors, der Verwüstung und des Todes innerhalb unserer Grenzen werden.

Es war der Weise des Old Dominion, der sagte – als er von der Möglichkeit eines Konflikts zwischen Sklaven und Sklavenhaltern sprach – „Gott besitzt keine Eigenschaft, die in einem solchen Konflikt Partei für den Unterdrücker ergreifen könnte. Ich zittere für mein Land, wenn ich bedenke, dass Gott *gerecht ist* und dass seine Gerechtigkeit nicht ewig schlafen kann." Dies ist die warnende Stimme von Thomas Jefferson; und die tägliche Erfahrung seit seiner Äußerung bis heute bestätigt seine Weisheit und empfiehlt seine Wahrheit.

WAS IST DER VIERTE JULI FÜR DEN SKLAVEN? Auszug aus einer Rede,

Rochester, 5. Juli 1852

Mitbürger – Verzeihen Sie mir und erlauben Sie mir die Frage: Warum bin ich heute aufgefordert, hier zu sprechen? Was habe ich oder diejenigen, die ich vertrete, mit Ihrer nationalen Unabhängigkeit zu tun? Gelten die großen Prinzipien der politischen Freiheit und der natürlichen Gerechtigkeit, die in dieser Unabhängigkeitserklärung verankert sind, auch für uns? Und bin ich deshalb aufgefordert, unsere bescheidene Opfergabe auf den nationalen Altar zu bringen, die Vorteile zu bekennen und unsere aufrichtige Dankbarkeit für die Segnungen auszudrücken, die uns Ihre Unabhängigkeit gebracht hat?

Wollte Gott, um euretwillen und um unsertwillen, dass diese Fragen wahrheitsgemäß bejaht werden könnten! Dann wäre meine Aufgabe leicht und meine Bürde leicht und angenehm. Denn wer ist so kalt, dass ihn die Sympathie einer Nation nicht erwärmen könnte? Wer ist so verstockt und leblos gegenüber den Forderungen der Dankbarkeit, dass er solche unschätzbaren Wohltaten nicht dankbar anerkennen würde? Wer ist so stur und selbstsüchtig, dass er nicht seine Stimme erheben würde, um die Hallelujas des Jubiläums einer Nation anzustimmen, wenn die Ketten der Knechtschaft von seinen Gliedern gerissen worden sind? Ich bin nicht dieser Mann. In einem solchen Fall könnte der Stumme beredt sprechen und der „Lahme springen wie ein Hirsch".

Aber so ist es nicht. Ich sage es mit einem traurigen Gefühl der Ungleichheit zwischen uns. Ich bin nicht in den Kreisen dieses glorreichen Jahrestages eingeschlossen! Ihre hohe Unabhängigkeit offenbart nur die unermessliche Distanz zwischen uns. Die Segnungen, deren Sie sich heute erfreuen, werden nicht gemeinsam genossen. Das reiche Erbe an Gerechtigkeit, Freiheit, Wohlstand und Unabhängigkeit, das Ihre Väter hinterlassen haben, teilen Sie, nicht ich. Das Sonnenlicht, das Ihnen Leben und Heilung brachte, hat mir Schläge und Tod gebracht. Dieser vierte Juli gehört *Ihnen* , nicht mir. Sie können sich freuen, ich muss trauern. Einen Mann in Fesseln in den großen, erleuchteten Tempel der Freiheit zu schleppen und ihn aufzufordern, sich Ihnen in freudigen Hymnen anzuschließen, war unmenschlicher Spott und blasphem Ironie. Wollen Sie, Bürger, mich verspotten, indem Sie mich bitten, heute zu sprechen? Wenn ja, gibt es eine Parallele zu Ihrem Verhalten. Und ich möchte Sie warnen: Es ist gefährlich, sich an einem Volk zu orientieren, dessen Verbrechen bis zum Himmel ragten und durch den Atem des Allmächtigen zunichte gemacht wurden, wodurch dieses Volk in unwiederbringlichem Ruin begraben wurde! Ich kann heute die klagende Klage eines gequälten und von Elend geplagten Volkes aufnehmen.

„An den Flüssen von Babylon saßen wir. Ja, wir weinten, wenn wir an Zion dachten. Wir hängten unsere Harfen an die Weiden mitten darin. Denn dort verlangten diejenigen, die uns gefangen wegführten, von uns ein Lied; und diejenigen, die uns verwüsteten, verlangten von uns Fröhlichkeit und sagten: Singt uns eines der Lieder von Zion. Wie können wir das Lied des Herrn in einem fremden Land singen? Wenn ich dich vergesse, oh Jerusalem, lass meine rechte Hand ihre Geschicklichkeit vergessen. Wenn ich mich nicht an dich erinnere, lass meine Zunge an meinem Gaumen kleben.“

Mitbürger, über eurer nationalen, stürmischen Freude höre ich das traurige Wehklagen von Millionen, deren Ketten, gestern noch schwer und schmerzhaft, heute durch die jubelnden Rufe, die sie erreichen, noch unerträglicher werden. Wenn ich diese blutenden Kinder des Kummers vergesse, wenn ich mich heute nicht treu an sie erinnere, „möge meine rechte Hand ihre List vergessen und möge meine Zunge an meinem Gaumen kleben!“ Sie zu vergessen, ihre Ungerechtigkeiten leichtfertig zu übergehen und in das populäre Thema einzustimmen, wäre ein höchst skandalöser und schockierender Verrat und würde mich vor Gott und der Welt zur Schande machen. Mein Thema, Mitbürger, ist also die amerikanische Sklavenhaltung. Ich werde diesen Tag und seine populären Merkmale aus der Sicht des Sklaven betrachten. Während ich dort stehe, identifiziert mit dem amerikanischen Sklaven, seine Ungerechtigkeiten zu meinen machend, zögere ich nicht, aus tiefster Seele zu erklären, dass mir der Charakter und das Verhalten dieser Nation nie finsterer erschienen als an diesem 4. Juli. Ob wir uns nun den Erklärungen der Vergangenheit oder den Bekenntnissen der Gegenwart zuwenden, das Verhalten der Nation erscheint gleichermaßen abscheulich und abstoßend. Amerika ist der Vergangenheit und der Gegenwart untreu und verpflichtet sich feierlich, der Zukunft untreu zu sein. An der Seite Gottes und des zermalmten und blutenden Sklaven werde ich bei dieser Gelegenheit im Namen der geschmähten Menschlichkeit, im Namen der gefesselten Freiheit, im Namen der Verfassung und der Bibel, die missachtet und mit Füßen getreten werden, alles in Frage stellen und anprangern, was der Aufrechterhaltung der Sklaverei dient – der großen Sünde und Schande Amerikas! „Ich werde nicht zweideutig sein; ich werde nicht entschuldigen.“ Ich werde die strengste Sprache verwenden, die mir zur Verfügung steht; und doch wird mir kein Wort entgehen, das nicht jeder Mensch, dessen Urteil nicht durch Vorurteile getrübt ist oder der im Herzen kein Sklavenhalter ist, als richtig und gerecht anerkennen würde.

Aber ich glaube, ich höre jemanden aus meinem Publikum sagen: „Genau unter diesen Umständen hinterlassen Sie und Ihre Brüder, die Abolitionisten, keinen positiven Eindruck in der Öffentlichkeit. Würden Sie mehr argumentieren und weniger anprangern, würden Sie mehr überzeugen und weniger tadeln, Ihre Sache hätte viel größere Erfolgschancen." Aber ich behaupte, wo alles klar ist, gibt es nichts zu argumentieren. Welchen Punkt des Anti-Sklaverei-Glaubensbekenntnisses möchten Sie, dass ich argumentiere? Über welchen Zweig des Themas brauchen die Menschen dieses Landes Aufklärung? Muss ich beweisen, dass der Sklave ein Mensch ist? Dieser Punkt ist bereits zugestanden. Niemand bezweifelt ihn. Die Sklavenhalter selbst erkennen ihn an, wenn sie Gesetze für ihre Regierung erlassen. Sie erkennen ihn an, wenn sie Ungehorsam seitens des Sklaven bestrafen. Es gibt 72 Verbrechen im Staat Virginia, die, wenn sie von einem Schwarzen begangen werden (egal wie unwissend er ist), ihn der Todesstrafe aussetzen; während nur zwei dieser Verbrechen einen Weißen der gleichen Strafe aussetzen. Was ist das anderes als die Anerkennung, dass der Sklave ein moralisches, intellektuelles und verantwortliches Wesen ist. Die Männlichkeit des Sklaven wird anerkannt. Sie wird in der Tatsache anerkannt, dass die Gesetzesbücher des Südens voll von Gesetzen sind, die es unter Androhung schwerer Geldbußen und Strafen verbieten, dem Sklaven Lesen oder Schreiben beizubringen. Wenn Sie auf solche Gesetze in Bezug auf die Tiere des Feldes verweisen können, dann kann ich zustimmen, die Männlichkeit des Sklaven zu argumentieren. Wenn die Hunde in Ihren Straßen, wenn die Vögel des Himmels, wenn das Vieh auf Ihren Hügeln, wenn die Fische des Meeres und die kriechenden Reptilien nicht in der Lage sind, den Sklaven von einem Tier zu unterscheiden, dann werde ich mit Ihnen argumentieren, dass der Sklave ein Mensch ist!

Für den Augenblick genügt es, die Gleichberechtigung der Neger zu bekräftigen. Ist es nicht erstaunlich, dass wir, während wir pflügen, pflanzen und ernten, alle Arten von mechanischen Werkzeugen verwenden, Häuser errichten, Brücken bauen, Schiffe bauen, mit Metallen wie Messing, Eisen, Kupfer, Silber und Gold arbeiten; während wir lesen, schreiben und rechnen, als Angestellte, Kaufleute und Sekretäre tätig sind und Anwälte, Ärzte, Pfarrer, Dichter, Autoren, Redakteure, Redner und Lehrer unter uns haben; während wir uns mit allen möglichen Unternehmungen beschäftigen, die auch andere Menschen machen – Gold in Kalifornien schürfen, Wale im Pazifik fangen, Schafe und Rinder auf den Hügeln weiden, leben, uns bewegen, handeln, denken, planen, in Familien als Ehemänner, Ehefrauen und Kinder leben und vor allem den Gott der Christen bekennen und anbeten und hoffnungsvoll auf Leben und Unsterblichkeit nach dem Tod hoffen –, aufgefordert sind zu beweisen, dass wir Menschen sind!

Soll ich argumentieren, dass der Mensch ein Anrecht auf Freiheit hat? Dass er der rechtmäßige Eigentümer seines eigenen Körpers ist? Das haben Sie bereits erklärt. Muss ich argumentieren, dass Sklaverei unrechtmäßig ist? Ist das eine Frage für Republikaner? Soll sie nach den Regeln der Logik und

Argumentation geklärt werden, als eine Angelegenheit, die mit großen Schwierigkeiten behaftet ist, eine zweifelhafte Anwendung des Gerechtigkeitsprinzips beinhaltet und schwer zu verstehen ist? Wie soll ich heute in Gegenwart von Amerikanern auftreten, wenn ich einen Diskurs aufteile und unterteile, um zu zeigen, dass der Mensch ein natürliches Recht auf Freiheit hat, und dabei relativ und positiv, negativ und affirmativ darüber spreche? Damit würde ich mich lächerlich machen und Ihr Verständnis beleidigen. Es gibt keinen Menschen unter dem Himmelszelt, der nicht weiß, dass Sklaverei für *ihn unrecht ist* .

Was? Soll ich argumentieren, dass es falsch ist, Menschen zu Bestien zu machen, ihnen ihre Freiheit zu rauben, sie ohne Lohn arbeiten zu lassen, sie über ihre Beziehungen zu ihren Mitmenschen im Unklaren zu lassen, sie mit Stöcken zu schlagen, ihnen die Haut mit der Peitsche zu häuten, ihre Glieder mit Eisen zu belegen, sie mit Hunden zu jagen, sie auf Auktionen zu verkaufen, ihre Familien auseinander zu reißen, ihnen die Zähne auszuschlagen, ihr Fleisch zu verbrennen, sie durch Hunger zu zwingen, damit sie ihren Herren gehorchen und sich unterwerfen? Soll ich argumentieren, dass ein System, das derart mit Blut befleckt und mit Schmutz befleckt ist, falsch ist? Nein, das werde ich nicht. Ich habe bessere Verwendungsmöglichkeiten für meine Zeit und Kraft, als solche Argumente vermuten lassen würden.

Worüber muss dann noch gestritten werden? Ist die Sklaverei nicht göttlich? Ist sie nicht von Gott geschaffen worden? Sind unsere Theologielehrer im Irrtum? Dieser Gedanke ist Gotteslästerung. Was unmenschlich ist, kann nicht göttlich sein. Wer kann über eine solche Behauptung argumentieren? Wer kann, darf es! Ich kann es nicht. Die Zeit für solche Argumente ist vorbei.

In einer Zeit wie dieser ist beißende Ironie und keine überzeugende Argumentation nötig. Oh! Hätte ich die Fähigkeit und könnte ich das Ohr der Nation erreichen, würde ich heute einen feurigen Strom beißenden Spotts, vernichtender Vorwürfe, vernichtenden Sarkasmus und strenger Rüge ausschütten. Denn wir brauchen nicht Licht, sondern Feuer; wir brauchen nicht den sanften Regenschauer, sondern Donner. Wir brauchen den Sturm, den Wirbelsturm und das Erdbeben. Das Gefühl der Nation muss geweckt werden; das Gewissen der Nation muss geweckt werden; die Anständigkeit der Nation muss erschreckt werden; die Heuchelei der Nation muss entlarvt werden; und ihre Verbrechen gegen Gott und die Menschen müssen verkündet und angeprangert werden.

Was bedeutet der amerikanische Sklave für den 4. Juli? Ich antworte: für einen Tag, der ihm mehr als alle anderen Tage im Jahr die eklatante Ungerechtigkeit und Grausamkeit offenbart, deren Opfer er ständig ist. Für ihn ist eure Feier eine Täuschung; eure gepriesene Freiheit eine unheilige Zügellosigkeit; eure nationale Größe eine anschwellende Eitelkeit; eure Jubelrufe sind leer und herzlos; eure Tyrannenverurteilungen unverhohlene Unverschämtheit; eure Rufe nach Freiheit und Gleichheit hohler Spott; eure Gebete und Hymnen, eure Predigten und Danksagungen mit all eurer religiösen Prachtentfaltung und Feierlichkeit sind für ihn bloße Großspurigkeit, Betrug, Täuschung, Gottlosigkeit und Heuchelei – ein dünner Schleier, um Verbrechen zu vertuschen, die eine Nation von Wilden entehren würden. Es gibt keine Nation auf der Erde, die sich in dieser Stunde schockierender und blutigerer Praktiken schuldig gemacht hätte als die Menschen dieser Vereinigten Staaten.

Gehen Sie, wohin Sie wollen, suchen Sie, wo Sie wollen, durchstreifen Sie alle Monarchien und Despotien der alten Welt, reisen Sie durch Südamerika, gehen Sie jedem Missbrauch auf die Spur, und wenn Sie den letzten gefunden haben, legen Sie Ihre Fakten neben die alltäglichen Praktiken dieser Nation, und Sie werden mit mir sagen, dass Amerika, was abstoßende Barbarei und schamlose Heuchelei angeht, konkurrenzlos regiert.

DER INTERNE SKLAVENHANDEL. Auszug aus einer Rede in Rochester, Juli

5, 1852

Nehmen wir den amerikanischen Sklavenhandel, der, wie uns die Zeitungen berichten, gerade jetzt besonders floriert. Ex-Senator Benton erzählt uns, dass der Menschenpreis nie höher war als jetzt. Er erwähnt dies, um zu zeigen, dass die Sklaverei nicht in Gefahr ist. Dieser Handel ist eine der Besonderheiten der amerikanischen Institutionen. Er wird in allen großen Städten in der Hälfte dieser Konföderation betrieben, und die Händler dieses abscheulichen Handels stecken jedes Jahr Millionen ein. In mehreren Staaten ist dieser Handel eine der Hauptquellen des Reichtums. Er wird (im Gegensatz zum ausländischen Sklavenhandel) *„interner Sklavenhandel "* genannt. Er wird wahrscheinlich auch so genannt, um von dem Schrecken abzulenken, mit dem der ausländische Sklavenhandel betrachtet wird. Dieser Handel wurde von dieser Regierung schon lange als Piraterie angeprangert. Er wurde von den höchsten Stellen der Nation mit brennenden Worten als abscheulicher Handel angeprangert. Um ihn zu stoppen und ihm ein Ende zu bereiten, unterhält diese Nation unter enormen Kosten ein Geschwader an der Küste Afrikas. Überall in diesem Land kann man getrost von diesem Sklavenhandel sprechen, einem höchst unmenschlichen Geschäft, das den Gesetzen Gottes und der Menschen gleichermaßen zuwiderläuft. Sogar unsere *Theologielehrer geben zu, dass es ihre Pflicht ist, ihn auszurotten und zu zerstören* . Um ihm ein Ende zu bereiten, haben einige von ihnen eingewilligt, dass ihre farbigen Brüder (die dem Namen nach frei sind) dieses Land verlassen und sich an der Westküste Afrikas niederlassen. Es ist jedoch eine bemerkenswerte Tatsache, dass, während die Amerikaner so viel Verwünschung über diejenigen ausgießen, die am Sklavenhandel beteiligt sind, die Männer, die am Sklavenhandel zwischen den Staaten beteiligt sind, ohne Verurteilung davonkommen und ihr Geschäft als ehrenhaft gilt.

Betrachten Sie die praktische Umsetzung dieses internen Sklavenhandels — des amerikanischen Sklavenhandels, der von der amerikanischen Politik und Religion unterstützt wird! Hier sehen Sie Männer und Frauen, die wie Schweine für den Markt aufgezogen werden. Wissen Sie, was ein Schweinetreiber ist? Ich werde Ihnen einen Menschentreiber zeigen. Sie bewohnen alle unsere Südstaaten. Sie ziehen durch das Land und verstopfen die Autobahnen der Nation mit Herden von menschlichem Vieh. Sie werden einen dieser Menschenfleischhändler sehen, bewaffnet mit Pistole, Peitsche und Bowiemesser, der eine Gruppe von hundert Männern, Frauen und Kindern vom Potomac zum Sklavenmarkt in New Orleans treibt. Diese elenden Menschen sollen einzeln oder in Partien verkauft werden, je nach Käuferwunsch. Sie sind Nahrung für die Baumwollfelder und die tödliche

Zuckermühle. Achten Sie auf die traurige Prozession, wie sie sich mühsam dahinbewegt, und auf den unmenschlichen Schurken, der sie antreibt. Hören Sie sein wildes Geschrei und seine markerschütternden Flüche, während er seine verängstigten Gefangenen weitertreibt. Dort sehen Sie den alten Mann mit den schütteren, grauen Locken. Werfen Sie bitte einen Blick auf die junge Mutter, deren Schultern in der sengenden Sonne liegen und deren salzige Tränen auf die Stirn des Babys in ihren Armen fallen. Sehen Sie auch das dreizehnjährige Mädchen, das weint, ja, weint, wenn es an die Mutter denkt, von der es getrennt wurde. Die Herde setzt sich langsam in Bewegung. Hitze und Kummer haben ihre Kräfte fast aufgezehrt. Plötzlich hören Sie ein schnelles Knacken, wie den Schuss eines Gewehrs; die Fesseln klirren und die Kette rasseln gleichzeitig; Ihre Ohren werden mit einem Schrei begrüßt, der sich bis ins Innerste Ihrer Seele zu bahnen scheint. Das Knacken, das Sie gehört haben, war das Geräusch der Sklavenpeitsche; der Schrei, den Sie gehört haben, kam von der Frau, die Sie mit dem Baby gesehen haben. Sie war unter dem Gewicht ihres Kindes und ihrer Ketten ins Stocken geraten; der Schnitt an ihrer Schulter sagt ihr, dass sie weitergehen muss. Folgen Sie dieser Herde nach New Orleans. Besuchen Sie die Auktion; sehen Sie, wie Männer wie Pferde untersucht werden; Sehen Sie die Gestalten der Frauen, die den schockierenden Blicken amerikanischer Sklavenkäufer grob und brutal ausgesetzt sind. Sehen Sie, wie diese Herde verkauft und für immer getrennt wird; und vergessen Sie nie das tiefe, traurige Schluchzen, das aus dieser verstreuten Menge erklang. Sagen Sie mir, Bürger, wo unter der Sonne können Sie ein teuflischeres und schockierenderes Schauspiel erleben. Doch dies ist nur ein kurzer Blick auf den amerikanischen Sklavenhandel, wie er derzeit im herrschenden Teil der Vereinigten Staaten stattfindet.

Ich wurde inmitten solcher Anblicke und Szenen geboren. Für mich ist der amerikanische Sklavenhandel eine furchtbare Realität. Als Kind wurde meine Seele oft von einem Gefühl seiner Schrecken durchbohrt. Ich lebte in der Philpot Street, Fell's Point, Baltimore, und habe von den Kais aus die Sklavenschiffe im Becken beobachtet, die mit ihrer Ladung aus Menschenfleisch vor der Küste vor Anker lagen und auf günstige Winde warteten, die sie die Chesapeake Bay hinunterwehten. Damals gab es am Anfang der Pratt Street einen großen Sklavenmarkt, der von Austin Woldfolk betrieben wurde. Seine Agenten wurden in jede Stadt und jeden Bezirk in Maryland geschickt und kündigten ihre Ankunft in den Zeitungen und auf brennenden Handzetteln mit der Überschrift „Bargeld für Neger" an. Diese Männer waren im Allgemeinen gut gekleidet und hatten ein sehr einnehmendes Benehmen; immer bereit zu trinken, zu bewirten und zu spielen. Das Schicksal vieler Sklaven hing vom Umdrehen einer einzigen Karte ab; und so manches Kind wurde seinen Müttern im Zuge von im Zustand brutaler Trunkenheit ausgehandelten Geschäften aus den Armen gerissen.

Die Fleischhändler treiben ihre Opfer zu Dutzenden zusammen und treiben sie angekettet zum Hauptdepot in Baltimore. Wenn sich dort eine ausreichende Zahl angesammelt hat, wird ein Schiff gechartert, um die verlassene Mannschaft nach Mobile oder New Orleans zu bringen. Vom Sklavengefängnis zum Schiff werden sie normalerweise im Dunkel der Nacht gefahren; denn seit der Anti-Sklaverei-Agitation ist eine gewisse Vorsicht geboten.

In der tiefen, stillen Dunkelheit der Mitternacht wurde ich oft von den toten, schweren Schritten und den kläglichen Schreien der angeketteten Banden geweckt, die an unserer Tür vorbeikamen. Die Qual meines jungen Herzens war groß, und es war für mich oft ein Trost, wenn ich morgens mit meiner Herrin sprach und sie sagte, der Brauch sei sehr böse; sie hasste es, das Rasseln der Ketten und die herzzerreißenden Schreie zu hören. Ich war froh, jemanden zu finden, der in meinem Entsetzen Mitgefühl mit mir hatte.

Mitbürger, dieser mörderische Handel ist heute in dieser vielgepriesenen Republik in vollem Gange. In der Einsamkeit meines Geistes sehe ich Staubwolken auf den Autobahnen des Südens aufsteigen; ich sehe die blutigen Schritte; ich höre das klägliche Wehklagen der gefesselten Menschheit auf dem Weg zu den Sklavenmärkten, wo die Opfer wie Pferde, Schafe und Schweine an den Meistbietenden verkauft werden. Dort sehe ich, wie die zärtlichsten Bande rücksichtslos zerbrochen werden, um die Lust, Laune und Gier der Käufer und Verkäufer von Menschen zu befriedigen. Bei diesem Anblick wird mir die Seele übel.

Ist dies das Land, das eure Väter liebten?
Die Freiheit, für deren Gewinn sie hart arbeiteten? Ist dies die Erde, auf der sie zogen? Sind dies die Gräber, in denen sie schlummern?

Aber es bleibt noch ein noch unmenschlicherer, schändlicherer und skandalöserer Zustand zu präsentieren. Durch ein Gesetz des amerikanischen Kongresses, das noch nicht einmal zwei Jahre alt ist, wurde die Sklaverei in ihrer schrecklichsten und abstoßendsten Form verstaatlicht. Durch dieses Gesetz wurde die Linie von Mason und Dixon ausgelöscht; New York wurde zu Virginia; und die Macht, Männer, Frauen und Kinder als Sklaven zu halten, zu jagen und zu verkaufen, ist nicht länger eine bloße staatliche Institution, sondern jetzt eine Institution der gesamten Vereinigten Staaten. Die Macht ist deckungsgleich mit der Sternenbanner und dem amerikanischen Christentum. Wo diese hingehen, kann auch der gnadenlose Sklavenjäger hingehen. Wo diese sind, ist der Mensch nicht heilig. Er ist ein Vogel für die Flinte des Jägers. Durch dieses widerwärtigste und teuflischste aller menschlichen Dekrete werden die Freiheit und die Person eines jeden Menschen in Gefahr gebracht. Ihr weites republikanisches Reich ist ein Jagdrevier für *Menschen* . Nicht nur für Diebe und Räuber, Feinde der

Gesellschaft, sondern für Menschen, die sich keiner Verbrechen schuldig gemacht haben. Ihre Gesetzgeber haben allen guten Bürgern befohlen, sich an diesem höllischen Sport zu beteiligen. Ihr Präsident, Ihr Außenminister, Ihre Lords, Adligen und Geistlichen machen Sie dazu angehalten, diese verfluchte Tat zu begehen, und zwar als eine Pflicht gegenüber Ihrem freien und glorreichen Land und Ihrem Gott. Nicht weniger als vierzig Amerikaner wurden in den letzten zwei Jahren gejagt und ohne Vorwarnung in Ketten weggebracht und der Sklaverei und qualvollen Folter überlassen. Einige von ihnen hatten Frauen und Kinder, die für ihren Lebensunterhalt von ihnen abhängig waren; dies wurde jedoch nicht berücksichtigt. Das Recht des Jägers auf seine Beute steht über dem Recht auf Ehe und allen *Rechten* in dieser Republik, einschließlich der Rechte Gottes! Für Schwarze gibt es weder Gesetz, Gerechtigkeit, Menschlichkeit noch Religion. Das Gesetz über entflohene Sklaven macht Gnade ihnen gegenüber zu einem Verbrechen und besticht den Richter, der sie vor Gericht stellt. Ein amerikanischer Richter BEKOMMT ZEHN DOLLAR FÜR JEDES OPFER, DAS ER DER Sklaverei ÜBERWIES, und fünf, wenn er dies nicht tut. Der Eid zweier Schurken genügt nach diesem höllisch schwarzen Gesetz, um den frommsten und vorbildlichsten Schwarzen in die unbarmherzigen Klauen der Sklaverei zu schicken! Seine eigene Aussage zählt nichts. Er kann keine Zeugen für sich selbst beibringen. Der amerikanische Justizminister ist gesetzlich verpflichtet, nur *eine Seite anzuhören* , und diese Seite ist die Seite des Unterdrückers. Diese vernichtende Tatsache soll immer wieder verkündet werden. Es soll in der ganzen Welt donnernd verkündet werden, dass im Tyrannen tötenden, Könige hassenden, Menschen liebenden, demokratischen, christlichen Amerika die Richterstühle mit Richtern besetzt sind, die ihr Amt unter offener und greifbarer *Bestechung innehaben* und bei Entscheidungen über die Freiheit eines Menschen *nur dessen Ankläger anhören dürfen!*

Dieses Gesetz über entflohene Sklaven ist ein eklatanter Verstoß gegen die Gerechtigkeit, eine schamlose Missachtung der Formen der Rechtspflege, ein schlaues Vorgehen, um die Wehrlosen in die Falle zu locken, und es ist teuflisch inszeniert. Es ist ein einzigartiges Gesetz in den Annalen tyrannischer Gesetzgebung. Ich bezweifle, dass es auf der Welt eine andere Nation gibt, die die Frechheit und Niedertracht besitzt, ein solches Gesetz in die Gesetzesbücher aufzunehmen. Wenn irgendjemand in dieser Versammlung in dieser Angelegenheit anders denkt als ich und sich in der Lage fühlt, meine Aussagen zu widerlegen, werde ich ihn gerne zu jeder geeigneten Zeit und an jedem Ort, den er wählt, zur Rede stellen.

DIE SKLAVEREI-PARTEI.
Auszug aus einer Rede vor der AAS

Gesellschaft, in New York, Mai 1853.

Sir, es ist offensichtlich, dass es in diesem Land eine reine Sklavereipartei gibt – eine Partei, die zu keinem anderen irdischen Zweck existiert, als die Interessen der Sklaverei zu fördern. Die Präsenz dieser Partei ist überall in der Republik spürbar. Sie ist unter keinem bestimmten Namen bekannt und hat keine bestimmte Form angenommen; aber ihre Zweige reichen weit in die Kirche und in den Staat. Diese form- und namenlose Partei ist in anderer und wichtigerer Hinsicht nicht ungreifbar. Diese Partei, Sir, hat sich für eine feste, eindeutige und umfassende Politik gegenüber der gesamten farbigen Bevölkerung der Vereinigten Staaten entschieden. Was diese Politik ist, müssen wir als Abolitionisten und insbesondere die farbigen Menschen selbst in Betracht ziehen und vollständig verstehen. Wir sollten wissen, wer unsere Feinde sind, wo sie sind und was ihre Ziele und Maßnahmen sind. Nun, Sir, hier ist meine Version davon – nicht von mir – aber meine, weil ich sie für wahr halte.

Ich verstehe diese Politik so, dass sie fünf Hauptziele umfasst. Sie sind diese: 1. Die vollständige Unterdrückung aller Diskussionen gegen die Sklaverei. 2. Die Ausbürgerung aller freien farbigen Menschen aus den Vereinigten Staaten. 3. Die endlose Aufrechterhaltung der Sklaverei in dieser Republik. 4. Die Verstaatlichung der Sklaverei in dem Maße, dass die Sklaverei in jedem Bundesstaat der Union respektiert wird. 5. Die Ausweitung der Sklaverei auf Mexiko und alle südamerikanischen Staaten.

Sir, diese Ziele werden uns in der strengen Logik der aktuellen Ereignisse eindringlich vor Augen geführt; in den Tatsachen, die sich in den letzten drei Jahren um uns herum abspielten und abspielten. Das Land war und ist in diesen großen Fragen gespalten. In ihrer Tragweite stellen diese Fragen alle anderen in den Schatten und rauben ihnen alles Leben und jede Vitalität. Alte Parteibindungen sind zerbrochen. Gleiches findet auf beiden Seiten dieser großen Fragen seinesgleichen, und die große Schlacht steht bevor. Im Augenblick ist die Demokratische Partei der beste Vertreter der Sklavenhalterpartei in der Politik. Ihr großes Oberhaupt ist derzeit Präsident Pierce, der vor seiner Wahl damit prahlte, sein ganzes Leben sei im Einklang mit den Interessen der Sklaverei gestanden, und in dieser Hinsicht sei er über jeden Zweifel erhaben. In seiner Antrittsrede beruhigt er den Süden in diesem Punkt. Nun, da der Kopf der Sklavenhaltermacht an der Macht ist, ist es natürlich, dass sich die pro-Sklaverei-Elemente um die Regierung scharen, und das geschieht schnell. Es findet eine Verbrüderung statt. Die strengen Protektionisten und die Freihändler gehen Hand in Hand. Die

Anhänger Fillmores werden zu Anhängern Pierces. Der silbergraue Whig schüttelt dem Demokraten die Hand; ersterer unterscheidet sich von letzterem nur im Namen. Sie sind eines Herzens und einer Meinung, und diese Verbindung ist natürlich und vielleicht unvermeidlich. Beide hassen die Neger; beide hassen den Fortschritt; beide hassen das „höhere Gesetz", beide hassen William H. Seward; beide hassen die freie demokratische Partei, und auf dieser hasserfüllten Grundlage bilden sie eine Verbindung des Hasses. „So werden Pilatus und Herodes zu Freunden." Sogar das Zentralorgan der Whig-Partei streckt seine Bettlerhand nach einem Bissen vom Tisch der Sklavendemokratie aus, und wenn es von denen, die es mehr verdienen, vom Festmahl abgewiesen wird, steckt es die Beleidigung ein; wenn es auf die eine Seite getreten wird, wendet es sich auf die andere und fährt mit seinen Aufdringlichkeiten fort. Tatsache ist, dass die Zeitung die Anforderungen der Zeit begreift; sie versteht das Zeitalter und seine Probleme; es erkennt klugerweise, dass Sklaverei und Freiheit die großen antagonistischen Kräfte im Land sind, und stellt sich auf seine Seite. Silbergraue und Hunker verstehen das alle. Sie lassen daher alle anderen Fragen im Vergleich zu den zunehmenden Anforderungen der Sklaverei schnell in den Hintergrund treten. Sie sammeln, ordnen und konsolidieren ihre Kräfte, um ihre ihnen zugewiesene Aufgabe zu erfüllen.

Der Schlussstein dieser großartigen Union der Sklavenhalterpartei der Vereinigten Staaten ist der Kompromiss von 1850. In diesem Kompromiss sind alle Ziele unserer Sklavenhalterpolitik festgelegt. Es spricht für diese Auffassung der Pläne der Sklavenhaltermacht, dass sowohl die Whigs als auch die Demokratische Partei sich in ihren Versammlungen im Vorfeld der Präsidentschaftswahlen tiefer beugten, tiefer sanken und sich stärker anstrengten, den Forderungen der Sklavenhalterpartei nachzukommen, als jemals zuvor in ihrer Geschichte. Niemals zuvor traten Parteien mit Vorschlägen vor das Volk des Nordens, die eine so unverhohlene Verachtung der moralischen Gefühle und religiösen Ideen dieses Volkes zeigten. Sie forderten es geradezu auf, sich in einem Krieg gegen die freie Meinungsäußerung und das Gewissen zu vereinen und die allmächtige Präsenz aus den Räten der Nation zu vertreiben. Sie stützten ihre Plattformen auf das Gesetz über entflohene Sklaven und baten das Volk kühn um politische Macht, um die schrecklichen und höllisch schwarzen Bestimmungen dieses Gesetzes durchzusetzen. Die Geschichte dieser Wahl zeigt mit großer Klarheit, in welchem Ausmaß die Sklaverei ihren aussätzigen Einfluss auf das Lebensblut der Nation ausgeübt hat. Die Partei, die sich am entschiedensten gegen die Sache der Gerechtigkeit und Menschlichkeit stellte, siegte; während die Partei, die im Verdacht stand, zur Freiheit zu neigen, vernichtend besiegt wurde, manche sagen sogar, vernichtet wurde.

Aber hier ist eine noch wichtigere Tatsache, die die Absichten der Sklavenmacht veranschaulicht. Es ist eine bedeutungsvolle Tatsache, dass, kaum dass die demokratische Sklavereipartei an die Macht gekommen war, den gesetzgebenden Körperschaften der Nordstaaten ein System von Gesetzen vorgelegt wurde, das die Staaten in Einklang mit dem Gesetz über entflohene Sklaven und der bösartigen Haltung der nationalen Regierung gegenüber den farbigen Einwohnern des Landes bringen sollte. Diese ganze Bewegung seitens der Staaten weist darauf hin, dass sie einen Ursprung hatte, von einem Kopf ausging und von einer Macht vorangetrieben wurde. Sie war gleichzeitig, einheitlich und allgemein und hatte ein Ziel. Sie sollte Dornen unter die bereits blutenden Füße legen; ein bereits gebeugtes Volk unterdrücken; ein Volk versklaven, das bereits halb frei war; mit einem Wort, sie sollte die freien farbigen Menschen entmutigen, entmutigen und aus dem Land vertreiben. Wenn man sich das jüngste Gesetz über Schwarze in Illinois ansieht, ist man sprachlos angesichts seiner Ungeheuerlichkeit. Es scheint, als hätten die Männer, die dieses Gesetz erließen, nicht nur jeglichen Sinn für Gerechtigkeit, sondern auch jegliches Schamgefühl aus ihren Köpfen verbannt. Es schlägt kaltherzig vor, die Körper und Seelen der Schwarzen zu verkaufen, um die Intelligenz und Kultiviertheit der Weißen zu steigern; jeden schwarzen Fremden, der sich unter sie wagt, auszurauben, um ihren literarischen Fundus zu vergrößern.

Während dies in den Staaten geschieht, wird in Washington ein politisches Gesundheitsamt eingerichtet, das die Sklaverei befürwortet. Die Senatoren Hale, Chase und Sumner werden eines Teils ihrer senatorischen Würde und Bedeutung als Vertreter souveräner Staaten beraubt, weil sie sich geweigert haben, sich mit dem Sklavereivirus impfen zu lassen. Zu den Leistungen, die ein Senator von seinem Staat zu erbringen hat, gehören viele, die nur in Ausschüssen effizient erbracht werden können; und indem sie diesen ehrenwerten Senatoren sagten, sie sollen nicht in den Ausschüssen dieses Gremiums dienen, übernahm die Sklavereipartei die Verantwortung, die Staaten, die sie entsandt hatten, zu berauben und zu beleidigen. Es ist ein Versuch in Washington, für die Staaten zu entscheiden, wer in den Senat entsandt werden soll. Sir, es fällt mir auf, dass diese Aggression seitens der Sklavenmacht von den geächteten Senatoren nicht mit der Rüge beantwortet wurde, die wir zu Recht erwarten durften. Mir scheint, dass eine Gelegenheit vertan wurde, dass das große Prinzip der Gleichheit der Senatoren zu einer Zeit, als seine Verteidigung streng gefordert wurde, ungeschützt blieb. Aber es ist nicht der Zweck meiner gegenwärtigen Erklärung, das Verhalten unserer Freunde zu kritisieren. Ich bin überzeugt, dass vieles dem Ermessen der Sklavereigegner im Kongress überlassen werden sollte, und dass Vorwürfe der Sklaverei niemals ohne ausreichende Gründe erhoben werden sollten. Denn von allen Orten auf der Welt, an denen ein Sklavereigegner das Vertrauen und die Ermutigung von Freunden braucht, ist Washington meiner Meinung nach der Ort.

Lassen Sie mich nun die Aufmerksamkeit auf die sozialen Einflüsse lenken, die mit der Sklavenpartei des Landes zusammenarbeiten und dazu bestimmt sind, zu einem oder allen der großen Ziele beizutragen, die diese Partei anstrebt. Wir sehen hier, wie der Schwarze in seinen Lebensinteressen angegriffen wird; Vorurteile und Hass werden gegen ihn geweckt; Feindschaft wird zwischen ihm und anderen Arbeitern geschürt. Die Iren, warmherzig, großzügig und mit den Unterdrückten überall sympathisierend, wenn sie auf ihrer eigenen grünen Insel stehen, werden sofort bei ihrer Ankunft in diesem christlichen Land gelehrt, die farbigen Menschen zu hassen und zu verachten. Man lehrt sie zu glauben, dass wir das Brot essen, das ihnen von Rechts wegen gehört. Den Iren wird die grausame Lüge aufgetischt, dass unser Unglück für ihren Wohlstand wesentlich ist. Sir, der Irisch-Amerikaner wird eines Tages seinen Irrtum erkennen. Er wird feststellen, dass er, indem er unseren Beruf annahm, auch unsere Erniedrigung angenommen hat. Aber im Moment sind wir die Leidtragenden. Die alten Beschäftigungen, mit denen wir bisher unseren Lebensunterhalt verdient haben, gehen allmählich und möglicherweise unvermeidlich in andere Hände über. Jede Stunde werden wir aus irgendeiner Beschäftigung gedrängt, um vielleicht Platz für neu angekommene Auswanderer zu machen, deren Hunger und Hautfarbe ihnen angeblich einen Anspruch auf besondere Gunst einräumen. Weiße Männer werden Hausangestellte, Köche und Verwalter, einfache Arbeiter und Lakaien unseres Adels, und soweit ich sehe, fügen sie sich mit aller angemessenen Unterwürfigkeit in ihre Stellungen ein. Diese Tatsache beweist, dass, wenn wir uns nicht zu den Weißen erheben können, die Weißen uns zufallen können. Und jetzt, Sir, schauen Sie noch einmal hin. Während die Farbigen so aus der Beschäftigung gedrängt werden; während die Feindschaft der Auswanderer gegen uns geschürt wird; während ein Staat nach dem anderen Gesetze gegen uns erlässt; während wir wie Wild gejagt und von einem allgemeinen Gefühl der Unsicherheit bedrückt werden — erwacht die amerikanische Kolonialgesellschaft — dieser alte Übeltäter gegen die besten Interessen und Verleumder der Farbigen — zu neuem Leben und drängt dem Volk und der Regierung energisch ihre Pläne auf. Neue Zeitungen werden herausgegeben — einige für den Norden und einige für den Süden — und jede ist in ihrem Ton an ihren Breitengrad angepasst. Die Regierung, auf Landes- und Bundesebene, wird um Mittel gebeten, damit die Gesellschaft uns per Dampfschiff aus dem Land schicken kann! Sie braucht Dampfschiffe, um Briefe und Neger nach Afrika zu transportieren. Offensichtlich betrachtet diese Gesellschaft unsere „Notlage als ihre Chance", und wir können davon ausgehen, dass sie die Gelegenheit gut nutzen wird. Sie bedauert unser Unglück nicht, sondern erfreut sich daran.

Aber, Sir, ich muss mich beeilen. Ich habe so kurz meine Ansicht über einen Aspekt der gegenwärtigen Lage und der Zukunftsaussichten der farbigen Bevölkerung der Vereinigten Staaten dargelegt. Und was ich gesagt habe, ist für mein geplagtes Volk alles andere als ermutigend. Ich habe gesehen, wie sich die Wolken auf den schwarzen Stirnen einiger meiner Zuhörer zusammenzogen. Ich gebe zu, die Lage sieht düster genug aus. Sir, ich bin kein hoffnungsvoller Mann. Ich glaube, ich neige dazu, die Vorteile der Zukunft sogar zu unterschätzen. Doch, Sir, in dieser scheinbar hoffnungslosen Lage verzweifle ich nicht um mein Volk. Fast jedes Bild dieser Art hat eine positive Seite; und unseres ist keine Ausnahme von der allgemeinen Regel. Wenn die Einflüsse gegen uns stark sind, sind auch die für uns stark. Auf die Frage, ob unsere Feinde bei der Ausführung ihrer Pläne obsiegen werden. In meinem Gott und in meiner Seele glaube ich, dass sie *es nicht tun werden* . Sehen wir uns das erste Ziel an, das die Sklavereipartei des Landes anstrebt, nämlich die Unterdrückung der Diskussion gegen die Sklaverei. Sie möchten die Diskussion zu diesem Thema unterdrücken, um den Frieden der Sklavenhalter und die Sicherheit der Sklaverei zu wahren. Nun, Sir, weder das Prinzip noch die hier dargelegten untergeordneten Ziele können durch die Sklavenmacht erreicht werden, und zwar aus folgendem Grund: Es geht darum, den Weißen die Lippen zu verschließen, um die Fesseln an den Gliedern der Schwarzen zu befestigen. Das kostbare und unbezahlbare Recht auf freie Meinungsäußerung *kann und wird* der Sklaverei nicht überlassen werden. Seine Unterdrückung wird, wie ich bereits sagte, gefordert, um den Sklavenhaltern Frieden und Sicherheit zu geben. Sir, das ist nicht möglich. Gott hat einem solchen Ergebnis ein unüberwindliches Hindernis in den Weg gelegt. „ Die Bösen haben *keinen Frieden* , *spricht mein Gott.*" *Angenommen, es wäre* möglich, diese Diskussion zu unterbinden, was würde es dem schuldigen Sklavenhalter nützen, der auf den wogenden Brüsten zerstörter Seelen ruht? Er könnte keinen friedvollen Geist haben. Wenn jede sklavereifeindliche Zunge im Land verstummte, jede sklavereifeindliche Organisation aufgelöst, jede sklavereifeindliche Presse zerstört, jede sklavereifeindliche Zeitschrift, Zeitung, jedes Buch, jede Broschüre oder was auch immer aufgespürt, gesammelt, absichtlich zu Asche verbrannt und die Asche in alle vier Winde des Himmels gestreut würde, könnte der Sklavenhalter immer noch „*keinen Frieden* " haben. In jedem Herzschlag, in jedem Puls seines Lebens, in jedem Blick seines Auges, in der beruhigenden Brise und im aufschreckenden Donner würde ein Ankläger aufwachen, dessen Argument lautet: „Du bist wahrlich schuldig an deinem Bruder."

DIE ANTI-SKLAVEREI-BEWEGUNG.
Auszüge aus einem Vortrag vor verschiedenen

Anti-Sklaverei-Gremien im Winter 1855.

Eine große Bewegung der Menschheit, egal in welche Richtung oder zu welchem Zweck, moralisch oder politisch, ist eine interessante Tatsache, die es zu studieren gilt. Sie ist eine solche, nicht nur für diejenigen, die eifrig daran teilnehmen, sondern auch für diejenigen, die sich davon distanzieren – sogar für diejenigen, die sie ablehnen. Ich halte die Anti-Sklaverei-Bewegung für eine solche, und zwar für eine Bewegung, die in ihrem Charakter ebenso erhaben und glorreich ist wie in den Zielen, die sie zu erreichen versucht. Im Moment, so kann ich wohl mit Sicherheit sagen, beschäftigt sie in diesem Land mehr Köpfe als jedes andere Thema, mit dem sich das amerikanische Volk derzeit beschäftigt. Der verstorbene John C. Calhoun – einer der mächtigsten Männer, die je im amerikanischen Senat vertreten waren – hielt sie nicht für unter seiner Würde; und er studierte sie wahrscheinlich ebenso gründlich, wenn auch nicht so ehrlich, wie Gerrit Smith oder William Lloyd Garrison. Er bewies die größte Vertrautheit mit dem Thema; und die größten Anstrengungen seiner letzten Jahre im Senat bezogen sich direkt auf diese Bewegung. Sein Adlerauge beobachtete jede neue Entwicklung, die damit verbunden war, und er informierte den Süden stets unverzüglich über jeden wichtigen Schritt in seinem Fortschritt. Er erlaubte sich nie, es auf die leichte Schulter zu nehmen, sondern sprach immer davon und behandelte es als eine Angelegenheit von großer Bedeutung; und darin erwies er sich als Meister der geistigen, moralischen und religiösen Verfassung der menschlichen Gesellschaft. Auch Daniel Webster verstand in den besseren Tagen seines Lebens, bevor er dem Gesetz über entflohene Sklaven zustimmte und all seine früheren und besseren Überzeugungen mit Füßen trat – als sein Auge noch ungeteilt war – klar die Natur der Elemente, die in dieser Bewegung involviert waren, und warnte in seiner eigenen majestätischen Beredsamkeit den Süden und das Land, sich davor zu hüten, wie sie versuchten, sie niederzuschlagen. Er ist ein Beispiel dafür, dass es leichter ist, gute Ratschläge zu geben als anzunehmen. Auf diese beiden Männer – die größten Männer, die die Nation je hervorgebracht hat – können die beiden großen Tatsachen der Gegenwart zurückgeführt werden – der Süden triumphierte und der Norden gedemütigt. Ihre Namen mögen so stehen – Calhoun und Herrschaft – Webster und Erniedrigung. Und noch einmal. Wenn dieses Thema für die Feinde der Freiheit von fesselndem Interesse ist, dann sollte es das für die Freunde der Freiheit noch viel mehr sein. Letztere führt es zu den Toren allen wertvollen Wissens – philanthropisch, ethisch und religiös; denn es bringt sie zum Studium des Menschen, das wunderbar und furchterregend gestaltet wurde – dem eigentlichen Studium des Menschen durch alle Zeiten – das offene Buch, in dem die Aufzeichnungen von Zeit und Ewigkeit liegen.

Für die Existenz und Macht der Anti-Sklaverei-Bewegung als Tatsache braucht man keine Beweise. Die Nation hat ihr Gesicht gesehen und den kontrollierenden Druck ihrer Hand gespürt. Sie haben sie in alle Richtungen und bei jedem Wetter und an allen Orten vorrücken sehen, sie hat dort am meisten aufgetaucht, wo sie am wenigsten erwünscht war, und am stärksten Druck ausgeübt, wo der größte Widerstand herrschte. Kein Ort ist davon ausgenommen. Die stille Gebetsversammlung und die stürmischen Hallen der nationalen Debatte teilen ihre Anwesenheit gleichermaßen. Sie ist ein gewöhnlicher Eindringling und hat natürlich den Ruf, unhöflich zu sein. Brüder, die lange in der liebevollsten Inbrunst und mit dem größten Gefühl der Sicherheit gesungen hatten,

Lasst uns zusammen süß leben – lasst uns zusammen sterben,

wurden dadurch plötzlich und gewaltsam getrennt und stehen sich nun feindselig gegenüber. Die Methodisten, eine der mächtigsten religiösen Organisationen dieses Landes, wurden auseinandergerissen, und ihre stärksten Bolzen konfessioneller Brüderlichkeit brachen mit einem einzigen Stoß los. Sie hat den Ton der nördlichen Kanzel verändert und den der Presse modifiziert. Ein berühmter Geistlicher, der vor vier Jahren dafür war, seine eigene Mutter oder seinen Bruder in die unbarmherzigen Klauen des Monsters Sklaverei zu werfen, damit es nicht die Union verschlinge, erkennt jetzt die Anti-Sklaverei als ein Merkmal der zukünftigen Zivilisation an. Zeichen und Wunder folgen dieser Bewegung, und die soeben erwähnte Tatsache ist eines davon. Parteibindungen werden dadurch gelockert, und die Menschen sind gezwungen, Partei für oder gegen sie zu ergreifen, ob sie wollen oder nicht. Woher er auch kommen mag, oder wofür er kommen mag, er ist gezwungen, seine Karten auf den Tisch zu legen. Was ist diese gewaltige Kraft? Was ist ihre Geschichte? Und was ist ihr Schicksal? Ist sie alt oder neu, vergänglich oder dauerhaft? Hat es sich wie ein Fremder und Gast abgewendet, um eine Nacht zu bleiben? Oder ist es gekommen, um für immer bei uns zu bleiben? Hier bieten sich hervorragende Möglichkeiten für Spekulationen, und einige davon sind ziemlich tiefgründig. Wir könnten zum Beispiel nicht nur die Philosophie der Anti-Sklaverei-Bewegung untersuchen, sondern auch die Philosophie des Gesetzes, in dessen Gehorsam diese Bewegung ins Leben gerufen wurde. Wir könnten fragen, was das Gesetz oder die Macht ist, die die Gedanken der Menschen zu verschiedenen Zeiten auf dieses oder jenes bestimmte Ziel ausrichtet – mal für Frieden, mal für Krieg, mal für Freiheit, mal für Sklaverei; aber die Beantwortung dieser tiefgründigen Frage überlasse ich den Abolitionisten der höheren Klasse. Die Spekulationen, die einer solchen Antwort vorausgehen müssen, würden vielleicht ungefähr dieselbe Befriedigung bieten wie die gelehrten Theorien, die von Zeit zu Zeit über die Welt hereingebrochen sind, was den Ursprung des Bösen betrifft. Ich werde daher Gewässer meiden, in denen ich nicht schwimmen kann und den Kampf gegen die Sklaverei als eine Tatsache behandeln, die wie jede andere Tatsache in der Menschheitsgeschichte beschrieben und verstanden werden kann, sowohl hinsichtlich ihrer inneren Kräfte als auch ihrer äußeren Phasen und Zusammenhänge.

[Nach einer beredten, umfassenden und höchst interessanten Darlegung der Natur, des Charakters und der Geschichte der Anti-Sklaverei-Bewegung, auf die wir aus Platzgründen nicht näher eingehen können, schloss er mit folgender treffender Bemerkung.]

Die gegenwärtigen Organisationen mögen untergehen, aber die Sache wird weiterleben. Diese Sache hat ein Leben, das sich von den Organisationen unterscheidet, die von Zeit zu Zeit zusammengeflickt werden, um sie voranzubringen. Abgesehen von Knochen, Sehnen und Körper ist sie etwas Unsterbliches. Sie ist die wahre Essenz von Gerechtigkeit, Freiheit und Liebe. Das moralische Leben der menschlichen Gesellschaft kann nicht sterben, solange Gewissen, Ehre und Menschlichkeit bestehen bleiben. Wenn nur einer davon erfüllt ist, lebt die Sache. Ihre Verkörperung in einem einzelnen Menschen macht die ganze Welt zu einer Priesterschaft, die die höchste moralische Erhabenheit einnimmt, nämlich die der uneigennützigen Güte. Wer seine Höhe erklommen hat und die Gnade besitzt, dort zu stehen, dem liegt die Welt zu Füßen und er ist der Lehrer der Welt, als hätte er Gottes Gnade. Er kann über das Zeitalter, die Zivilisation des Zeitalters und die Religion des Zeitalters richten; denn er hat einen Test, einen sicheren und gewissen Test, mit dem er alle Institutionen prüfen und alle Menschen messen kann. Ich sage, er kann dies tun, aber dies ist nicht die Hauptaufgabe, für die er qualifiziert ist. Die große Aufgabe, zu der er berufen ist, ist nicht die des Richtens. Wie der Friedensfürst kann er sagen: „Wenn ich richte, richte ich ein gerechtes Urteil", aber vor allem kann er wie er sagen: „Dies ist nicht seine Aufgabe." Der Mensch, der die Prinzipien von Gerechtigkeit, Liebe und Freiheit voll und ganz verinnerlicht hat, ist wie der wahre Prediger des Christentums weniger darauf bedacht, der Welt ihre Sünden vorzuwerfen, als sie zur Reue zu bewegen. Seine große Aufgabe auf Erden besteht darin, diese Prinzipien zu veranschaulichen und zu illustrieren und sie in das lebendige und praktische Verständnis aller Menschen in seinem Einflussbereich einzupflanzen. Dies ist seine Aufgabe; ob seine Jahre lang oder kurz sind, ob er viele oder wenige Anhänger hat, ob seine Werkzeuge mächtig oder schwach sind, ob er durch gute oder schlechte Berichte handelt, dies ist seine Aufgabe. Es geht darum, die verborgenen Tatsachen der Erfahrung jedes einzelnen Menschen aus dem Schoß der Natur zu reißen und sie mit ruhiger Hand frisch und leuchtend hochzuhalten und mit aller

Macht ihre Anerkennung und praktische Umsetzung durchzusetzen. Wenn es nur *einen* solchen Mann im Land gibt, wird es, egal was aus den Abschaffungsgesellschaften und -parteien wird, eine Sache gegen die Sklaverei und eine Bewegung gegen die Sklaverei geben. Zum Glück für diese Sache und zum Glück für den, der sie vertritt, erfordert es kein außergewöhnliches Talent, sie zu predigen oder sie anzunehmen, wenn sie gepredigt wird. Das große Geheimnis ihrer Macht liegt darin, dass jedes ihrer Prinzipien der menschlichen Vernunft leicht verständlich gemacht werden kann und dass selbst das unaufgeklärteste Gewissen keine Schwierigkeiten hat, zu entscheiden, auf welche Seite es sein Zeugnis stellen soll. Sie kann ihre Prediger aus den Fischern rufen und sie an die Macht bringen. In jeder menschlichen Brust hat sie einen Fürsprecher, der nur schweigen kann, wenn das Herz tot ist. Sie erreicht das Verständnis eines jeden Menschen und appelliert direkt an das Gewissen eines jeden Menschen. Es hat noch keinen Menschen gegeben, der die Rechte und Privilegien, die im Namen des amerikanischen Sklaven gefordert werden, nicht anerkennt und für sich selbst billigt. In allen anderen Punkten unterscheiden sich die Menschen, in der Auffassung ihrer natürlichen und persönlichen Rechte sind sie sich einig. Der Unterschied zwischen den Abolitionisten und ihren Gegnern liegt nicht in den Grundsätzen. In diesen Punkten sind sich alle einig. Der Unterschied liegt in der Art und Weise, wie sie angewendet werden.

Der Sklavenhalter selbst, der täglich seinen gleichberechtigten Bruder ausraubt, spricht eloquent über die Vortrefflichkeit der Gerechtigkeit, und der Mann, der einen brutalen Fahrer beschäftigt, um das Fleisch seiner Neger zu häuten, ist nicht beleidigt, wenn Freundlichkeit und Menschlichkeit gelobt werden. Jedes Mal, wenn der Abolitionist von Gerechtigkeit spricht, stimmt der Anti-Abolitionist zu und sagt: „Ja, ich wünschte, die Welt wäre voller Bereitschaft, jedem Menschen das zu geben, was ihm rechtmäßig zusteht; dann würde ich bekommen, was mir zusteht." Das ist richtig; lasst uns Gerechtigkeit haben. Lasst uns auf jeden Fall Gerechtigkeit haben. Jedes Mal, wenn der Abolitionist zu Ehren der menschlichen Freiheit spricht, berührt er eine Saite im Herzen des Anti-Abolitionisten, die in harmonischen Schwingungen reagiert. Freiheit – ja, das ist offensichtlich mein Recht, und derjenige soll sich vor dem in Acht nehmen, der versucht, dieses Recht zu verletzen oder einzuschränken. Jedes Mal, wenn er von Liebe, menschlicher Brüderlichkeit und den gegenseitigen Pflichten zwischen Mensch und Mensch spricht, stimmt der Anti-Abolitionist zu – sagt: „Ja, alles in Ordnung – alles wahr" – wir können solche Ideen nicht oft genug oder zu ausführlich genug zum Ausdruck bringen. Das sagt er, und das fühlt er, und er zeigt damit nur, dass er sowohl ein Mensch als auch ein Anti-Abolitionist ist. Man muss nur die Art und Weise, wie man seine Prinzipien anwendet, aus den Augen lassen, um sie jedes Mal bestätigt zu bekommen. Wenn er über sich selbst nachdenkt, sieht er die Wahrheit mit absoluter Klarheit und

Deutlichkeit. Er macht nur Fehler, wenn er aufgefordert wird, sich selbst aus den Augen zu verlieren. In seiner eigenen Sache kann er einen Anwalt aus Boston schlagen, aber er ist stumm, wenn er aufgefordert wird, die Sache anderer zu vertreten. Er weiß sehr genau, was er sich selbst angetan hätte, aber er ist sich ziemlich im Zweifel, ob anderen dasselbe angetan werden würde. Gerade hier springen Löwen auf dem Weg der Pflicht auf, und der Kampf, der einst im Himmel geschlagen wurde, wird auf der Erde neu ausgefochten. So ist es, so war es schon immer und so muss es immer sein, wenn die Ansprüche der Gerechtigkeit und Barmherzigkeit an die Tür menschlicher Selbstsucht stoßen. Dennoch gibt es etwas in uns, das immer für das Richtige und Gerechte plädiert.

Abschließend möchte ich sagen, dass ich die gegenwärtige Anti-Sklaverei-Bewegung nüchtern betrachtet habe. Ich bin nüchtern, aber nicht hoffnungslos. Es lässt sich nicht leugnen, denn es wird überall zugegeben, dass die Anti-Sklaverei-Frage die große moralische und soziale Frage ist, vor der das amerikanische Volk steht. Allmählich hat sich ein Zustand entwickelt, durch den diese Frage zur obersten Priorität geworden ist. Sie muss angegangen werden. Darin liegt meine Hoffnung. Die große Idee der unparteiischen Freiheit steht dem amerikanischen Volk jetzt offen gegenüber. Die Anti-Sklaverei ist nicht länger etwas, das verhindert werden kann. Die Zeit der Verhinderung ist vorbei. Das ist ein großer Gewinn. Als die Bewegung jünger und schwächer war – als sie in einer Bostoner Dachkammer unter menschlicher Wahrnehmung wirkte, hätte man sie stillschweigend aus dem Weg räumen können. Jetzt ist die Lage anders. Sie ist zu groß geworden – ihre Freunde sind zu zahlreich – ihre Möglichkeiten zu zahlreich – ihre Verzweigungen zu ausgedehnt – ihre Macht zu allmächtig, als dass sie durch die Zufälligkeiten der Kindheit ausgelöscht werden könnte. Tausend starke Männer könnten niedergeschlagen werden, und ihre Reihen wären immer noch unbesiegbar. Ein Blitz aus dem herzgespeisten Intellekt von Harriet Beecher Stowe könnte eine Million Lagerfeuer vor dem kämpfenden Heer der Sklaverei entzünden, die nicht alle Wasser des Mississippi, vermischt mit Blut, löschen könnten. Die Gegenwart wird von kommenden Generationen als das Zeitalter der Anti-Sklaverei-Literatur betrachtet werden – als das galoppierende Angebot nicht mit der ständig wachsenden Nachfrage Schritt halten konnte – als ein Bild eines Negers auf dem Umschlag den Verkauf eines Buches förderte – als konservative Lyzeen und andere amerikanische Literaturvereinigungen als erste begannen, ihre Redner für besondere Anlässe aus den Reihen der zuvor verachteten Abolitionisten auszuwählen. Wenn die Anti-Sklaverei-Bewegung jetzt scheitern sollte, wird dies nicht an äußerer Opposition liegen, sondern an innerem Verfall. Ihre Unterstützer sind überall. Gelehrte, Autoren, Redner, Dichter und Staatsmänner unterstützen sie. Die brillantesten amerikanischen Dichter stellen sich freiwillig in ihren Dienst. Whittier spricht in der National

Era in brennenden Versen zu mehr als dreißigtausend Menschen. Ihr eigener Longfellow flüstert in jeder Stunde der Prüfung und Enttäuschung: „Arbeite und warte." James Russell Lowell erinnert uns daran, dass „Menschen mehr sind als Institutionen." Pierpont erheitert das Herz des Pilgers auf der Suche nach Freiheit, indem er das Lob des „Nordsterns" singt. Auch Bryant ist bei uns; und obwohl er an den Wagen der Partei gekettet und in einen Wirbel politischer Aufregung hineingezerrt ist, nimmt er sich einen Moment Zeit, um einen lächelnden Vers des Mitgefühls für den Mann in Ketten fallen zu lassen. Die Dichter sind bei uns. Angesichts der Verwendung, die von ihnen gemacht wurde, scheint es fast absurd zu sagen, dass wir Verbündete in den äthiopischen Liedern haben; jene Lieder, die unsere Nationalmusik ausmachen und ohne die wir keine Nationalmusik hätten. Es sind Herzenslieder, und die feinsten Gefühle der menschlichen Natur kommen in ihnen zum Ausdruck. „Lucy Neal", „Old Kentucky Home" und „Uncle Ned" können das Herz ebenso traurig wie fröhlich machen und können eine Träne ebenso wie ein Lächeln hervorrufen. Sie wecken Sympathien für den Sklaven, in denen die Prinzipien der Sklavereibekämpfung Wurzeln schlagen, wachsen und gedeihen. Neben den Autoren, Dichtern und Gelehrten in unserer Heimat ist auch das moralische Empfinden der zivilisierten Welt auf unserer Seite. England, Frankreich und Deutschland, die drei großen Lichter der modernen Zivilisation, sind auf unserer Seite, und jeder amerikanische Reisende lernt, die Existenz der Sklaverei in seinem Land zu bedauern. Das Wachstum der Intelligenz, der Einfluss des Handels, Dampf, Wind und Blitz sind unsere Verbündeten. Es wäre leicht, diese Zusammenfassung zu erweitern und die gewaltige Ansammlung unserer materiellen Kräfte noch zu vergrößern; aber es gibt eine tiefere und wahrere Methode, die Macht unserer Sache zu messen und ihre Vitalität zu begreifen. Diese findet sich in ihrer Übereinstimmung mit den besten Elementen der menschlichen Natur. Es liegt außerhalb der Macht der Sklaverei, vom Allmächtigen anerkannte und begründete Affinitäten zu vernichten. Der Sklave ist durch das mächtige und unlösbare Netzwerk menschlicher Brüderlichkeit mit der Menschheit verbunden. Seine Stimme ist die Stimme eines Menschen, und sein Schrei ist der Schrei eines Menschen in Not, und der Mensch muss aufhören, Mensch zu sein, bevor er für diesen Schrei unempfindlich werden kann. Es ist die Gerechtigkeit der Sache – die Menschlichkeit der Sache –, die ihre Kraft ausmacht. So wie eine echte Banknote mehr wert ist als tausend Fälschungen, so ist ein Mensch, der das Recht auf seiner Seite hat, mehr wert als tausend im Unrecht. „Man kann tausend jagen und zehntausend in die Flucht schlagen." Daher sind wir für den endgültigen Triumph mehr von der Güte unserer Sache abhängig als von allen anderen Hilfsmitteln.

Ein weiterer Grund zur Beglückwünschung ist die Tatsache, dass trotz aller Bemühungen der Kirche, der Regierung und des Volkes im Allgemeinen, den Fortschritt dieser Bewegung aufzuhalten, ihr Kurs von Anfang an stetig, gerade, unerschütterlich und ungebremst vorwärts ging. Die Sklaverei hat viele und große Siege errungen, aber nie gegen diese Bewegung – gegen eine zögerliche Politik und gegen die Ängstlichkeit des Nordens war die Sklavenmacht siegreich; aber gegen die Verbreitung und Vorherrschaft eines Geistes des Widerstands gegen ihre Aggression und der Gefühle, die ihren vollständigen Sturz befürworten, hat sie bisher nichts erreicht. Jede Maßnahme, die bisher erdacht und umgesetzt wurde und die die Unterdrückung der Sklaverei zum Ziel hatte, war so nutzlos und fruchtlos wie das Gießen von Öl, um Feuer zu löschen. Allgemeine Freude herrschte über die Verabschiedung der „Kompromissmaßnahmen" von 1850. Diese Maßnahmen wurden Friedensmaßnahmen genannt und später sowohl von den großen Parteien des Landes als auch von führenden Staatsmännern als endgültige Lösung der gesamten Sklavereifrage bezeichnet. Aber die Erfahrung hat über die Weisheit der sklavereifreunden Staatsmänner gelacht und ihre endgültige Agitation scheint die letzte Wiederbelebung der Frage, die sie vergeblich für immer zu unterdrücken versuchten, in größerem und großartigerem Maßstab als je zuvor zu sein. Das Gesetz über entflohene Sklaven hat der Anti-Sklaverei-Bewegung besonders gute Dienste geleistet. Es hat allen Menschen den schrecklichen Charakter der Sklaverei gegenüber dem Sklaven veranschaulicht, indem es ihn in einem freien Staat jagte und ihn von Frau und Kindern losriss und so seine Ansprüche höher stellte als Heirat oder elterliche Ansprüche. Es hat die arrogante und anmaßende Haltung der Sklavenstaaten gegenüber den freien Staaten offenbart. ihre Prinzipien zu verachten – ihr Menschlichkeitsgefühl zu verletzen, nicht nur indem man ihnen die Abscheulichkeiten der Sklaverei vor Augen führt, sondern auch indem man versucht, sie zu Mittätern des Verbrechens zu machen. Es hat unter den farbigen Menschen, den Gejagten, einen Geist des männlichen Widerstands hervorgerufen, der gut geeignet ist, sie mit einem Bollwerk der Sympathie und des Respekts zu umgeben, das bisher unbekannt war. Denn Männer sind immer bereit, Rechte zu respektieren und zu verteidigen, wenn die Opfer der Unterdrückung mannhaft für sich selbst einstehen.

Der Anti-Sklaverei-Bewegung kommt ein weiteres, sehr wichtiges Machtelement hinzu: die Überzeugung, die jeden Tag allgemeiner und universeller wird, dass die Sklaverei im Süden abgeschafft werden muss, da sie sonst die Freiheit im Norden demoralisieren und zerstören wird. Es liegt in der Natur der Sklaverei, einen Zustand um sich herum zu erzeugen, der ihrem Fortbestand förderlich ist. Diese Tatsache, die mit dem System der Knechtschaft zusammenhängt, wird allmählich immer deutlicher erkannt. Der Sklavenhalter gibt sich nicht damit zufrieden, mit Menschen in der Kirche oder im Staat zu verkehren, es sei denn, er kann sie dadurch mit dem Blut seiner Sklaven beflecken. Sklavenhalter zu sein bedeutet, aus der Not heraus Propagandist zu sein; denn die Sklaverei kann nur überleben, wenn sie die von der Natur gelieferte Moral im Unterholz unterdrückt. Jedes neugeborene weiße Baby kommt bewaffnet aus der ewigen Gegenwart, um der Sklaverei den Krieg zu erklären. Das mitleidige Herz, das zu gegebener Zeit angesichts der brutalen Züchtigungen, die es den Hilflosen zugefügt sieht, dahinschmelzen würde, muss verhärtet werden. Und diese Arbeit wird jeden Tag des Jahres und jede Stunde des Tages fortgesetzt.

Was im Inland geschieht, geschieht auch im Ausland hier im Norden. Und selbst jetzt kann die Frage gestellt werden, ob wir in diesem Moment einen einzigen freien Staat in der Union haben. Die Besorgnis wird an diesem Punkt allgemeiner werden. Die Sklavenmacht muss ihre Erpressungskarriere fortsetzen. „Gib, gib", wird ihr Schrei sein, bis die Ängstlichkeit, die nachgibt, dem Mut weicht, der Widerstand leistet. Das ist die Stimme der Erfahrung, das war die Vergangenheit, das ist die Gegenwart, und das wird die Zukunft sein, die so sicher wie der Mensch ein Mensch ist, kommen wird. Hier verlasse ich das Thema; und ich höre dort auf, wo ich begonnen habe, und tröste mich und gratuliere den Freunden der Freiheit dazu, dass die Sache der Sklavereigegner nichts Neues unter der Sonne ist; nicht irgendeine moralische Täuschung, die ein paar Jahre Erfahrung zerstreuen können. Sie ist unter den Menschen aller Zeiten aufgetaucht und hat ihre Befürworter aus allen Schichten herbeigerufen. Ihre Grundlagen sind in den tiefsten und heiligsten Überzeugungen gelegt, und aus welcher Seele auch immer der Dämon der Selbstsucht vertrieben wird, dort wird diese Sache ihren Wohnsitz nehmen. Alt wie die ewigen Hügel, unbeweglich wie der Thron Gottes und gewiss wie die Absichten der ewigen Macht, gegen alle Hindernisse und Verzögerungen und trotz aller Veränderungen menschlicher Mittel ist es der Glaube meiner Seele, dass diese Sache gegen die Sklaverei triumphieren wird.

Fußnoten

1 [Brief, Einleitung zu *Leben von Frederick Douglass*, Boston, 1841.]

2 [Eine dieser Damen hat, angetrieben vom gleichen edlen Geist, der Miss Nightingale nach Scutari führte, ihre Zeit, ihre unermüdliche Energie, einen großen Teil ihrer Mittel und ihre hohen literarischen Fähigkeiten der Förderung und Unterstützung von Frederick Douglass' Paper gewidmet, dem einzigen Organ der Unterdrückten, das in den Vereinigten Staaten von einer von ihnen herausgegeben und veröffentlicht wird.]

3 [Herr Stephen Myers aus Albany verdient eine Erwähnung als einer der beharrlichsten unter den farbigen Herausgebern.]

4 [Die deutschen Physiologen haben sogar pflanzliche Stoffe – Stärke – im menschlichen Körper entdeckt. Siehe *Med. Chirurgical Rev.* , Okt. 1854, S. 339.]

5 [Herr Wm. H. Topp aus Albany.]

6 [Das ist derselbe Mann, der mir die Wurzeln gab, damit ich nicht von Mr. Covey ausgepeitscht werde. Er war „ein kluger Mensch". Wir sprachen oft mit Covey über den Kampf, und so oft wir das taten, behauptete er, mein Erfolg sei das Ergebnis der Wurzeln, die er mir gegeben hatte. Dieser Aberglaube ist unter den unwissenderen Sklaven sehr verbreitet. Ein Sklave stirbt selten, ohne dass sein Tod auf Betrug zurückgeführt wird.]

7 [Er war ein aufrichtiger Mann, erfüllt von der Liebe zu seinem geplagten und gejagten Volk, und es machte ihm Freude, für mich, wie es seine Gewohnheit war, „Augen für die Blinden und Beine für die Lahmen" zu sein. Dieser tapfere und ergebene Mann litt sehr unter den Verfolgungen, die alle bedeutenden Wohltäter erdulden mussten. Schließlich erblindete er und brauchte einen Freund, der ihn anleitete, so wie er anderen ein Führer gewesen war. Selbst in seiner Blindheit zeigte er seinen männlichen Charakter. Auf der Suche nach Gesundheit wurde er Arzt. Als die Hoffnung auf seine eigene Gesundheit verflogen war, hatte er Hoffnung für andere. Er glaubte an die Hydropathie, gründete in Northampton, Massachusetts, eine große *„Wasserkur"* und wurde einer der erfolgreichsten, die diese Behandlungsmethode anwendeten.]

8 [Das Folgende ist eine Kopie dieser merkwürdigen Papiere, sowohl meiner Übertragung von Thomas an Hugh Auld als auch meiner Übertragung von Hugh an mich selbst:

„Durch diese Geschenke sei allen bekannt, dass ich, Thomas Auld, aus Talbot County und Staat Maryland, für und gegen Bezahlung der Summe von einhundert Dollar in laufender Währung, die mir von Hugh Auld aus der Stadt Baltimore im besagten Staat vor der Versiegelung und Übergabe dieser Geschenke gezahlt wurde, deren Erhalt ich, der besagte Thomas Auld, hiermit bestätige, gewährt, ausgehandelt und verkauft habe, und durch diese Geschenke dem besagten Hugh Auld, seinen Testamentsvollstreckern, Verwaltern und Rechtsnachfolgern EINEN NEGER namens FREDERICK BAILY oder DOUGLASS, wie er sich selbst nennt – er ist jetzt ungefähr achtundzwanzig Jahre alt – gewähre, verhandele und verkaufe, um den besagten Neger lebenslang zu besitzen und zu behalten. Und ich, der besagte Thomas Auld, für mich selbst, meine Erben, Testamentsvollstrecker und Nachlassverwalter, alle und einzeln, der besagte FREDERICK BAILY *alias* DOUGLASS, gegenüber dem besagten Hugh Auld, seinen Testamentsvollstreckern, Nachlassverwaltern und Rechtsnachfolgern gegen mich, den besagten Thomas Auld, meine Testamentsvollstrecker und Nachlassverwalter und gegen Ali und jede andere Person oder Personen, werde hiermit garantieren und für immer verteidigen. Als Urkunde unterschreibe ich heute, am dreizehnten Tag des Novembers, achtzehnhundertsechsundvierzig, meine Unterschrift und mein Siegel.

THOMAS AULD

„Unterschrieben, versiegelt und zugestellt in Anwesenheit von Wrightson Jones.

„JOHN C. LEAS.

Die Echtheit dieses Kaufvertrags wird von N. Harrington, einem Friedensrichter des Staates Maryland und des Talbot County, mit Datum vom selben Tag beglaubigt.

„An alle, die es betrifft: Es sei bekannt, dass ich, Hugh Auld, aus der Stadt Baltimore im Baltimore County im Bundesstaat Maryland, aus verschiedenen guten Gründen und Erwägungen, die mich dazu veranlasst haben, aus der Sklaverei entlassen, freigelassen, freigelassen und freigestellt habe, und mit diesen Geschenken entbinde ich hiermit MEINEN NEGER namens FREDERICK BAILY, auch DOUGLASS genannt, aus der Sklaverei, befreie, freilasse und frei, der ungefähr 28 Jahre alt und in der Lage ist, zu arbeiten und seinen Lebensunterhalt und Unterhalt ausreichend zu verdienen; und ich erkläre, dass er, der besagte Neger namens FREDERICK BAILY, auch FREDERICK DOUGLASS genannt, fortan frei, freigelassen und für immer von jeder Art der Knechtschaft mir, meinen Testamentsvollstreckern und Verwaltern gegenüber entbunden ist.

„Als Urkund hierfür habe ich, der besagte Hugh Auld, am 5. Dezember 1846 meine Unterschrift und mein Siegel gesetzt.

Hugh Auld

„Versiegelt und zugestellt in Anwesenheit von T. Hanson Belt.

„JAMES NST WRIGHT"]

9 [Siehe Anhang zu diesem Band, Seite 317.]

10 [Allein die veröffentlichten Reden von Herrn Douglass würden zwei Bände dieser Größe füllen. Der Platz reicht nur für die folgenden Auszüge, die an Originalität des Gedankens, Schönheit und Ausdruckskraft und an leidenschaftlicher, empörender Beredsamkeit selten erreicht wurden.]

11 [Es kommt nicht oft vor, dass bewegliche Sachen ihre Besitzer anschreiben. Der folgende Brief ist einzigartig und wahrscheinlich das einzige erhaltene Exemplar dieser Art. Er wurde in England geschrieben.]